DAHLKE-PIEL · MITTAG (Hrsg.)

Sächsisches Transparenzgesetz

Sächsisches Transparenzgesetz

Kommentar

Herausgeber:

Susanne Dahlke-Piel
Präsidentin des Sächsischen Oberverwaltungsgerichts

Dr. Matthias Mittag
Richter am Sächsischen Oberverwaltungsgericht

Bearbeiterinnen und Bearbeiter:

Sven Bäßler
Richter am Landgericht Dresden

Prof. Dr. Uwe Berlit
Vizepräsident des Verfassungsgerichtshofes des Freistaats Sachsen a.D.,
Vorsitzender Richter am Bundesverwaltungsgericht a.D.,
Honorarprofessor an der Universität Leipzig

Dr. Juliane Hundert
Sächsische Datenschutz- und Transparenzbeauftragte

Robin Rausch
Referent im Sächsischen Staatsministerium der Justiz und
für Demokratie, Europa und Gleichstellung

BOORBERG

Es haben bearbeitet:

Sven Bäßler: § 6, Vorbemerkung vor § 10, §§ 10 bis 12, § 16
Prof. Dr. Uwe Berlit: §§ 1 bis 3
Susanne Dahlke-Piel: § 5
Dr. Juliane Hundert: Vorbemerkung vor § 13, §§ 13 bis 15
Dr. Matthias Mittag: Einleitung zum Gesetz, Vorbemerkung vor § 1, §§ 4, 17 Abs. 3 bis 5, § 18
Robin Rausch: Vorbemerkung vor § 7, §§ 7 bis 9, § 17 Abs. 1 und 2

Zitiervorschlag
Bearbeiter, in: Dahlke-Piel/Mittag (Hrsg.), SächsTranspG § .... Rn. ....

Bibliografische Information der Deutschen Nationalbibliothek | Die Deutsche Nationalbibliothek verzeichnet diese Publikation in der Deutschen Nationalbibliografie; detaillierte bibliografische Daten sind im Internet über www.dnb.de abrufbar.

ISBN 978-3-415-07411-8

Satz: mediaTEXT Jena GmbH, Richard-Sorge-Str. 6a/b, 07747 Jena | Druck und Bindung: Esser printSolutions GmbH, Westliche Gewerbestraße 6, 75015 Bretten

Richard Boorberg Verlag GmbH & Co KG | Scharrstraße 2 | 70563 Stuttgart
Stuttgart | München | Hannover | Berlin | Weimar | Dresden
www.boorberg.de

Vorwort der Herausgeber

„Die parlamentarische Demokratie basiert auf dem Vertrauen des Volkes; Vertrauen ohne Transparenz, die erlaubt zu verfolgen, was politisch geschieht, ist nicht möglich."

BVerfG, Urt. v. 5.11.1975 – 2 BvR 193/74 –, juris Rn. 61

Am 1. Januar 2023 ist das Sächsische Transparenzgesetz in Kraft getreten. Damit findet ein langes Ringen um Informationsfreiheit und Transparenz im Freistaat Sachsen erfreulicherweise ein vorläufiges Ende, auch wenn das Kompromisshafte des Gesetzes an vielen Stellen sichtbar ist und so noch „Luft nach oben" bleibt. Transparenz ist im Informationszeitalter nicht nur zeitgemäß, sondern ein Gebot der Vernunft. Denn Demokratie bedeutet Verantwortung staatlicher Akteure gegenüber dem Volk. Die Ausübung der damit verbundenen Kontrolle setzt aber die Kenntnis über das Handeln des Staates voraus.

Gestatten Sie uns ein Wort in eigener Sache: Beide Herausgeber und zwei der Autoren waren als Abteilungsleiterin, Referatsleiter und Referenten mit der Erstellung des Gesetzentwurfes – einschließlich der Abstimmung mit den anderen Ressorts – im Staatsministerium der Justiz und für Demokratie, Europa und Gleichstellung befasst. Das war eine ebenso aufwendige und kraftraubende wie außerordentlich spannende Aufgabe. Gleichwohl versteht sich der Kommentar nicht als Referentenkommentar. Das Gesetz wird unter Wahrung (nachwirkender) beamtenrechtlicher Loyalitätspflichten fachlich unabhängig, möglichst unbefangen und objektiv eingeordnet und kommentiert. Soweit an der einen oder anderen Stelle durchaus deutliche Kritik am Gesetz und seiner Begründung geübt wird, ist das weniger erstaunlich, als es nach der Autorenzusammensetzung auf den ersten Blick erscheint: Bei der Erarbeitung des Gesetzentwurfs und seiner Begründung waren viele Vorschriften einschließlich der Begründung bis in die einzelnen Formulierungen hinein das Ergebnis fachlicher wie politischer Kompromisse – das gilt namentlich für die §§ 3 bis 5 –, das Vorhaben geriet am Ende unter beträchtlichen Zeitdruck und mit einem gewissen zeitlichen Abstand haben wir wieder einen unvoreingenommeneren Blick auf die Regelungen gewonnen. Bei aller Kritik im Einzelnen erfüllt es uns aber auch durchaus mit Stolz, dass der Landtag das Gesetz mit nur wenigen Änderungen im parlamentarischen Verfahren schließlich am 13. Juli 2022 beschlossen hat.

Wir freuen uns sehr, dass es uns gelungen ist, neben den mit der Erarbeitung des Gesetzentwurfs betrauten Referenten Sven Bäßler und Robin Rausch, mit dem Vorsitzenden Richter am Bundesverwaltungsgericht a. D. und Vizepräsidenten des Verfassungsgerichtshofs des Freistaates Sachsen a. D. Prof. Dr. Uwe Berlit und mit der Sächsischen Datenschutz- und Transparenzbeauftragten Dr. Juliane Hundert ausgewiesene und renommierte Kenner der Materie für die Mitwirkung an diesem Kommentar zu gewinnen.

Wir hoffen, dass das Sächsische Transparenzgesetz nicht nur die Rechte der Bürgerinnen und Bürger, sondern auch die Demokratie stärken wird.

Bautzen, im März 2023

Susanne Dahlke-Piel, Matthias Mittag

Inhalt

Literaturverzeichnis

Verzeichnis der abgekürzt zitierten Kommentare, Handbücher und Monographien. Aufsätze sind lediglich in den Fußnoten nachgewiesen.

Bader/Ronellenfitsch (Hrsg.)	Beck'scher Online Kommentar VwVfG, 57. Ed. 1.10.2022 (zit. Bearbeiter, in: Bader/Ronellenfitsch)
Baumann-Hasske (Hrsg.)	Die Verfassung des Freistaates Sachsen, 4. Aufl. 2021 (zit.: Bearbeiter, in: Baumann-Hasske)
Berger/Roth/Scheel/Partsch (Hrsg.)	Gesetz zur Regelung des Zugangs zu Informationen des Bundes (IFG), 2. Aufl. 2013 (zit. Bearbeiter, in: Berger/Roth/Scheel/Partsch)
Brink/Polenz/Blatt (Hrsg.)	Informationsfreiheitsgesetz, 2017 (zit. Bearbeiter, in: Brink/Polenz/Blatt)
Bröhmer	Transparenz als Verfassungsprinzip, 2004 (zit. Bröhmer)
Deinert/Welti/Luik/Brockmann (Hrsg.)	StichwortKommentar Behindertenrecht, 3. Aufl. 2022 (zit. Bearbeiter, in: Deinert/Welti/Luik/Brockmann)
Deutsches Forschungsinstitut für öffentliche Verwaltung	Abschlussbericht zur Evaluation des Landestransparenzgesetzes Rheinland-Pfalz (LTranspG), Speyer, 5.3.2021
Dreier	Hierarchische Verwaltung im demokratischen Staat, 1991 (zit. Dreier)
Drescher/Fleischer/Schmidt (Hrsg.)	Münchener Kommentar zum Handelsgesetzbuch, Band 1, 5. Aufl. 2021 (zit. Bearbeiter, in: Drescher/Fleischer/Schmidt)
Dürig/Herzog/Scholz (Hrsg.)	Grundgesetz, Losebl., Werkstand 98. Ergänzungslieferung 2022 (zit. Bearbeiter, in: Dürig/Herzog/Scholz)
Ehmann/Karmanski/Kuhn-Zuber	Gesamtkommentar Sozialrechtsberatung, 3. Aufl. 2023 (zit. Bearbeiter, in: Ehmann/Karmanski/Kuhn-Zuber)
Ehmann/Selmayr (Hrsg.)	Datenschutz-Grundverordnung, 2. Aufl. 2018 (zit. Bearbeiter, in: Ehmann/Selmayr)
Emmerich/Habersack (Hrsg.)	Aktien- und GmbH-Konzernrecht, 10. Aufl. 2022 (zit. Bearbeiter, in: Emmerich/Habersack)
Epping/Hillgruber (Hrsg.)	Beck'scher Online Kommentar Grundgesetz, 51. Ed., Stand 15.5.2022 (zit. Bearbeiter, in: Epping/Hillgruber)
Ernst/Zinkahn/Bielenberg/Krautzberger (Hrsg.)	Baugesetzbuch, Losebl., Werkstand: 147. Ergänzungslieferung 2022 (zit. Bearbeiter, in: Ernst/Zinkahn/Bielenberg/Krautzberger)
Eyermann	VwGO, 16. Aufl. 2022, Verwaltungsgerichtsordnung (zit. Bearbeiter, in: Eyermann)

Fluck (Hrsg.) Informationsfreiheitsrecht mit Umweltinformations-, Verbraucherinformations-, Informationsweiterverwendungs- und Geodatenzugangsrecht, Losebl. (zit. Bearbeiter, in: Fluck)

Franßen/Seidel Das Informationsfreiheitsgesetz Nordrhein-Westfalen, 2007 (zit. Bearbeiter, in: Franßen/Seidel)

Gard Die frühe Öffentlichkeitsbeteiligung, 2018 (zit. Gard)

Gersdorf/Paal Beck'scher Online Kommentar InfoMedienR, 37. Ed. 2021 (zit. Bearbeiter, in: Gersdorf/Paal)

Giesen/Bannasch/Naumann/Mauersberger/Dehoust Kommentar zum Sächsischen Datenschutzgesetz (SächsDSG) 2011 (zit. Bearbeiter, in: Giesen (u. a.)

Heinemann (Hrsg.) Praxiskommentar Transparenzgesetz (LTranspG RLP), 2019 (zit. Bearbeiter, in: Heinemann)

Hoeren/Sieber/Holznagel (Hrsg.) Handbuch Multimedia-Recht, Losebl. 58. Ergänzungslieferung März 2022 (zit. Bearbeiter, in: Hoeren/Sieber/Holznagel)

Hügel (Hrsg.) Beck'scher Online Kommentar GBO, 47. Ed. 30.9.2022 (zit. Bearbeiter, in: Hügel)

Innenministerium Nordrhein-Westfalen IFG NRW. Bericht über die Auswirkungen des Gesetzes (Evaluierung) 1. Januar 2002 bis 31. Dezember 2003

Institut für Gesetzesfolgenabschätzung und Evaluation Abschlussbericht zur Evaluation des Hamburgischen Transparenzgesetzes, 28.7.2017

Institut für Gesetzesfolgenabschätzung und Evaluation Evaluation des Gesetzes zur Regelung des Zugangs zu Informationen des Bundes – Informationsfreiheitsgesetz des Bundes (IFG) im Auftrag des Innenausschusses des Deutschen Bundestages, 22.5.2012

Institut für Informationsmanagement Evaluation des Bremer Informationsfreiheitsgesetzes (BremIFG), Februar 2010

Jarass Charta der Grundrechte der EU, 4. Aufl. 2021

Kissel/Mayer Gerichtsverfassungsgesetz, 10. Aufl. 2021 (zit.: Bearbeiter, in: Kissel/Mayer)

Körner/Krasney/Mutschler/Rolfs (Hrsg.) Beck'scher Online Kommentar Kasseler Kommentar, 2022 (zit. Bearbeiter, in: Körner/Krasney/Mutschler/Rolfs)

Kroiß/Horn/Solomon (Hrsg.) Nachfolgerecht, 2. Aufl. 2019 (zit. Bearbeiter, in: Kroiß/Horn/Solomon)

Kuhlen/Semar/Strauch (Hrsg.) Grundlagen der praktischen Information und Dokumentation, 6. Aufl. 2013 (zit. Bearbeiter, in: Kuhlen/Semar/Strauch)

Kühling/Buchner (Hrsg.) Datenschutz-Grundverordnung – BDSG, 3. Aufl. 2020 (zit. Bearbeiter, in: Kühling/Buchner)

Landmann/Rohmer (Hrsg.) Umweltrecht, Losebl., 99. Ergänzungslieferung September 2022 (zit. Bearbeiter, in: Landmann/Rohmer)

Maatsch/Schnabel	Das Hamburgische Transparenzgesetz, 2. Aufl. 2021 (zit. Maatsch/Schnabel)
Mayer/Kroiß (Hrsg.)	Rechtsanwaltsvergütungsgesetz mit Streitwertkommentar und Tabellen, 8. Aufl. 2021 (zit. Bearbeiter, in: Mayer/Kroiß)
Metzler-Müller/Rieger/Seeck/Zentgraf (Hrsg.)	Beamtenstatusgesetz, 5. Aufl. 2020 (zit. Bearbeiter, in: Metzler-Müller/Rieger/Seeck/Zentgraf)
Meyer-Ladewig/Nettesheim/von Raumer (Hrsg.)	Europäische Menschenrechtskonvention, 4. Aufl. 2017 (zit. Bearbeiter, in: Meyer-Ladewig/Nettesheim/von Raumer)
Pabst/Frankewitsch	Informationsfreiheitsgesetz Nordrhein-Westfalen, 2022 (zit. Pabst/Frankewitsch)
Rauscher/Krüger (Hrsg.)	Münchener Kommentar zur Zivilprozessordnung mit Gerichtsverfassungsgesetz und Nebengesetzen, 6. Aufl. 2022 (zit. Bearbeiter, in: Rauscher/Krüger)
Reich	Beamtenstatusgesetz, 3. Aufl. 2018 (zit. Reich)
Roßnagel (Hrsg.)	Hessisches Datenschutz- und Informationsfreiheitsgesetz, 2021 (zit. Bearbeiter, in: Roßnagel)
Sachs (Hrsg.)	Grundgesetz, 9. Aufl. 2021 (zit. Bearbeiter, in: Sachs)
Säcker/Rixecker/Oetker/Limperg (Hrsg.)	Münchener Kommentar zum Bürgerlichen Gesetzbuch, Band 1, 9. Aufl. 2021 (zit. Bearbeiter, in: Säcker/Rixecker/Oetker/Limperg)
Scherzberg	Die Öffentlichkeit der Verwaltung, 2000 (zit. Scherzberg)
Schiedermair (Hrsg.)	Datenschutzdurchführungsgesetz Sachsen, 1. Aufl. Baden-Baden 2023 (zit. Bearbeiter, in: Schiedermair)
Schoch	Informationsfreiheitsgesetz, 2. Aufl. 2016 (zit. Schoch)
Schoch/Schneider (Hrsg.)	Verwaltungsrecht, Losebl., 43. Ergänzungslieferung August 2022 (zit. Bearbeiter, in: Schoch/Schneider)
Schrödter (Hrsg.)	Baugesetzbuch, 9. Aufl. 2019 (zit. Bearbeiter, in: Schrödter)
Sitsen	Das Informationsfreiheitgesetz des Bundes, Rechtsprobleme im Zusammenhang mit dem Anspruch auf Informationszugang nach dem IFG, 2009 (zit. Sitsen)
Sodan/Ziekow (Hrsg.)	Verwaltungsgerichtsordnung, 5. Aufl. 2018 (zit. Bearbeiter, in: Sodan/Ziekow)
Staudinger, Julius von (Begr.)	Kommentar zum Bürgerlichen Gesetzbuch mit Einführungsgesetz und Nebengesetzen, Artikel 7-12, 47, 48 EGBGB (Internationales Recht der natürlichen Personen und der Rechtsgeschäfte), 18. Aufl. 2018 (zit. Bearbeiter, in: Staudinger).
Stelkens/Bonk/Sachs	Verwaltungsverfahrensgesetz, 9. Aufl. 2018 (zit. Bearbeiter, in: Stelkens/Bonk/Sachs)
Sydow/Marsch (Hrsg.)	Datenschutz-Grundverordnung – Bundesdatenschutzgesetz, 3. Aufl. 2022 (zit. Bearbeiter, in: Sydow/Marsch)
Tanneberg	Die Zweistufentheorie, 2011 (zit. Tanneberg)
Troidl	Akteneinsicht im Verwaltungsrecht, 2. Aufl. 2020 (zit. Troidl)

Veit/Reichard/Wewer (Hrsg.) Handbuch zur Verwaltungsreform, 5. Aufl. 2019 (zit. Bearbeiter, in: Veit/Reichard/Wewer)

von Lucke/Gollasch Open Government. Offenes Regierungs- und Verwaltungshandeln – Leitbilder, Ziele und Methoden, 2022 (zit. von Lucke/Gollasch)

Wewer Open Government und Verwaltungsreform, 2020 (zit. Wewer)

Wewer/Wewer Open Government: Stärkung oder Schwächung der Demokratie, 2019 (zit. Wewer/Wewer)

Wolff/Brink (Hrsg.) Beck'scher Online Kommentar Datenschutzrecht, 42. Ed. Stand: 1.11.2022 (zit. Bearbeiter, in: Wolff/Brink)

Zipfel/Rathke (Hrsg.) Lebensmittelrecht, Losebl., 184. Ergänzungslieferung Juli 2022, (zit. Bearbeiter, in: Zipfel/Rathke)

Abkürzungsverzeichnis

Das Abkürzungsverzeichnis enthält lediglich die nicht allgemein gebräuchlichen Abkürzungen.

Gesetze werden im Text mit der amtlichen Abkürzung, ggf. ergänzt um ein Länderkürzel, zitiert und sind hier nicht nachgewiesen.

ABl.	Amtsblatt
APr	Ausschussprotokoll
BaFin	Bundesanstalt für Finanzdienstleistungsaufsicht
BGBl.	Bundesgesetzblatt
BMJ	Bundesministerium der Justiz
BT-Drs.	Bundestagsdrucksache
Bü.-Drs.	Drucksache der Hamburgischen Bürgerschaft
DÖV	Die öffentliche Verwaltung
DSGVO	Datenschutz-Grundverordnung
DVBl.	Deutsches Verwaltungsblatt
EGMR	Europäischer Gerichtshof für Menschenrechte
FÖMISAX	Fördermitteldatenbank Sachsen
GeschOSReg	Geschäftsordnung der Sächsischen Staatsregierung
HFA	Haushalts- und Finanzausschuss des Sächsischen Landtags
HmbBfDI	Hamburgischer Beauftragte für Datenschutz und Informationsfreiheit
IFK	Konferenz der Informationsfreiheitsbeauftragten in Deutschland
InGFAV	Institut für Gesetzesfolgenabschätzung und Evaluation
JBInfR	Jahrbuch Informationsfreiheit und Informationsrecht
jurisPR-BVerwG	juris PraxisReport Bundesverwaltungsgericht
LIT	Leitstelle für Informationstechnologie der sächsischen Justiz
LT-Drs.	Landtagsdrucksache
MDR	Mitteldeutscher Rundfunk
MStV	Medienstaatsvertrag
NJW	Neue Juristische Wochenschrift
NordÖR	Zeitschrift für Öffentliches Recht in Norddeutschland
NVwZ	Neue Zeitschrift für Verwaltungsrecht
NWVBl.	Nordrhein-Westfälische Verwaltungsblätter
österVwGH	Österreichischer Verwaltungsgerichtshof
PlPr	Plenarprotokoll
SächsGVBl.	Sächsisches Gesetz- und Verordnungsblatt
SächsVBl.	Sächsische Verwaltungsblätter
SID	Staatsbetrieb Sächsische Informatik Dienst
SRH	Sächsischer Rechnungshof
SV	Sachverständiger/Sachverständiger
ThürTG	Thüringer Transparenzgesetz
VREA	Ausschuss für Verfassung und Recht, Demokratie, Europa und Gleichstellung des Sächsischen Landtags

VVDStRL	Veröffentlichungen der Vereinigung der Deutschen Staatsrechtslehrer
ZD	Zeitschrift für Datenschutz
ZGI	Zeitschrift für das gesamte Informationsrecht

A. Gesetz über die Transparenz von Informationen im Freistaat Sachsen (Sächsisches Transparenzgesetz – SächsTranspG)

vom 19. August 2022 (SächsGVBl. S. 486)[1]

Inhaltsübersicht

1 Artikel 1 des Gesetzes zur Einführung des Gesetzes über die Transparenz von Informationen im Freistaat Sachsen. Gemäß Artikel 3 dieses Gesetzes ist das Sächsische Transparenzgesetz am 1. Januar 2023 in Kraft getreten.

Abschnitt 1
Allgemeine Bestimmungen

§ 1 Anspruch auf Transparenz

(1) Jede Person hat gegen die transparenzpflichtigen Stellen einen Anspruch auf Veröffentlichung der in § 8 genannten Informationen und auf Zugang zu Informationen, soweit keine Ausnahme gilt (Transparenzanspruch).

(2) Weitergehende Transparenzverpflichtungen und weitergehende Ansprüche auf Akteneinsicht oder Information nach anderen Vorschriften bleiben von diesem Gesetz unberührt.

(3) [1]Transparenz und Offenheit sind Leitlinien für das Handeln der Verwaltung. [2]Sie finden ihre Grenze in den entgegenstehenden schutzwürdigen öffentlichen und privaten Belangen.

§ 2 Transparenzpflicht

(1) [1]Die Transparenzpflicht umfasst die Veröffentlichungs- und die Informationspflicht. [2]Die Veröffentlichungspflicht ist die Pflicht der transparenzpflichtigen Stellen, Informationen auf der Transparenzplattform bereitzustellen. [3]Die Transparenzplattform ist eine elektronische Plattform des Freistaates Sachsen, die im Internet betrieben wird und auf der Informationen veröffentlicht werden. [4]Die Informationspflicht ist die Pflicht der transparenzpflichtigen Stellen, Informationen auf Antrag zugänglich zu machen.

(2) [1]Die Transparenzpflicht gilt für Informationen, über welche die transparenzpflichtigen Stellen verfügen. [2]Transparenzpflichtige Stellen verfügen über Informationen, wenn diese bei ihnen vorhanden sind oder für sie bereitgehalten werden. [3]Ein Bereithalten liegt vor, wenn eine natürliche oder juristische Person, die selbst nicht transparenzpflichtige Stelle ist, Informationen aufbewahrt. [4]Transparenzpflichtige Stellen verfügen nicht über Informationen aus vorübergehend beigezogenen Akten.

(3) Jede transparenzpflichtige Stelle fördert die Transparenz, insbesondere weist sie auf der Startseite ihres Internetauftritts auf dieses Gesetz, die Transparenzplattform und den Transparenzanspruch hin.

§ 3 Informationen

[1]Informationen sind Aufzeichnungen, die dienstlichen Zwecken dienen, unabhängig von der Art ihrer Speicherung. [2]Entwürfe, Notizen, behördeninterne Kommunikation und Vermerke sowie Umweltinformationen nach § 3 Absatz 2 des Sächsischen Umweltinformationsgesetzes vom 1. Juni 2006 (SächsGVBl. S. 146), das zuletzt durch Artikel 2 Absatz 25 des Gesetzes vom 5. April 2019 (SächsGVBl. S. 245) geändert worden ist, in der jeweils geltenden Fassung, gehören nicht dazu.

§ 4 Transparenzpflichtige Stellen

(1) [1]Transparenzpflichtige Stellen sind die Ministerpräsidentin oder der Ministerpräsident, die Staatsministerien, die Staatskanzlei und jeweils nach Maßgabe der Absätze 2 und 3 die sonstigen Stellen der öffentlichen Verwaltung des Freistaates Sachsen sowie die der Aufsicht des Freistaates Sachsen unterstehenden juristischen Personen des öffentlichen

Rechts. [2]Öffentliche Gremien, die diese Stellen beraten, gelten als Teil der Stelle, die deren Mitglieder beruft.

(2) Gemeinden, Landkreise und Gemeindeverbände sind transparenzpflichtige Stellen, soweit sich die jeweilige Körperschaft durch Satzung dazu verpflichtet.

(3) [1]Transparenzpflichtige Stellen sind

1. der Verfassungsgerichtshof des Freistaates Sachsen und die Gerichte sowie die Strafverfolgungs- und Strafvollstreckungsbehörden, soweit sie Aufgaben der öffentlichen Verwaltung wahrnehmen;
2. der Sächsische Rechnungshof, soweit er Aufgaben der öffentlichen Verwaltung wahrnimmt;
3. die oder der Sächsische Datenschutzbeauftragte, die oder der Landesbeauftragte für Inklusion der Menschen mit Behinderungen, die unabhängige Vertrauens- und Beschwerdestelle für die Polizei, die oder der Sächsische Ausländerbeauftragte, die oder der Landesbeauftragte zur Aufarbeitung der SED-Diktatur im Freistaat Sachsen, die Prüfbehörden für Strukturfonds und die Bescheinigenden Stellen sowie die Vergabekammern, soweit sie nicht kraft Gesetzes unabhängig tätig werden;
4. der Landtag, soweit er Aufgaben der öffentlichen Verwaltung wahrnimmt und soweit weder sein Selbstorganisationsrecht und das seiner Gremien, die freie Mandatstätigkeit der Abgeordneten sowie Unterstützungsleistungen in parlamentarischen Angelegenheiten, noch die Unabhängigkeit der Fraktionen betroffen sind;
5. Prüfungseinrichtungen, soweit sie nicht im Bereich von Leistungsbeurteilungen und Prüfungen tätig werden;
6. Öffentlich-rechtliche Rundfunkanstalten, soweit sie Aufgaben der öffentlichen Verwaltung wahrnehmen und dies staatsvertraglich geregelt ist;
7. Hochschulen, Schulen und sonstige Bildungseinrichtungen sowie Universitätsklinika und Krankenhäuser, soweit Informationen über den Namen von Drittmittelgebern, die Höhe der Drittmittel und die Laufzeit der mit Drittmitteln finanzierten abgeschlossenen Forschungsvorhaben betroffen sind;
8. Selbstverwaltungskörperschaften der Wirtschaft und der Freien Berufe sowie die Träger der Kranken-, Pflege-, Renten- und Unfallversicherung und die Kassenärztliche Vereinigung Sachsen, soweit ihnen hoheitliche Aufgaben des Freistaates Sachsen übertragen worden sind.

[2]Die Sächsische Aufbaubank – Förderbank –, öffentlich-rechtliche Kreditinstitute und die Sachsen-Finanzgruppe sind keine transparenzpflichtigen Stellen.

(4) Die Absätze 2 und 3 gelten entsprechend für transparenzpflichtige Stellen, soweit sie Informationen von den dort genannten Stellen verarbeiten.

§ 5 Ausnahmen von der Transparenzpflicht

(1) Keine Transparenzpflicht besteht,

1. soweit der Kernbereich exekutiver Eigenverantwortung entgegensteht, wobei der Schutz des Willensbildungsprozesses auch hinsichtlich abgeschlossener Vorgänge gewährleistet ist,
2. soweit die schutzwürdige Vertraulichkeit von Beratungen innerhalb von und zwischen transparenzpflichtigen Stellen oder mit anderen Stellen entgegensteht,
3. für Arbeiten zur unmittelbaren Vorbereitung von Entscheidungen und Maßnahmen, soweit durch das vorzeitige Bekanntwerden der Informationen der Erfolg der Entschei-

dungen oder bevorstehender Maßnahmen vereitelt würde; dazu zählen auch Ort und Zeit präventiver Kontrollen,

4. für nicht anonymisierte, vertraulich übermittelte Informationen, soweit das Interesse der oder des Dritten an der Wahrung der Vertraulichkeit besteht,
5. für Vorgänge in Abgabeverfahren, in denen sich das Verfahren nach der Abgabenordnung richtet, und der damit verbundenen Kontroll- und Aufsichtsmaßnahmen,
6. für Vorgänge der Innenrevision und der Ansprechpartnerin oder des Ansprechpartners für Anti-Korruption,
7. für Personalaktendaten nach § 50 Satz 2 des Beamtenstatusgesetzes vom 17. Juni 2008 (BGBl. I S. 1010), das zuletzt durch Artikel 2 des Gesetzes vom 28. Juni 2021 (BGBl. I S. 2250) geändert worden ist, in der jeweils geltenden Fassung, und entsprechende für Beschäftigte einschließlich der zu ihrer Berufsbildung beschäftigten Personen vorgehaltene Informationen sowie für Informationen aus Stellenbesetzungsvorgängen,
8. für Informationen im Zusammenhang mit der gerichtlichen oder außergerichtlichen Geltendmachung oder Abwehr von Ansprüchen,
9. für Grundlagenforschung und anwendungsbezogene Forschung,
10. soweit der Schutz geistigen Eigentums entgegensteht,
11. soweit Unterlagen von Beratungen durch spezialgesetzliche Vertraulichkeitsvorschriften geschützt sind,
12. soweit Unterlagen nach § 4 Absatz 1 Satz 2 des Sächsischen Sicherheitsüberprüfungsgesetzes vom 19. Februar 2004 (SächsGVBl. S. 44), das zuletzt durch Artikel 21 des Gesetzes vom 27. Januar 2012 (SächsGVBl. S. 130) geändert worden ist, in der jeweils geltenden Fassung, als Verschlusssache eingestuft sind,
13. soweit das Bekanntwerden der Information die Landesverteidigung, die innere Sicherheit oder die öffentliche Sicherheit nicht unerheblich gefährden würde,
14. soweit das Bekanntwerden der Information die internationalen Beziehungen, die Beziehungen zum Bund oder zu einem anderen Land gefährden würde,
15. soweit dem Bekanntwerden der Information Aufgaben oder Tätigkeiten des Landesamts für Verfassungsschutz entgegenstehen,
16. soweit das Bekanntwerden der Information ein Gerichtsverfahren, ein Ermittlungsverfahren, ein Ordnungswidrigkeitenverfahren oder ein Disziplinarverfahren beeinträchtigen würde,
17. soweit das Bekanntwerden der Information nachteilige Auswirkungen auf die Tätigkeit der Vergabekammern und Regulierungsbehörden sowie auf die Kontroll- und Aufsichtsaufgaben der Finanz-, Wettbewerbs- und Sparkassenaufsichtsbehörden haben könnte,
18. soweit das Bekanntwerden der Information die IT-Sicherheit oder die IT-Infrastruktur des Freistaates Sachsen oder der seiner Aufsicht unterstehenden juristischen Personen des öffentlichen Rechts gefährden könnte,
19. für Betriebs- und Geschäftsgeheimnisse, soweit nicht
    a) der rechtmäßige Inhaber des Betriebs- und Geschäftsgeheimnisses in das Bekanntwerden eingewilligt hat oder
    b) das Transparenzinteresse überwiegt,
20. für Informationen aus Tarifverträgen, soweit die Einsichtnahme oder Auskunft nicht zulässig ist nach dem Tarifvertragsgesetz in der Fassung der Bekanntmachung vom 25. August 1969 (BGBl. I S. 1323), das zuletzt durch Artikel 8 des Gesetzes vom 20. Mai 2020 (BGBl. I S. 1055) geändert worden ist, und der Verordnung zur Durchführung des Tarifvertragsgesetzes in der Fassung der Bekanntmachung vom 16. Januar 1989 (BGBl. I

S. 76), die zuletzt durch Artikel 1 der Verordnung vom 25. Juni 2021 (BGBl. I S. 2146) geändert worden ist, in den jeweils geltenden Fassungen,

21. für Informationen im Zusammenhang mit medizinischen Behandlungen einzelner Personen,
22. vorbehaltlich des § 8 Absatz 1 Nummer 16, soweit Angelegenheiten und Belange der Beteiligungsunternehmen des Freistaates Sachsen betroffen sind.

(2) [1]Sofern die Veröffentlichung oder der Informationszugang auf Antrag durch höherrangiges Recht oder spezialgesetzliche Regelungen verboten ist, sind der Gegenstand der Information und ihr Titel nach Maßgabe dieses Gesetzes darzustellen, soweit dies zulässig ist. [2]Soweit höherrangiges Recht oder spezialgesetzliche Regelungen die Veröffentlichung oder den Informationszugang auf Antrag von besonderen Voraussetzungen abhängig machen, besteht eine Transparenzpflicht nur, soweit diese Voraussetzungen vorliegen.

(3) Sofern eine Information nur teilweise nicht veröffentlicht oder auf Antrag zugänglich gemacht werden darf, ist vorbehaltlich des § 6 Absatz 1 Satz 2 die übrige Information zu veröffentlichen oder auf Antrag zugänglich zu machen.

§ 6 Schutz von Belangen Dritter

(1) [1]Die transparenzpflichtigen Stellen machen personenbezogene Daten in den Informationen unkenntlich, bevor sie die Informationen veröffentlichen oder auf Antrag zugänglich machen. [2]Verbleibt nach der Unkenntlichmachung der personenbezogenen Daten kein Informationsgehalt, werden die Informationen nicht veröffentlicht oder zugänglich gemacht. [3]§ 8 Absatz 1 Nummer 12 und 15 sowie § 11 Absatz 4 und 5 Satz 2 bleiben unberührt.

(2) [1]Die transparenzpflichtigen Stellen geben Dritten, deren schutzwürdige Belange durch die Veröffentlichung oder den Informationszugang auf Antrag beeinträchtigt werden können, Gelegenheit zur Stellungnahme. [2]Die Veröffentlichung oder der Informationszugang auf Antrag darf erst erfolgen, wenn

1. die Dritten zugestimmt haben oder
2. ein schriftlicher Bescheid der transparenzpflichtigen Stelle über die Zulässigkeit der Veröffentlichung oder des Informationszugangs auf Antrag den Dritten gegenüber
   a) bestandskräftig ist oder
   b) sofort vollziehbar ist und seit der Bekanntgabe des Bescheids an die Dritten zwei Wochen verstrichen sind.

(3) [1]Können schutzwürdige Belange einer größeren Anzahl von Personen beeinträchtigt werden, kann die Anhörung nach Absatz 2 Satz 1 durch öffentliche Bekanntmachung erfolgen. [2]§ 6 Absatz 1a Satz 3 bis 5 des Sächsischen Umweltinformationsgesetzes gilt entsprechend.

Abschnitt 2
Veröffentlichung

§ 7 Transparenzplattform

(1) Die für den Betrieb der Transparenzplattform eingesetzte Software und ihre Komponenten müssen unter einer Freien Lizenz verfügbar sein.

(2) [1]Der Zugang zur Transparenzplattform ist kostenlos, anonym und barrierefrei zu ermöglichen. [2]Der Zugang soll auch in Dienstgebäuden der staatlichen transparenzpflichtigen Stellen gewährleistet sein, soweit die vorhandene räumliche und technische Struktur einen solchen Zugang erlaubt.

(3) [1]Alle Informationen müssen barrierefrei auffindbar, maschinell suchbar und druckbar sein. [2]Die Transparenzplattform enthält eine Funktion zur Suche von Informationen und eine nicht anonyme Rückmeldefunktion zur Kontaktaufnahme mit der für den Betrieb verantwortlichen Stelle.

(4) [1]Die Nutzung, Weiterverwendung und Verbreitung der veröffentlichten und zugänglich gemachten Informationen sind kostenfrei zulässig. [2]Die transparenzpflichtigen Stellen verwenden dazu allgemein anerkannte Lizenzen wie Creative Commons oder Datenlizenz Deutschland und geben an, welches Lizenzmodell auf bereitgestellte Informationen Anwendung findet. [3]Soweit Rechte Dritter, höherrangiges Recht oder spezialgesetzliche Regelungen entgegenstehen, macht die transparenzpflichtige Stelle entsprechende Vermerke. [4]Die transparenzpflichtigen Stellen sollen sich die entsprechenden Rechte bei der Beschaffung von Informationen einräumen lassen, soweit dies für eine freie Nutzung, Weiterverwendung und Verbreitung erforderlich ist.

§ 8 Veröffentlichungspflichtige Informationen

(1) Der Veröffentlichungspflicht unterliegen

1. Beschlüsse der Staatsregierung,
2. zur Anhörung freigegebene Gesetzentwürfe der Staatsregierung und zur Anhörung freigegebene Entwürfe von Rechtsverordnungen,
3. Vorlagen, Stellungnahmen, Berichte und Mitteilungen der Staatsregierung an den Landtag, Stellungnahmen der Staatsregierung zu Volksanträgen,
4. Staatsverträge und Verwaltungsabkommen,
5. Tagesordnungen von gesetzlich vorgesehenen öffentlichen Sitzungen einschließlich deren Anlagen und sitzungsvorbereitenden Unterlagen, in öffentlicher Sitzung gefasste Beschlüsse einschließlich der zugehörigen Protokolle und Anlagen,
6. Satzungen und Geschäftsordnungen,
7. Verträge der Daseinsvorsorge mit einem Auftragswert von mehr als 25 000 Euro,
8. die wesentlichen Inhalte von Verträgen von allgemeinem öffentlichen Interesse mit einem Auftragswert von mehr als 25 000 Euro, soweit es sich um Verträge handelt, durch welche sich die transparenzpflichtige Stelle als Leistungserbringer verpflichtet hat und soweit durch die Veröffentlichung wirtschaftliche Interessen des Freistaates Sachsen nicht beeinträchtigt werden,
9. Haushalts-, Stellen-, Organisations-, Geschäftsverteilungs- und Aktenpläne,
10. Erlasse, Dienstanweisungen und allgemeine Veröffentlichungen, wovon Erlasse und Dienstanweisungen in dienst- oder tarifrechtlichen Angelegenheiten ausgenommen sind, soweit sie Fragen des finanziellen Dienstrechts oder Entgeltfragen betreffen,
11. von transparenzpflichtigen Stellen erstellte oder in Auftrag gegebene amtliche Statistiken und Tätigkeitsberichte, vorbehaltlich des § 18 des Sächsischen Statistikgesetzes vom 17. Mai 1993 (SächsGVBl. S. 453), das zuletzt durch Artikel 26 des Gesetzes vom 26. April 2018 (SächsGVBl. S. 198) geändert worden ist, in der jeweils geltenden Fassung,
12. Gutachten, Studien und Berichte, soweit sie von transparenzpflichtigen Stellen in Auftrag gegeben wurden, in Entscheidungen der transparenzpflichtigen Stellen einflossen

oder ihrer Vorbereitung dienten, einschließlich des Namens der verfassenden Person; § 5 Absatz 1 Nummer 9 findet keine Anwendung,

13. Informationen, die zugänglich gemacht worden sind nach § 6 Absatz 1 des Verbraucherinformationsgesetzes in der Fassung der Bekanntmachung vom 17. Oktober 2012 (BGBl. I S. 2166, 2725), das durch Artikel 8 des Gesetzes vom 27. Juli 2021 (BGBl. I S. 3146) geändert worden ist, in der jeweils geltenden Fassung und etwaige Richtigstellungen nach § 6 Absatz 4 des Verbraucherinformationsgesetzes,
14. die von den transparenzpflichtigen Stellen erstellten öffentlichen landesweiten Pläne,
15. eine tabellarische Übersicht aller einschließlich der von der Sächsischen Aufbaubank – Förderbank – nach den §§ 23 und 44 der Sächsischen Haushaltsordnung in der Fassung der Bekanntmachung vom 10. April 2001 (SächsGVBl. S. 153), die zuletzt durch Artikel 1 des Gesetzes vom 21. Mai 2021 (SächsGVBl. S. 578) geändert worden ist, in der jeweils geltenden Fassung, bewilligten Förderungen,
    a) ab einem Betrag von 2 500 Euro jeweils mit der Angabe von Bescheiddatum, Höhe der bewilligten Zuwendung, bewilligender Behörde, Bewilligungszeitraum, Fördergegenstand, Förderart und Finanzierungsform sowie
    b) ab einem Betrag von 10 000 Euro zusätzlich mit der Angabe der Zuwendungsempfänger, es sei denn, es handelt sich um nichtgewerblich handelnde natürliche Personen,

    soweit durch die Veröffentlichung nicht im Einzelfall wirtschaftliche Interessen der öffentlichen Hand als Zuwendungsempfänger erheblich beeinträchtigt werden,
16. die wesentlichen Unternehmensinformationen für privatrechtliche Unternehmen, an denen der Freistaat Sachsen mehrheitlich beteiligt ist, und für öffentlich-rechtliche Unternehmen, die er errichtet hat; die Veröffentlichung kann in einem regelmäßigen Beteiligungsbericht erfolgen,
17. Informationen, die bereits aufgrund anderer Rechtsvorschriften zu veröffentlichen sind, mit Ausnahme der in den Absätzen 2 und 3 genannten, oder deren Veröffentlichung auf tatsächlicher Übung beruht,
18. im Rahmen des Antragsverfahrens nach Abschnitt 3, mit Ausnahme des § 11 Absatz 4 und 5 Satz 2, elektronisch zugänglich gemachte Informationen und im Rahmen des Antragsverfahrens nach dem Sächsischen Umweltinformationsgesetz elektronisch zugänglich gemachte Umweltinformationen.

(2) Daten, die nach § 8 Absatz 1 des Sächsischen E-Government-Gesetzes in der Fassung der Bekanntmachung vom 8. November 2019 (SächsGVBl. S. 718), das durch Artikel 3 der Verordnung vom 12. April 2021 (SächsGVBl. S. 517) geändert worden ist, in der jeweils geltenden Fassung, zum Datenabruf bereitgestellt werden, unterliegen nicht der Veröffentlichungspflicht nach diesem Gesetz.

(3) Auf der Transparenzplattform ist anzugeben, auf welcher Internetseite Folgendes veröffentlicht ist:

1. Umweltinformationen, die gemäß § 12 Absatz 1 des Sächsischen Umweltinformationsgesetzes zu verbreiten sind,
2. Rechtsvorschriften und Verwaltungsvorschriften sowie
3. Geodaten nach Maßgabe des Sächsischen Geodateninfrastrukturgesetzes vom 19. Mai 2010 (SächsGVBl. S. 134), das zuletzt durch Artikel 18 der Verordnung vom 12. April 2021 (SächsGVBl. S. 517) geändert worden ist, in der jeweils geltenden Fassung.

(4) Die transparenzpflichtigen Stellen können nach Maßgabe dieses Gesetzes auch nicht veröffentlichungspflichtige Informationen auf der Transparenzplattform bereitstellen.

§ 9 Ausgestaltung der Veröffentlichungspflicht

(1) [1]Veröffentlichungspflichtige Informationen sind unverzüglich im Volltext auf der Transparenzplattform zu veröffentlichen. [2]Sie sind in einem nicht veränderbaren Format und in allen vorhandenen sprachlichen Fassungen bereitzustellen. [3]Soweit damit für die transparenzpflichtigen Stellen kein unverhältnismäßiger Aufwand verbunden ist, sollen sie in einem kostenfrei zugänglichen, plattformunabhängigen und maschinenlesbaren Format mit den zugehörigen Metadaten bereitgestellt werden. [4]§ 8 Absatz 7 Satz 2 und 4 des Sächsischen E-Government-Gesetzes gilt entsprechend.

(2) [1]Veröffentlichungspflichtige Informationen sind mindestens zehn Jahre zu veröffentlichen, Informationen nach § 8 Absatz 1 Nummer 12 und 15 jedoch nicht länger als fünf Jahre. [2]Soweit höherrangiges Recht oder spezialgesetzliche Regelungen die Löschung veröffentlichter Informationen vorsehen, sind diese von der Transparenzplattform zu entfernen.

Abschnitt 3
Information auf Antrag

§ 10 Antragstellung

(1) [1]Der Antrag auf Zugang zu Informationen kann in Schriftform, Textform, elektronischer Form, zur Niederschrift bei der transparenzpflichtigen Stelle oder über die Transparenzplattform gestellt werden. [2]Ist die angerufene transparenzpflichtige Stelle nicht zuständig, informiert sie die Antragstellerin oder den Antragsteller und leitet den Antrag an die transparenzpflichtige Stelle weiter.

(2) [1]Der Antrag muss Namen und Adresse der Antragstellerin oder des Antragstellers enthalten und die begehrten Informationen bezeichnen. [2]Die Antragstellerin oder der Antragsteller hat einen Anspruch auf Unterstützung bei der Antragstellung durch die angerufene transparenzpflichtige Stelle. [3]Ist der Antrag zu unbestimmt, hat die transparenzpflichtige Stelle dies der Antragstellerin oder dem Antragsteller mitzuteilen und Gelegenheit zur Präzisierung zu geben.

(3) [1]Betrifft ein Antrag schutzwürdige Belange Dritter, soll er begründet und ein berechtigtes Interesse an der Information geltend gemacht werden. [2]In der Begründung sollen die besonderen Umstände des Einzelfalls dargelegt werden, auf die sich das berechtigte Interesse der Antragstellerin oder des Antragstellers stützt. [3]Soweit ein berechtigtes Interesse nicht dargelegt wird oder sich aus den dargelegten Umständen nicht ergibt, dass dieses die schutzwürdigen Belange Dritter überwiegt, soll der Antrag abgelehnt werden.

§ 11 Zugang zu Informationen

(1) [1]Die Antragstellerin oder der Antragsteller kann wählen, ob die begehrten Informationen durch Auskunft oder durch Einsicht zugänglich gemacht werden. [2]Auf Antrag erteilt die transparenzpflichtige Stelle die Auskunft, indem sie Abschriften oder lesbare Ausdrucke der Informationen übersendet. [3]Die transparenzpflichtige Stelle kann die gewählte Art der Informationsgewährung ablehnen und stattdessen die Information auf andere Art gewähren, wenn

1. dies wesentlich weniger aufwendig ist und ein in der Person der Antragstellerin oder des Antragstellers liegendes Interesse an der gewählten Art der Informationsgewährung nicht überwiegt oder
2. Gründe der Sicherheit entgegenstehen.

(2) [1]Für die Einsicht nach Absatz 1 Satz 1 stellt die transparenzpflichtige Stelle ausreichende sachliche, zeitliche und räumliche Möglichkeiten zur Verfügung. [2]Die Anfertigung von Fotos der Information und von Notizen ist gestattet.

(3) Soweit Informationen nur mit Hilfe von Maschinen lesbar sind, stellt die transparenzpflichtige Stelle auf Verlangen der Antragstellerin oder des Antragstellers die erforderlichen Lesegeräte einschließlich der erforderlichen Leseanweisungen oder lesbare Ausdrucke zur Verfügung.

(4) [1]Zu personenbezogenen Daten ist der Zugang auf Antrag zu gewähren, wenn
1. er durch Rechtsvorschrift erlaubt ist,
2. die betroffene Person in die Übermittlung eingewilligt hat oder
3. ein besonders schutzwürdiges Interesse an der Information besteht und überwiegende schutzwürdige Belange nicht entgegenstehen.

[2]Besondere Kategorien personenbezogener Daten im Sinne des Artikels 9 Absatz 1 der Verordnung (EU) 2016/679 des Europäischen Parlaments und des Rates vom 27. April 2016 zum Schutz natürlicher Personen bei der Verarbeitung personenbezogener Daten, zum freien Datenverkehr und zur Aufhebung der Richtlinie 95/46/EG (Datenschutz-Grundverordnung) (ABl. L 119 vom 4.5.2016, S. 1, L 314 vom 22.11.2016, S. 72, L 127 vom 23.5.2018, S. 2, L 74 vom 4.3.2021, S. 35) in der jeweils geltenden Fassung, dürfen nur zugänglich gemacht werden, wenn die betroffene Person ausdrücklich eingewilligt hat.

(5) [1]Personenbezogene Daten von Bediensteten und ehemaligen Bediensteten von transparenzpflichtigen Stellen sowie von Bewerberinnen und Bewerbern werden nicht zugänglich gemacht. [2]Name, Titel, akademischer Grad, Berufs- und Funktionsbezeichnung, Telekommunikationsnummer und E-Mail-Adresse von Bearbeiterinnen und Bearbeitern werden ausnahmsweise auf Antrag zugänglich gemacht, soweit die Voraussetzungen des § 11 Absatz 3 des Sächsischen Datenschutzdurchführungsgesetzes vom 26. April 2018 (SächsGVBl. S. 198, 199), das durch Artikel 2 Absatz 4 des Gesetzes vom 5. April 2019 (SächsGVBl. S. 245) geändert worden ist, in der jeweils geltenden Fassung, vorliegen.

(6) Sind die begehrten Informationen im Internet veröffentlicht, kann die transparenzpflichtige Stelle zur Erfüllung der Informationspflicht auf die Fundstelle verweisen.

§ 12 Entscheidung

(1) [1]Soweit eine Informationspflicht besteht, macht die transparenzpflichtige Stelle die begehrten Informationen unverzüglich, spätestens aber innerhalb eines Monats nach Eingang des Antrags, vorbehaltlich des § 11 Absatz 1 Satz 3 in der gewählten Form zugänglich. [2]§ 6 Absatz 2 bleibt unberührt.

(2) [1]Können die begehrten Informationen nicht oder nicht vollständig innerhalb der Frist des Absatzes 1 Satz 1 zugänglich gemacht werden oder erfordern Umfang oder Komplexität eine intensive Prüfung, können die transparenzpflichtigen Stellen die Frist angemessen verlängern. [2]Die Antragstellerin oder der Antragsteller ist über die Verlängerung der Frist und über die Beteiligung von Dritten nach § 6 Absatz 2 schriftlich oder elektronisch zu unterrichten.

(3) [1]Der Antrag ist abzulehnen, wenn er zu unbestimmt ist und auf Aufforderung der transparenzpflichtigen Stelle gemäß § 10 Absatz 2 Satz 3 nicht präzisiert wurde. [2]Ferner ist der Antrag abzulehnen, wenn er offensichtlich missbräuchlich gestellt wurde.

(4) Die Ablehnung eines Antrags oder die Beschränkung des begehrten Zugangs erfolgt innerhalb der in Absatz 1 Satz 1 oder Absatz 2 Satz 1 genannten Frist durch schriftlichen Bescheid.

(5) [1]Für öffentlich-rechtliche Leistungen nach diesem Abschnitt werden vorbehaltlich des Satzes 2 kostendeckende Gebühren und Auslagen erhoben. [2]Der Zugang zu Informationen ist bis zu einem Aufwand von 600 Euro gebühren- und auslagenfrei. [3]Die Gebühr darf den Betrag von 2 500 Euro nicht übersteigen. [4]Satz 2 gilt nicht für öffentliche-rechtliche Leistungen der in § 4 Absatz 3 Satz 1 Nummer 8 genannten Stellen. [5]Betreffen mehrere Anträge einer Person an eine transparenzpflichtige Stelle denselben Lebenssachverhalt, sind sie insoweit als ein Antrag zu behandeln. [6]Abschriften oder lesbare Ausdrucke werden nicht gebühren- und auslagenfrei zur Verfügung gestellt, soweit die Informationen in zumutbarer Weise aus allgemein zugänglichen Quellen beschafft oder elektronisch übermittelt werden können. [7]Sofern der Antrag nicht gebühren- und auslagenfrei bearbeitet wird, ist die Antragstellerin oder der Antragsteller über die voraussichtliche Höhe der Gebühren und Auslagen vorab zu informieren und darauf hinzuweisen, dass der Antrag zurückgenommen oder eingeschränkt werden kann. [8]In diesem Fall verlängert sich die Frist nach Absatz 1 Satz 1 oder Absatz 2 Satz 1 um einen Monat. [9]Von der Erhebung von Kosten kann ganz oder teilweise abgesehen werden, wenn dies im Einzelfall aus Gründen der Billigkeit oder des öffentlichen Interesses geboten ist.

Abschnitt 4
Die oder der Transparenzbeauftragte

§ 13 Aufgaben

(1) [1]Die oder der Transparenzbeauftragte kontrolliert bei den transparenzpflichtigen Stellen die Einhaltung dieses Gesetzes. [2]Wer seinen Transparenzanspruch als verletzt ansieht, kann sich an sie oder ihn wenden.

(2) Die Aufgaben der oder des Transparenzbeauftragten werden der oder dem Sächsischen Datenschutzbeauftragen übertragen.

(3) [1]Die oder der Transparenzbeauftragte erstattet dem Landtag und der Staatsregierung alle zwei Jahre jeweils zum 30. September einen Tätigkeitsbericht über ihre oder seine Tätigkeit. [2]Sie oder er kann sich jederzeit an den Landtag wenden.

(4) Die oder der Transparenzbeauftragte berät die transparenzpflichtigen Stellen zur Transparenzpflicht und gibt ihnen Empfehlungen zur Verwirklichung des Transparenzgebots.

(5) Die oder der Transparenzbeauftragte erstattet auf Anforderung des Landtags oder der Staatsregierung Gutachten und Berichte zu Fragen der Transparenz sowie des Rechts auf Zugang zu Informationen und geht Hinweisen nach, die solche Fragen in dem ihrer oder seiner Kontrolle unterliegenden Bereich betreffen.

(6) [1]Die oder der Transparenzbeauftragte und ihre oder seine Mitarbeiterinnen und Mitarbeiter sind, auch nach Beendigung der Tätigkeit, verpflichtet, über die ihnen amtlich bekanntgewordenen Angelegenheiten Verschwiegenheit zu wahren. [2]Dies gilt nicht für Mitteilungen im dienstlichen Verkehr oder über Tatsachen, die offenkundig sind oder ihrer Bedeutung nach keiner Geheimhaltung bedürfen. [3]Die oder der Transparenzbeauftragte

entscheidet nach pflichtgemäßem Ermessen, ob und inwieweit sie oder er oder ihre oder seine Mitarbeiterinnen und Mitarbeiter über solche Angelegenheiten vor Gericht oder außergerichtlich aussagen oder Erklärungen abgeben. [4]Nach Beendigung ihres oder seines Amtsverhältnisses ist die Genehmigung der oder des amtierenden Transparenzbeauftragten erforderlich.

§ 14 Anhörungs- und Unterstützungspflicht

(1) Die oder der Transparenzbeauftragte ist zu Entwürfen von Gesetzen, Rechtsverordnungen und Verwaltungsvorschriften zu hören, soweit sie den Transparenzanspruch betreffen.

(2) [1]Die transparenzpflichtigen Stellen sind verpflichtet, die oder den Transparenzbeauftragten und ihre oder seine Beauftragten bei der Erfüllung ihrer Aufgaben zu unterstützen. [2]Ihnen ist im Rahmen der Kontrollbefugnis nach § 13 Absatz 1 Satz 1 insbesondere Auskunft zu ihren Fragen, Einsicht in Unterlagen und Zutritt zu den Diensträumen zu gewähren. [3]Die oder der Transparenzbeauftragte informiert die Leitung der transparenzpflichtigen Stelle über eine bevorstehende Kontrolle in den Diensträumen.

§ 15 Beanstandung

(1) [1]Stellt die oder der Transparenzbeauftragte einen Verstoß einer transparenzpflichtigen Stelle gegen dieses Gesetz fest, beanstandet sie oder er nach Anhörung schriftlich den Verstoß

1. einer staatlichen transparenzpflichtigen Stelle gegenüber der zuständigen obersten Staatsbehörde,
2. einer der Aufsicht des Freistaates Sachsen unterstehenden juristischen Person des öffentlichen Rechts gegenüber dem vertretungsberechtigten Organ

und fordert zur Stellungnahme sowie Behebung des Verstoßes innerhalb einer angemessenen Frist auf. [2]In den Fällen des Satzes 1 Nummer 2 unterrichtet die oder der Transparenzbeauftragte gleichzeitig die zuständige Aufsichtsbehörde. [3]In der Beanstandung setzt sich die oder der Transparenzbeauftragte inhaltlich mit dem Vorbringen der transparenzpflichtigen Stelle auseinander.

(2) [1]Die Stellungnahme soll auch eine Darstellung der Maßnahmen enthalten, die aufgrund der Beanstandung getroffen wurden oder beabsichtigt sind. [2]Die in Absatz 1 Satz 1 Nummer 2 genannten Stellen leiten der zuständigen Aufsichtsbehörde eine Abschrift ihrer Stellungnahme zu.

(3) Die oder der Transparenzbeauftragte kann von einer Beanstandung und Aufforderung zur Stellungnahme absehen, insbesondere wenn es sich um unerhebliche oder inzwischen beseitigte Mängel handelt.

Abschnitt 5
Schlussvorschriften

§ 16 Vorverfahren und Rechtsweg

(1) [1]Über den Widerspruch entscheidet die transparenzpflichtige Stelle, die den Bescheid erlassen hat. [2]Ein Widerspruchsverfahren ist auch dann durchzuführen, wenn die Entscheidung von einer obersten Staatsbehörde getroffen wurde.

(2) Die §§ 32e und 32i der Abgabenordnung in der Fassung der Bekanntmachung vom 1. Oktober 2002 (BGBl. I S. 3866; 2003 I S. 61), die zuletzt durch Artikel 33 des Gesetzes vom 5. Oktober 2021 (BGBl. I S. 4607) geändert worden ist, in der jeweils geltenden Fassung, bleiben unberührt.

§ 17 Übergangsregelungen

(1) Vor der Errichtung der Transparenzplattform aufgezeichnete Informationen können auf ihr veröffentlicht werden, insbesondere soweit sie in einer veröffentlichungsfähigen Form vorliegen.

(2) [1]Die Transparenzplattform ist innerhalb von drei Jahren nach dem Inkrafttreten dieses Gesetzes zu errichten und in Betrieb zu nehmen. [2]Über die Umsetzung hat die Staatsregierung dem Landtag halbjährlich zu berichten. [3]Die Verpflichtungen nach Abschnitt 2 bestehen erst mit Errichtung der Transparenzplattform, spätestens jedoch nach Ablauf der in Satz 1 genannten Frist.

(3) Zwei Jahre nach Inkrafttreten dieses Gesetzes überprüft die Staatsregierung die Anwendung des Gesetzes mit Ausnahme des Abschnittes 2 und die Auswirkungen des Gesetzes unter Berücksichtigung

1. der Ausweitung des Gesetzes auf Gemeinden, Landkreise und Gemeindeverbände,
2. der regelmäßigen Kostenfreiheit des Informationszugangs auf Antrag und
3. der Zweckmäßigkeit von § 16 Absatz 1.

(4) [1]Drei Jahre nach der Errichtung der Transparenzplattform überprüft die Staatsregierung in einer umfassenden Evaluation die Anwendung des Gesetzes und seine Auswirkungen. [2]Neben den in Absatz 3 Nummer 1 bis 3 genannten Gesichtspunkten sollen auch die Möglichkeiten der Einbeziehung der in § 8 Absatz 2 und 3 aufgeführten Veröffentlichungspflichten in die Transparenzpflicht untersucht werden.

(5) [1]Die Staatsregierung berichtet dem Landtag über das Ergebnis der Evaluation nach Absatz 3 spätestens sechs Monate und über das Ergebnis der Evaluation nach Absatz 4 spätestens ein Jahr nach dem Ende des Evaluationszeitraums. [2]Dabei berücksichtigt sie jeweils die Berichte der oder des Transparenzbeauftragten.

§ 18 Einschränkung eines Grundrechts

Auf Grund dieses Gesetzes kann das Grundrecht auf informationelle Selbstbestimmung (Artikel 33 der Verfassung des Freistaates Sachsen) eingeschränkt werden.

B. Gesetz über die Transparenz von Informationen im Freistaat Sachsen (Sächsisches Transparenzgesetz – SächsTranspG)

vom 19. August 2022 (SächsGVBl. S. 486)

Inhaltsübersicht

Einleitung zum Gesetz

I. Transparenz von Verwaltungshandeln

1 Am 1.1.2023 ist das Sächsische Transparenzgesetz in Kraft getreten.[1] Sachsen betritt mit dem Erlass des Gesetzes im **Bundesvergleich** ausgetretene Pfade. In Sachen Informationsfreiheit und Transparenz war Sachsen bislang bundesweit Schlusslicht.[2] Zwar gibt es in Deutschland – anders als im Recht der EU und der meisten ihrer Mitgliedstaaten – keinen allgemeinen Grundsatz der Öffentlichkeit im Exekutivbereich.[3] Im Bund und den meisten Bundesländern gelten aber, zum Teil schon seit Jahrzehnten, Informationsfreiheitsgesetze, die einen Anspruch auf Zugang zu behördlichen Informationen begründen. Einige Länder haben ihre Informationsfreiheitsgesetze zu Transparenzgesetzen weiterentwickelt, Hamburg bereits im Jahr 2012, Rheinland-Pfalz (2015), Bremen (2015)[4] und Thüringen (2019) folgten. Transparenzgesetze unterscheiden sich von Informationsfreiheitsgesetzen dadurch, dass sie unabhängig von einem Antrag auch die Veröffentlichung bestimmter Informationen auf einer Plattform im Internet vorsehen, während jene lediglich einen Anspruch auf Zugang zu Informationen begründen.

2 Auf **europäischer Ebene** gibt es bereits seit langem transparenzrechtliche Regelungen für die EU.[5] Nach Art. 10 Abs. 3 EUV werden Entscheidungen bspw. „so offen und bürgernah wie möglich getroffen", nach Art. 11 EUV ist „Transparenz des Handelns der Union zu gewährleisten". Neben diesen primärrechtlichen Verpflichtungen für die EU selbst sieht das Europarecht bereits seit mehreren Jahrzehnten bereichsspezifische Informations- und Transparenzpflichten für die Mitgliedstaaten vor, etwa im Umweltbereich.[6] Den Anschluss an Europa hat Deutschland mit seinen Informationsfreiheitsgesetzen nur langsam gefunden.[7] Weitere Informationspflichten kennt das Bundesrecht z. B. mit dem Verbraucherinformationsgesetz.[8] Schließlich sieht selbst das sächsische Verfassungsrecht in Art. 34 SächsVerf einen Anspruch auf Zugang zu Umweltdaten vor.[9] Diese verschiedenen **Ansätze** zur Informationsfreiheit und Transparenz bedürften perspektivisch wohl der Zusammenführung.

3 Für eine Offenheit der Verwaltung sprechen sachliche, **demokratietheoretische Gründe**. Die Grundidee von Informationsfreiheit und Transparenz ist letztlich der

1 SächsGVBl. 2022, S. 486.

2 Informationsfreiheitsgesetze fehlen allerdings auch in Niedersachsen und in Bayern. Bayern hat zunächst in seinem E-Government-Gesetz, seit August 2022 im Bayerischen Digitalgesetz zwar Gedanken der Informationsfreiheit aufgegriffen, allerdings ohne diese mit subjektiv-öffentlichen Rechten zu versehen.

3 Schoch, VVDStRL 57 (1998), 158 (201).

4 In Bremen gilt ein Informationsfreiheitsgesetz, das seit 2015 nach Art eines Transparenzgesetzes auch Veröffentlichungspflichten kennt.

5 Hierzu Schoch, § 1 Rn. 1.

6 Umweltinformationsrichtlinie (RL 2003/4/EG), die durch die Umweltinformationsgesetze von Bund und Ländern umgesetzt wurde.

7 So bereits vor fast 25 Jahren Schoch, VVDStRL 57 (1998), 158 (201).

8 Zu diesem und dem Datennutzungsgesetz des Bundes vgl. § 1 Rn. 27 f.

9 Hierzu, insbesondere zum Verhältnis zum Europarecht und zum SächsUIG Berlit, in: Baumann-Hasske, Art. 34 Rn. 4 ff.

Ausgleich eines Informationsgefälles zwischen Staat und Bürgern. Transparenz hat – entgegen einer verbreitet anzutreffenden Selbstwahrnehmung der Verwaltung – nichts mit Misstrauen gegenüber dem Staat zu tun. Eine über die Abgabe der Stimme bei Wahlen hinausgehende „Einmischung" der Bürgerinnen und Bürger stellt nicht etwa eine Störung der regulären Kontrollmechanismen im parlamentarischen Staat dar.[10] Akteure in der öffentlichen Diskussion sind von Informationen abhängig.[11] Demokratie bedeutet, dass der Staat für sein Handeln dem Volk gegenüber verantwortlich ist. Allerdings kann man nichts vor dem Volk verantworten, was dessen Kenntnisnahme entzogen ist.[12] Dieser Grundgedanke hat umso mehr Gewicht, wenn ein demokratisches Gemeinwesen nicht direktdemokratisch geprägt ist, sondern, wie die Bundesrepublik und ihre Bundesländer, dem Leitbild einer **repräsentativen Demokratie** folgt. Je weniger Möglichkeiten die Bürgerinnen und Bürger haben, sich außerhalb von Wahlen und Abstimmungen aktiv in demokratische Prozesse einzubringen, umso transparenter sollten diese Prozesse sein.

4 Ähnliches gilt auch im Hinblick auf die **Komplexität** und die **Bedeutung** von Entscheidungen und Vorgängen: Je komplizierter die fachlichen Zusammenhänge und je einschneidender die Folgen von Entscheidungen sind, desto wichtiger ist es, diese Zusammenhänge und Entscheidungsprozesse transparent zu machen. Nur so können Bürgerinnen und Bürger die Entscheidungen der Verwaltung überhaupt bewerten und daraus als Akteure im politischen Prozess, z. B. als Wählerinnen und Wähler, die erforderlichen Schlüsse ziehen.

5 Vereinzelte fundamentale Kritik an dem Konzept von Informationsfreiheit und Transparenz hat sich nicht durchsetzen können.[13] Die Tendenz zur Transparenz ist unumkehrbar. Die elektronische Vorgangsbearbeitung ermöglicht Transparenz und Informationsfreiheit mit überschaubarem Aufwand. Auch die durch das Internet erst sinnvoll ermöglichte Weiterentwicklung hin zu einer proaktiven Veröffentlichung von Behördeninformationen ist ein unaufhaltsamer Prozess zu mehr Offenheit der Verwaltung. Perspektivisch wird sich – wo das nicht ohnehin schon geschehen ist – die Erkenntnis durchsetzen, dass die **Vorteile von Transparenz** die Nachteile, insbesondere den damit verbundenen Aufwand[14], deutlich überwiegen. Transparenz und Informationsfreiheit sind – jenseits der demokratietheoretischen Erwägungen – auch mit wirtschaftlichen Vorteilen verbunden.[15] Können Unternehmen unkompliziert auf Informationen der Verwaltung zugreifen, kann sich dies – wie eine moderne und offene Verwaltung generell – als Standortvorteil erweisen.

6 Neben dem messbaren Nutzen für die Bürgerinnen und Bürger und für die Wirtschaft zielt das Gesetz – auf einer abstrakteren Ebene – auf weitere positive Effekte, etwa die

10 Lübbe-Wolff, VVDStRL 60 (2000), 246 (277).

11 Schoch, VVDStRL 57 (1998), 158 (211).

12 Lübbe-Wolff, VVDStRL 60 (2000), 246 (276); siehe auch BVerfG, Urt. v. 5.11.1975 – 2 BvR 193/74 –, juris Rn. 61: „Die parlamentarische Demokratie basiert auf dem Vertrauen des Volkes; Vertrauen ohne Transparenz, die erlaubt zu verfolgen, was politisch geschieht, ist nicht möglich."

13 Schoch, IFG, § 1 Rn. 3.

14 Aber auch: u. U. Verlangsamung von Entscheidungsprozessen, falsche Erwartungen hinsichtlich der Umsetzung konkreter Anliegen, Missbrauchspotentiale als populistisches Instrument, hierzu von Lucke/Gollasch, S. 22, 44.

15 Nur vereinzelt wird der Zugang zu Informationen bei rein wirtschaftlichen Interessen nicht gewährt, vgl. bspw. § 82 Nr. 5 HDSIG.

Stärkung des Vertrauens in eine unvoreingenommene und korruptionsfreie Verwaltung[16] und die Verbesserung der **Verwaltungskultur** (§ 1 Rn. 8).

Der Anspruch auf Zugang zu Informationen ist nach herkömmlichem Verständnis grundrechtlich nicht geschützt. Die **Informationsfreiheit** des **Art. 5 Abs. 1 Satz 1 GG** und des **Art. 20 Abs. 1 Satz 1 SächsVerf**[17] gewährt zwar das Recht, „sich aus allgemein zugänglichen Quellen ungehindert zu unterrichten". Und nach der Rechtsprechung des Bundesverfassungsgerichts ist das „Grundrecht der Informationsfreiheit [...] wie das Grundrecht der freien Meinungsäußerung eine der wichtigsten Voraussetzungen der freiheitlichen Demokratie".[18] Allerdings handelt es sich bei ihm nach seiner Grundstruktur um ein **Abwehrrecht**, das keinen Anspruch auf die Erschließung neuer Informationsquellen einräumt.[19] Namentlich ist der Gesetzgeber damit – jedenfalls im Grundsatz – frei, über das „Ob" und das „Wie", also über Umfang und Grenzen von Informationsfreiheit und Transparenz zu entscheiden. Legt der Gesetzgeber allerdings die Zugänglichkeit von staatlichen Vorgängen und deren Öffnung als Informationsquelle fest, ist in diesem Umfang auch der Schutzbereich der Informationsfreiheit eröffnet.[20] Die Gewährleistungsdimension des Art. 5 Abs. 1 Satz 1 GG lässt sich in diesem Fall als Anspruch auf Gleichbehandlung im Zugang beschreiben.[21] 7

Die Grundrechtsdogmatik ist aber auch insofern entwicklungssoffen. So wird bereits vertreten, dass Einschränkungen einfachrechtlich begründeter Informations- und Transparenzansprüche am Grundrecht des Art. 5 Abs. 1 Satz 1 GG zu messen seien.[22] Ob das beginnende Umdenken dazu führt, dass sich die überkommene Dogmatik – gerade in Anbetracht des mit der Digitalisierung verbundenen Potentials – weiter entwickelt und das **Grundrecht der Informationsfreiheit als Leistungsrecht** und Einschränkungen als rechtfertigungsbedürftige Eingriffe in dieses so verstandene Grundrecht zu verstehen sein wird,[23] wird die Zeit zeigen. Für die Pressefreiheit ist ein solcher verfassungsunmittelbarer Anspruch in Ergänzung der abwehrrechtlichen Dimension des Art. 5 Abs. 1 GG bereits lange anerkannt.[24] Sofern eine solche Entwicklung nicht abgewartet werden soll, wäre die entsprechende Änderung des Grundgesetzes oder der Sächsischen Verfassung das probate Mittel.[25] 8

II. Entstehung des Gesetzes

Der Freistaat Sachsen hat sich auf dem Gebiet der Informationsfreiheit und Transparenz bislang nicht durch rege **Gesetzgebungstätigkeit** ausgezeichnet. Eher kann man 9

16 von Lucke/Gollasch, S. 44.
17 Komplementär Art. 10 Abs. 1 Satz 2 EMRK (und diesem nachgebildet Art. 11 Abs. 1 Satz 2 EU-Grundrechte-Charta), der nach neuerer Lesart z. T. auch als Recht auf Zugang zu Informationen im Besitz des Staates verstanden werden kann, vgl. Daiber, in: Meyer-Ladewig/Nettesheim/von Raumer, Art. 10 Rn. 16 m. w. N.; zurückhaltender Grabenwarter, in: Dürig/Herzog/Scholz, Art. 5 Abs. 1 Rn. 987 und Jarass, Art. 11 Rn. 15.
18 BVerfG, Beschl. v. 3.10.1969 – 1 BvR 46/65 –, juris Rn. 28.
19 Bethge, in: Sachs, Art. 5 Rn. 59a; Grabenwarter, in: Dürig/Herzog/Scholz, Art. 5 Abs. 1 Rn. 1020.
20 BVerfG, Beschl. v. 20.6.2017 – 1 BvR 1978/13 –, juris Rn. 20.
21 Grabenwarter, in: Dürig/Herzog/Scholz, Art. 5 Abs. 1 Rn. 1023.
22 Grabenwarter, in: Dürig/Herzog/Scholz, Art. 5 Abs. 1 Rn. 989.
23 Kritisch Grabenwarter a. a. O.
24 Ständige Rechtsprechung, zuletzt BVerwG, Beschl. v. 10.5.2022 – 6 A 9/21 –, juris Rn. 8.
25 Die Hamburgische Landesverfassung sieht seit dem Jahr 2020 in ihrem Art. 56 Transparenz als Verfassungsgut vor, wobei der subjektiv-rechtliche Charakter dieser Norm zweifelhaft ist, vgl. Maatsch/Schnabel, Einl. Rn. 11 ff. Auch Schleswig-Holstein kennt in seiner Verfassung inzwischen eine objektiv-rechtliche Verpflichtung zu Transparenz (Art. 53 Verf SH).

sagen, dass eine lange, mühsame Geschichte ein vorläufiges Ende gefunden hat. Bereits in der 5. Wahlperiode gab es aus der Opposition Gesetzentwürfe,[26] denen aber erwartungsgemäß kein Erfolg beschieden war. Für die 6. Wahlperiode einigten sich die damaligen Regierungsparteien CDU und SPD auf die Schaffung eines Informationsfreiheitsgesetzes.[27] Auch hierzu kam es nicht, ohne dass die Gründe öffentlich bekannt wurden. Stattdessen legte die Fraktion BÜNDNIS 90/DIE GRÜNEN erneut einen Gesetzentwurf für ein Sächsisches Transparenzgesetz vor,[28] der sich weit gehend am Hamburgischen Transparenzgesetz orientierte und schließlich als Vorlage für die Arbeiten an einem Sächsischen Transparenzgesetz in der 7. Wahlperiode diente.

10 Der **Koalitionsvertrag 2019–2024** zwischen CDU, BÜNDNIS 90/DIE GRÜNEN und SPD vom 20.12.2019 sieht schließlich die Schaffung eines Transparenzgesetzes vor, und zwar (über-) ambitioniert bereits bis Ende des Jahres 2020.[29] Nach z. T. zäher Kompromisssuche in der Drei-Parteien-Regierung gab die **Staatsregierung** am 31.8.2021 einen **Gesetzentwurf** zur Anhörung frei.[30] Nach Auswertung der Anhörungsergebnisse wurde der – nur geringfügig überarbeitete – Entwurf am 21.12.2021 in den Landtag eingebracht.[31] Im Ergebnis einer öffentlichen Anhörung im April 2022[32] erfuhr der Gesetzentwurf im Landtagsverfahren noch geringfügige Änderungen,[33] bevor er am 13.7.2022 im Plenum beschlossen[34] und das Gesetz am 19.8.2022 ausgefertigt sowie am 7.9.2022 im Gesetz- und Verordnungsblatt verkündet wurde.[35]

III. Übersicht über den Gesetzesinhalt

11 Das Gesetz stellt Transparenz auf zwei Pfeiler. Erstens sollen Informationen, die dem Staat vorliegen, auf einer **Transparenzplattform** im Internet proaktiv **veröffentlicht**

---

26 Gesetzentwürfe von DIE LINKE, LT-Drs. 5/9012, und von BÜNDNIS 90/DIE GRÜNEN, LT-Drs. 5/12162.

27 Koalitionsvertrag 2014–2019 v. 10.11.2014, S. 106: „Wir wollen in einem Informationsfreiheitsgesetz das Recht der Bürgerinnen und Bürger klarstellen, gegen angemessene Gebühren grundsätzlich Zugang zu behördlichen Informationen und Dokumenten zu bekommen, wenn nicht wesentliche Rechtsgüter wie der Schutz von personenbezogenen Daten, von Betriebs- und Geschäftsgeheimnissen oder besonderen öffentlichen Belangen entgegenstehen."

28 LT-Drs. 6/10209.

29 Koalitionsvertrag v. 20.12.2019, S. 60: „Wir wollen den freien Zugang zu behördlichen Informationen und Dokumenten. Dazu schaffen wir bis Ende 2020 ein Transparenzgesetz, das in der Regel kostenfrei sowohl den individuellen Zugang zu Informationen (Informationsfreiheit) ermöglicht als auch den allgemeinen Zugang zu digital vorliegenden Behördeninformationen über eine Online-Transparenzplattform vorsieht, soweit der Schutz von Daten privater Dritter oder besonderer öffentlicher Belange nicht überwiegt. Zunächst ermöglichen wir der kommunalen Ebene, rechtssicher Informationsfreiheitssatzungen erlassen zu können. Nach zwei Jahren wollen wir das Transparenzgesetz mit dem Ziel evaluieren, die Geltung auf die Gemeinden und Landkreise im Benehmen mit diesen auszuweiten und sie beim Ausbau dieser Angebote fachlich und wenn erforderlich, finanziell zu unterstützen."

30 Pressemitteilung des Staatsministeriums der Justiz und für Demokratie, Europa und Gleichstellung v. 31.8.2021: https://www.medienservice.sachsen.de/medien/news/297 272 (eingesehen 30.12.2022).

31 LT-Drs. 7/8517; hierzu Pressemitteilung des Staatsministeriums der Justiz und für Demokratie, Europa und Gleichstellung v. 21.12.2021: https://medienservice.sachsen.de/medien/news/1033791 (eingesehen 30.12.2022).

32 APr VREA 7/35 v. 13.4.2022.

33 Zusammengefasst in der Beschlussempfehlung des Ausschusses für Verfassung und Recht, Demokratie, Europa und Gleichstellung, LT-Drs. 7/10236.

34 PlPr 7/53 v. 13.7.2022, S. 4154.

35 SächsGVBl. 2022, S. 486.

werden. Welche Informationen das sind, ist in § 8 abschließend aufgezählt. Zweitens müssen solche **Informationen auf Antrag** zugänglich gemacht werden, die nicht schon auf der Transparenzplattform veröffentlicht werden (§ 10 ff.). Beides, Veröffentlichung und Informationszugang, ist vom Gesetz als subjektives Recht ausgestaltet und wird als Transparenzanspruch bezeichnet (§ 1 Abs. 1).

Das Gesetz ist in **fünf Abschnitte** gegliedert. Abschnitt 1 enthält die allgemeinen, für die Veröffentlichung auf der Plattform und für den Informationszugang auf Antrag gleichermaßen geltenden Bestimmungen. Abschnitt 2 regelt die Veröffentlichung auf der Transparenzplattform, während sich in Abschnitt 3 das Nähere zum Informationszugang auf Antrag findet. Die Regelungen des Abschnitts 4 enthalten die Aufgaben und Befugnisse der oder des Transparenzbeauftragten. In Abschnitt 5 finden sich die Schlussvorschriften. 12

Abschnitt 1 über die **allgemeinen Bestimmungen** enthält die **Kernregelungen** des Gesetzes, die insbesondere in den Abschnitten 2 (Veröffentlichungspflichten) und 3 (Zugang zu Informationen auf Antrag) ausgeformt werden. § 1 sieht den Anspruch auf Transparenz, § 2 die mit ihm korrespondierende Transparenzpflicht vor. § 3 definiert den Gegenstand des Transparenzanspruchs. Danach unterliegen Informationen der Transparenzpflicht, wobei die Bedeutung der Vorschrift v. a. darin liegt, verschiedene, an sich dem Begriff der Informationen unterfallende Gegenstände von der Transparenzpflicht auszunehmen. § 4 regelt, welche Stelle transparenzpflichtig ist (und vor allem: welche nicht), wer also Anspruchsverpflichteter des Transparenzanspruchs ist. § 5 legt (neben den § 3 Satz 2 und § 4 Abs. 2 und 3 weitere) Ausnahmen von der Transparenzpflicht fest. § 6 schließlich räumt in seinem Absatz 1 dem Datenschutz regelmäßig den Vorrang ein und regelt in seinem Absatz 2 das allgemeine Prozedere, wenn Belange Dritter von einer Veröffentlichung oder einem Zugang zu Informationen auf Antrag betroffen sind. 13

Abschnitt 2 organisiert die bereits in den §§ 1 und 2 statuierte Pflicht zur **Veröffentlichung** auf der Transparenzplattform. „Herzstück" des Abschnitts ist § 8, der in seinem Absatz 1 abschließend festlegt, welche Informationen auf der Transparenzplattform zu veröffentlichen sind. § 8 Absatz 2 und 3 benennt hingegen gewissermaßen „Defizite" des Gesetzes gleich selbst, indem zum einen klargestellt wird, dass Daten nach dem SächsEGovG keine veröffentlichungspflichtigen Informationen sind (Absatz 2) und zum anderen vorgeschrieben wird, dass auf der Plattform anzugeben ist, auf welcher (anderen) Internetseite Umweltinformationen, Rechts- und Verwaltungsvorschriften sowie Geodaten zu finden sind (Absatz 3). Ein ambitionierterer Ansatz des Transparenzgesetzes hätte diese Informationen in die Transparenzpflicht integriert. Der Gesetzgeber hat dies selbst erkannt und will dem mit der Pflicht zur Berücksichtigung bei einer umfassenden Evaluation Rechnung tragen (§ 17 Abs. 4 Satz 2). § 7 Abs. 1 bis 3 und § 9 gestalten die Veröffentlichungspflicht weiter aus. § 7 Abs. 4 sieht vor, dass die Nutzung, Weiterverwendung und Verbreitung der Informationen i. d. R. kostenfrei zulässig sind. 14

Abschnitt 3 regelt den Zugang zu **Informationen auf Antrag**. § 10 behandelt die Antragstellung, insbesondere Formfragen (Absatz 1 Satz 1, Absatz 2 Satz 1) sowie die Unterstützungspflicht der angegangenen Stellen (Absatz 1 Satz 2, Absatz 2 Satz 2 und 3), außerdem eine Begründungsobliegenheit für den Fall, dass ein Antrag schutzwürdige Belange Dritter betrifft (Absatz 3). § 11 regelt die verschiedenen Möglichkeiten des Informationszugangs (Absätze 1 bis 3 und 6) und die Bedingungen, unter denen 15 in Abweichung von § 6 Abs. 1 der Zugang zu personenbezogenen Daten möglich ist (Absätze 4 und 5). § 12 enthält Anforderungen an die behördliche Entscheidung (Absätze 1 bis 4) und eine Regelung über die Kosten (Absatz 5). Grundansatz des Gesetzes soll, wie insbesondere § 17 Abs. 3 Nr. 2 zeigt, die regelmäßige Kostenfreiheit sein. Um dies zu erreichen, ist der Zugang in der Regel bis zu einem Aufwand von 600 Euro gebühren- und auslagenfrei und sind die Gebühren auf einen Betrag von 2 500 Euro „gedeckelt" (§ 12 Abs. 5 Satz 2 und 3).

16 **Abschnitt 4** sieht die Schaffung einer neuen Stelle, der oder des **Transparenzbeauftragten**, vor und regelt deren oder dessen Aufgaben und Befugnisse. Transparenzbeauftragte oder Transparenzbeauftragter ist, wie es der bundesweiten Übung entspricht, die oder der Datenschutzbeauftragte (§ 13 Abs. 2). Zentrale Norm des Abschnitts ist § 13 Abs. 1 Satz 2, wonach jede oder jeder sich bei der Verletzung des Transparenzanspruches an die Transparenzbeauftragte oder den Transparenzbeauftragten wenden kann.

17 **Abschnitt 5** enthält schließlich die **Schlussvorschriften**, u. a. mit von der VwGO abweichenden Regelungen über das Vorverfahren (§ 16 Abs. 1), mit den Fristen zur Errichtung der Transparenzplattform (§ 17 Abs. 2), mit Evaluationspflichten der Staatsregierung (§ 17 Abs. 3 bis 5) und mit der Erfüllung des Zitiergebots nach Art. 37 Abs. 1 Satz 2 SächsVerf (§ 18).

Vorbemerkungen Abschnitt 1

Abschnitt 1 enthält **allgemeine Bestimmungen**, die sowohl für den Abschnitt 2 (Veröffentlichungspflichten) als auch den Abschnitt 3 (Zugang zu Informationen auf Antrag) gelten. Der Abschnitt enthält die **Kernregelungen** des Gesetzes, die in den weiteren Abschnitten weiter ausgeformt werden. So begründet § 1 den Anspruch auf Transparenz und § 2 die mit ihm korrespondierende[1] Transparenzpflicht. § 3 definiert mit dem Begriff der Information den Gegenstand des Transparenzanspruchs, während § 4 die Anspruchsverpflichteten und § 5 die Ausnahmen von der Transparenzpflicht festlegen. § 6 enthält eine Vorschrift zum Datenschutz und regelt das Prozedere, wenn Belange Dritter betroffen sind. 1

Eine Regelung über den **Gesetzeszweck** enthält der Abschnitt, wie das IFG Bund, aber anders als einige andere Transparenz- und Informationsfreiheitsgesetze[2], nicht. Eine solche war im Gesetzentwurf der damaligen Opposition noch vorgesehen (LT-Drs. 6/10209). Auf eine Aufnahme in das Sächsische Transparenzgesetz wurde im Hinblick auf die Vorgaben[3] des Handbuchs der Rechtsförmlichkeit verzichtet, nach denen Zweckbestimmungen einem Gesetz nicht voranzustellen sind, sich der Zweck des Gesetzes vielmehr aus den Regelungen ohne weiteres von selbst ergeben soll.[4] 2

Mit **§ 1 Abs. 1** hat der Gesetzgeber eine Regelung über den voraussetzungslosen **Anspruch auf Transparenz** als subjektives Recht an den Beginn des Gesetzes gestellt. Der Anspruch auf Transparenz umfasst den Anspruch auf Veröffentlichung der in § 8 genannten Informationen nach Maßgabe der §§ 7 ff. und den Anspruch auf Zugang zu Informationen nach Maßgabe der §§ 10 ff. Der Gesetzgeber hielt es für nötig, in dieser Eingangsnorm darauf hinzuweisen, dass der Anspruch auf Transparenz nicht unbeschränkt besteht („soweit keine Ausnahme gilt"). § 1 Abs. 1 regelt gleichzeitig die Anspruchsberechtigung („jede Person"). In **§ 1 Abs. 2** ist das Verhältnis zu weitergehenden Verpflichtungen zu Transparenz, Informationszugang und Akteneinsicht geregelt. **§ 1 Abs. 3 Satz 1** enthält schließlich ein Bekenntnis des Gesetzgebers zu Transparenz und Offenheit als Leitlinien für das Handeln der Verwaltung (§ 1 Rn. 1), allerdings nicht ohne gleichzeitig darauf hinzuweisen, dass dieses Bekenntnis seine Grenze in den entgegenstehenden schutzwürdigen öffentlichen und privaten Belangen findet (**Absatz 3 Satz 2**). 3

§ 2 Abs. 1 enthält eine Bestimmung über die mit dem Transparenzanspruch korrespondierende Transparenzpflicht. Mit dieser Vorschrift wird der Inhalt der Transparenzpflicht näher umschrieben. **§ 2 Abs. 2** regelt den Grundsatz, dass die Transparenzpflicht für Informationen gilt, über die die transparenzpflichtigen Stellen verfügen. Das Verfügen über Informationen wird in § 2 Abs. 2 Satz 2 definiert, und zwar im Sinne einer tatsächlichen Verfügungsmacht, nicht einer Verfügungsbefugnis (näher § 2 Rn. 9 ff.). **§ 2 Abs. 3** sieht eine Transparenzförderpflicht jeder transparenzpflichtigen Stelle vor. 4

Eine zentrale Vorschrift für die Reichweite der Transparenzpflicht ist **§ 3**, der den **Gegenstand des Transparenzanspruchs** und der Transparenzpflicht, die Information, **definiert**. Nach § 3 Satz 1 sind Informationen Aufzeichnungen, die dienstlichen Zwecken dienen. 5

---

1 *Berlit*, SächsVBl. 2023, 93 (97).

2 Z. B. § 1 HbgTG, § 1 LTranspG RP.

3 Die Verbindlichkeit für Gesetzentwürfe der Staatsregierung ordnet Nr. 3 Buchst. a Satz 3 i. V. m. Anlage 2 Ziff. 1 Nr. 1 der VwV Normerlass an.

4 BMJ (Hrsg.), Handbuch der Rechtsförmlichkeit, 3. Aufl. 2008, Rn. 362.

Die eigentliche Bedeutung entfaltet die Vorschrift aber dadurch, dass sie Gegenstände, die der Legaldefinition des § 3 Satz 1 an sich unterfallen, aus dem Anwendungsbereich wieder herausnimmt. So fallen nach § 3 Satz 2 Entwürfe, Notizen, behördeninterne Kommunikation und Vermerke sowie Umweltinformationen nicht unter die Transparenzpflicht, was im Vergleich mit anderen Ländern und dem Bund zu einer erheblichen und kritikwürdigen „Engführung" des Informationsbegriffs führt (s. § 3 Rn. 2 f.).

6 **§ 4** bestimmt, wer transparenzpflichtig, wer also Adressat des Transparenzanspruchs ist. **§ 4 Abs. 1** enthält die **Grundregel**, nach der transparenzpflichtig die Ministerpräsidentin oder der Ministerpräsident, die Staatsministerien, die Staatskanzlei, die sonstigen Stellen der öffentlichen Verwaltung des Freistaates Sachsen sowie die der Aufsicht des Freistaates Sachsen unterstehenden juristischen Personen des öffentlichen Rechts sind. Einschränkungen enthalten die Absätze 2 und 3. Nach **§ 4 Abs. 2** gilt für die **Kommunen** ein Optionsmodell. Sie sind danach nur transparenzpflichtig, soweit sie dies durch Satzung bestimmen. **§ 4 Abs. 3** enthält Einschränkungen der Reichweite der Transparenzpflicht verschiedener Stellen, allerdings nur für die dort genannten (hierzu § 4 Rn. 3).

7 **§ 5 Abs. 1** enthält vielfältige Ausnahmen von der Transparenzpflicht. Die Vorschrift mit ihren 22, nicht immer ganz einleuchtend voneinander (und von den §§ 3 und 4) abgegrenzten Nummern ist bundesweit ohne Beispiel und versinnbildlicht geradezu das zähe Ringen um Kompromisse beim Zustandekommen des Gesetzes (hierzu auch § 5 Rn. 2 f.). **§ 5 Abs. 2 Satz 1** regelt eine Teilveröffentlichungspflicht, während **§ 5 Abs. 2 Satz 2** in Ergänzung zu § 1 Abs. 2 klarstellt, wie mit der Situation umzugehen ist, dass höherrangiges Recht oder spezialgesetzliche Regelungen Transparenz von besonderen Voraussetzungen abhängig machen. **§ 5 Abs. 3** regelt die Fälle, in denen Informationen nur teilweise nicht veröffentlicht oder nicht zugänglich gemacht werden können.

8 Neben dem § 5 über die Ausnahmen von der Transparenzpflicht steht **§ 6**, der in seinem **Absatz 1** Transparenzanspruch und Transparenzpflicht hinsichtlich personenbezogener Daten einschränkt. Danach sind personenbezogene Daten vor Veröffentlichung und Informationszugang im Grundsatz unkenntlich zu machen. Die Vorschrift räumt damit dem Datenschutz Vorrang ein. **§ 6 Abs. 2 und 3** regelt das Verfahren für den Fall, dass allgemein Belange Dritter beeinträchtigt sein können. Kern des Verfahrens ist die Anhörung der Betroffenen.

Abschnitt 1
Allgemeine Bestimmungen

§ 1
Anspruch auf Transparenz

(1) Jede Person hat gegen die transparenzpflichtigen Stellen einen Anspruch auf Veröffentlichung der in § 8 genannten Informationen und auf Zugang zu Informationen, soweit keine Ausnahme gilt (Transparenzanspruch).

(2) Weitergehende Transparenzverpflichtungen und weitergehende Ansprüche auf Akteneinsicht oder Information nach anderen Vorschriften bleiben von diesem Gesetz unberührt.

(3) [1]Transparenz und Offenheit sind Leitlinien für das Handeln der Verwaltung. [2]Sie finden ihre Grenze in den entgegenstehenden schutzwürdigen öffentlichen und privaten Belangen.

Erläuterungen:

Übersicht Rdnr.

I. Allgemeines

1 § 1 umfasst drei Kernelemente: den grundsätzlichen Anspruch einer jeden Person auf Zugang zu öffentlichen Informationen und deren Veröffentlichung (**Transparenzan-**

spruch) (Abs. 1), eine Regelung zur Abgrenzung gegenüber Informationszugangs-/Transparenzansprüchen in anderen Gesetzen (Abs. 2) und ein Bekenntnis zu Transparenz und Offenheit als Leitlinien der Verwaltung, die ihre Grenzen in den entgegenstehenden schutzwürdigen öffentlichen und privaten Belangen finden (Abs. 3). Es mischt damit die grundlegende Anspruchsnorm (Abs. 1) mit Elementen einer Einweisungsnorm, die das von jeder Transparenzregelung aufzulösende Spannungsverhältnis von Offenheit zu berechtigten Arkaninteressen benennt (Abs. 3), sowie mit einer punktuellen Abgrenzung zu weitergehenden Ansprüchen auf Akteneinsicht oder Information (Abs. 2). Für jede dieser Regelungsdimensionen finden sich Vorbilder in anderen Zugangsregelungen. In der gewählten Zusammenstellung dieser Regelungsbausteine ist § 1 ein Unikat.

2 Der Gesetzgeber hat auf die in moderner Gesetzgebung oftmals zu findende allgemeine „Einweisungsnorm" verzichtet, welche Gegenstand, Zweck und Funktion des Gesetzes umschreibt und damit zugleich eine Leitlinie für die Gesetzesauslegung aufstellt. Das in Absatz 3 umrissene **Spannungsverhältnis** deutet diesen Zweck lediglich an: **Transparenz und Offenheit** werden als **Leitlinien für das Handeln der Verwaltung**, nicht als Selbstzweck benannt. Sie stehen für Grundsätze einer modernen, rechtsstaatlichen Verwaltung, die durch Transparenz der kontinuierlichen Kontrolle durch eine demokratische Öffentlichkeit unterstellt wird, damit die Grundlagen für eine verbesserte Akzeptanz des Verwaltungshandelns schafft und durch Transparenz eine konstruktive Begleitung ihrer Tätigkeit durch eine informierte Öffentlichkeit ermöglicht. Transparenz und Offenheit sind Mittel zum Zweck der Stärkung rechtsstaatlicher Demokratie.[1]

3 Der (subjektiv-öffentlich-rechtliche) Anspruch auf Informationen entspricht der Entwicklung hin zu einer **Informationsgesellschaft**, in der Informationen für die wirtschaftliche, politische und gesellschaftliche Entwicklung zentrale Bedeutung erlangt haben und damit zugleich unverzichtbar werden ebenso für die individuell verantwortete Freiheitsausübung und Interessenverfolgung wie für die demokratische Teilhabe. Informationsansprüche eröffnen durch Wissensvermehrung Entfaltungs- und Beteiligungschancen, die konstruktiv oder destruktiv, altruistisch oder egoistisch gebraucht, jedenfalls in selbst definierter Freiheitsbetätigung wahrgenommen werden können. Dies ist der Grund, aus dem der allgemeine Transparenzanspruch zwar sachlich begrenzt, aber tatbestandlich voraussetzungslos gewährt wird.

4 Strukturell **vergleichbare**, nicht notwendig inhaltsgleiche **Regelungen** finden sich in den (allgemeinen) Informationsfreiheits-/Transparenzgesetzen des Bundes und der Länder. Zum Transparenzanspruch (Abs. 1) s. etwa § 1 Abs. 1 Satz 1 IFG Bund, § 1 Abs. 2 LIFG BW, § 3 Abs. 1 IFG BE, § 1 AIG BB, § 1 Abs. 1 BremIFG, § 1 Abs. 2 HmbTG, § 80 Abs. 1 HDSIG, § 1 Abs. 2 IFG M-V, § 4 Abs. 1 IFG NRW, § 2 Abs. 2 Satz 1 LTranspG RP, § 1 Satz 1 und 2 SIFG, § 1 Abs. 1 Satz 1, § 3 IZG LSA, § 3 Satz 1 IZG-SH, § 4 Abs. 1 ThürTG (Zugangsanspruch) und § 1 Abs. 2 HmbTG, § 2 Abs. 1 LTranspG RP (Veröffentlichungsanspruch); zur Abgrenzung zu anderweitigen Informationszugangsregelungen (Abs. 2) s. etwa § 1 Abs. 3 IFG Bund, § 1 Abs. 3 LIFG BW, § 3 Abs. 3 UFG BE, § 1 AIG BB, § 1 Abs. 3 BremIFG, §§ 1, 15 HmbTG, § 80 Abs. 2 HDSIG, § 1 Abs. 3 IFG M-V, § 4 Abs. 2 IFG NRW, § 2 Abs. 3 LTranspG RP, § 1 Abs. 3 IZG LSA; 3 Satz 2 IZG-SH, § 4 Abs. 2 ThürTG; zur Leitlinienregelung (Abs. 3) s. § 1 Abs. 1 LIFG BW, § 1 IFG BE, § 1 Abs. 1 IFG M-V, § 1 IFG NRW, § 1 Abs. 3 LTranspG RP, § 1 Abs. 1 und 2 ThürTG.

1 Vgl. dazu Einleitung Rn. 3.

II. Anspruchsberechtigung

1. „Person"

Jede „Person" hat den Transparenzanspruch nach Abs. 1. Dies umfasst jedenfalls alle **natürlichen Personen**. Ein besonderer Bezug zum Freistaat Sachsen, etwa ein Wohnsitz, oder eine spezifisch sachliche Nähe zum Anspruchsgegenstand sind nicht erforderlich. Auch sonst sind jedenfalls alle Menschen unabhängig von Staatsangehörigkeit, Alter, Geschlecht, Herkunft oder sonstigen Unterscheidungsmerkmalen umfasst. 5

Bei natürlichen Personen ist das **Alter keine Frage der Anspruchsberechtigung**, sondern der (verwaltungsverfahrensrechtlichen) Handlungsfähigkeit; auch Minderjährige sind daher anspruchsberechtigt und können diesen Anspruch auch selbst geltend machen, soweit sie insoweit als nach bürgerlichem Recht geschäftsfähig oder durch Vorschriften des öffentlichen Rechts (§ 11 Nr. 1, § 12 Abs. 1 Nr. 2 i. V. m. § 1 Satz 1 SächsVwVfZG) als handlungsfähig anerkannt sind. Demokratische Teilhabe und Partizipation ist bereits im Vorfeld förmlicher Teilhaberechte (wie z. B. dem Wahlrecht) einzuüben und zu fördern. Dies spricht dafür, weitergehend auch unterhalb des Wahlberechtigungsalters eine eigenverantwortete Wahrnehmung des Transparenzanspruchs zumindest ab der Vollendung des 14. Lebensjahres zuzulassen (Zeitpunkt der Zuschreibung strafrechtlicher Verantwortung [§ 19 StGB]).[2] 6

Satz 1 begrenzt die Anspruchsberechtigung nicht, wie einige andere Informationszugangsregelungen,[3] auf „natürliche Personen"; er wählt aber auch nicht – wie § 1 Abs. 1 Satz 1 IFG (Bund) – den offeneren Begriff „jeder". Dies öffnet Raum für Auslegung. Nach der Gesetzesbegründung[4] ist der Wortlaut „jede Person" „weit und nicht formal zu verstehen", so dass der Transparenzanspruch „von natürlichen und juristischen Personen des Privatrechts sowie von nicht rechtsfähigen Vereinigungen geltend gemacht werden" könne, und auch von „juristische(n) Personen des öffentlichen Rechts, wenn sie sich in einer mit jedermann vergleichbaren Informationslage gegenüber der transparenzpflichtigen Stelle befinden".[5] 7

Mangels klaren Widerspruchs zum Wortlaut ist im Ansatz bei teleologischer Auslegung dieser weiten Auslegung zu folgen, soweit es **juristische Personen des privaten Rechts** (s.a. Art. 37 Abs. 3 SächsVerf) betrifft. Weil Transparenz nicht nur auf demokratische Kontrolle, sondern auch eine verbesserte Verwaltungskultur zielt (Einl. Rn. 6), sind juristische Personen des öffentlichen Rechts, auch soweit sie selbst transparenzpflichtig (§ 4) sein können, nicht durch teleologische Reduktion auszunehmen; dies gilt namentlich für **Selbstverwaltungskörperschaften**, denen von Verfassungs wegen oder kraft Gesetzes eigene Rechte zustehen. 8

Nicht mehr vom „Personen-Begriff" umfasst sind indes nicht rechtsfähig verfasste Personenmehrheiten (z. B. **Bürgerinitiativen**).[6] Dies gilt auch dann, wenn ihnen eigene Rechte zustehen können; § 11 Nr. 2 VwVfG i. V. m. § 1 Satz 1 SächsVwVfZG/§ 61 Nr. 2 VwGO setzen das Bestehen eines Rechtes voraus, ohne auf die Zuweisungsnorm selbst 9

2 S.a. § 10 Rn. 12.
3 Z. B. § 4 Abs. 1 IFG NRW; dazu Pabst/Frankewitsch, § 4 Rn. 30 ff.
4 LT-Drs. 7/8517, 40.
5 Unter Hinweis auf BVerwG, Urt. v. 21.2.2008 – 4 C 13.07 –, juris Rn. 24 ff.
6 § 4 Abs. 1 Satz 1 ThürTG gewährt den Transparenzanspruch neben jeder natürlichen und juristischen Person des Privatrechts ausdrücklich auch „nicht rechtsfähige[n] Vereinigungen von Bürgerinnen und Bürgern" und unterstreicht, dass der Personenbegriff diese nicht umfasst.

einzuwirken. Im Ergebnis bedeutet dies keinen gravierenden Unterschied, weil auch nicht rechtsfähige Vereinigungen (letztlich) stets durch eine natürliche Person handeln und es damit nicht um den Informationszugang selbst, sondern lediglich um Namen und Anschrift der/des Antragsteller/in (§ 10 Abs. 2) sowie die Zuordnung einer möglichen Kostenschuld (§ 12 Abs. 5) gehen kann. Anträge einer nicht rechtsfähigen Vereinigung sind grundsätzlich in einen Antrag der handelnden natürlichen Person umzudeuten; Hinweise zur Klarstellung (§ 10 Abs. 2 Satz 2 und 3) sind nur bei Anschriftendifferenz (§ 10 Abs. 1 Satz 1) oder bei drohender Kostenfolge (§ 12) angezeigt

2. Transparenz„anspruch"

10 Abs. 1 gewährt als gesetzliche Anspruchsgrundlage dem Grunde nach einen unbedingten **Transparenzanspruch** gegen die transparenzpflichtigen Stellen. Es handelt sich um ein **subjektives Recht** i. S. d. § 42 Abs. 2 VwGO, das mit einem Antrag an die zuständige Stelle geltend zu machen ist (§ 10 Abs. 1 [Informationszugang]). Der Transparenzanspruch umfasst zwei systematisch voneinander unabhängige Anspruchsdimensionen: den Anspruch auf Informationszugang, der in §§ 10 ff. näher ausgeformt wird, und den Anspruch auf Veröffentlichung der in § 8 genannten Informationen (Veröffentlichungsanspruch). Die beiden Einzelansprüche sind sachlich vielfach aufeinander bezogen (s. etwa § 8 Abs. 1 Nr. 8, § 11 Abs. 5), die Erfüllung eines Informationszugangsanspruchs erfüllt aber nicht einen parallelen Veröffentlichungsanspruch.

a) Veröffentlichungsanspruch

11 Der **Veröffentlichungsanspruch** bezieht sich dem Wortlaut nach auf die „in § 8 genannten Informationen". Der Sache nach kann sich ein gebundener Veröffentlichungsanspruch nur auf die in § 8 Abs. 1 benannten Informationen beziehen.[7] Für die anderweitig zu veröffentlichenden Daten nach dem SächsUIG, dem SächsEGovG, dem SächsGeodatG sowie für Rechts- und Verwaltungsvorschriften (§ 8 Abs. 3) ist lediglich die „Internetfundstelle" zu benennen, nicht aber die Informationen selbst. Bei den nicht veröffentlichungspflichtigen Informationen, die optional auf der Transparenzplattform bereitgestellt werden können, wird die Veröffentlichungspflicht erst durch eine hiervon zu trennende, (positive) **Bereitstellungsentscheidung** (§ 8 Abs. 4) begründet. Der Transparenzanspruch (§ 1 Abs. 1) bezieht sich bereits dem Grunde nach nicht (auch) auf diese Bereitstellungsentscheidung. Es besteht daher auch kein Anspruch aus § 1 Abs. 1 auf eine fehlerfreie Ermessensentscheidung über die Betätigung des Bereitstellungsermessens nach § 8 Abs. 4. Als objektivrechtliche, dem öffentlichen Interesse dienende Option für die transparenzpflichtigen Stellen vermittelt diese Regelung allenfalls einen Anspruch dieser Stelle auf Zugang gegen den Betreiber der Transparenzplattform; sie hat aber für die Personen nach § 1 keine drittschützende Wirkung.[8]

12 Diese Dimension des Transparenzanspruchs richtet sich auf die Veröffentlichung selbst, nicht auf den durch Veröffentlichung gewährleisteten **Zugang zu der Information**, der systematisch auf die Information auf Antrag (§§ 10 ff.) bezogen ist. Der Veröffentlichungsanspruch dient der Erfüllung der objektiv-rechtlichen Pflicht der transparenz-

---

7 So – für das HmbTG – § 1 Abs. 2, der bereits nach seinem Wortlaut allein die „Pflichtveröffentlichungen" bezogen ist; ebenso § 2 Abs. 1 Satz 1 Nr. 1 LTranspG RP. § 4 Abs. 1 Satz 1 Nr. 1 ThürTG gewährt lediglich einen kostenlosen und registrierungsfreien Zugang zum Transparenzportal, nicht aber einen Anspruch auf Veröffentlichungen dort.

8 Vgl. Maatsch/Schnabel, § 1 Rn. 23.

pflichtigen Stelle, Informationen auf der Transparenzplattform bereitzustellen (§ 2 Abs. 1 Satz 2). Ein Zugang zur Transparenzplattform selbst und den dort veröffentlichten Informationen wird in § 1 Abs. 1 nicht ausdrücklich geregelt; auch § 7 regelt Anforderungen an den Zugang zur Transparenzplattform selbst, nicht zu den dort gespeicherten Informationen und deren Nutzung, ohne insoweit einen ausdrücklichen Anspruch zu schaffen. Er wird in § 1 Abs. 1 als selbstverständlicher Folgeanspruch vorausgesetzt, der indes bei einer erweiternden Auslegung als vom Transparenzanspruch umfasst gesehen werden kann.

Eines einfachgesetzlichen Zugangsanspruches zu den auf der Transparenzplattform veröffentlichten Informationen bedarf es auch nicht. Der Zugangsanspruch folgt jedenfalls aus dem verfassungsgesetzlich verbürgten Anspruch, sich aus allgemein zugänglichen Quellen ungehindert unterrichten zu können (Art. 20 Abs. 1 Satz 1 SächsVerf).[9] Aus der **verfassungsgesetzlichen Informationsfreiheit** selbst folgt zwar kein Grundrecht auf Informationszugang zu staatlichen Vorgängen.[10] Dass nach § 7 Abs. 2 der Zugang zur Transparenzplattform kostenlos, anonym und barrierefrei zu ermöglichen ist, „widmet" diese kraft Gesetzes als „allgemein zugängliche Quelle". Die Bündelung der Primäransprüche der Einzelnen in § 1 Abs. 1 spricht systematisch dann aber für eine verfassungskonform erweiternde Auslegung dahin, dass der Transparenzanspruch auch einfachgesetzlich ein subjektives Recht auf Zugang zu dieser Plattform einräumt. 13

Weil der Veröffentlichungsanspruch nach Grund und Reichweite von vornherein allein bezogen ist auf die in § 8 aufgelisteten Informationen, der § 1 Abs. 1 gegenständlich konkretisierend ausfüllt, kann aus § 1 Abs. 1 kein Anspruch auf eine Erweiterung des Kreises der Informationen, die der Veröffentlichungspflicht unterliegen, oder eine Auslegungsrichtlinie für § 8 Abs. 1 folgen. 14

b) Informationszugangsanspruch

Der Informationszugangsanspruch richtet sich dem Grunde nach auf alle Informationen (§ 3), über die eine transparenzpflichtige Stelle (§ 4) verfügt (§ 2 Abs. 2). Er erfordert zwar **kein besonderes Informationszugangsinteresse**; es kann auch nicht aus den allgemeinen Zielen des Gesetzes hergeleitet werden.[11] Er ist aber wegen dieser beiden „Zusatzbedingungen" nicht vollständig voraussetzungslos. Systematisch korrespondiert dem Transparenzanspruch (§ 1) die Transparenzpflicht (§ 2) transparenzpflichtiger Stellen. Konkretisierungen der Transparenzpflicht sind zugleich als Konkretisierungen des Transparenzanspruchs selbst zu verstehen und für die Auslegung des § 1 Abs. 1 heranzuziehen: kein Transparenzanspruch ohne Transparenzpflicht. Modifikationen der Transparenzpflicht sind jedenfalls keine „Ausnahmen" i. S. d. § 1 Abs. 1. Dies kann in Grenzfällen Bedeutung für die Darlegungs- und materielle Beweislast haben. 15

Der **Informationszugangsanspruch** richtet sich gegen die (zuständige [§ 10]) transparenzpflichtige Stelle (§ 4). Erfüllt wird er durch Gewährung des Zugangs zu den begehrten Informationen in der gewünschten Form (§ 11). Nach verbreiteter Ansicht[12] soll dies auch für die (systematisch vorgelagerte) Entscheidung über Ob und Reichweite der 16

9 Baumann-Hasske, in: ders., Art. 20 Rn. 11 ff.
10 BVerfG, Urt. v. 24.1.2001 – 1 BvR 2623/95 –, juris Rn. 54 ff.
11 Debus, in: BeckOK Informations- und Medienrecht, § 1 IFG Bund, Rn. 153 m. w. N.; Maatsch/Schnabel. § 1 Rn. 13; OVG Hamburg, Urt. v. 17.12.2013 – 3 Bf 236/10 –; Beschl. v. 13.9.2017 – 3 Bs 178/17 –.
12 Schoch, § 9 Rn. 86; Siecko, in: BeckOK Informations- und Medienrecht, § 9 IFG Rn. 66.

Zugangsgewährung gelten. Nach vorzugswürdiger Ansicht ist nach dem Vorbild der Zweistufen„theorie" beim Zugang zu Subventionen bzw. öffentlichen Einrichtungen[13] eine gedanklich-systematische Unterscheidung zwischen der **Entscheidung über das Ob und die Form der Zugangsgewähr** und deren Vollzug vorzunehmen. Die Grundentscheidung ist als **Verwaltungsakt** zu qualifizieren,[14] der durch eine Zugangsgewährung „auf andere Art und Weise" formlos bekanntgegeben und durch Realakt uno actu vollzogen wird. Dies folgt nicht zuletzt aus der in § 16 vorausgesetzten Einordnung der (teilweisen) Ablehnung des Antrages als Verwaltungsakt.[15] Prozessuale Konsequenz ist, dass bei nicht vollständiger Zugangsgewährung bzw. Zugangsgewährung in anderer als der gewünschten Form richtige Klageart die Verpflichtungsklage als besondere Leistungsklage ist – und nicht eine mit einer Leistungsklage verbundene isolierte Anfechtung der (Teil-)Ablehnung.

c) Ausnahmen

17 Ein Anspruch besteht nur, „soweit keine Ausnahme gilt" (§ 1 Abs. 1 letzter Halbsatz). Diese **Rückausnahme** bereits bei der **Anspruchsbegründung** bezieht sich nach der Stellung des Halbsatzes jedenfalls auf den Informationszugangsanspruch. Beschränkungen der Transparenzpflicht können ansetzen an einer Begrenzung der transparenzpflichtigen Stellen, an der Verfügbarkeit der Information (§ 2 Abs. 2) bzw. dem Informationsbegriff selbst (§ 3) oder an der „Art" der Information, der Informationsquelle oder ihrer Nutzung (§§ 5, 6). Nach der amtlichen Paragraphenbezeichnung enthält allein § 5 „Ausnahmen von der Transparenzpflicht", denen systematisch aber auch die in § 6 benannten Regelungen zum Schutz von Belangen Dritter zuzurechnen sind. Die weiteren Beschränkungen modifizieren bereits den Anspruch nach Inhalt und Reichweite selbst.[16]

18 Der Vorbehalt entgegenstehender Ausnahmen bezieht sich bei verständiger Auslegung auch auf den Veröffentlichungsanspruch. Systematisch ist § 1 Abs. 1 Teil der „Allgemeinen Bestimmungen", die den Regelungen zur Veröffentlichung (Abschnitt 2) und der Information auf Antrag (Abschnitt 3) vorgelagert sind. Nach der amtlichen Paragraphenüberschrift normiert § 5 „Ausnahmen von der Transparenzpflicht" (also auch von der Veröffentlichungspflicht). § 8 Abs. 1 Nr. 12, der für die Veröffentlichung von Gutachten, Studien und Berichten eine Rückausnahme von § 5 Abs. 1 Nr. 9 regelt, setzt erkennbar die Geltung des § 5 insgesamt für die Veröffentlichungspflicht voraus.

III. Verhältnis zu weiteren Informationszugangsregelungen

1. Allgemeines

19 **„Weitergehende" Transparenzverpflichtungen** bzw. Ansprüche auf Akteneinsicht oder Informationen nach anderen Vorschriften bleiben durch das SächsTranspG „unberührt" (§ 1 Abs. 2). Im Gegensatz zu anderen Informationszugangs-/Transparenzgesetzen[17] ist

---

13 Eingehend Tanneberg; Kramer u.a., JA 2011, 810.

14 S. Pabst/Frankewitsch, § 5 Rn. 71 ff.; Franßen/Seidel, IFG NRW, 2007, § 5 Rn. 607.

15 Zu Einzelheiten § 12 Rn. 2, 13.

16 A.A. die Gesetzesbegründung (LT-Drs. 7/8517, 44), der gemäß § 5 „die Bereichsausnahmen von der Transparenzpflicht, § 4 Absatz 3 hingegen (...) die Ausnahmen von der Transparenzpflicht (regelt), welche einzelne transparenzpflichtige Stellen betreffen."

17 Z. B. § 1 Abs. 3 IFG Bund, § 1 Abs. 3 BremIFG, § 2 Abs. 3 LTranspG RP, § 1 Abs. 3 IZA LSA, § 4 Abs. 2 IFG NRW, § 3 Abs. 1 IFG (BE), § 80 Abs. 2 HDSIG.

dies keine Subsidiaritätsregelung, nach der spezialgesetzliche Zugangsregelungen vorgehen (Konzept der verdrängenden Spezialität[18]). Geregelt werden auch nicht alle Fälle des Verhältnisses des Transparenzanspruchs nach dem SächsTranspG zu anderen Transparenz-/Informationszugangsregelungen, so dass für die von Abs. 2 nicht erfassten Fallkonstellationen nach allgemeinen Regeln zu entscheiden ist, ob/inwieweit die Bestimmungen verschiedener Gesetze parallel gelten oder eines der beiden Vor-/Nachrang hat.

Die mit der Maßgabe, dass dort der ausdrückliche Hinweis auf „weitergehende" Regelungen fehlt, an § 1 Abs. 3 Satz 1 IFG M-V angelehnte Regelung soll (klarstellend) bewirken, dass anderweitige **(spezialgesetzliche) Transparenz-/Informationszugangsregelungen** nicht verdrängt werden und dort eingeräumte Ansprüche bestehen bleiben.[19] Wegen der (pragmatischen) Beschränkung auf „weitergehende" Ansprüche wird keine Aussage zu Regelungen getroffen, die gleichartige/-wertige Transparenzregelungen enthalten oder deren Bestimmungen – im Grundsatz oder im Detail – weniger weit gehen. 20

Das „**Unberührtbleiben**" normiert jedenfalls keinen verdrängenden Vorrang bereichsspezifischer Informationszugangs-/Transparenzregelungen. Es lässt Raum für eine Parallelgeltung des **SächsTranspG** neben der Anwendung solcher bereichsspezifischer Normen. So sieht es auch die Gesetzesbegründung: „Soweit andere Rechtsvorschriften Transparenzregelungen enthalten, die weniger weit gehen, besteht der Transparenzanspruch zusätzlich, es sei denn, eine höherrangige Ausnahme ist einschlägig, oder bei der anderen Rechtsvorschrift handelt es sich um eine gleichrangige, abschließende Spezialregelung." Nicht gerechtfertigt ist indes auch der Umkehrschluss, dass gleichrangige/-wertige oder weniger weitreichende Transparenzregelungen anderer Vorschriften durch das SächsTranspG – im Sinne eines verdrängenden Vorrangs – „berührt" werden. 21

Geregelt wird in Absatz 2 punktuell das Verhältnis des SächsTranspG zu Transparenzregelungen in „anderen Vorschriften" und ergänzt so den in § 5 Abs. 2 (§ 5 Rn. 88 ff.) vorausgesetzten Vorbehalt in Bezug auf vorrangige punktuelle Informationszugangsverbote. Absatz 2 erfasst jedenfalls (kompetenzgerechte) erlassene Rechtsvorschriften, also Gesetze im materiellen Sinne (Gesetz, Rechtsverordnungen oder Satzungen). Der Begriff „Vorschriften" lässt Raum für eine Anwendung auch auf Verwaltungsvorschriften und sonstiges Binnen„recht" der Verwaltung, allgemeiner Rechtsgrundsätze oder gar private Regelwerke. Dies scheidet regelmäßig aber schon deswegen aus,[20] weil sie nicht geeignet sind, weitergehende Transparenzverpflichtungen/Ansprüche auf Akteneinsicht oder Information zu begründen. Die allgemeine beamten-[21] oder tarifrechtliche[22] Amtsverschwiegenheit jedenfalls reicht nicht aus; sie soll institutionell durch das SächsTranspG gerade überwunden werden, ohne die einzelnen Beschäftigten von der Beachtung im Übrigen freizustellen (§ 5 Rn. 52). 22

Von Abs. 2 nicht erfasst werden besondere „Abgrenzungsregelungen" im Transparenzgesetz selbst. Das Verhältnis zum SächsUIG wird der Sache nach nicht durch eine Abgrenzung der Geltungsbereiche, sondern der Anwendungsbereiche geklärt, indem § 3 Satz 2 Umweltinformationen nach § 3 Abs. 2 SächsUIG nicht zu den „Informatio- 23

18 Schoch, § 1 Rn. 290.
19 LT-Drs. 7/8517, 40.
20 Schoch, § 1 Rn. 296.
21 § 37 Abs. 1 BeamtStG.
22 § 3 TV-L.

nen" i. S. d. SächsTranspG gehören. Für die Veröffentlichungspflicht nimmt § 8 Abs. 2 Daten, die nach § 8 Abs. 1 SächsEGovG zum Datenabruf bereitgestellt werden, von der Veröffentlichungspflicht nach dem SächsTranspG aus. Für Geodaten nach dem SächsGeodatG setzt § 8 Abs. 3 voraus, dass sie nicht der Veröffentlichungspflicht auf der Transparenzplattform unterliegen. § 5 Abs. 1 Nr. 11 normiert einen ausdrücklichen Vorrang (punktueller) „spezialgesetzlicher Vertraulichkeitsvorschriften" als Ausnahme von der Transparenzpflicht, nicht als Geltungs- oder Anwendungsvorrang.

24 Die durch § 1 Abs. 2 mithin nur punktuell geregelte Abgrenzung des SächsTranspG von anderen Transparenzregelungen bereits auf der Geltungs-/Anwendungsebene ist daher von solchen Regelungen außerhalb des SächsTranspG zu unterscheiden, die lediglich punktuelle **Transparenzbeschränkungen** – etwa i. S. d. § 5 Abs. 1 Nr. 11 – enthalten. Für das Verhältnis der Geltungs-/Anwendungsbereiche ist bei bereichsspezifischen Sonderregelungen in jedem Einzelfall[23] zu prüfen, ob/inwieweit sich die Anwendungsbereiche mit dem des SächsTranspG überhaupt überschneiden (potentielle Normenkonkurrenz), die besondere Transparenzregelung also denselben Sachverhalt zum Gegenstand hat, sie wegen der spezifischen Anforderungen an die ihr sachlich unterfallenden Informationen und/oder der berechtigten Personen einen besonderen Anwendungsbereich haben (sachlicher und persönlicher Anwendungsbereich) und sie nach Sinn und Zweck eine abschließende – identische oder abweichende – Regelung treffen.[24] Wegen Spezialität Vorrang hat hiernach mithin eine Norm, wenn ihr Anwendungsbereich in sachlicher Hinsicht wegen spezifischer Anforderungen an die Informationen, die der Rechtsvorschrift unterfallen, und/oder in persönlicher Hinsicht wegen spezifischer Anforderungen an die Personen beschränkt ist, auf die die Rechtsvorschrift Anwendung findet[25] und sich auch als abschließende Regelung versteht.[26] Dies kann nur auf der Grundlage einer bereichsspezifischen Analyse des einschlägigen Fachrechts beantwortet werden.[27] Für die Bewertung zu berücksichtigen ist dabei auch, ob die (potentiell) „konkurrierenden" Normen von demselben Rechtsetzer erlassen (dann auch lex posterior-Regelung) sind oder in einem Rangverhältnis (Bundes-/Landesrecht) stehen (dann auch Art. 31 GG).

2. SächsTranspG/bundesrechtliche Transparenzregelungen

a) IFG/UIG/VIG/DNG (Bund)

25 Eine Normenkollision bzw. Parallelgeltung des SächsTranspG mit/zum **IFG (Bund)** ist wegen der unterschiedlichen Regelungsverpflichteten auszuschließen (Bundesbehörden [§ 1 Abs. 1 IFG Bund]; Stellen des Landes [§ 4 SächsTranspG]). Die teils an bestimmte Informationsinhalte anknüpfenden bundesgesetzlichen Zugangsbeschränkungen (§ 3 IFG Bund) sind allein bezogen auf den voraussetzungslosen Informationszugang nach § 1 Abs. 1 IFG Bund, beanspruchen keine Geltung auch für den Informationszugang nach anderen Rechtsgrundlagen und können schon wegen der auf den Bundesbereich beschränkten Gesetzgebungskompetenz des Bundes landesrechtliche Informationszu-

23 OVG NRW, Beschl. v. 31.1.2005 – 21 E 1487/04 – (IFG NRW/§ 25 SGB X).
24 OVG NRW, Beschl. v. 19.6.2002 – 21 B 589/02 – (IFG NRW/§§ 421 ff. ZPO).
25 OVG NRW, Beschl. v. 28.7.2008 – 8 A 1548/07 –; Urt. v. 26.10.2011 – 8 A 2593/10 –.
26 BVerwG, Urt. v. 15.11.2012 – 7 C 1.12 – (keine Verdrängung IFG [Bund] durch presserechtliche Auskunftsansprüche).
27 So Schoch, § 1 Rn. 294.

gänge nicht regeln. Namentlich bilden sie keine selbständigen Informationszugangs- oder Vertraulichkeitsregelungen.

Auf Bundesebene verdrängt das **UIG** in seinem Anwendungsbereich das IFG Bund.[28] 26
Nach dem Anwendungsbereich sind auch direkte Normkollisionen zum SächsTranspG ausgeschlossen. Wegen der unionsrechtlichen „Überformung" des SächsUIG wäre von einem (abschließenden) Vorrang des SächsUIG vor dem SächsTranspG auszugehen gewesen. § 3 SächsTranspG löst das Kollisionsproblem indes über den Informationsbegriff, aus dem Umweltinformationen nach § 3 Abs. 2 SächsUIG herausgenommen werden (§ 3 Rn. 30 f.).

Das **Verbraucherinformationsgesetz** des Bundes (VIG),[29] das den Zugang zu bei Stellen 27
des Bundes oder des Landes vorliegenden Informationen zu Erzeugnissen i. S. d. LFGB und Verbraucherprodukten i. S. d. § 2 Nr. 25 ProduktSichG eröffnet (§§ 1, 2 VIG), misst sich als Bundesgesetz selbst Nachrang bei, soweit in anderen Rechtsvorschriften entsprechende oder weitergehende Vorschriften vorgesehen sind (§ 2 Abs. 4 VIG).[30]

Das für Bundes- und Landesbehörden geltende[31] **Datennutzungsgesetz**,[32] das im Juli 28
2021 das frühere Informationsweitergabegesetz abgelöst hat, regelt zwar die (gleichheitskonforme) Art und Weise der Bereitstellung von Daten und deren Nutzung, gilt aber nur für Daten, die aufgrund eines gesetzlichen Anspruchs auf Zugang, einer gesetzlichen Bereitstellungspflicht oder auf sonstige Weise öffentlich oder zur ausschließlichen Nutzung bereitgestellt werden (§ 2 Abs. 1 DNG). Es setzt mithin einen Zugangs-/Veröffentlichungsanspruch voraus und schließt die Begründung einer Bereitstellungspflicht oder eines Anspruchs auf Zugang zu Daten ausdrücklich aus (§ 1 Abs. 2 DNG). Für die Datenbereitstellung durch Veröffentlichung (§§ 7 ff.) tritt das DNG neben die Regelungen des SächsTranspG und ist insbesondere für die Ausgestaltung der Veröffentlichung (§ 11 Abs. 1) und die Folgerechte der Transparenzberechtigten (§ 7 Abs. 4) zu beachten.

b) Verwaltungsverfahrensrechtliche Akteneinsichtsrechte (§ 29 VwVfG i. V. m. § 1 Satz 1 SächsVwVfZG; § 25 SGB X)

Das SächsTranspG verzichtet auf eine in einigen Informationszugangsgesetzen (z. B. 29
§ 1 Abs. 3 IFG Bund) enthaltene ausdrückliche Regelung des Verhältnisses zu den **Akteneinsichtsvorschriften nach dem VwVfG/SGB X.** Nach der Begründung des Gesetzentwurfes[33] will das Gesetz nicht „für am Verfahren Beteiligte sowie auch außerhalb laufender Verfahren neben dem Akteneinsichtsrecht durch Beteiligte nach § 29 des Verwaltungsverfahrensgesetzes (i. V. m. § 1 Satz 1 des Gesetzes zur Regelung des Verwaltungsverfahrens- und des Verwaltungszustellungsrechts für den Freistaat Sachsen) bestehende Einsichtsrechte im jeweiligen Verfahren" erweitern. Das an ein qualifizier-

28 OVG Berlin-Brandenburg, Urt. v. 28.1.2015 – OVG 12 B 21.13 –.
29 Verbraucherinformationsgesetz v. 17.10.2012 (BGBl. I, 2166), zuletzt geändert durch G. v. 27.7.2021 (BGBl. I, 3146).
30 Dazu ThürOVG, Beschl. v. 26.1.2022 – 3 EO 309/20 – (keine Subsidiarität gegenüber § 40 Abs. 1a LFGB); OVG NRW, Urt. v. 12.12.2016 – 13 A 847/15 – (IFG NRW bzgl. IFG-Anspruch der Verbraucherzentrale zu Risikobeurteilung eines Gaststättenbetriebes nicht weiter gehend).
31 BT-Drs. 19/27442, 18.
32 Gesetz für die Nutzung von Daten des öffentlichen Sektors (Datennutzungsgesetz – DNG) v. 16.7.2021, BGBl. I, 2941.
33 LT-Drs. 7/8517, 40 f.

tes, der Wahrung rechtlicher Interessen dienendes Einsichtsinteresse gebundene verwaltungsverfahrensrechtliche Akteneinsichtsrecht und der voraussetzungslose Informationszugangsanspruch stehen so selbständig nebeneinander, ohne sich jeweils abschließende Wirkung beizumessen.[34]

30 Ein auf einen Verwaltungsvorgang bezogenes Auskunftsbegehren eines an einem (laufenden) Verwaltungsverfahren Beteiligten ist daher stets unter allen denkbaren Aspekten zu prüfen.[35] Weder wirkt das verwaltungsverfahrensrechtlich erforderliche qualifizierte Aktensichtsinteresse (§ 29 Abs. 1 Satz 1 VwVfG i. V. m. § 1 Satz 1 SächsVwVfZG; § 25 Abs. 1 Satz 1 SGB X) als zusätzliche Anspruchsvoraussetzung für den Informationszugangsanspruch nach § 1 Abs. 1 oder Ausschlussgrund nach § 5, noch wirken die §§ 5, 6 auf die Gewährung von Akteneinsicht ein. Wegen des umfassenden, dauerhaften Ausschlusses von Entwürfen, Notizen, behördeninterner Kommunikation und Vermerken vom Informationsbegriff (§ 3 Satz 2) (§ 3 Rn. 19 ff.) sowie der Unkenntlichmachung personenbezogener Informationen (§ 6 Abs. 1) ist in der Sache eine transparenzrechtliche „Aufstockung" der verwaltungsverfahrensrechtlichen Akteneinsichtsrechte unter „Umgehung" der Voraussetzung des § 29 VwVfG i. V. m. § 1 Satz 1 SächsVwVfZG/§ 25 SGB X schwerlich denkbar.

c) Abgabenordnung

31 Die **Abgabenordnung** enthält keine § 29 VwVfG/§ 25 SGB X vergleichbare allgemeine Regelung zur **Akteneinsicht** Beteiligter im steuerrechtlichen Verwaltungsverfahren.[36] Die wohl vorherrschende Auffassung geht zu Recht dahin, dass das Fehlen gesicherter Zugangsrechte der Steuerpflichtigen Zugangsrechte Dritter nach dem mithin anwendbaren Informationsfreiheitsrecht nicht als „beredtes Schweigen" ausschließt.[37] Dem folgt implizit auch das SächsTranspG, wenn es Vorgänge in Abgabenverfahren, in denen sich das Verfahren nach der Abgabenordnung richtet, nicht als Frage des Anwendungsbereichs, sondern als Ausnahme von der Transparenzpflicht regelt (§ 5 Abs. 1 Nr. 5; zu Einzelheiten § 5 Rn. 28 ff.).

d) Presserecht

32 Auf Bundesebene ist im Ergebnis unbestritten, dass der **presse-/medienrechtliche Auskunftsanspruch** selbständig neben dem Informationszugangsanspruch steht.[38] Bislang gibt es indes – seinen Erlass zur Lösung des Problems, ob/inwieweit Bundesbehörden durch Landespressegesetze verpflichtet sein können,[39] als kompetenzrechtlich möglich

34 A.A. wohl die Gesetzesbegründung (LT-Drs. 7/8517, 41), nach der für Verfahrensbeteiligte im laufenden Verfahren § 29 VwVfG (i. V. m. § 1 Satz 1 SächsVwVfZG) eine „gleichrangige, abschließende Spezialregelung" bilde.

35 BayLSG, Urt. v. 29.11.2017 – L 11 AS 544/16 – (Anspruch eines Leistungsempfängers gegenüber dem Jobcenter auf Auskunft und Akteneinsicht).

36 BFH, Beschl. v. 20.4.2001 – IV R 32/00 – (Einsicht in die Unterlagen über die Wahl ehrenamtlicher Richterpersonen).

37 BVerwG, Beschl. v. 14.5.2012 – 7 B 53.11 – (IFG-Anspruch Insolvenzverwalter auf Steuerdaten); OVG NRW, Urt. v. 24.11.2015 – 8 A 1073/14 – (IFG NRW); OVG Schleswig, Urt. v. 6.12.2012 – 4 LB 11/12 –; s.a. Schoch, § 1 Rn. 395.

38 BVerwG, Urt. v. 15.11.2012 – 7 C 1.12 –; OVG NRW, Urt. v. 26.10.2011 – 8 A 2593/10 –; dazu eingehend Schoch, § 1 Rn. 326.

39 Unter Aufgabe früherer Rechtsprechung verneinend BVerwG, Urt. v. 20.2.2013 – 6 A 2.12; Urt. v. 25.3.2015 – 6 C 12.14 –; seitdem st. Rspr.

unterstellt[40] – kein Bundespressegesetz, das neben das SächsTranspG oder § 4 SächsPresseG tritt.

Die als Grundlage presse-/medienrechtlicher Auskunftsansprüche gegenüber Bundesbehörden bis zu einem Tätigwerden des zuständigen Gesetzgebers benannte Rechtsgrundlage des Art. 5 Abs. 1 Satz 2 GG[41] schafft in einem kommunikationsverfassungsrechtlich geforderten Mindestumfang[42] einen **verfassungsunmittelbaren Auskunftsanspruch**, dessen Umfang dem der Landespressegesetze entspricht. Art. 5 Abs. 1 Satz 2 GG bindet zwar auch die transparenzpflichtigen Stellen des Freistaates Sachsen, scheidet aber wegen der presserechtlichen (§ 4 SächsPresseG) und rundfunkrechtlichen (§ 9a; § 55 Abs. 3 i. V. m. § 9a RStV) Regelungen als verfassungsunmittelbare Anspruchsgrundlage aus; als grundrechtlicher Mindeststandard beansprucht Art. 5 Abs. 1 Satz 2 GG auch keine abschließende Regelung. 33

e) Planungsrechtliche Transparenzregelungen

Bundesrechtliche Planungsregelungen enthalten oftmals punktuelle Transparenzregelungen insb. zur Öffentlichkeitsbeteiligung unter Offenlegung der zentralen Planungsgrundlagen, um der Öffentlichkeit Gelegenheit zur Äußerung, Erörterung oder Erhebung von Einwendungen zu geben (s. etwa § 25 Abs. 3 [frühe Öffentlichkeitsbeteiligung], § 73 Abs. 3 VwVfG [Planunterlagen]; §§ 3, 10a BauGB [Bauleitplanung]; § 18 UVPG]). Sinn und Zweck dieser Regelungen zur Öffentlichkeitsbeteiligung ist eine in Verfahren und Ergebnis verbesserte Qualität der Planung unter Erhöhung der Akzeptanzchancen des Ergebnisses.[43] Diese Ziele stehen selbständig neben den allgemeinen Transparenzzielen, regeln der Sache nach im Vergleich zu diesen unterschiedliche Sachverhalte und entfalten schon deswegen keine verdrängende Sperrwirkung. 34

f) Zivil(prozess)rechtliche Auskunftsansprüche

Zivilrechtliche Auskunfts- oder Transparenzregelungen beziehen sich auf ein privatrechtliches Rechtsverhältnis; ein solches kann auch zwischen einer transparenzpflichtigen Stelle und einer nach § 1 anspruchsberechtigten Person bestehen. Auch wenn der Transparenzanspruch nach § 1 ein öffentlich-rechtlicher Anspruch ist, sind parallel gerichtete privatrechtliche Ansprüche nicht ausgeschlossen. Als zweckgebundene Regelungen im Privatrechtsverhältnis beanspruchen sie als solche schon im Ansatz keine verdrängende Wirkung gegenüber Regelungen des öffentlichen Rechts, die aus übergreifenden Gründen (Demokratieförderung) Zugangsansprüche eröffnen. Zu prüfen ist allerdings, ob sie als spezialgesetzliche Vertraulichkeitsvorschrift i. S. § 5 Abs. 1 Nr. 11 (§ 5 Rn. 48 ff.) zu werten sind. 35

Entsprechendes gilt für **zivilprozessuale Transparenz- und Vorlagepflichten**, z. B. nach §§ 421 ff. ZPO, und zwar auch dann, wenn sie auf amtliche Urkunden bezogen[44] oder dazu bestimmt sind, Rechtsansprüche durchzusetzen oder abzuwehren.[45] Als zwar 36

---

40 Dazu nur Cornils, DÖV 2013, 657; Sachs/Jasper, NWVBl. 2013, 389; Germelsmann, DÖV 2013, 667.

41 BVerwG, Urt. v. 20.2.2013 – 6 A 2.12 –; s.a. VG Berlin, Beschl. v. 13.3.2017 – 27 L 502.16 –; OVG Berlin-Brandenburg, Beschl. v. 3.8.2017 – OVG 6 S 9.17 –.

42 S.a. EGMR, Urt. v. 8.11.2016 – Nr. 18030/11 – (Magyar Helsinki Bizottsag vs. Ungarn).

43 Gard, Die frühe Öffentlichkeitsbeteiligung, 2018.

44 OVG NRW, Beschl. v. 19.6.2002 – 21 B 589/02 – (Bautagebuch Gemeinde).

45 OVG RP, Urt. v. 12.2.2010 – 10 A 11156/09 –.

öffentlich-rechtliche Regelungen sind sie bezogen auf die Ausgestaltung des Prozessrechtsverhältnisses, ohne zu beanspruchen, die Rechtsziehungen zwischen den Prozessparteien jenseits des Prozesses (gar abschließend) zu regeln.[46] § 5 Abs. 1 Nr. 8 (zu Einzelheiten § 5 Rn. 36 ff.) reagiert hierauf, indem Informationen im Zusammenhang mit der gerichtlichen oder außergerichtlichen Geltendmachung oder Abwehr von Ansprüchen von der Transparenzpflicht ausgenommen sind.

37 Die **prozessualen Akteneinsichtsansprüche** (u.a. § 299 ZPO; § 100 VwGO) wären wohl speziellere Informationszugangsansprüche. Für den Rechtsprechungsbereich besteht für Gerichte aber schon keine Transparenzpflicht (§ 4 Abs. 3 Nr. 1).

g) Vergaberecht

38 Das unionsrechtlich induzierte **Vergaberecht des Bundes** setzt im Interesse des freien, fairen Wettbewerbs nicht zuletzt auf mehr Transparenz und statuiert eine Reihe von Transparenzpflichten der ausschreibenden Stelle/Auftraggeber. Diese Transparenz bezieht sich indes nicht auf die allgemeine Öffentlichkeit, sondern auf das Vergabeverfahren (§ 97 Abs. 1 Satz 1 GWB);[47] sie zielt nicht auf Korruptionsschutz durch allgemeine Transparenz, sondern soll vor allem die Mitbewerber schützen. Das Vergaberecht kennt auch im Oberschwellenbereich (§ 106 GWB) neben den Informations-/Transparenzpflichten der Auftraggeber für das gesamte Vergabeverfahren nach Teil 4 GWB zwar ein weitreichendes Vertraulichkeitsgebot (§ 5 Abs. 2 VgV) sowie in der Nachprüfungsphase ein Akteneinsichtsrecht (§ 165 Abs. 1) und punktuelle Informationsausschlussregelungen/„-sperren" (§ 164 GWB), aber keine systematische bzw. umfassende Zugangsregulierung.[48] Mit Ausnahme des Akteneinsichtsrechts sind sie keine besonderen Zugangsregelungen, die – zumindest nach abgeschlossenem Vergabeverfahren[49] – bereits den Anwendungsbereich des IFG ausschließen.[50] § 5 Abs. 2 Satz 2 VgV regelt nicht den Zugang zu Informationen, sondern schließt ihn aus. Es ist eine Vertraulichkeitsregelung i. S. v. § 3 Nr. 4 IFG (Bund),[51] die im Vergabeverfahren offenbarte Betriebs- und Geschäftsgeheimnisse (§ 5 Abs. 1 Nr. 19) auch nach Abschluss des Vergabeverfahrens (und darauf bezogener Beratung [§ 5 Abs. 1 Nr. 11]) und unabhängig von einem fortbestehenden „Geheimnischarakter" schützt.

39 Für die „unterschwelligen", nicht durch Wettbewerbsrecht geregelten Vergaben fehlt es im dann maßgeblichen **Haushaltsrecht** (§ 96 BHO; § 55 LHO) an vergleichbaren gesetzlichen Geheimhaltungs- bzw. Verschwiegenheitsvorgaben. Soweit in den Verwaltungsvorschriften zur Haushaltsordnung Bezug genommen wird auf Vergabeordnungen,[52] können dort geregelte Auskunftsrechte oder Verschwiegenheitspflichten schon mangels

46 OVG NRW, Beschl. v. 19.6.2002 – 21 B 589/02 – (Bautagebuch Gemeinde).
47 Müller-Wrede, VergabeR 2018, 190; Losch, VergabeR 2008, 739.
48 Umfassend s.a. Schoch, § 1 Rn. 333 ff.
49 Debus, in: BeckOK Informations- und Medienrecht, § 1 IFG Bund, Rn. 209 ff.; Schoch, § 1 Rn. 339 f., 343.
50 VG Berlin, Urt. v. 8.12.2021 – 2 K 48.20; für die Zeit nach dem Abschluss des Verfahrens s.a. BVerwG, Urt. v. 15.12.2020 – 10 C 24.19 (mit Anmerk. Mast, NVwZ 2021, 644; Schemmer jurisPR-BVerwG 9/2021 Anm. 5).
51 BVerwG, Urt. v. 15.12.2020 – 10 C 24.19.
52 S. etwa Anlage 5b (VwV zu § 44 SäHO) zu den Verwaltungsvorschriften des Sächsischen Staatsministeriums der Finanzen zur Sächsischen Haushaltsordnung (VwV-SäHO) v. 27.6.2005 (Baufachliche Nebenbestimmungen).

Rechtsnormqualität nicht (verdrängend oder modifizierend) auf den Anwendungsbereich gesetzlicher IFG-Ansprüche einwirken.[53]

h) Unionsrecht

Die Konzepte und Regelungen des **Unionsrechts** zum allgemeinen Zugang zu Dokumenten der Union[54] weisen in der Ausgestaltung zwar vielfache Überschneidungen mit den nationalen **Informationszugangs-/Transparenzregelungen** auf. Normenkonkurrenzen in Bezug auf die Anwendungsbereiche sind aber weitestgehend ausgeschlossen, weil die unionsrechtlich begründeten allgemeinen Transparenzansprüche sich gegen Organe, Einrichtungen und sonstige Stellen der Union richten.[55] 40

Über Art. 52 Abs. 3 GRC kann bei der Auslegung des Art. 11 GRC (Freiheit der Meinungsäußerung und Informationsfreiheit) im Rahmen der Anwendung von Unionsrecht durch nationale Stellen auch die neuere Rechtsprechung des EGMR zu Art. 10 EMRK[56] Bedeutung erlangen, nach der ein **konventionsrechtlicher Informationszugangsanspruch** bestehen kann, wenn der Zugang zur Information für die Ausübung des Rechts auf freie Meinungsäußerung, vor allem die Freiheit zum Empfang und zum Mitteilen von Nachrichten oder Ideen, instrumentell ist und die Verweigerung des Zugangs einen Eingriff in dieses Recht darstellt, was mit Blick auf den Zweck und das Ziel des Informationsersuchens, die tatsächliche Notwendigkeit des Informationsbegehrens für die Ausübung der Meinungsfreiheit, den Charakter der begehrten Informationen („public interest-Test"), die Rolle des Zugangsuchenden (als Journalist bzw. als „social watchdog" oder Nichtregierungsorganisation, deren Aktivitäten sich auf Angelegenheiten des öffentlichen Interesses bezogen), und schließlich die Existenz von bereiten und verfügbaren Informationen zu beurteilen ist.[57] 41

Direkt auf den Zugang auf **Umweltinformationen** wirkt ein die sog. Umweltinformationsrichtlinie (RL 2003/4/EG v. 28.1.2003), die durch das UIG Bund und das SächsUIG umgesetzt ist. Wegen des Ausschlusses von Umweltinformationen (§ 3 Abs. 2 SächsUIG) vom Informationsbegriff (§ 3 Satz 2) scheidet auch insoweit (Rn. 23) eine Normenkollision aus. 42

3. Verhältnis zu landesrechtlichen Informationszugangs-/ Transparenzregelungen

a) Allgemeine/bereichsübergreifende Regelungen

Bei gleichgerichteten **Informationszugangs-/Transparenzregeln des sächsischen Landesrechts** ist neben (vorrangiger) Spezialität auch die Frage der zeitlichen Reihenfolge in den Blick zu nehmen und zu prüfen, ob das SächsTranspG als lex posterior zuvor ergangene bereichsspezifische Sonderregelungen modifiziert. Anders als bei höherrangigem Bundesrecht ist dies nicht schon aus Kompetenzgründen auszuschließen. 43

Die Abgrenzung zu den landesrechtlichen „Querschnittsregelungen" des SächsUIG und den **SächsEGovG** löst das SächsTranspG nicht durch Abgrenzung den Anwendungsbe- 44

---

53 S.a. Schoch, § 1 Rn. 344.
54 Art. 15 Abs. 3 AEUV; Art. 11, 42 GRC (Recht auf Zugang zu Dokumenten); VO (EG) Nr. 1049/2001 (sog. TransparenzVO); dazu Bretthauer, DÖV 2013, 677.
55 Eingehend – und auch zu möglichen „Berührungspunkten" – Koppensteiner, DÖV 2022, 21.
56 EGMR, Urt. v. 8.11.2016 – Nr. 18030/11 – (Nagyar Helsinki Bizottsag vs. Ungarn).
57 S.a. österVwGH, Entsch. v. 29.5.2018 – Ra 2017/03/0083 –.

reiche, indem es hinter diese spezielleren Gesetze zurücktritt. Abs. 2 regelt keine verdrängende Spezialität. Für das **SächsUIG** wird eine Parallelanwendung durch den Ausschluss von Umweltinformationen aus dem Informationsbegriff ausgeschlossen (§ 3); einziger Systembruch ist die Pflicht zur Veröffentlichung von Umweltinformationen, die im Antragsverfahren nach dem SächsUIG elektronisch zugänglich gemacht worden sind, auf der Transparenzplattform (§ 8 Abs. 1 Nr. 16). Das SächsEGoV enthält zwar keine Informationszugangs-, wohl aber objektiv-rechtliche Veröffentlichungspflichten durch Datenbereitstellung zum Abruf, denen keine Bereitstellungsansprüche entsprechen (§ 8 SächsEGovG); § 8 Abs. 2 vermeidet eine Doppelveröffentlichung, indem er diese Daten von einer Veröffentlichungspflicht nach dem SächsTranspG ausnimmt.

45 Für **Archivgut nach Landesrecht** (§ 2 Abs. 1 SächsArchivG) enthält das SächsArchivG besondere, speziellere und abschließende Regelungen für den Zugang und die Nutzung (§§ 9, 10 SächsArchivG) und den Schutz der Rechte Dritter (§ 6 SächsArchivG), die eine parallele Anwendung des SächsTranspG ausschließen.[58] Dies gilt für Archivgut des Sächsischen Staatsarchivs ebenso wie für die Unterlagen, die in den Archiven sonstiger öffentlicher Stellen (§§ 12 ff. SächsArchivG) aufbewahrt werden. Informationszugangsansprüche aus Anträgen, die vor der Archivabgabe entstanden sind, gehen mit/durch die Übernahme der Unterlagen in das Archiv und damit den „Wandel" zum öffentlichen Archivgut (§ 8 Abs. 2)[59] indes nicht unter.[60] Bei noch nicht an das Archiv abgegebenen, aber an sich abgabepflichtigen, archivwürdigen Dokumenten kann die Ablehnung eines gegen die abgabepflichtige Stelle gerichteten Antrags in deren entsprechender Anwendung (auch) auf die archivrechtlichen Ausschlussgründe gestützt werden.[61] Eine Anspruchskonkurrenz mit Ansprüchen nach allgemeinem (BArchivG) und besonderem (StUG) Archivrecht des Bundes scheidet aus, weil diese sich gegen Bundesbehörden und auf Archivgut des Bundes richten.

46 Neben den vorrangigen **Datenschutzregelungen** des Unionsrechts (DSGVO) stehen die anzuwendenden datenschutzrechtlichen Schutzregelungen, namentlich in Ausfüllung der RL (EU) 2016/680 (JIRL), des Landesrechts selbständig neben dem SächsTranspG und haben jedenfalls keine abschließende Sperrwirkung, soweit sie Betroffenen Informations- und Auskunftsrechte gewähren. Sachlich verhindert der strikte Schutz personenbezogener Daten (§ 6 Abs. 1) relevante Kollisionen und öffnet das SächsTranspG für Zugangs-/Übermittlungsmöglichkeiten/-pflichten anderer Gesetze (§ 11 Abs. 4).

b) Ausgewählte Regelungsbereiche

aa) Registerrecht

47 Regelungen zum **Zugang zu** den vielfältigen **öffentlichen Registern** sind mitunter auf einen bestimmten Personenkreis begrenzt oder von qualifizierten Voraussetzungen abhängig (besonderes/schutzwürdiges/rechtliches Interesse). Bei den von Behörden/

58 OVG Berlin-Brandenburg, Urt. v. 16.1.2014 – OVG 12 B 50.09 – (zu § 1 Abs. 3 IFG Bund); VG Koblenz, Urt. v. 1.2.2016 – 5 K 424/11.KO –.

59 S.a. BVerwG, Beschl. v. 27.5.2013 – 7 B 43.12 –; s.a. BVerfG, Beschl. v. 20.6.2017 – 1 BvR 1978/13 –.

60 BVerwG, Urt. v. 17.3.2016 – 7 C 2.15 –.

61 BVerwG, Urt. v. 27.6.2013 – 7 A 15.10 – (Zugang zu Akten des BND über Adolf Eichmann).

Stellen im Bundesbereich geführten Registern[62] scheidet eine Normenkonkurrenz wegen der Anspruchsadressaten aus; dort werden die Zugangsregelungen meist als verdrängende Sonderregelungen i. S. d. § 1 Abs. 3 IFG (Bund) qualifiziert.[63]

Bei dem Zugang zu Registern, die von Stellen im Freistaat Sachsen geführt werden, ist die Konkurrenzlage von der **Rechtsgrundlage** (Bundes-/Landesrecht) sowie der **registerführenden Stelle** (Gerichte, kommunale Stellen oder unmittelbare Landesverwaltung) abhängig. Wenn/soweit der Registerzugang von speziellen Voraussetzungen abhängig gemacht wird, wird im Regelfall von einer abschließenden Regelung auszugehen sein; ist die Registereinsicht indes allen anfragenden Personen gestattet, besteht kein Grund, das SächsTranspG nicht (parallel/ergänzend) anzuwenden. 48

Für die **bei Gerichten geführten Register**[64] ist jedenfalls für die bundesgesetzlich geordneten Register davon auszugehen, dass sie den Zugang abschließend mit Anwendungsvorrang vor dem SächsTranspG regeln. Dann aber wird die Frage unerheblich, ob zumindest die der „freiwilligen Gerichtsbarkeit" unterfallenden Register(sachen) (§ 374 FamFG) Rechtsprechung im formellen Sinne sind oder die Gerichte als Behörden der Justizverwaltung[65] insoweit „Aufgaben der öffentlichen Verwaltung"[66] i. S. d. § 4 Abs. 3 Satz 1 Nr. 1 wahrnehmen (dazu § 4 Rn. 20 ff.). 49

Bei den **durch Verwaltungsbehörden** im institutionellen Sinne **geführten Registern**[67] werden bei bundesgesetzlicher Grundlage im Zweifelsfall die Zugangsvoraussetzungen und Nutzungsbedingungen durch das Bundesgesetz abschließend geregelt, wenn/soweit sie keine „Öffnungsklausel" für landesrechtliche Aufstockung/Ergänzung enthalten. Register oder bei „Zentralstellen" im Lande vorgehaltene Datensammlungen, die nach Landes- oder Bundesrecht nur für den zwischenbehördlichen Datenaustausch eingerichtet worden sind, sperren ebenfalls den Rückgriff auf Transparenzansprüche nach § 1 Abs. 1. Soweit sie von den Kommunen geführt werden, ist der Informationszugang allenfalls nach Maßgabe einer Opt In-Satzung eröffnet (§ 4 Abs. 2) 50

bb) Presse-/Medienrecht

§ 4 Abs. 1 **SächsPresseG** verpflichtet alle Behörden (zumindest) im Freistaat Sachsen zur Auskunftserteilung im Rahmen der öffentlichen Aufgabe der Presse, soweit nicht 51

62 Z. B. Zentrales Fahrzeugregister (Kraftfahrtbundesamt [§ 31 Abs. 2 StVG]), Bundeszentralregister (Bundesamt für Justiz [§ 1 Abs. 1 BZRG]); Nationales Waffenregister (Bundesverwaltungsamt [§ 1 Abs. 2 NWRG]), Unternehmensregister (Bundesanzeigerverlag [§ 8b Abs. 1, § 9a HGB]), Urheberrolle (Deutsches Patent- und Markenamt [§ 138 UrhG]), Zentrales Vorsorge- bzw. Testamentsregister (Bundesnotarkammer [§§ 78a, b BNotO]), Ausländerzentralregister (Bundesamt für Migration und Flüchtlinge [§ 1 Abs. 1 AZRG]), Staatsangehörigkeitsurkundenregister (Bundesverwaltungsamt [§ 33 StAG]).

63 Schoch, § 1 Rn. 323 ff.

64 Z. B. das Handelsregister (§§ 8 Abs. 1, 9 Abs. 1 HGB), das Vereinsregister (§ 55, 79 BGB), das Güterrechtsregister (§ 1558), das Genossenschaftsregister (§ 10 GenG) oder das Partnerschaftsregister (§ 4 PartGG); s.a. das Grundbuch (§§ 1, 12 GBO) bzw. das Schuldnerverzeichnis (§§ 882b, f und h ZPO).

65 Wie etwa bei der Überlassung von Telefonlisten der Gerichtsbeschäftigten (s. OVG NRW, Urt. v. 6.5.2015 – 8 A 1943/13 –; BVerwG, Beschl. v. 8.10.2015 – 7 B 24.14 –) oder der Gewährung von Akteneinsicht in die Gerichtsakten am konkreten Rechtsstreit nicht betroffener Dritter (BVerfG, Beschl. v. 2.12.2014 – 1 BvR 3106/09 –; BGH, Beschl. v. 29.4.2015 – XII ZB 214/14 –; VGH Baden-Württemberg, Beschl. v. 25.10.2011 – 3 S 1616/11 –).

66 So Schoch, § 1 Rn. 211.

67 S. etwa das Personenstandsregister (Standesamt [§ 3 PStG]) oder das Melderegister (Meldebehörden [§ 2 Abs. 1 BMG]).

die in Abs. 2 benannten oder allgemeine Rechtsvorschriften entgegenstehen. Der auf ausgewiesene Vertreterinnen und Vertreter der **Presse** beschränkte Auskunftsanspruch steht selbständig neben dem Transparenzanspruch nach § 1 Abs. 1 und trifft keine abschließende Regelung.[68] Es besteht eine **echte Anspruchskonkurrenz**. Entsprechendes gilt für die Informationsrechte der Rundfunkveranstalter (§ 9a RStV) sowie der Anbieter von Telemedien (§ 55 Abs. 3 i. V. m. § 9a RStV).

52 Wegen der besonderen Funktion und öffentlichen Aufgabe der Presse sind die Beschränkungen des Anwendungsbereichs des SächsTranspG (§ 4) oder dessen Ausschlussgründe auch nicht geeignet, auf die Auslegung und Anwendung der **Ausschlussgründe** nach § 4 Abs. 2 SächsPresseG einzuwirken; sie sind auch nicht „allgemeine" Rechtsvorschriften i. S. d. § 4 Abs. 1 SächsPresseG. Überdies vermitteln § 4 Abs. 1 SächsPresseG sowie §§ 9a, 55 Abs. 3 RStV zumindest hinsichtlich der Anspruchsgegner, der u.a. auch die Behörden der kommunalen und funktionalen Selbstverwaltung erfasst, i. S. d. § 1 Abs. 2 weiter gehende Ansprüche auf Akteneinsicht/Information; es bedarf dann nicht eines Vergleichs der Auskunftsverweigerungs-/Ausschlussgründe, die teils generalklauselhaft und optional (§ 4 Abs. 2 SächsPresseG; § 9a Nr. 1 bis 4 RStV), teils detaillistisch und (vordergründig) obligatorisch (§ 5 Abs. 1) geregelt und so strukturell inkommensurabel sind.

cc) Haushaltsrecht

53 Die **Sächsische Haushaltsordnung** enthält auch jenseits des Vergabebereichs (→ Rn. 39) keine ausdifferenzierten Informationszugangs-/Transparenzregelungen und auch keine besondere Regelung zum **Schutz des Prüfungs- und Beratungsverfahrens des Landesrechnungshofs**, wie sie in § 96 Abs. 4 BHO[69] in Reaktion auf die Rechtsprechung des BVerwG zur Geltung des IFG (Bund) für den Bundesrechnungshof[70] geschaffen worden ist. § 4 Abs. 3 Nr. 2 organisiert den Schutz der Prüfungs- und Beratungstätigkeit des Landesrechnungshofs (sog. „Hofbereich") dadurch, dass der Sächsische Rechnungshof transparenzpflichtige Stelle nur insoweit ist, als er Aufgaben der öffentlichen Verwaltung wahrnimmt. Im Hofbereich ist der Sächsische Rechnungshof zwar nicht Verfassungsorgan, sondern unabhängige Staatsbehörde (Art. 100 Abs. 1 Satz 2 SächsVerf), erscheint aber nach Rang und Funktion einem Staatsorgan gleichwertig[71] und nimmt im Hofbereich verfassungsunmittelbar eingeräumte Aufgaben und Befugnisse wahr,[72] die jedenfalls keine Aufgaben der öffentlichen Verwaltung sind.

54 Diese Einschränkung über den **Anwendungsbereich** bezieht sich indes allein auf das SächsTranspG selbst. Im Gegensatz zu dem an den Tätigkeitsbereich anknüpfenden Schutz des Prüfungs- und Beratungsverfahrens durch den Ausschluss des Zugangs zu den zur Prüfungs- und Beratungstätigkeit geführten Akten nach § 96 BHO erfasst dies aber nicht Auskunftsbegehren nach § 4 SächsPresseG. Eine institutionelle Bereichsaus-

---

68 BVerwG, Urt. v. 15.11.2012 – 7 C 1.12 –; OVG NRW, Urt. v. 9.2.2012 – 5 A 166/10 – (zu § 4 Abs. 1 PresseG NRW)

69 Eingefügt durch Gesetz v. 15.7.2013, BGBl. I, 2395; dazu BT-Drs. 17/13931, 4; nunmehr auch BVerwG, Urt. v. 22.3.2018 – 7 C 30.15 –; Urt. v. 28.10.2021 – 10 C 5.20 – (mit Anmerkung Hofmann, NVwZ 2022, 562; Bähr, jurisPR-BVerwG 6/2022 Anm. 3) (kein presserechtlicher Informationszugang in Bezug auf die Prüfungs- und Beratungstätigkeit des Bundesrechnungshofs).

70 BVerwG, Urt. v. 15.11.2012 – 7 C 1.12 –.

71 SächsVerfGH, Urt. v. 25.2.2014 – Vf. 71-I-12, 471 –.

72 Berlit/Kühn, in: Baumann-Hasske, Art. 100 Rn. 33 f.

nahme von der presserechtlichen Auskunftspflicht ist nach § 4 Abs. 5 SächsPresseG allein für die Rundfunkanstalten geregelt.

IV. Transparenz als Leitlinie für die Verwaltung (Absatz 3)

Nach Abs. 3 sind **Transparenz**[73] **und Offenheit**[74] **Leitlinien für das Handeln der Verwaltung** (Satz 1), die ihre Grenze in den entgegenstehenden schutzwürdigen öffentlichen und privaten Belangen finden (Satz 2). Umschrieben werden wohl in Anlehnung an die Open Government-Bewegung,[75] die Transparenz, **Partizipation** und Kollaboration als Modernisierungsansatz für effektiveres und effizienteres Regieren und Verwalten sieht und auch einen demokratischen Mehrwert erhofft,[76] auf relativ hohem Abstraktionsniveau[77] das Anliegen des Gesetzes, nämlich Transparenz und Offenheit in der Verwaltung zu verbessern, ohne diese damit als Selbstzweck festzulegen, und die Gründe, welche die vielfältigen Einschränkungen der postulierten Leitlinie bewirkt haben. Mit dem Begriff „Leitlinie" wird zudem auf ein allgemeines Handlungs- oder Orientierungsprinzip verwiesen, mit dem ein „Kulturwandel" (in) der Verwaltung umschrieben wird, der durch das Gesetz angestoßen oder gefördert werden soll, nicht aber die Feststellung getroffen werden, dass dieser Wandel bereits erfolgreich bewirkt worden sei. Die vielfältigen Einschränkungen des Transparenzanspruchs belegen insoweit das Gegenteil. 55

Der genaue normative Gehalt dieser Postulate erschließt sich nicht nur auf den ersten Blick nicht. Die Gesetzesbegründung gibt nur begrenzt Aufschluss, der gemäß das Gebot der Transparenz und Offenheit ebenso wie das der Beachtung entgegenstehender Belange bei allen Ermessensentscheidungen zu berücksichtigen sind. Denn die beiden Sätze des Abs. 3 bezeichnen die widerstreitenden Aspekte, die in dem Gesetz jeweils weiter ausgeformt und zu dem von dem Gesetzgeber gewollten Ausgleich gebracht werden; dies ist dem Kompromisscharakter des Gesetzes geschuldet.[78] Der Verweis auf die gleichrangige Berücksichtigung beider gegenläufiger Aspekte hat dann aber nach Grund und Gewichtung keine klare Leitfunktion für die Ermessensbetätigung. Die hierin zum Ausdruck kommenden Konflikt- und Spannungslagen, die teils wohl auch „quer" zu den Parteilinien verlief, durchzieht das gesamte Gesetz und erschwert nachhaltig eine nicht textgestützte historisch-telelogische Auslegung. 56

Das Abstraktionsniveau der beiden **Postulate** und die ausdifferenzierten Regelungen des Gesetzes, welche sowohl den Transparenzanspruch (§ 1 Abs. 1) als auch die Transparenzpflicht (§ 2 Abs. 1) konkretisieren, schließen es aus, Abs. 3 als eigenständige Anspruchsbegründungs- oder -ausschlussnorm zu werten. Voraussetzungen, Reichweite und Grenzen von Transparenzanspruch und -verpflichtung werden in den §§ 2 ff. geregelt. Die Aussagen des Abs. 3 sind insbesondere **keine Generalklauseln**, welche die geschriebenen Transparenzvoraussetzungen bzw. Ausschlussgründe zu überspielen, einzuengen oder zu erweitern geeignet sind. Auch ungeschriebene Zusatz- oder Nebenpflichten für Transparenzverpflichtete oder -berechtigte lassen sich unmittelbar aus 57

73 Zu den verfassungstheoretischen und -rechtlichen Dimensionen des Begriffs „Transparenz" s. knapp Gusy, JBInfR 2015, 1; ders., DVBl. 2013, 941.

74 Begrifflich angelehnt an § 5 Abs. 1 LobbyRG.

75 Wewer, in: Veit u.a. (Hrsg.), 5. Aufl. 2019, 547; ders., Open Government und Verwaltungsreform, 2020.

76 Insoweit im Ergebnis skeptisch Wewer/Wewer, Open Government, 2019.

77 Krit. SächsLT, APr 7/07-35 A v. 26.4.2022, Anl. 4, 2 (normativ kaum fassbare Begriffe).

78 S. Hundert, SächsVBl. 2023, 33 (33 f.); Berlit, SächsVBl. 2023, 93 (93 f., 106); s.a. Einl. Rn. 10.

Abs. 3 nicht herleiten; dogmatisch hat auch dies an den konkretisierenden Regelungen selbst anzusetzen.

58 Die allgemeine **Pflicht zur Förderung der Transparenz**, die nach § 2 Abs. 3 jede transparenzpflichtige Stelle trifft, konkretisiert als Nebenpflicht die Leitlinie des Satzes 1. Für die Belange nach Satz 2 gibt es keine entsprechenden Nebenpflichten jenseits der im Gesetz selbst normierten Beschränkungen und Ausnahmen. Ob sie der Transparenz und Offenheit nicht nur entgegenstehen, sondern als schutzwürdig auch beachtlich sind, wird abschließend durch das SächsTranspG oder vorrangige (abschließende) Regelungen des Bundes- oder Landesrechts (einschließlich der in § 5 Abs. 1 Nr. 11 inkorporierten spezialgesetzlichen Vertraulichkeitsvorschriften) bestimmt. Satz 2 konstatiert dies.

§ 2
Transparenzpflicht

(1) [1]Die Transparenzpflicht umfasst die Veröffentlichungs- und die Informationspflicht. [2]Die Veröffentlichungspflicht ist die Pflicht der transparenzpflichtigen Stellen, Informationen auf der Transparenzplattform bereitzustellen. [3]Die Transparenzplattform ist eine elektronische Plattform des Freistaates Sachsen, die im Internet betrieben wird und auf der Informationen veröffentlicht werden. [4]Die Informationspflicht ist die Pflicht der transparenzpflichtigen Stellen, Informationen auf Antrag zugänglich zu machen.

(2) [1]Die Transparenzpflicht gilt für Informationen, über welche die transparenzpflichtigen Stellen verfügen. [2]Transparenzpflichtige Stellen verfügen über Informationen, wenn diese bei ihnen vorhanden sind oder für sie bereitgehalten werden. [3]Ein Bereithalten liegt vor, wenn eine natürliche oder juristische Person, die selbst nicht transparenzpflichtige Stelle ist, Informationen aufbewahrt. [4]Transparenzpflichtige Stellen verfügen nicht über Informationen aus vorübergehend beigezogenen Akten.

(3) Jede transparenzpflichtige Stelle fördert die Transparenz, insbesondere weist sie auf der Startseite ihres Internetauftritts auf dieses Gesetz, die Transparenzplattform und den Transparenzanspruch hin.

Erläuterungen:

Übersicht Rdnr.

I. Allgemeines

Als „Korrespondenznorm" zu dem in § 1 geregelten Anspruch auf Transparenz regelt § 2 den allgemeinen **Inhalt der Transparenzpflicht** der einzelnen transparenzpflichtigen Stellen (§ 4) sowie der Pflicht des Freistaates, eine Transparenzplattform (§ 7) zu betreiben (Abs. 1), beschränkt die Transparenzpflicht auf die dort „verfügbaren" Informationen, die näher definiert werden (Abs. 2), und statuiert eine allgemeine Pflicht zur Förderung der Transparenz, die durch eine Hinweispflicht exemplarisch konkretisiert wird (Abs. 3). Die Norm ist in den Parlamentsberatungen unverändert geblieben. 1

Der Sache nach enthält § 2 in Abs. 1 und 2 keine eigenständigen Regelungen, sondern Legaldefinitionen bzw. Klarstellungen zur Reichweite des Gesetzes. Eine in verschiedenen anderen Informationszugangs-/Transparenzgesetzen enthaltene Norm mit Begriffsbestimmungen zu allen wesentlichen Begrifflichkeiten des jeweiligen Gesetzes[1] hat der sächsische Gesetzgeber nicht für erforderlich erachtet. 2

Die Regelungen haben – in unterschiedlichem Umfange – teils strukturgleiche bzw. -ähnliche Vorbilder in anderen Informationszugangs-/Transparenzgesetzen der Länder, so die ausdrückliche Transparenzpflicht (§ 2 Abs. 8 HmbTG, § 4 LTranspG RP, § 11 IZG-SH, § 5 Abs. 1, § 6 ThürTG), die Begrenzung der Informationspflicht auf verfügbare Informationen (§ 7 Abs. Satz 1 IFG Bund, § 7 Abs. 1 Satz 1 LFIG BW, § 7 BremIFG, § 88 Abs. 1 Satz 1 HDSIG, § 11 Abs. 1 Satz 1 LTranspG RP, § 7 Abs. 1 Satz 1 IZG LSA, § 1 Abs. 2, § 2 Abs. 5 IZG-SH, § 5 Abs. 4 Nr. 1 ThürTG) unter Ausschluss vorübergehend beigezogener Akten (§ 12 Abs. 2 HmbTG, § 4 IFG M-V, § 10 Abs. 1 Satz 2 ThürTG). 3

II. Transparenzpflicht (Absatz 1)

Die **Transparenzpflicht** (§ 2 Abs. 1) ist das Gegenstück zum Transparenzanspruch (§ 1 Abs. 1). Sie umfasst die **Veröffentlichungspflicht** (§ 2 Abs. 1 Satz 2, 3) und die **Informationspflicht** (§ 2 Abs. 1 Satz 4). Die transparenzpflichtigen Stellen werden als Adressaten des Transparenzanspruches vorausgesetzt, aber erst in § 4 näher geregelt. Insoweit regelt § 2 Abs. 1 nicht den personalen Anwendungsbereich des SächsTranspG. Anspruchsgrundlage für den Transparenzanspruch bleibt allein § 1 Abs. 1, in dem mit der transparenzpflichtigen Stelle auch bereits benannt ist, gegen wen sich der Anspruch richtet. Insoweit hat die Regelung lediglich definitorisch-deklaratorischen Charakter. 4

Die Veröffentlichungspflicht wird legaldefiniert als die Pflicht der transparenzpflichtigen Stellen, Informationen (§ 3) auf der Transparenzplattform (§ 7) bereitzustellen (Satz 1); welche Informationen veröffentlichungspflichtig sind, regelt dann § 8. Als Legaldefinition strebt Abs. 1 Satz 2, 3 auch nicht an, alle mit der Veröffentlichungspflicht verbundenen Einzel- und Nebenpflichten zu regeln. Aus der Pflicht zur Bereitstellung von Informationen auf der Transparenzplattform folgt zwingend indes die Pflicht, zur Erfüllung der Veröffentlichungspflicht ausschließlich die Transparenzplattform zu nutzen. Die entsprechende Informationsaufbereitung (§ 7 Abs. 3, § 9) wird ebenfalls schlicht vorausgesetzt. 5

Die **Transparenzplattform** (§ 7) wird legal definiert als eine elektronische Plattform des Freistaates Sachsen, die im Internet betrieben wird und auf der Informationen veröffentlicht werden (Abs. 1 Satz 3). Über Satz 2 hinausgehende Pflichten der transparenzpflichtigen Stellen werden dadurch nicht normiert. Verpflichtungsgehalt hat die Legalde- 6

1 S. etwa § 2 HmbTG; § 5 LTranspG RP; § 3 ThürTG.

finition allenfalls in Bezug auf den Freistaat Sachsen, der diese elektronische Plattform im Internet – entweder selbst oder in seinem Auftrag und unter seiner Kontrolle durch Dritte – zu betreiben hat. Jedenfalls die Einrichtung einer solchen Transparenzplattform, welche die Bereitstellung von Informationen auch ermöglicht, ist gesetzlich vorausgesetzt und damit obligatorisch. Es muss sich um eine einzige, zentral geführte Plattform handeln, über die Informationen nicht nur zur Erfüllung von Veröffentlichungspflicht und -anspruch bereitgestellt werden können. Die Möglichkeit des Abrufes werden dabei vorausgesetzt, aber selbst nicht geregelt (§ 1 Rn. 12). Einzelheiten zu Errichtung, Zugang und Betrieb folgen hieraus nicht; sie sind in §§ 7, 9 geregelt. Die Gesetzesbegründung geht davon aus, dass das gemäß § 16 Abs. 1 Satz 1 SächsVwOrgG zuständige Ressort die Transparenzplattform errichtet und als allgemein zugängliches Register zentral führt.[2] Nicht zwingend ist, dass die Informationen physikalisch an einem bestimmten Ort zu speichern sind, wenn den Anforderungen (u.a.) an die Suche (§ 7 Abs. 3) durch eine gemeinsame Metadatenbank Rechnung getragen werden kann.[3] Dann kann das Transparenzportal auch als Quasi-Portalverbund geführt werden, in dem Transparenzangebote unterschiedlicher Stellen unter einer Oberfläche recherchierfähig gebündelt werden.[4]

7 Dass die Transparenzplattform eine „elektronische" Plattform ist, stellt klar, dass die Veröffentlichungspflicht ausschließlich durch **Bereitstellung digitalisierter Informationen** zu erfüllen ist. Mittelbar folgt hieraus, dass veröffentlichungspflichtige Dokumente (§ 8), die in dem für den Rechtsverkehr maßgeblichen Original noch nicht in elektronischer Form vorliegen, nach den allgemeinen, für den Medientransfer geltenden Regelungen[5] in eine digitalisierte Form zu bringen sind. Einzelheiten zu den Formaten regelt § 9. Die Plattform muss im „Internet" stehen, also dem derzeitigen allgemein zugänglichen digitalen Kommunikationsnetz für den Datentransfer.

8 Die **Informationspflicht** (Satz 4) korrespondiert dem Informationsanspruch (§ 1 Abs. 1) und ist die Pflicht der transparenzpflichtigen Stellen, Informationen auf Antrag zugänglich zu machen. Terminologisch gehen andere Länder teils eigene Wege insoweit, als der Begriff „Informationspflicht" etwa in Hamburg[6] als Oberbegriff dem sächsischen Begriff der „Transparenzpflicht" entspricht und dort die sächsische „Informationspflicht" als „Auskunftspflicht" umschrieben wird; §§ 5, 6 ThürTG unterscheiden bei der proaktiven Informationsbereitstellung zwischen Veröffentlichungs- und Transparenzpflichten. Inhaltlich ergeben sich nach Aufbau und Struktur keine (signifikanten) Unterschiede. Inhalt und Grenzen der Informationspflicht ergeben sich aus §§ 5, 10 bis 12.

III. Verfügbarkeit der Information (Absatz 2)

1. Verfügbarkeit der Information (Satz 1 und 2)

9 Abs. 2 Satz 1 bezieht die Transparenzpflicht allein auf Informationen, über welche die transparenzpflichtigen Stellen verfügen. Die (tatsächliche) **„Verfügungsmacht" über die Informationen** wird so zur geschriebenen Voraussetzung und zentralen Reichweitenbe-

2 LT-Drs. 7/8517, 41.
3 Maatsch/Schnabel, § 2 Rn. 41.
4 Zum vergleichbaren Architekturgedanken des Portalverbundes nach § 1 OZG s. Martini/Wiesner, in: Veit u.a. (Hrsg.), 640 (641 f.).
5 S. etwa § 55b Abs. 6 VwGO, s.a. BSI, Technische Richtlinie 03138 Ersetzendes Scannen (TR-Resiscan), Version 1.4.1 (Stand: 23.4.2020).
6 § 2 Nr. 7 bis 9 HmbTG.

grenzung der Transparenzpflicht. Dies greift – im Ansatz klarstellend – Rechtsprechung zu anderen Informationsfreiheits-/Transparenzgesetzen auf, nach der das Vorhandensein der Information als ungeschriebenes Tatbestandselement vorausgesetzt wird,[7] und entspricht der Regelung im SächsUIG (§ 2 Satz, 1, § 3 Abs. 3 SächsUIG). Satz 2 bis 4 konkretisieren den Begriff des „Verfügens" und stellen klar, dass Informationen aus lediglich vorübergehend beigezogenen Akten diesem Begriff nicht unterfallen.

Tatsächliche „Verfügungsmacht" bedeutet nicht „**Verfügungsbefugnis**", also die exklusive Rechtsmacht zur Entscheidung. Die terminologische Abweichung von § 7 Abs. 1 Satz 1 IFG (Bund), die zudem lediglich eine Zuständigkeitsregelung enthält, lässt eine Übertragung der Rechtsprechung zur Verfügungsbefugnis über Informationen, namentlich solcher Informationen, die im Rahmen behördenübergreifender Abstimmungsprozesse von der „federführenden" Stelle anderen Behörden übermittelt worden und demnach an mehreren Stellen verfügbar sind,[8] nicht zu. Dies bekräftigt Satz 4, der nur Informationen „aus **vorübergehend beigezogenen Akten**" erfasst, nicht aber in den eigenen Aktenbestand übernommene Informationen (Rn. 24), die bei zwischenbehördlicher Kommunikation auch keine „Nichtinformation" i. S. d. § 3 Satz 2 sind.[9] 10

Aus der positiven Regelung, dass die Transparenzpflicht nur für Informationen gilt, über welche die transparenzpflichtigen Stellen verfügen, folgt – negativ –, dass zu nicht verfügbaren Informationen auch kein Zugang zu gewähren ist. Aus diesem – vordergründig banalen – Umkehrschluss folgt in Verbindung mit der Klarstellung nach Satz 2, dass die Informationen bei diesen Stellen „vorhanden" sein oder für sie bereitgehalten werden müssen, dass die Transparenzpflicht **grundsätzlich keine Informationsbeschaffungspflicht** umfasst. 11

Abgestellt wird im Ansatz auf tatsächlich bereits vorhandene Informationen. Grundsätzlich unerheblich ist, dass eine transparenzpflichtige Stelle – aus welchen Gründen auch immer – „an sich" über eine Information verfügen müsste. Andererseits muss das Gesetz von einer **ordnungsgemäßen Aktenführung** ausgehen. Denn die nicht zuletzt aus dem Rechtsstaatsprinzip folgende, in § 29 VwVfG/§ 25 SGB X vorausgesetzte Pflicht zur ordnungsgemäßen, wahrheitsgetreuen und vollständigen Aktenführung dient der Sicherung gesetzmäßigen Verwaltungshandelns: durch Festhaltung des Geschehensablaufs im Interesse der Beteiligten oder der entscheidenden Behörde, als Grundlage für die kontinuierliche Wahrnehmung der Rechtsaufsicht und Fachaufsicht und der parlamentarischen Kontrolle des Verwaltungshandelns, – präventiv – als Motivation zu allseits rechtmäßigem Verwaltungshandeln und als Erschwerung rechtswidrigen Verwaltungshandelns.[10] Daraus folgt ein dem Zugangsanspruch vorgelagerter Informationsbeschaffungsanspruch jedenfalls dann, wenn dies tatsächlich mit vertretbarem Aufwand möglich und nach den Regeln ordnungsgemäßer Aktenführung unabweisbar ist. Ein allgemeiner, prophylaktischer Anspruch auf ordnungsgemäße Aktenführung oder Aktenkomplettierung ergibt sich indes auch aus § 1 Abs. 1, § 2 Abs. 2 SächsTranspG nicht. 12

7 BVerfG, Beschl. v. 20.6.2017 – 1 BvR 1978/13 –, juris Rn. 23; BVerwG, Beschl. v. 27.5.2013 – 7 B 43.12 –; VG Berlin, Urt. v. 10.10.2007 – 2 A 102.06, 2 A 101.06 –.

8 Zu § 7 Abs. 1 IFG Bund s. nur BVerwG, Urt. v. 3.11.2011 – 7 C 4.11 –, juris Rn. 28; Urt. v. 5.5.2022 – 10 C 1.21 –, juris Rn. 15.

9 A.A. wohl § 5 Rn. 11.

10 BVerwG, Beschl. v. 16.3.1988 – 1 B 153.87 –.

13 **Maßgeblicher Zeitpunkt** für das **Vorhandensein** ist grundsätzlich der Zeitpunkt der Entscheidung über einen Antrag auf Information.[11] Liegen die Informationen im Zeitpunkt der Antragstellung noch nicht vor, ist aber mit der Entstehung der entsprechenden, dann auch zugänglich zu machenden Informationen in absehbarer Zeit zu rechnen, entspricht es regelmäßig der Transparenzförderpflicht (Abs. 3), die Entscheidung über den Antrag zurückzustellen (§ 12 Abs. 1, 2); dies gilt namentlich dann, wenn die Antragstellenden nicht über genaue Informationen zum Zeitpunkt des Entstehens der Information (z. B. die Erstellung eines Berichts) verfügen oder den Antrag gezielt mit Blick auf eine bestimmte, bevorstehende Informationsentstehung stellen. Ausgeschlossen ist allerdings eine Antragstellung mit dem Ziele einer ständigen und regelmäßigen, quasi „abonnementmäßigen Belieferung" mit Informationen – gar in Echtzeit.[12]

14 Befinden sich bei Antragstellung verfügbare Informationen im Zeitpunkt der behördlichen oder gerichtlichen Entscheidung nicht mehr im Informationsbestand der transparenzpflichtigen Stelle, kann diese ohne eine **Wiederherstellung/Rückholung der Information** objektiv keinen Zugang gewähren. Der Zugangsanspruch ist aber nur dann endgültig untergegangen, wenn es der transparenzpflichtigen Stelle tatsächlich und rechtlich nicht möglich ist, diese Information bei einem Dritten anzufordern. Dann besteht ein der Zugangsgewährung vorgelagerter, aus der Informationspflicht folgender Anspruch auf Wiederbeschaffung/Rekonstruktion jedenfalls bei Anhaltspunkten dafür, dass ursprünglich noch vorhandene Informationen in Kenntnis des Informationsantrages treuwidrig vernichtet oder gelöscht worden sind.[13] Nach hier vertretener Mindermeinung[14] besteht eine solche Wiederbeschaffungspflicht auch jenseits eines treuwidrigen Verhaltens in allen Fällen der Entäußerung nach Antragstellung, wenn eine solche Wiederbeschaffung möglich ist. Aus der behördlichen Wiederbeschaffungspflicht folgt aber kein (durchsetzbarer) behördlicher Herausgabeanspruch gegen den Dritten oder gar ein transparenzrechtlicher Direktanspruch gegen diesen Dritten. Keine Wiederbeschaffungspflicht besteht indes bei Löschung aufgrund strikter gesetzlicher Löschungsregelungen ohne Wertungsmöglichkeit, die während eines behördlichen oder gerichtlichen Verfahrens abgelaufen sind.[15]

15 Kein Informations(wieder)beschaffungsanspruch besteht für Informationen, die sich bei Antragstellung (rechtmäßig) nicht mehr im Informationsbestand der transparenzpflichtigen Stelle befunden haben.[16] Neben Informationen, die sich in zurückzugebenden Antragsunterlagen befunden haben[17] oder von vornherein – auch ohne Entwürfe/Noti-

---

11 Wie Pabst/Frankewitsch, § 4 Rn. 48; a. A. Debus, in: BeckOK Informations- und Medienrecht, § 2 IFG Rn. 25, der auf den Antrag abzustellen scheint; Schoch, § 2 Rn. 36 (im Rechtsstreit Zeitpunkt der gerichtlichen Entscheidung).

12 BfDI, 4. Tätigkeitsbericht 2012-13, BT-Drs. 18/1200, 94; Debus, in: BeckOK Informations- und Medienrecht, § 2 IFG Rn. 25.

13 OVG Berlin-Brandenburg, Urt. v. 20.3.2012 – OVG 12 B 27.11 –; VG Berlin, Urt. v. 7.4.2011 – 2 K 39.19 – (Abendessen im Bundeskanzleramt).

14 VG Berlin, Urt. v. 20.11.2008 – 2 A 57.06 –; VG Koblenz, Urt. v. 1.2.2012 – 5 K 424/11.KO –; s.a. Hartleb, NVwZ 2009, 825.

15 Debus, in: BeckOK Informations- und Medienrecht, § 2 IFG Rn. 28 (unter Hinweis auf § 24c Abs. 1 Satz 3 KWG).

16 Vgl. VG Berlin, Urt. v. 10.10.2007 – 2 A 102.06, 2 A 101.06 – (Flugreisen Bundestagsabgeordnete/Bonusmeilen); Urt. v. 7.4.2011 – 2 K 39.19 –.

17 VG Berlin, Urt. v. 20.11.2008 – 2 A 57.06 (Planungsstudie Bahn); HessVGH, Urt. v. 30.7.2015 – 6 A 1998/13 –.

zen i. S. d. § 3 zu sein – nicht aufbewahrt werden sollten,[18] können dies Informationen sein, die nach den heranzuziehenden Regelungen der Aktenordnung, des Archivrechts oder des Datenschutzrechts zu löschen/zu vernichten waren. Beruht das Nichtvorhandensein der Information auf nicht rekonstruierbaren Ursachen oder behördlicher „Schlamperei",[19] kommt allenfalls ein **Komplettierungsanspruch zur ordnungsgemäßen Aktenführung** (Rn. 12) in Betracht.

Informationen aus Akten, die sich vorübergehend nicht in der Verfügungsgewalt der transparenzpflichtigen Stelle befinden, schließen den Transparenzanspruch nicht aus, wenn diese weiterhin die aktenführende Behörde ist. Dies folgt nicht zuletzt aus einem Umkehrschluss aus Absatz 2 Satz 3. Die transparenzpflichtige Stelle hat die **Akten** dann für den Zugang zurückzufordern; die **vorübergehende Abgabe** kann Grund für Verlängerung der Zugangsgewährungsfrist (§ 12 Abs. 2) sein. Dies gilt auch für an sich auszusondernde oder dem Landesarchiv bereits angebotene, von dem diesem aber noch nicht als Archivgut übernommene Informationen. 16

Der Zugangsanspruch bezieht sich auf den verfügbaren Informationsbestand grundsätzlich so, wie er ist. Die transparenzpflichtige Stelle ist im Regelfall nicht verpflichtet, über die Zusammenstellung und Zugangsgewährung hinaus die Informationen – gar nach den Vorgaben/Kriterien der Zugangsberechtigten – inhaltlich/statistisch aufzubereiten, zu aggregieren oder sonst auszuwerten (**kein Informationsauswertungs-/Aufbereitungsanspruch**). Auch sonst besteht kein Anspruch auf Generierung „neuer" Informationen, die sich aus der (bewertenden) Zusammenführung unterschiedlicher Teilinformationen ergeben können. Ungeachtet dessen, dass die Amtssprache Deutsch ist, besteht auch kein Anspruch auf eine Übersetzung, wenn die Informationen rechtmäßig nur in englischer Sprache vorliegen.[20] Hiervon nicht erfasste Grenzfälle bilden das Heraussuchen von Einzelinformationen aus Sammel- oder Übersichtslisten[21] oder die Addition gleichartiger Informationen, die keine inhaltliche Aufbereitung von Informationen umfasst.[22] Über die bloße Addition gleichartiger Informationen geht hinaus, wenn das Auswerten eines Datenbestandes erforderte, dass ein komplexes, in der Zwischenzeit weiter entwickeltes Programm zum Erstellen einer Datenbank in einen früheren Zustand versetzt werden müsste.[23] Als Schaffung „neuer Informationen" erst recht nicht umfasst sind rechtliche Bewertungen, die an die Informationen anknüpfen, die Bestandteil der Verwaltungsunterlagen sind.[24] 17

Die Verfügbarkeit der Information ist nach Abs. 2 Satz 1 tatbestandliche Voraussetzung des Informationsanspruchs. Nach allgemeinen Grundsätzen ist die Verfügbarkeit mithin von dem Zugang Beanspruchenden darzulegen und zu beweisen. Dessen struktureller Beweisnot ist dadurch Rechnung zu tragen, dass substantiiert darzulegen ist, dass 18

18 OVG Berlin-Brandenburg, Urt. v. 20.3.2012 – OVG 12 B 27.11 –; VG Berlin, Urt. v. 7.4.2011 – 2 K 39.19 – (z. B. vorläufige Gästeliste Abendessen im Bundeskanzleramt).

19 Vgl. Schoch, § 2 Rn. 39

20 VG Köln, Urt. v. 16.4.2013 – 7 K 268/12 –.

21 OVG Berlin-Brandenburg, Urt. v. 20.3.2012 – OVG 12 B 27.11 – (Sammelrechnung Kanzlerküche).

22 BVerwG, Urt. v. 27.11.2014 – 7 C 20.12 – (Sachmittel Bundestagsabgeordnete); Beschl. v. 27.5.2013 – 7 B 43.12 – (Archivgut); VG Frankfurt/M., Urt. v. 23.1.2008 – 7 E 3280/06 (V) – (BaFin).

23 VG Berlin, Urt. v. 30.8.2016 – VG 2 K 37.26 – (Datengrundlagen Abrechnung von Krankenhausleistungen).

24 OVG NRW, Beschl. v. 1.7.2011 – 6 A 1492/10 –.

und aufgrund welcher tatsächlichen Anhaltspunkte davon auszugehen ist, dass die Information (schon oder noch) verfügbar ist. Ist dies – etwa durch Rückgriff auf die Grundsätze ordnungsgemäßer Aktenführung – geschehen, ist es Sache der transparenzpflichtigen Stelle, nachvollziehbar darzulegen, dass und aus welchen Gründen dies nicht der Fall ist.[25] Das Gericht hat auf der Grundlage der jeweiligen Angaben den Sachverhalt von Amts wegen zu ermitteln (§ 86 Abs. 1 VwGO)

2. Bereithalten durch Dritte (Satz 3)

19 Ein **„Bereithalten" durch Dritte** liegt vor, wenn eine selbst nicht transparenzpflichtige Stelle für die an sich verfügungsberechtigte, transparenzpflichtige Stelle solche Informationen „aufbewahrt" (Satz 3). Aufgegriffen wird die Formulierung des § 3 Abs. 3 Satz 2 SächsUIG.[26]

20 Die **Aufbewahrung** kann in „analoger" Form durch physische Auslagerung von Datenträgern aller Art (§ 3 Rn. 9) oder in digitaler Form, z. B. im Rahmen einer Datenverarbeitung im Auftrag (Art. 24 ff. DSGVO), erfolgen. Nach dem Regelungszusammenhang vorausgesetzt ist, dass die Verfügungsbefugnis über die Informationen bei der transparenzpflichtigen Stelle verbleibt, die Informationen sich nur rein tatsächlich (physikalisch oder digital) mit Wissen und Wollen der transparenzpflichtigen Stelle bei dem Aufbewahrenden befinden und dem sachlich oder zeitlich nicht beschränkten Datenzugriff der transparenzpflichtigen Stelle ausgesetzt sind.

21 **„Bereithaltende" Stelle** kann nach Satz 3 nur eine natürliche oder juristische Person sein, die selbst nicht transparenzpflichtige Stelle ist. Diese müssen nicht der Aufsicht des Freistaates unterstehen. Erfasst sind neben privatrechtlich organisierten Einheiten (z. B. länderübergreifend organisierte Datenverarbeitungszentren) auch öffentlich-rechtlich verselbständigte Einheiten (z. B. als rechtsfähige Anstalt des öffentlichen Rechts organisierte **IT-Dienstleister** [wie z. B. die Sächsische Anstalt für kommunale Datenverarbeitung; Dataport]). Nach dem Wortlaut an sich nicht erfasst sind rechtlich unselbstständige, nicht rechtsfähige Datenverarbeitungsdienstleister des Freistaates (als juristische Person des öffentlichen Rechts), die als sonstige Stelle der öffentlichen Verwaltung des Freistaates Sachsen i. S. d. § 4 Abs. 1 Satz 1 organisiert und damit selbst transparenzpflichtig sind (z. B. der Staatsbetrieb Sächsische Informatik Dienste [SID] oder die LIT [§ 41a SächsJustizG]). Satz 3 soll indes allein ausschließen, dass Informationszugangsansprüche wegen der Art und Weise der Informations-/Datenhaltung ins Leere laufen. Bei einer an Sinn und Zweck orientierten Auslegung können auch solche Einheiten mithin wegen ihrer reinen Dienstleisterfunktion, die eine Verfügungsbefugnis i. S. d. Abs. 2 Satz 1 über die Informationen nicht umfasst, als Teil der juristischen Person „Freistaat Sachsen" als bereithaltende Stelle gewertet werden.

3. Vorübergehend beigezogene Akten (Satz 4)

22 Nach Satz 4 „verfügt" eine transparenzpflichtige Stelle nicht über Informationen aus **„vorübergehend beigezogenen Akten"**. Dies stellt klar, dass mit der Beiziehung von Akten, dem dadurch bewirkten tatsächlichen Vorhandensein von Informationen sowie der dadurch vermittelten Verwertbarkeit von in diesen enthaltenen Informationen kein (temporärer) Übergang der Verfügungsbefugnis in Bezug auf die Informationen verbun-

25 VG Berlin, Urt. v. 7.4.2011 – 2 K 39.10 –.
26 LT-Drs. 7/8517, 41.

den ist und die Verantwortung bei der die Akte abgebenden Ausgangsstelle verbleibt.[27] Sachlich wird dem tatsächlichen Vorhandensein im Sinne der tatsächlichen räumlichen Verfügungsbefugnis ein Element der rechtlichen Verfügungsbefugnis hinzugefügt. Dies war teils in der Rechtsprechung als ungeschriebenes Tatbestandsmerkmal vorausgesetzt, ist aber teils in der jüngeren Rechtsprechung auf die tatsächliche räumliche Verfügungsbefugnis begrenzt worden.[28] Insoweit dient die Regelung auch dem Schutz des zwischenbehördlichen Informationsaustausches und verhindert, dass mit einer vorübergehenden Aktenübermittlung auch die eigene Verfügungsberechtigung (temporär) verloren geht bzw. „gedoppelt" wird.

Diese Akten können beigezogen sein von Stellen außerhalb des Freistaates Sachsen, die 23 von vornherein nicht Adressaten eines Transparenzanspruches nach sächsischem Recht sein können, oder von anderen (potenziell) transparenzpflichtigen Stellen innerhalb des Freistaates. Unerheblich ist, ob die Akten im Original (analog oder digital) oder als Kopie vorübergehend übermittelt worden sind, wenn nur mit der Bereitstellung eine zeitliche Begrenzung der tatsächlichen Verfügungsmacht oder durch eine eindeutige **Vertraulichkeitsauflage** (§ 5 Abs. 1 Nr. 4) eine dauerhafte Beschränkung der Verfügungs„befugnis" verbunden ist. Diese kann sich auch konkludent aus den Umständen der Übermittlung ergeben, folgt aber nicht schon daraus, dass die Information im Rahmen behördenübergreifender Abstimmungsprozesse zu den eigenen Akten gelangt ist.

Sachlich ist die **Verfügungs„befugnis"** ausgeschlossen für Informationen, die unmittel- 24 bar „aus" lediglich vorübergehend beigezogenen Akten zu entnehmen sind. Werden aus den beigezogenen Akten einzelne Informationen/Dokumente für die Erledigung öffentlicher Aufgaben der beiziehenden Stelle rechtmäßig in den eigenen Informationsbestand übernommen und dort dauerhaft eingegliedert (**Informationsübernahme**), „verfügt" die transparenzpflichtige Stelle über diese Informationen, und zwar ungeachtet ihrer Herkunft;[29] zu prüfen sind dann allein Ausschlussgründe (z. B. nach § 5 Abs. 1 Nr. 2 bis 4, 14).[30] Ein umfassender, exklusiver Übergang der Verfügungsbefugnis oder gar der Aktenführung ist hierfür nicht erforderlich. Anders als etwa § 7 Abs. 1 Satz 1 IFG Bund[31] birgt Satz 4 weder für sich noch in Verbindung mit den Sätzen 1 bis 3 ein selbständiges Tatbestandsmerkmal der (exklusiven) normativen Verfügungsbefugnis über eine Information. Für eine dauerhafte Eingliederung in den eigenen Informationsbestand reicht indes allein die (möglicherweise gar datenschutzrechtswidrige) Nichtvernichtung/Nichtlöschung einer übermittelten Aktenkopie nicht aus.

IV. Förderung der Transparenz (Absatz 3)

Abs. 3 koppelt eine allgemeine **Pflicht** transparenzpflichtiger Stellen **zur Förderung der** 25 **Transparenz** mit der exemplarisch hervorgehobenen, konkreten Rechtspflicht, auf der

27 LT-Drs. 7/8517, 41.

28 Vgl. OVG NRW, Urt. v. 22.5.2019 – 15 A 873/18 – (zu § 2 Abs. 1 IFG Bund), das die „Verfügungsberechtigung" in § 7 Abs. 1 Satz 1 IFG Bund geregelt sieht; s. bereits Urt. v. 1.3.2011 – 8 A 3358/08 – (zu § 2 Abs. 4 UIG); a. A. noch OVG NRW, Beschl. v. 15.8.2003 – 21 B 375/03 –.

29 S.a. § 3 Nr. 5 IFG Bund, der den Anspruchsausschluss in Bezug auf vorübergehend beigezogene Informationen einer anderen öffentlichen Stelle ausdrücklich auf solche Informationen beschränkt, „die nicht Bestandteil der eigenen Vorgänge werden" sollen; s.a. Schoch, § 3 Rn. 256 ff., 265; BT-Drs. 15/4493, 11.

30 A. A. wohl § 4 Rn. 10, die bei Informationen aus stellenübergreifenden Abstimmungsprozessen – jedenfalls für die Veröffentlichungspflicht – auf die jeweils federführende Stelle verweist.

31 Vgl. Schoch, § 7 Rn. 36 f.

Startseite ihres Internetauftritts auf das SächsTranspG, die Transparenzplattform und den Transparenzanspruch hinzuweisen. Konkretisiert wird die allgemeine Leitlinie des § 1 Abs. 3 Satz 1. Vorbild der Regelung zur Hinweispflicht ist § 5 Abs. 5 Satz 1 LTranspG RP.

1. Hinweispflicht

26 Abs. 3 verpflichtet – ungeachtet der beschreibenden Formulierung – transparenzpflichtige Stellen als Nebenpflicht[32] zu ihrer Transparenzpflicht zur Aufnahme bestimmter Kerninformationen zum Transparenzanspruch auf die **Startseite** ihres **Internetauftritts**. Dass ein Internetauftritt besteht, wird als selbstverständlich vorausgesetzt und gehört in der modernen Informationsgesellschaft auch für Behörden zum Mindestbestand proaktiver Öffentlichkeitsarbeit. Abs. 3 begründet aber keine Pflicht zur Schaffung einer transparenzpflichtigen Stelle zum Aufbau eines eigenständigen Internetauftritts.[33] Startseite ist für Verfassungsorgane und Behörden des Freistaates nicht die von der Sächsischen Staatskanzlei verantwortete Seite „www.sachsen.de". Verpflichtet ist jede einzelne transparenzpflichtige Stelle als organisatorische Einheit.

27 Auf der Startseite hinzuweisen ist auf den Transparenzanspruch als solchen (§ 1 Abs. 1), das Transparenzgesetz und die Transparenzplattform (§ 7 ff.) (**Mindesthinweispflicht**); weitere Informationen zum Transparenzgesetz können auf weiteren Seiten entweder der jeweiligen transparenzpflichtigen Stelle selbst oder durch Verlinkung mit externen Seiten eines zentralen Informationsbereichs zum Transparenzgesetz gegeben werden. Zusatzinformationen auf eigenen Unterseiten sind insbesondere bei den in § 4 Abs. 3 benannten Stellen, die nur in sehr engen Grenzen transparenzpflichtig sind, oder bei solchen transparenzpflichtigen Stellen angezeigt, für die in § 5 eine (Quasi-)Bereichsausnahme geschaffen worden ist, um die auf der Startseite geweckten Transparenzerwartungen informatorisch durch Benennung der Einschränkungen/Ausnahmen auf das gesetzlich gewährte Maß zurückzuschrauben.

28 Der **Hinweis auf der Startseite** mag wie folgt gefasst werden: „Jede Person hat gegen die transparenzpflichtigen Stellen einen Anspruch [auf Veröffentlichung veröffentlichungspflichtiger Informationen auf der Transparenzplattform des Freistaates Sachsen und] auf Zugang zu dienstlichen Informationen. Das Sächsische Transparenzgesetz regelt die Einheiten [z. B.: Welche Stellen sind transparenzpflichtig? Welche Informationen werden auf der Transparenzplattform veröffentlicht? Welche Ausnahmen von der Transparenzpflicht bestehen? Wo und wie ist der Antrag auf Information zu stellen?]". Dabei sollten die entsprechenden Begriffe mit der Transparenzplattform und dem Gesetzestext, ergänzend auch auf den Webauftrifft der/des Sächsischen Transparenzbeauftragte/n verlinkt werden.

29 Die **Hinweispflicht** tritt am 1.1.2023 in Kraft, die Transparenzplattform ist erst innerhalb von drei Jahren nach dem Inkrafttreten des Gesetzes zu errichten und in Betrieb zu nehmen. Das Ziel der Hinweispflicht, zuverlässig über einen bestehenden Transparenzanspruch zu informieren, nicht durch Desinformation zu verwirren, gebietet eine teleologisch reduzierende Auslegung des Abs. 3, nach der bis zur **Inbetriebnahme der Transparenzplattform** ein entsprechender Hinweis nicht erfolgen muss.

32 LT-Drs. 7/8517, 41.
33 LT-Drs. 7/8517, 41.

2. Förderpflicht

Die Hinweispflicht ist eingebettet in eine **allgemeine Pflicht zur Förderung der Transparenz**. Die Gesetzesbegründung[34] macht der Fantasie der transparenzpflichtigen Stellen keine anregenden oder einschränkenden Vorgaben. Auch die allgemeine Transparenzförderungspflicht ist eine Nebenpflicht zur Transparenzpflicht des Abs. 1. Der in § 1 Abs. 1 geregelte Transparenzanspruch vermittelt keine subjektiv-rechtlichen Ansprüche auf Ergreifen von Fördermaßnahmen dem Grunde nach oder gar bestimmten Förderleistungen. Diese stehen nach Grund, Reichweite und Ausgestaltung im fehlerfrei zu betätigendem Ermessen der transparenzpflichtigen Stellen. 30

Eine Dimension der Transparenzförderung liegt in proaktiven Maßnahmen der transparenzpflichtigen Stelle, durch zusätzliche Informationen im Internet, entsprechendes papiergebundenes Informationsmaterial und in sonstigen Veröffentlichungen auf den Transparenzanspruch und das Verfahren seiner Geltendmachung in werbender Weise aufmerksam zu machen (**Transparenzwerbung**). Dabei können auch **Musteranträge** bereitgestellt und stelleninterne Ansprechpersonen benannt werden, welche bereits vor einer Antragstellung die nach § 10 Abs. 2 Satz 2 gebotene Unterstützung gewähren. Ziel hat insoweit ein einfach zu nutzendes, niedrigschwelliges Angebot zu sein. 31

Innerhalb der transparenzpflichtigen Stelle kann die Transparenz durch Bestimmung gebündelter Zuständigkeiten und Festlegung klarer Abläufe bei Antragstellung mit dem Ziel kompetenter und schneller Antragsbearbeitung gefördert werden. Die Zuweisung der Bearbeitung von Transparenzanträgen an besonders geschulte, fachkundige **stelleninterne „Transparenzbeaufragte"**, an die sich die anderen Beschäftigten in Transparenzfragen wenden können, entlastet die sonstigen Beschäftigten, die nur selten mit Anträgen auf Zugang zu Informationen befasst sein werden, von der Einarbeitung und vermeidet Mehraufwand durch Unsicherheiten. Diese Transparenzbeauftragten können nach dem Vorbild des § 4 Abs. 1 Satz 2 SächsPresseG direkt bei der Behördenleitung oder der/dem Pressebeauftragten angesiedelt werden; sie können nach dem Vorbild der behördeninternen Datenschutzbeauftragten zusätzlich mit Beratungs- und Unterstützungsaufgaben im Bereich Transparenzgestaltung sowie Schulungsaufgaben für die Beschäftigten betraut werden. 32

Die Transparenz kann weiter dadurch gefördert werden, dass bereits bei der Informationserstellung/-aufbereitung im Vorfeld möglicher Anträge auf Information darauf geachtet wird, dass Informationen „transparenzfreundlich" erstellt, aufbereitet und so aufbewahrt werden, dass mögliche Informationsanträge schnell und mit möglichst wenig Aufwand für die transparenzpflichtige Stelle bearbeitet werden können (**transparenzfreundliche Informationsaufbereitung**). Bei elektronischer Aktenführung können die dort eröffneten Möglichkeiten genutzt und etwa bereits bei der Speicherung von der Transparenzpflicht ausgenommene oder solche Informationen, bei denen es einer genaueren Prüfung bedarf, durch entsprechende Metadaten gekennzeichnet werden. Auch sind Möglichkeiten einer (teil-)automatisierten Unkenntlichmachung der personenbezogenen Daten (§ 6) zu schaffen und auszuschöpfen. Informationen, bei denen eine Veröffentlichung nach § 8 in Betracht kommt, sind tunlichst bereits im Erstellungsprozess so aufzubereiten, dass den Anforderungen des § 9 entsprochen und eine Nachbearbeitung entbehrlich wird. 33

34 LT-Drs. 7/8517, 41.

34 Als Transparenzfördermaßnahme kann auch die in § 8 Abs. 4 eröffnete Möglichkeit gewertet werden, an sich nicht veröffentlichungspflichtige Informationen auf der Transparenzplattform bereitzustellen. Abs. 3 wirkt auf die in § 8 Abs. 4 vorausgesetzte freie Entscheidung der transparenzpflichtigen Stellen, ob und in welchem Umfange von dieser Kompetenz Gebrauch zu machen ist, indes nicht im Sinne einer auf einzelne Informationen/Informationsbereiche bezogenen Reduktion des Veröffentlichungsermessens ein. Aus der Förderpflicht des Abs. 3 folgt aber (allzumal i. V. m. der Leitlinie des § 1 Abs. 3 Satz 1) ein objektivrechtliches Gebot, den Informationsbestand der transparenzpflichtigen Stelle kontinuierlich darauf zu sichten, welche Informationen im Einklang mit den Maßgaben des SächsTranspG dort veröffentlicht werden könnten, und für die so identifizierten Informationen eine begründungsfähige, intern zu dokumentierende Entscheidung zu treffen, ob/wann/in welchem Umfange eine Veröffentlichung erfolgen soll.

35 Bei transparenzpflichtigen Stellen, die einen **Jahres(rechenschafts)bericht** erstellen, liegt nahe, auch einen Abschnitt aufzunehmen, der über Maßnahmen zur Förderung der Transparenz Rechenschaft ablegt.

§ 3
Informationen

[1]Informationen sind Aufzeichnungen, die dienstlichen Zwecken dienen, unabhängig von der Art ihrer Speicherung. [2]Entwürfe, Notizen, behördeninterne Kommunikation und Vermerke sowie Umweltinformationen nach § 3 Absatz 2 des Sächsischen Umweltinformationsgesetzes vom 1. Juni 2006 (SächsGVBl. S. 146), das zuletzt durch Artikel 2 Absatz 25 des Gesetzes vom 5. April 2019 (SächsGVBl. S. 245) geändert worden ist, in der jeweils geltenden Fassung, gehören nicht dazu.

Erläuterungen:

Übersicht Rdnr.

I. Überblick

1 Das SächsTranspG regelt die Veröffentlichung von und den Zugang zu „Informationen". § 3 verhält sich zu diesem Begriff. Der Sache nach erstrebt § 3 keine wissenschaft-

lich fundierte Legaldefinition des Begriffs der „Information",[1] etwa in Abgrenzung zu anderen Begriffen wie dem der (personen- oder sachbezogenen) „Daten" oder von „Wissen" oder dem – unscharfen – Informationsbegriff, der bei Begriffen wie Informationsgesellschaft oder Informationstechnologie herangezogen wird. Der **Begriff der „Information"** wird für die Anwendung des Gesetzes pragmatisch umschrieben als „Aufzeichnungen, die dienstlichen Zwecken" dienen (Satz 1), und es werden bestimmte „Informationen" (Entwürfe, Notizen, behördeninterne Kommunikation und Vermerke) sowie Umweltinformationen hiervon ausgenommen (Satz 2). Über den so bestimmten Begriff der „Information" wird zwar nicht der Geltungsbereich des Gesetzes, wohl aber die Reichweite von Transparenzanspruch/-pflicht definiert und begrenzt.

§ 3 fasst den **Informationsbegriff** auf den ersten Blick in Anlehnung an die Begriffsbestimmungen in anderen Informationszugangs-/Transparenzgesetzen (z. B. § 2 Nr. 1 IFG Bund), indem auf die „dienstliche" (amtliche) Zwecksetzung der Informationen sowie die Unabhängigkeit der Aufzeichnung/Verkörperung von Speicherform/-medium abgestellt wird und Entwürfe und Notizen ausgenommen werden. Er fasst ihn indes in mehrfacher Hinsicht **signifikant enger**: 2

- „Entwürfe und Notizen" werden insgesamt und unabhängig davon ausgenommen, ob sie Bestandteil eines Vorgangs werden sollen.
- Auch soweit sie Aktenbestandteil geworden sind, werden sie dauerhaft als „Nichtinformationen" definiert, und zwar auch nach Abschluss des Verwaltungsverfahrens (s. § 29 Abs. 1 Satz 2 VwVfG i. V. m. § 1 Satz 1 SächsVwVfZG).
- Vom Informationsbegriff ausgenommen sind – auch dies zeitlich unabhängig vom Verfahrensabschluss, also dauerhaft, und sachlich unabhängig von der Aktenrelevanz – auch die „behördeninterne Kommunikation und Vermerke".
- Schon keine Informationen sind auch die Umweltinformationen i. S. d. § 3 Abs. 2 SächsUIG.

Diese **„Engführung" des Informationsbegriffs** nimmt wesentliche Teile der typischen Inhalte von Akten der Verwaltung vom Transparenzanspruch aus, der sich allein auf „Informationen" richtet. Die Funktion eines Transparenzgesetzes, die gerichtliche und parlamentarische Kontrolle von Verwaltungshandeln – in praktischer Konkordanz mit den schutzwürdigen öffentlichen Belangen – durch eine öffentliche Kontrolle zu ergänzen, kann nicht umgesetzt werden, wenn der behördliche Entscheidungsprozess sachlich umfassend, zeitlich unbegrenzt und ohne jede Abwägungsmöglichkeit sowie unabhängig vom Vorliegen sachlicher Transparenzausschlussgründe (§ 5) unzugänglich bleibt. Dies ist im parlamentarischen Gesetzgebungsverfahren, etwa bei der Sachverständigenanhörung, klar benannt worden,[2] ohne zu einer Änderung zu führen. Mangels einer verfassungsgesetzlichen allgemeinen[3] Informationszugangspflicht[4] ist dies als 3

1 Zu dessen Vielfalt s. Kuhlen, Information – Informationswissenschaft, in: Kuhlen/Semar/Strauch (Hrsg.) 2013, 1 ff.

2 SächsLT, APr 7/07-35 A v. 26.4.2022, 4, 18; Anl. 2, 3 f. (SV Fuchs [HmbDSBI]); Anl. 5, 2 (SV Vos [Open Knowledge Foundation]); Stellungnahme der Gesellschaft für Freiheitsrecht (v. 24.10.2021 zum Referentenentwurf), 5.

3 Für den Bereich der Umweltinformationen s. Art. 34 SächsVerf; dazu Berlit, in: Baumann-Hasske, Art. 34 Rn. 5 ff.

4 Für eine „Konstitutionalisierung der Informationszugangsfreiheit" s. Wehrmann, ZGI 2022, 205; s. bereits *Bröhmer*, 2004, 33 ff.; zu den Grundlagen Scherzberg, 2000; s .a. Einleitung Rn. 7 f.

rechtspolitische Gestaltungsentscheidung des demokratisch legitimierten Landesgesetzgebers lediglich zu konstatieren.

4 Sachlich nachvollziehbar ist diese Entscheidung nicht. Die Gesetzesbegründung stellt lediglich fest, dass die in Satz 2 aufgeführten vorbereitenden Dokumente „schlechthin nicht transparenzpflichtig" sind und so in Verbindung mit § 5 Nr. 1 und 2 „ein Schutz des behördlichen Entscheidungsprozesses und der internen Willensbildung" besteht. Gründe, warum dieser auch von den anderen Informationszugangs-/Transparenzgesetzen gewährte Schutz im Freistaat Sachsen sachlich und zeitlich deutlich weitergehender zu gewähren ist, erschließen sich hieraus nicht. Eine Auseinandersetzung mit den vielfältigen Evaluationen von Informationszugangs-/Transparenzgesetzen,[5] die zumindest insoweit nicht auf relevante Probleme weisen, ist nicht erkennbar. Dies gilt umso mehr, als § 5 Nr. 2 in Fällen der Schutzwürdigkeit der Vertraulichkeit von Beratungen innerhalb von und zwischen transparenzpflichtigen Stellen oder mit anderen Stellen eine Ausnahme von der Transparenzpflicht normiert. Die nicht faktenbasierte Sorge vor „zu viel" Transparenz hat den Gesetzgeber zu einer kontraproduktiven Mehrfachabsicherung geführt, die – zusätzlich zu der ohnehin aufwändigen Unkenntlichmachung aller personenbezogenen Daten (§ 6 Abs. 1) – transparenzpflichtige Stellen bei Anträgen auf Zugang zu Informationen zu einer umfassenden Durchsicht der jeweiligen (papiergebundenen oder digitalen) Akten darauf nötigt, ob sie vom Informationsbegriff ausgenommene Informationen enthält; diese kann sich nicht auf einige wenige Dokumente konzentrieren.

5 Die **Herausnahme von Umweltinformationen** nach § 3 Abs. 2 SächsUIG vom Informationsbegriff löst das Problem der Normabgrenzung nicht auf der Geltungsbereichs- oder Anspruchs-, sondern auf der Informationsebene.[6]

6 Struktur-, nicht inhaltgleiche Regelungen zum Informations- bzw. Aktenbegriff enthalten etwa § 2 Abs. 1 Nr. 1 Satz 1 IFG Bund, § 3 Nr. 3 LIFG BW, § 3 Abs. 2 IFG BE, § 3 AIG BB, § 2 Nr. 1 BremIFG, § 2 Abs. 1 HmbTG, § 80 Abs. 1 Satz 3 und 4 HDSIG, § 2 IFG M-V, §§ 3, 7 Abs. 2 Buchst. c) IFG NRW, § 5 Abs. 1 und 2 LTranspG RP, § 2 Nr. 1 IZG LSA, § 2 Nr. 1 IZG-SH, § 3 Abs. 1 Nr. 1 ThürTG; ausdrückliche Regelungen zu Umweltinformationen finden sich etwa in § 18a IFG BE, § 3 Abs. 1 Nr. 10 HmbTG, § 1 Abs. 1, § 5 Abs. 3, § 7 Abs. 2, § 14 Abs. 2, § 15 Abs. 2, § 16 Abs. 5, 6 LTranspG RP, § 2 Abs. 2, §§ 8, 12 IZG-SH, § 3 Abs. 1 Nr. 2, § 4 Abs. 2 ThürTG.

II. Aufzeichnungen, die dienstlichen Zwecken dienen

1. „Aufzeichnungen"

7 Der Informationsbegriff umfasst nur „**Aufzeichnungen**", also auf irgendwelchen **Informationsträgern** mehr oder minder dauerhaft festgehaltene, (potenziell) sinntragende Daten (geordnete Zeichen als verkörpertes Wissen); sie müssen systematisch von dem

---

5 S. nur Innenministerium NRW, 2004; Institut für Informationsmanagement, Bremen Februar 2010; Institut für Gesetzesfolgenabschätzung und Evaluation (InGFAV), 22.5.2012; InGFAV, 5.3.2021.

6 Der insoweit in der Gesetzesbegründung (LT-Drs. 7/4517, 42) gemachte Vorbehalt bzgl. § 8 Abs. 3 Nr. 1 irritiert, weil der dort vorgeschriebene Hinweis, wo Umweltinformationen zu veröffentlichen sind, diese nicht dem Informationsbegriff des § 3 unterstellt. Angezeigt wäre ein Vorbehalt zu § 8 Nr. 18, der eine Veröffentlichung im Rahmen des Antragsverfahrens nach dem SächsUIG elektronisch zugänglich gemachte Umweltinformationen auf der Transparenzplattform ausdrücklich vorschreibt.

Informationsträger selbst getrennt werden können.[7] Der Bezug auf „Aufzeichnungen" unterscheidet § 3 von dem Auskunftsanspruch nach Art. 5 Abs. 1 Satz 1 MStV, der auf „Tatsachen" gerichtet ist, die sich zwar irgendwie manifestiert haben müssen, aber auf dienstliche Vorgänge und Wahrnehmungen bezogene Informationen umfasst, die nicht verschriftlicht bzw. nicht aktenkundig gemacht worden sein müssen; bei Auskünften hinsichtlich nicht aufgezeichneter Informationen bedarf es dort gegebenenfalls der Abfrage präsenten dienstlichen Wissens bei der nach der internen Geschäftsverteilung sachlich zuständigen Stelle oder bei einem für den abgefragten Sachverhalt sachlich zuständigen Mitarbeiter.[8]

Bei einem auf „Aufzeichnungen" beschränkten Informationsanspruch gilt das menschliche Hirn nicht als Informationsträger, sodass Ideen, Gedanken, Wünsche, Fantasien oder Rechtsauffassungen eines Menschen, mögen sie auch einen dienstlichen Bezug aufweisen, schon wegen ihrer Flüchtigkeit keine „Aufzeichnung" sind;[9] mangels Informationsbeschaffungs-/Erstellungsanspruchs kann grundsätzlich nach dem SächsTranspG auch keine „Verschriftlichung" dienstlicher Vorgänge oder Wahrnehmungen die im präsenten **dienstlichen Wissen der zuständigen Mitarbeiterschaft** stehen, verlangt werden. Dem Kunstwerk in einem Museum soll es an der erforderlichen Informationsqualität fehlen, weil es zwar eine Verkörperung einer Idee, nicht aber der Aufzeichnung einer vom Informationsträger „Leinwand" zu treffenden Information dient.[10] 8

Die „Aufzeichnung" als Erfassen, Aufnehmen oder Aufbewahren von Daten auf einem Datenträger zum Zwecke der Verarbeitung[11] kann auf jedem beliebigen – analogen oder elektronischen oder optischen – Informationsträger erfolgen,[12] also in Schrift-, Bild-, Ton- oder Datenverarbeitungsform und allen zur Speicherung geeigneten Medien (insb. Papier oder digitalen Datenträgern aller Art [inkl. der Cloud], Leinwand, Zelluloid, Tontafel oder Stein, Vinyl oder Magnetbändern).[13] Durch den Verzicht auf eine exemplarische Aufzählung (so etwa § 3 Satz 1 IFG NRW) und der Vorgabe „unabhängig von der Art ihrer Speicherung" hat der Gesetzgeber eine gegenüber der technischen Entwicklung offene, „technikneutrale" Formulierung gewählt. Entscheidend sind nicht die Art der Aufzeichnung oder das Speichermedium, sondern die potenzielle Reproduzierbarkeit des durch die aufgezeichneten Daten verkörperten Wissens. Unerheblich ist auch der gespeicherte Wissensgehalt; neben Tatsachen sind alle weiteren Wissensgehalte erfasst, z. B. Meinungen, Wertungen, Prognosen, Anregungen, Vorschläge oder Eindrücke aller Art. 9

Beispiele von „Aufzeichnungen" sind im Rahmen der behördlichen Aufgabenerfüllung erstellte oder von einem Dritten übermittelte Videofilme,[14] elektronisch geführte Beitragskonten bei einer Krankenkasse,[15] auf einem in den USA stehenden Server gespei- 10

7 Debus, in: BeckOK Informations- und Medienrecht, § 2 IFG Rn. 8.
8 BVerwG, Urt. v. 26.4.2021 – 10 C 1.20.
9 S. auch Pabst/Frankewitsch, § 3 Rn. 31; Tege, in: Fluck, § 3 IFG NRW Rn. 6.
10 VG Hamburg, Urt. v. 30.11.2011 – 17 K 361/11 – (zu § 2 HmbIFG [a. F.]); OVG Hamburg, Beschl. v. 21.7.2016 – 1 Bf 29/12.Z –.
11 LT-Drs. 7/8517, 42.
12 BVerwG, Urt. v. 20.10.2016 – 7 C 20.15 –; Urt. v. 28.10.2021 – 10 C 3.20 –.
13 LT-Drs. 7/8517, 42.
14 VG Köln, Urt. v. 22.9.2014 – 13 K 4674/13 – (Bundesprüfstelle für jugendgefährdende Medien); mangels Entscheidungserheblichkeit offenlassend OVG NRW, Urt. v. 24.5.2016 – 15 A 2051/14.
15 VG Freiburg, Urt. v. 21.9.2011 – 1 K 734/10 –.

cherte Twitterdirektnachrichten,[16] eine noch im Handy gespeicherte SMS,[17] das Organigramm einer Behörde[18] (inkl. dort ausgewiesener Namen und Telefondurchwahlnummern) bzw. Telefonlisten,[19] durch Foto dauerhaft sichtbar gemachte Daten aus einer „Radarmessung" bzw. bei einem Rotlichtverstoß oder die für einen längeren, definierten Zeitraum elektronisch vorgehaltenen Messdaten (etwa aus einer Fluglärmmessstelle oder immissionsschutzrechtlichen Messstellen). Soweit hiervon keine Aufzeichnungen gemacht oder Daten heruntergeladen werden, sind Datenbestände, die bei Privaten oder anderen öffentlichen Stellen zur Einsichtnahme auf Abruf bereitstehen, keine Aufzeichnungen, ebensowenig aus technischen Gründen für die Dauer der Verbindung kurzzeitig genutzte Verbindungs- bzw. Metadaten aus Kommunikationsvorgängen.

11 Soweit in anderen Informationszugangs-/Transparenzgesetzen aus dem Begriff der „Information" bzw. der „Aufzeichnung" abgeleitet wird, dass „Informationen" nur solche sind, die „vorhanden" sind,[20] ist dies bereits in § 2 Abs. 1 Satz 1 als geschriebene Voraussetzung der Transparenzpflicht normiert (§ 2 Rn. 9 ff.).

2. „Dienstliche Zwecke"

12 Die **Aufzeichnung** muss **„dienstlichen Zwecken"** dienen. Dies grenzt die beachtlichen Informationen von „privaten" Informationen ab. Die in Satz 1 getroffene Unterscheidung knüpft an den Zweck der Aufzeichnung, nicht deren Inhalt oder den Aufzeichnungskontext an.[21] Informationen dienstlichen Inhalts bzw. Bezuges können daher in privaten Aufzeichnungsmedien gespeichert seien, ohne dadurch „Information" i. S. d. § 3 Satz 1 zu werden, etwa in privaten Tagebüchern oder privaten Notizbüchern, die ausschließlich dem Zugriff der jeweiligen Amtspersonen unterliegen, nicht zu Weitergabe/Auswertung durch Dritte bestimmt sind und auch sonst erkennbar lediglich als **„persönliche Gedächtnisstütze"** – auch oder nur – in dienstlichen Angelegenheiten bestimmt sind. Faustformel zur Abgrenzung der insoweit ausgenommenen „Aufzeichnungen" ist, dass solche „Privatnotizen" nicht den Vertretungspersonen im Amt bereitgestellt werden und auch nicht dienstrechtlich von der transparenzpflichtigen Stelle „angefordert" werden könnten. Eine Grenze bildet das Verbot privater und/oder „offiziöser" **„Nebenakten"**, das aus den – auch bei elektronisch geführten Akten zu beachtenden (§ 12 Abs. 1 SächsEGovG) – Grundsätzen ordnungsgemäßer Aktenführung folgt. Neben dieser privaten Zweckbestimmung scheitert hier der Informationszugang auch daran, dass es sich um Aufzeichnungen handelt, über die i. S. d. § 2 Abs. 1 Satz 1 die transparenzpflichtige Stelle nicht verfügt.

13 Der Begriff der „dienstlichen Zwecke" ist im Übrigen weit zu fassen. Dienstlichen Zwecken „dienend" sind alle Maßnahmen und Vorkehrungen, welche (auch) der Erfüllung der Aufgaben der transparenzpflichtigen Stelle zu dienen geeignet oder bestimmt sind, und zwar auch dann, wenn die Informationen mit dienstlichem Bezug mit solchen aus dem privaten Bereich „vermischt" sind. Erforderlich, aber auch hinreichend ist, dass

16 VG Berlin, Urt. v. 26.8.2020 – 2 K 163.18 –; BVerwG, Urt. v. 28.10.2021 – 10 C 3.20 – (Twitterdirektnachricht Bundeskanzlerin).
17 Kunze/Duhme, DVBl. 2013, 837.
18 VG Karlsruhe, Urt. v. 5.8.2011 – 2 K 765/11 –; VG Leipzig, Urt. v. 10.1.2013 – 5 K 981/11 –.
19 BVerwG, Urt. v. 20.10.2016 – 7 C 20.15 – (Durchwahlnummer Jobcenter).
20 S. etwa Tege, in: Fluck, § 3 IFG NRW Rn. 8.
21 BVerwG, Urt. v. 28.10.2021 – 10 C 3.20 –.

die Information bei einer transparenzpflichtigen Stelle in Erfüllung einer dienstlichen Tätigkeit[22] angefallen ist oder sonst im Zusammenhang mit der dienstlichen Tätigkeit steht;[23] unerheblich sind hierfür die Herkunft der Information[24] oder deren Urheber.[25]

Eine aufgezeichnete/gespeicherte Information ist nur dann eine Information i. S. d. § 3 Satz 1, wenn gerade ihre Aufzeichnung final dienstlichen Zwecken dient. Diese **Finalität gerade der Aufzeichnung** (nicht des Informationsgehalts selbst) kann entweder aus dem subjektiven Willen derjenigen Stelle folgen, welche die Aufzeichnung veranlasst/verantwortet (Widmungswille), oder aus den objektiven Regelungen über eine ordnungsgemäße Aktenführung[26] bzw. den normativen Vorgaben über die Speicherung und Aufbewahrung von Daten zur dienstlichen Aufgabenerfüllung. Subjektiver Wille zur Aufzeichnung zu dienstlichen Zwecken und objektivrechtliche Vorgaben stehen selbständig nebeneinander, müssen also nicht kumulativ vorliegen, stehen aber in einer Wechselbeziehung. Der subjektive „Widmungswille", der nicht ausdrücklich geäußert sein muss, kann aus den objektiv-rechtlichen Vorgaben ebenso wie aus dem Aufzeichnungskontext und dem Fehlen sinnvoller Alternativgründe für die Aufzeichnung folgen, in Grenzfällen zweifelhafter **Aktenrelevanz** kann die tatsächliche Veraktung einen entsprechenden Willen indizieren. Bei der Nutzung typischerweise „flüchtiger" digitaler Kommunikationsmittel anfallende Daten (neben den Verbindungs- auch die Inhaltsdaten), die ansonsten (fern)mündliche Kommunikationen ersetzen bzw. ergänzen, dient regelmäßig zwar die Kommunikation selbst, nicht aber deren Speicherung dienstlichen Zwecken; dies gilt namentlich dann, wenn die Tatsache der Aufzeichnung nicht durch die Kommunikationspartner beeinflusst werden kann. Informationen mit bagatellartigem Charakter sind typischerweise objektiv nicht aufzuzeichnen. 14

Nicht erforderlich ist ein **Bezug zu einem konkreten Verwaltungsvorgang** i. S. d. § 9 VwVfG i. V. m. § 1 Satz 1 SächsVwVfZG, also einem Verwaltungsverfahren. Der „dienstliche Zweck" erfasst alle Bereiche der Erfüllung öffentlicher Aufgaben durch transparenzpflichtige Stellen. Erforderlich ist insoweit eine funktionale Betrachtungsweise.[27] Er ist unabhängig von der Art der Verwaltungsaufgabe und den gewählten Handlungsformen; namentlich ist keine hoheitliche Aufgabenerledigung, gar mit Eingriffscharakter, vorausgesetzt. Erfasst werden auch die vielfältigen Formen schlicht-hoheitlichen Realhandelns oder eine Aufgabenerledigung in Privatrechtsform[28] (inkl. der fiskalischen Hilfsgeschäfte)[29] und – nach Maßgabe des Satzes 2 – alle hierauf gerichteten vorbereitenden oder begleitenden Maßnahmen und Handlungen, die nicht eindeutig privaten Charakters sind, des nach außen gerichteten Behördenverhaltens und innerdienstlicher Vorgänge. Es muss sich – jenseits einer weitergehenden subjektiven Widmung – lediglich um Informationen handeln, die zu amtlichen Zwecken festzuhalten/zu speichern sind.[30] Vorbehaltlich des Ausschlusses von Entwürfen, Notizen u.a.m. nach Satz 2 ist 15

---

22 Das VG Berlin (Urt. v. 30.6.2022 – 2 K 155.21 –) verlangt zudem den Bezug zu einer „Verwaltungstätigkeit" (für Glückwunschschreiben des Bundespräsidenten verneint).

23 Schoch, § 2 Rn. 50.

24 VG Hamburg, Urt. v. 27.8.2010 – 7 K 619/09 –.

25 OVG Berlin-Brandenburg, Urt. v. 28.6.2013 – 12 B 9.12 –.

26 BVerwG, Urt. v. 28.10.2021 – 10 C 3.20 –, juris Rn. 15 ff.

27 Schoch, § 2 Rn. 49.

28 VG Köln, Urt. v. 7.4.2011 – 13 K 822/10 –; OVG NRW, Urt. v. 19.3.2013 – 8 A 1172/11 –; BVerwG, Urt. v. 27.11.2014 – 7 C 12.13 – (Liegenschaftsveräußerung durch die BImA).

29 VG Stuttgart, Urt. v. 17.5.2011 – 13 K 3505/09 – (Lieferanten-Reporting [Belieferung mit Büromaterial]).

30 BVerwG, Urt. v. 20.10.2016 – 7 C 20.15 –; Urt. v. 28.10.2021 – 10 C 3.20 –.

zu berücksichtigen, dass eine ordnungsgemäße Aktenführung auch auf Vollständigkeit und Nachvollziehbarkeit des Sach- und Bearbeitungszusammenhangs zielt.[31]

16 Dienstlichen Zwecken dienende Informationen werden meist in (analogen oder zunehmend **elektronischen** [§ 12 Abs. 1 SächsEGovG]) **Akten** geführt. § 3 setzt aber für den Informationsbegriff nicht zwingend eine auch akten- bzw. vorgangsbezogene Aufbewahrung voraus, soweit funktional die Aufbewahrung nur dienstlichen Zwecken dient. Daneben kommen **Datenbanken** oder -speicherung in Betracht, die (teil)automatisiert z. B. Messdaten speichern und auswerten. Für die aktenbezogene Informationsaufbewahrung kann als Konkretisierung allgemeiner Grundsätze ordnungsgemäßer Aktenführung für die unmittelbare Landesverwaltung zurückgegriffen werden auf die VwV Aktenführung.[32] Abschnitt II Nr. 1 definiert das „Dokument" als kleinste Einheit eines Vorganges, das bei der Bearbeitung eines Geschäftsanfalls entsteht und „aktenrelevant (ist), wenn es für die Dokumentation des Geschäftsvorfalls von Bedeutung ist". In den Verwaltungsvorgängen als geordnete Zusammenstellung von Dokumenten, die bei der Bearbeitung eines Geschäftsvorfalls entstehen, ist dabei nicht nur das Ergebnis, sondern auch dessen (rechtmäßige, geordnete) Entstehung zu dokumentieren. Der Begriff des „Geschäftsvorfalls" wird vorausgesetzt, nicht definiert, so dass auch hiernach ungeklärt bleibt, ob es in transparenzpflichtigen Stellen dienstlichen Zwecken dienende Tätigkeiten geben kann, die nicht einem Geschäftsvorfall zuzuordnen sind. In einer rechtsstaatlichen, dem Transparenzgedanken verpflichteten Verwaltung ist dies allenfalls für Ausnahmefälle anzunehmen. Ohnehin verkürzte es den Zugangsanspruch, neben den geschriebenen Voraussetzungen des § 3 Satz 1 zusätzlich den Bezug zu einem „Geschäftsanfall"/Verwaltungsvorgang i. w. S. zu verlangen.[33]

17 Die Rechtsprechung hatte sich immer wieder mit **Grenzfällen der dienstlichen (bzw. amtlichen) Zweckbestimmung**, also dem Konnex mit dienstlicher/amtlicher Tätigkeit, der Aufbewahrung zu befassen. Ein solcher Konnex ist z. B.[34] angenommen worden für Daten, die bei der Deutschen Flugsicherung AG im Rahmen der Flugsicherung angefallen sind,[35] bei im Auswärtigen Amt im Zusammenhang mit einer Wahlbeobachtungsmission durch eine von ihm kontrollierte GmbH entstanden sind,[36] Unterlagen des Petitionsausschusses des Deutschen Bundestages,[37] den Protokollen von Gremien der BaFin,[38] der Bundesstiftung zur Aufarbeitung der SED-Diktatur[39] oder des Beirates der BStU,[40] für die Aufbewahrung der Bundesprüfstelle für jugendgefährdende Medien übermittelte Videofilme,[41] für den Folienvortrag eines Sachverständigen zur Unterrich-

31 Schoch, § 2 Rn. 54.

32 VwV Aktenführung vom 31.5.2013 (SächsABl. S. 624), zuletzt enthalten in der Verwaltungsvorschrift vom 29.11.2021 (SächsABl. SDr. S 167).

33 Schoch, § 2 IFG Rn. 53.

34 Zu diesen und weiteren Beispielen s. Debus, in: BeckOK Informations- und Medienrecht, § 2 IFG Rn. 10.1 ff.; Schoch, § 2 Rn. 60 ff.

35 VG Berlin, Urt. v. 31.5.2007 – 2 A 93.06 –; BVerwG, Urt. v. 29.10.2009 – 7 C 22.08 – (Flugbewegungen CIA-Flüge).

36 VG Berlin, Urt. v. 22.3.2012 – 2 K 102.11 –; OVG Berlin-Brandenburg, Urt. v. 28.6.2013 – 12 B 9.12 –.

37 VG Berlin, Urt. v. 10.9.2015 – 2 K 62.14 – (der Ausschuss ist indes nicht auskunftsverpflichtet).

38 VG Berlin, Urt. v. 29.11.2012 – 2 K 28.12 –; s.a. BVerwG, Urt. v. 28.7.2016 – 7 C 3.15 –.

39 VG Berlin, Urt. v. 7.8.2013 – 2 K 273.12 –; OVG Berlin-Brandenburg, Beschl. v. 21.4.2015 – 12 N 88.13 –.

40 VG Berlin, Urt. v. 8.9.2009 – 2 A 8.07 – (dort auch zu Unterlagen der Forschungsgruppe Rosenholz).

41 VG Köln, Urt. v. 22.9.2014 – 13 K 4674/13 –.

tung der Behörde zum Stand eines gemeinsamen Projekts,[42] Ausgleichszahlung für die private Nutzung dienstlich erworbener Bonusmeilen auf ein Sonderkonto des Deutschen Bundestages,[43] den Qualitätsbericht einer privaten Zertifizierungsgesellschaft zur Organisation der Stelle,[44] die Nutzung eines Standortübungsplatzes durch einen privaten Fallschirm-Sportspringerclub,[45] einer Behörde im Rahmen ihrer fiskalischen Tätigkeit zugegangene Unterlagen[46] oder Aufsichtsratsunterlagen im Rahmen der Beteiligungsverwaltung des Bundes.[47]

Bei der Eintragung in Terminkalendern von Amtspersonen ist die Rechtsprechung hete- 18
rogener. Für das aktenbezogene Informationszugangsrecht des § 3 IFG BE gehen die Berliner Gerichte davon aus, dass Einsicht mangels eines hinreichenden Vorgangsbezuges nicht zu gewähren ist.[48] In der Rechtsprechung zu dem auf den amtlichen/dienstlichen Konnex abstellenden Informationszugangsrecht des Bundes, dem § 3 insoweit näher steht, wird von einen Bezug zu einem konkreten Verwaltungsvorgang abgesehen und nicht schon die „Amtlichkeit" der Kalendereintragungen verneint.[49] Kein amtlicher/dienstlicher Zweck der Aufbewahrung wurde gesehen bei der Speicherung von Twitterdirektnachrichten durch den Informationsmittler[50] oder von SMS-Nachrichten auf dem Handy;[51] für Glückwunschschreiben des Bundespräsidenten wurde der erforderliche „Verwaltungsbezug" verneint.[52]

III. Ausnahme von Entwürfen, Notizen u.a.m. (Satz 2 Halbsatz 1)

1. Ziel und systematische Wirkung der Ausnahmen

Sonderregelungen zu **Entwürfen und Notizen** sind im (behördlichen und gerichtlichen) 19
Akteneinsichtsrecht wie im Informationzugangs-/Transparenzrecht übliche, dem Grunde nach legitime und notwendige Vorkehrungen zum Schutz des Entscheidungsprozesses. Sie zielen auf die Sicherung eines Freiraums für die Beschäftigten durch einen Dritten nicht zugänglichen Bereich des freien Denkens und Assoziierens, des Herantastens an Probleme und mögliche Lösungen, der vorläufigen Skizzierung von Entscheidungen. Dritte können dabei auch andere Beschäftigte innerhalb der transparenzpflichtigen Stelle (einschließlich der Dienststellenleitung) oder nur Außenstehende sein. Diesem Schutz sowohl des behördlichen wie des individuellen Entscheidungsprozesses dient auch Satz 2 Halbsatz 1.

Der **Schutz des behördlichen Entscheidungsprozesses** wird konkretisiert, wenn die 20
innerbehördlichen Vorarbeiten nicht insgesamt und dauerhaft, sondern nur konditioniert und zeitlich begrenzt von Offenlegungspflichten ausgenommen und so mit entge-

42 VG Berlin, Urt. v. 22.10.2008 – 2 A 29.08 –.
43 VG Berlin, Urt. v. 10.10.2007 – 2 A 102.06 –.
44 OVG NRW, Beschl. v. 18.5.2009 – 8 A 2701.08 –.
45 BVerwG, Urt. v. 18.10.2005 – 7 C 5.04 – (zu § 2 Abs. 1 Nr. 1 UIG).
46 VG Stuttgart, Urt. v. 17.5.2011 – 13 K 3505/09 –.
47 VG Berlin, Urt. v. 13.11.2013 – 2 K 293.12 –; OVG Berlin-Brandenburg, Urt. v. 28.1.2015 – 12 B 21.13 –.
48 OVG Berlin-Brandenburg, Urt. v. 14.12.2006 – OVG 7 B 9.05 –; VG Berlin, Urt. v. 10.5.2005 – 2 A 178.04 –.
49 OVG Berlin-Brandenburg, Urt. v. 20.3.2012 – 12 B 27.11 –; VG Berlin, Urt. v. 7.4.2011 – 2 K 39.10 –.
50 VG Berlin, Urt. v. 26.8.2020 – 2 K 163.18 –; BVerwG, Urt. v. 28.10.2021 – 10 C 3.20 –.
51 Kunze/Duhme, DVBl. 2013, 837.
52 VG Berlin, Urt. v. 30.6.2022 – 2 K 155.21.

genstehenden Transparenzinteressen zum Ausgleich gebracht werden. § 29 Abs. 1 Satz 2 VwVfG i. V. m. § 1 Satz 1 SächsVwVfZG etwa nimmt nur bis zum Abschluss des Verwaltungsverfahrens Entwürfe zu Entscheidungen sowie die Arbeiten zu ihrer unmittelbaren Vorbereitung von der Akteneinsicht aus. Informationszugangs-/Transparenzregelungen nehmen teils vom Informationsbegriff lediglich **Entwürfe und Notizen**, die **nicht Bestandteil eines Vorgangs werden sollen**, dauerhaft aus (§ 2 Nr. 1 Satz 2 IFG Bund; § 5 Abs. 2 LTranspG RP; § 80 Abs. 1 Satz 4 HDSIG), und begrenzen im Übrigen den Schutz des behördlichen Entscheidungsprozesses zeitlich auf die Phase bis zur Entscheidung/Durchführung der Maßnahme (§ 4 IFG Bund). Dies trägt dem Umstand Rechnung, dass eine zentrale rechtsstaatliche Funktion der zu führenden Verwaltungsakten die Sicherung der Nachvollziehbarkeit des Verwaltungshandelns auch im Entscheidungsprozesses ist. Demgegenüber wird der gerichtliche Entscheidungsprozess durch das Beratungsgeheimnis (§ 193 GVG) auch organisationsintern und dauerhaft durch eine Verpflichtung zur Geheimhaltung abgeschirmt; Entscheidungsentwürfe, Arbeiten zu ihrer Vorbereitung und die Dokumente, die Abstimmungen betreffen, selbst soweit sie zu den Akten genommen worden sind, sind daher auch nach der Entscheidung dauerhaft von der Akteneinsicht ausgenommen (§ 100 Abs. 4 VwGO; s.a. § 299 Abs. 4 ZPO).[53]

21 Satz 2 Hs. 2 geht einen eigenständigen Weg. Nach dem soweit eindeutigen Wortlaut wird beim Schutz von Entwürfen und Notizen auf jegliche Differenzierung verzichtet. Entwürfe und Notizen werden unabhängig davon vom Informationsbegriff ausgenommen, ob sie zu den Akten genommen werden sollen/worden sind und ob der Vorgang, auf den sie bezogen sind, bereits abgeschlossen ist, der Behördenwille also bereits abschließend festgelegt und gar umgesetzt worden ist. Sachlich erfasst werden mithin nicht nur die Phase der (individuellen) Gedankenskizzen, der überarbeitungsbedürftigen Vorläufigkeit und des freien Denkens. Ausgenommen bleiben auch notwendige und nach rechtsstaatlichen Vorgaben zu dokumentierende Vorstufen der endgültigen Entscheidung. Mit der sachlich und zeitlich unbeschränkten Herausnahme der „behördeninternen Kommunikation" und von „Vermerken" aus dem Informationsbegriff wird die Intransparenz des innerbehördlichen Entscheidungsprozesses nach allgemeinem Transparenzrecht absolut und (in den archivrechtlich gezogenen Grenzen) dauerhaft gewährleistet, ohne dass es auf schutzwürdige Sachgehalte des Handelns der transparenzpflichtigen Stelle ankommt; denn in der arbeitsteiligen und hierarchisch gegliederten Verwaltung[54] gründet die Entscheidungsfindung maßgeblich auf (auch zu dokumentierender) Kommunikation, die zentral auch für die Zuordnung von Verantwortung ist. Diese im Ländervergleich in der Reichweite einzigartige Zementierung des herkömmlichen Arkanprinzips durch Totalexemption auch der behördeninternen Kommunikation dementiert eindrucksvoll das Leitprinzip der Transparenz und Offenheit des Handelns der Verwaltung (§ 1 Abs. 3).

2. Ausnahme von „Entwürfen" und „Notizen"

22 Nach § 2 Nr. 1 Satz 2 IFG Bund sind Entwürfe, die nicht Bestandteil eines Vorgangs werden sollen, vorläufige Gedankenskizzen, die nach der Vorstellung des Verfassers noch weiter bearbeitet werden sollen und deshalb noch nicht als Beleg für seine Auffas-

53 Umfassend Troidl 2020.

54 Zu den rechtsstaatlichen und demokratietheoretischen Voraussetzungen, Funktionen und Implikationen s. eingehend Dreier 1991.

sung oder eine von ihm angestrebte Entscheidung verstanden werden können.[55] Mangels Rückausnahme für Entwürfe, die zum Aktenbestandteil geworden sind (oder nach den Regeln der ordnungsgemäßen Aktenführung zu werden hätten), ist dieser Begriff zu eng. Denn „**Entwürfe**" sind bis zu einer abschließenden Festlegung zum Entscheidungsinhalt auch Dokumente, welche lediglich in den behördeninternen Abstimmungs-/Mitzeichnungsprozess gegeben oder zu einer Anhörung durch die Beteiligten oder interessierte Dritte herausgegeben worden sind. Zu den Entwürfen gehören auch **Vorarbeiten zu Verfügungen, Schreiben, Stellungnahmen, Gutachten, Berichten, Erlassen** etc., solange sie nicht durch die nach der stelleninternen Verantwortungsverteilung zur Letztentscheidung berufenen Person freigegeben worden sind. Bei einer weiten Auslegung ist „Entwurf" mangels sonst greifbaren Abgrenzungskriteriums alles, was (noch) nicht endgültig als Äußerung/Festlegung der transparenzpflichtigen Stelle von einer dazu befugten Person in dem gehörigen Verfahren an Dritte herausgegeben worden ist.

Notizen i. S. d. § 2 Nr. 1 Satz 2 IFG Bund sind zur Stützung des Gedächtnisses gefertigte Aufzeichnungen aller Art,[56] die allein Zwecken des Verfassers dienen, etwa zur Vorbereitung später zu fertigender Vermerke, Stellungnahmen, Entscheidungen oder Berichte, und die durch ihren vorläufigen und unverbindlichen Charakter gekennzeichnet sind.[57] Dies umfasst insb. „Notizzettel"/Notizdateien aller Art, auf denen – meist noch handschriftlich – unter Weglassen aller Förmlichkeiten – skizzenhaft/stichwortartig und fragmentarisch – meist als Gedächtnisstütze – Informationen festgehalten sind.[58] Nach diesem Verständnis sind Vermerke, Anmerkungen und Randbemerkungen auf einer Aufzeichnung, die ihrerseits zu dienstlichen Zwecken erfolgt ist, keine „Notizen".[59] Auch hier führt der Verzicht auf eine Rückausnahme für „veraktete" Notizen zu einer Entgrenzung des Begriffs, der durch die Widmung allein zu persönlichen Zwecken geprägt ist, zumal der Begriff der „Notiz" im Bereich der Regelwerke zur Aktenführung ungebräuchlich ist.[60] 23

Der **Ausschluss** von Entwürfen und Notizen **unabhängig von der Aktenrelevanz** erfordert bei tatsächlich zum Vorgang genommenen und dadurch zu dienstlichen Zwecken aufgezeichneten Entwürfen und Notizen von der transparenzpflichtigen Stelle bei Anträgen auf Zugang eine „Aussortierung" dieser Aktenbestandteile nach bislang nicht abschließend geklärten Kriterien. Bei elektronischer Aktenführung ist anzuraten, durch ein zusätzliches, dokumentbezogenes Metadatum bereits bei der Speicherung festzulegen, ob das informationstragende Dokument von IFG-Begehren als Nichtinformation ausgenommen ist. 24

55 OVG NRW, Beschl. v. 7.1.2015 – 1 B 1260/14 –; Schoch, § 2 Rn. 65.
56 Zu Tonbandaufzeichnungen als Hilfsmittel für die Protokollerstellung s. VG Berlin, Urt. v. 21.3.2016 – 22 K 136.14 –.
57 OVG NRW, Beschl. v. 7.1.2015 – 1 B 1260/14 –; Schoch, § 2 Rn. 66.
58 Sitsen, 147; Debus, in: BeckOK Medien- und Informationsrecht, § 2 IFG Rn. 16.
59 Debus, in: BeckOK Medien- und Informationsrecht, § 2 IFG Rn. 16; zur Aktenrelevanz s. Erläuterung zu § 5 Registraturrichtlinie für das Bearbeiten und Verwalten von Schriftgut in Bundesministerien – RegRL Bund (Stand: 11.7.2001).
60 Der Begriff wird weder in der sächsischen VwV Aktenführung noch in der RegRL Bund genutzt.

3. Ausnahme von behördeninterner Kommunikation und Vermerken

25 Nahezu einzigartig[61] im Ländervergleich ist, dass auch **„behördeninterne Kommunikation und Vermerke"** umfassend, **unabhängig von der Aktenrelevanz und dauerhaft** vom Informationsbegriff **ausgenommen** sind. Die Gesetzesbegründung[62] benennt für diese Erweiterung der „klassischen" Informationszugangsrestriktionen keine Gründe und verschweigt sich auch zu deren Reichweite. Motiv scheint ein dauerhafter und umfassender, durch die weiteren Ausnahmen von der Transparenzpflicht nach § 5 Abs. 1 Nr. 1 und 2 zusätzlich abgesicherter Schutz des behördlichen Entscheidungsprozesses und der internen Willensbildung vor Transparenz zu sein.

26 Der **Begriff „behördeninterne" Kommunikation** ist wegen der Verpflichtung des Handelns der Verwaltung auf Transparenz und Offenheit als Leitlinien (§ 1 Abs. 3 Satz 1) zu beziehen auf Kommunikationsvorgänge innerhalb der jeweiligen transparenzpflichtigen Stelle, nicht auf jegliche Kommunikation, die zwischen Behörden des Freistaates Sachsen oder gar den Behörden anderer Rechtsträger stattfindet. Systematisch streitet für diese enge Auslegung, dass § 5 Abs. 1 Nr. 2 für Ausnahmen von der Transparenzpflicht bei schutzwürdiger Vertraulichkeit von Beratungen unterscheidet zwischen Beratungen „innerhalb von" und „zwischen" transparenzpflichtigen Stellen oder mit anderen Stellen. Der Gesetzgeber sieht offenbar zwischenbehördliche Kommunikation als nicht schon durch Satz 2 ausgeschlossen. Eine Beschränkung auf die interne Kommunikation innerhalb der (jeweiligen) transparenzpflichtigen Stelle ist auch kompatibel mit dem Gesetzeszweck, die „interne" Willensbildung abzuschotten. Dass § 4 für die Transparenzpflicht selbst nicht auf den Behördenbegriff des § 1 Abs. 4 VwVfG i. V. m. § 1 Satz 1 SächsVwVfZG abstellt, sondern eher eine organisationsrechtliche Perspektive einnimmt (§ 4 Rn. 5), indiziert nicht, dass der in § 3 genutzte Begriff der „Behörde(n)" auf die Gesamtheit aller Behörden im Freistaat Sachsen oder gar des Bundesgebietes zielt.

27 „Behördeninterne" Kommunikationsvorgänge sind im Rahmen einer arbeitsteiligen Behördenorganisation alle Aktivitäten, welche auf einen **Austausch von Informationen zwischen in der transparenzpflichtigen Stelle tätigen Personen** zielen oder diesen voraussetzen oder belegen. Erfasst sind neben behördeninternen Mails, Vorlage- oder Telefonvermerken sowie Äußerungsbitten alle Kenntnisnahme-, Mitzeichnungs-, Wiedervorlage-, Rücksprache- oder sonstigen Geschäftsgangvermerke, die Rückschlüsse auf stelleninterne Informationsprozesse zulassen. Nicht dem herkömmlichen Begriff der Notiz unterfallende Vermerke, Anmerkungen und Randbemerkungen (Rn. 23) auf einer Aufzeichnung, die ihrerseits zu dienstlichen Zwecken erfolgt ist, sind dem Bereich der internen Kommunikation dann zuzuordnen, wenn sie die Vorlage eines Dokuments zur Überarbeitung/Durchsicht voraussetzen und „Arbeitsanweisungen" (z. B. zur Korrektur, Ergänzung, Änderung oder Überarbeitung) enthalten, die von weiteren Beschäftigten zu beachten/umzusetzen sind.

28 Die ebenfalls ausgeschlossenen **„Vermerke"** bilden eine Auffangkategorie. Es sind dauerhaft als Aktenbestandteil bestimmte Dokumente, die nicht zur Außenkommunikation bestimmt oder geeignet sind; das Adjektiv „behördenintern" bezieht sich der Wortstel-

---

61 Die auf den ersten Blick vergleichbare Regelung des § 6 Abs. 1 HmbTG nimmt bei systematischer Auslegung „Entwürfe, vorbereitende Notizen und vorbereitende Vermerke" nur für die „unmittelbare Willensbildung des Senats", also der Landesregierung (Art. 33 Abs. 2 LV HH) aus, und zielt – wie § 5 Abs. 1 Nr. 1 – auf den Schutz des Kernbereichs der Exekutive (so Maatsch/Schnabel, § 6 Rn. 2 ff.).

62 LT-Drs. 7/8517, 42.

lung nach auch auf „Vermerke". Vermerke können tatsächliche Wahrnehmungen, Bewertungen, Rechtsauffassungen, Prognosen, Vorschläge, Arbeitsanweisungen u.a.m. enthalten, die für die Aufgabenerledigung der transparenzpflichtigen Stelle von Bedeutung sind und die entweder reinen Dokumentationszwecken dienen oder (formal oder inhaltlich) die Aufgabenerledigung vorantreiben sollen. Sie können an bestimmte Adressaten oder Adressatinnen gerichtet oder lediglich „zum Vorgang" verfügt worden sein. Nicht nur bei den Geschäftsgangvermerken können sie auch der behördeninternen Kommunikation dienen.

Nach Reichweite und Unschärfen dieser Ausnahmen vom Informationsbegriff hätte 29
statt einer Negativliste (Fiktion der Nichtinformation) aus Transparenzgründen nahegelegen, eine Positivliste der in Akten erfassten, transparenzpflichtigen Informationsvorgänge/-träger (z. B. Ein- und Ausgangsschreiben <ohne Geschäftsgangvermerke> sowie die Endentscheidungen) zu normieren.

IV. Ausnahme von Umweltinformationen (Satz 2 Halbsatz 2)

Keine Informationen i. S. d. § 3 Satz 1 sind **Umweltinformationen nach § 3 Abs. 2 Sächs-** 30
UIG. Diese Einschränkung des Informationsbegriffs bewirkt wegen des nach § 4 Abs. 1 SächsUIG gewährten Anspruchs auf Zugang zu Umweltinformationen im Ergebnis keine Verkürzung von Informationszugangsmöglichkeiten. Soweit – wie im Regelfall – die transparenzpflichtige Stelle (§§ 2, 4) mit der jeweiligen informationspflichtigen Stelle (§ 3 SächsUIG) identisch ist, ist die Frage, ob mit dem Ausschluss vom Informationsbegriff auch ein gesetzliches Verbot verbunden ist, nach dem SächsTranspG Zugang auch zu Umweltinformationen zu gewähren, nachrangig. Denn die Zugangsregelungen des SächsUIG sind im Gesamtvergleich großzügiger als die des SächsTranspG, so dass bei entsprechender Antragsauslegung eine nach dem SächsTranspG statthafte Zugangsgewährung auch auf der Grundlage des SächsUIG gewährt werden kann.

Im Übrigen darf die transparenzpflichtige Stelle Zugang nach allgemeinen Grundsätzen 31
im Ermessenswege auch jenseits eines Transparenzanspruchs gewähren, wenn die Rechte Dritter gewahrt werden. § 3 enthält **kein ausdrückliches Verbot der Zugangsgewährung** und verlangt mithin nicht, bei „gemischten" Informationsbeständen einen – nach dem SächsTranspG möglichen – Zugang nur zu solchen Informationen zu gewähren, die keine Umweltinformationen nach § 3 Abs. 2 SächsUIG sind.

§ 4
Transparenzpflichtige Stellen

(1) [1]Transparenzpflichtige Stellen sind die Ministerpräsidentin oder der Ministerpräsident, die Staatsministerien, die Staatskanzlei und jeweils nach Maßgabe der Absätze 2 und 3 die sonstigen Stellen der öffentlichen Verwaltung des Freistaates Sachsen sowie die der Aufsicht des Freistaates Sachsen unterstehenden juristischen Personen des öffentlichen Rechts. [2]Öffentliche Gremien, die diese Stellen beraten, gelten als Teil der Stelle, die deren Mitglieder beruft.

(2) Gemeinden, Landkreise und Gemeindeverbände sind transparenzpflichtige Stellen, soweit sich die jeweilige Körperschaft durch Satzung dazu verpflichtet.

(3) [1]Transparenzpflichtige Stellen sind

1. der Verfassungsgerichtshof des Freistaates Sachsen und die Gerichte sowie die Strafverfolgungs- und Strafvollstreckungsbehörden, soweit sie Aufgaben der öffentlichen Verwaltung wahrnehmen;
2. der Sächsische Rechnungshof, soweit er Aufgaben der öffentlichen Verwaltung wahrnimmt;
3. die oder der Sächsische Datenschutzbeauftragte, die oder der Landesbeauftragte für Inklusion der Menschen mit Behinderungen, die unabhängige Vertrauens- und Beschwerdestelle für die Polizei, die oder der Sächsische Ausländerbeauftragte, die oder der Landesbeauftragte zur Aufarbeitung der SED-Diktatur im Freistaat Sachsen, die Prüfbehörden für Strukturfonds und die Bescheinigenden Stellen sowie die Vergabekammern, soweit sie nicht kraft Gesetzes unabhängig tätig werden;
4. der Landtag, soweit er Aufgaben der öffentlichen Verwaltung wahrnimmt und soweit weder sein Selbstorganisationsrecht und das seiner Gremien, die freie Mandatstätigkeit der Abgeordneten sowie Unterstützungsleistungen in parlamentarischen Angelegenheiten, noch die Unabhängigkeit der Fraktionen betroffen sind;
5. Prüfungseinrichtungen, soweit sie nicht im Bereich von Leistungsbeurteilungen und Prüfungen tätig werden;
6. Öffentlich-rechtliche Rundfunkanstalten, soweit sie Aufgaben der öffentlichen Verwaltung wahrnehmen und dies staatsvertraglich geregelt ist;
7. Hochschulen, Schulen und sonstige Bildungseinrichtungen sowie Universitätsklinika und Krankenhäuser, soweit Informationen über den Namen von Drittmittelgebern, die Höhe der Drittmittel und die Laufzeit der mit Drittmitteln finanzierten abgeschlossenen Forschungsvorhaben betroffen sind;
8. Selbstverwaltungskörperschaften der Wirtschaft und der Freien Berufe sowie die Träger der Kranken-, Pflege-, Renten- und Unfallversicherung und die Kassenärztliche Vereinigung Sachsen, soweit ihnen hoheitliche Aufgaben des Freistaates Sachsen übertragen worden sind.

[2]Die Sächsische Aufbaubank – Förderbank –, öffentlich-rechtliche Kreditinstitute und die Sachsen-Finanzgruppe sind keine transparenzpflichtigen Stellen.

(4) Die Absätze 2 und 3 gelten entsprechend für transparenzpflichtige Stellen, soweit sie Informationen von den dort genannten Stellen verarbeiten.

Erläuterungen:

Übersicht

I. Allgemeines

1 § 4 regelt, welche **Stelle transparenzpflichtig** ist, wer also Adressat der Veröffentlichungspflicht (§ 2 Abs. 1 Satz 1 i. V. m. §§ 7 ff.) und der Informationspflicht (§ 2 Abs. 1 Satz 1 i. V. m. § 10 ff.) sowie der Nebenpflichten (§ 2 Abs. 3) ist. Dabei stellt Absatz 1 die Grundregel auf, von der die Absätze 2 und 3 abweichende, insbesondere einschränkende, Bestimmungen enthalten. Nach der Grundregel des Absatzes 1 sind der Ministerpräsident oder die Ministerpräsidentin, die Staatsministerien, die Staatskanzlei, die sonstigen Stellen der öffentlichen Verwaltung und die der Aufsicht des Freistaates Sachsen unterstehenden juristischen Personen des öffentlichen Rechts transparenzpflichtig. Eine Abweichung hiervon enthält Absatz 2, der Gemeinden, Landkreise und Gemeindeverbände von der Transparenzpflicht im Grundsatz ausnimmt, soweit sie sich ihrerseits nicht durch Satzung zur transparenzpflichtigen Stelle erklären. Absatz 3 Satz 1 enthält Einschränkungen der Reichweite der Transparenzpflicht verschiedener Stellen, allerdings nur für die dort genannten (Rn. 3). In Absatz 3 Satz 2 ist eine eigene Ausnahme von der Transparenzpflicht für die Sächsische Aufbaubank – Förderbank –, die öffentlich-rechtlichen Kreditinstitute und die Sachsen-Finanzgruppe geregelt.

2 § 4 hat im **Landtagsverfahren** noch einige Änderungen erfahren. So ist zunächst im Interesse der Lesbarkeit die Aufzählung der nur eingeschränkt transparenzpflichtigen Stellen in Absatz 3 in einen Satz mit mehreren Nummern überführt worden, der damit strukturell stark verändert wurde (zu den damit verbundenen Problemen Rn. 3). In der Sache selbst ist die Formulierung hinsichtlich der Transparenzpflicht des Sächsischen Rechnungshofs sowie des Landtages überarbeitet worden. Während nach der Entwurfsfassung der Rechnungshof noch transparenzpflichtig sein sollte, soweit er nicht kraft Gesetzes unabhängig tätig wird, wird er nun in eine Linie mit den Gerichten in Nummer 1 gestellt, die transparenzpflichtig sind, soweit sie Aufgaben der öffentlichen Verwaltung wahrnehmen. Diese Änderung ist zu kritisieren, sie beruht auf einem Fehlverständnis der Stellung des SRH (näher Rn. 25 ff.). Für den Landtag gelten nunmehr ausdrücklich Einschränkungen, die nach der Gesetzesbegründung (LT-Drs. 7/8517 S. 43) ohnehin gelten sollten (näher Rn. 30 f.).

3 Durch die Änderungen im Landtagsverfahren kommt der Grundgedanke, dass Absatz 3 einschränkende Bestimmungen zu Absatz 1 nur für die dort genannten Stellen enthält, nur noch unvollständig zum Ausdruck. Nach den Änderungen leiten Absatz 1 und Absatz 3 Satz 1 jeweils mit den Wörtern „Transparenzpflichte Stellen sind" ein. Bei (zu) strikter Wortlautorientierung könnte man meinen, Absatz 3 Satz 1 zählte die transparenzpflichtigen sonstigen Stellen der öffentlichen Verwaltung des Freistaates sowie die der Aufsicht des Freistaates unterstehenden juristischen Personen des öffentlichen Rechts abschließend auf. Dem Willen des Gesetzgebers entspräche ein solches Verständnis nicht, wie an vielen Stellen der Begründung deutlich wird. Der Gesetzentwurf

der Staatsregierung war insoweit auch noch eindeutig.[1] Absatz 3 wurde im Landtagsverfahren aus Gründen der Übersichtlichkeit in die nun geltende Form gebracht; eine inhaltliche Änderungen war mit der Nummerierung selbst nicht bezweckt.[2] Da Absatz 1 hinsichtlich der sonstigen Stellen der öffentlichen Verwaltung den Vorbehalt „nach Maßgabe der Absätze 2 und 3" formuliert, wird auch im Wortlaut hinreichend deutlich, dass es sich bei Absatz 3 um abweichende Bestimmungen zur Grundregel des Absatzes 1 dergestalt handelt, dass die Transparenzpflicht nur hinsichtlich der dort genannten Stellen einschränkt ist. Bei einer anderen Lesart wäre i. Ü. Absatz 3 Satz 2 überflüssig.

II. Transparenzpflichtige Stellen (Absatz 1)

4 Absatz 1 enthält die **Grundregel**, dass transparenzpflichtig gleichermaßen die unmittelbare und die mittelbare Staatsverwaltung ist. Transparenzpflichtig sind danach die Ministerpräsidentin oder der Ministerpräsident, die Staatsministerien, die Staatskanzlei und – vorbehaltlich der Ausnahmen in den Absätzen 2 und 3 – die sonstigen Stellen der öffentlichen Verwaltung des Freistaates Sachsen sowie die der Aufsicht des Freistaates Sachsen unterstehenden juristischen Personen des öffentlichen Rechts. Dass die Ministerpräsidentin oder der Ministerpräsident, die Staatsministerien und die Staatskanzlei aufgeführt werden, nicht aber die Staatsregierung, erklärt sich daraus, dass – wovon auch § 3 SächsVwOrgG ausgeht – die Staatsregierung keine Behörde (kein Verwaltungsorgan) ist, sondern ein Staatsorgan.[3] Bei der Staatsregierung selbst werden auch originär keine Informationen vorgehalten, die nicht (auch) in den Staatsministerien bzw. der Staatskanzlei vorliegen.

5 Stellen der öffentlichen Verwaltung sollen nach der Gesetzesbegründung (LT-Drs. 7/8517 S. 42) alle **Behörden im verwaltungsorganisationsrechtlichen Sinn** sein. Das Gesetz verwendet damit – anders als § 1 IFG Bund[4] – nicht den funktionellen Behördenbegriff des § 1 Abs. 4 VwVfG. Das bedeutet, dass namentlich **Beliehene** keine transparenzpflichtigen Stellen sein sollen.[5] Die normative Anknüpfung für diesen Befund ist zwar eher schwach. Im Hinblick auf die Klarstellung in der Gesetzesbegründung wird man aber von diesem engen Behördenbegriff auszugehen haben, zumal andere Länder Beliehene ausdrücklich in den Anwendungsbereich einschließen (z. B. § 3 Abs. 2 Satz 1 LTranspG RP, § 2 Abs. 4 IFG NW).

6 **Private Rechtssubjekte**, d. h. insbesondere juristische Personen des Privatrechts, sind nach Absatz 1 generell keine transparenzpflichtigen Stellen, und zwar auch dann nicht, wenn der Freistaat Sachsen an ihnen beteiligt ist und sie Aufgaben der Daseinsvorsorge wahrnehmen.[6] Damit unterscheidet sich das Sächsische Transparenzgesetz etwa vom Sächsischen Umweltinformationsgesetz, das zumindest solche Unternehmen, die

1 § 4 Abs. 3 in der Entwurfsfassung enthielt aufgrund einer abweichenden Gliederung nicht den insoweit missverständlichen Eingangssatzteil („Transparenzpflichtige Stellen sind"), der als eine abschließende Regelung missverstanden werden könnte. Jede der jetzigen Nummern von Abs. 3 Satz 1 war ein eigenständiger Satz und wurde dadurch als Einschränkung von Absatz 1 deutlich.

2 Begründung des Änderungsantrags, LT-Drs. 7/10236, Anlage 2 S. 4: „Die Änderungen dienen [...] der Umsetzung der Rechtsförmigkeit und besseren Lesbarkeit des Absatzes 3."

3 Vgl. Mittag, in: Baumann-Hasske, vor Art. 59 Rn. 9; ein anderes Verständnis liegt offenbar § 3 Abs. 1 Nr. 1 SächsUIG zugrunde.

4 Hierzu Schoch, § 1 Rn. 126.

5 In diesem Sinn ausdrücklich die Gesetzesbegründung (LT-Drs. 7/8517 S. 42); ferner Berlit, SächsVBl. 2023, 93 (95).

6 Berlit, SächsVBl. 2023, 93 (95).

infolge einer Beteiligung des Freistaates seiner Kontrolle unterliegen, als Adressaten des Gesetzes bestimmt (§ 3 Abs. 1 Satz 1 Nr. 2 SächsUIG). Auch die Informationsfreiheits- und Transparenzgesetze anderer Länder und des Bundes gehen meist von einem weiteren Begriffsverständnis aus und beziehen zum Teil sogar Verwaltungshelfer in die Informations- bzw. Transparenzpflicht ein (z. B. § 3 Abs. 2 Satz 1 LTranspG RP[7], § 1 I 3 IFG Bund[8] und § 2 Abs. 3 HbgTG[9]). Dieses enge Verständnis des sächsischen Gesetzgebers ist aus informationsfreiheitsrechtlicher Sicht nicht zu begrüßen. Dass diese „Zurückhaltung" zu einer „Flucht vor der Informationsfreiheit ins Privatrecht"[10] führen würde, wird man allerdings wohl nicht befürchten müssen. Die Indienstnahme Privater hat in der Regel andere Gründe.

Mit der Wendung von den „der Aufsicht des Freistaates Sachsen unterstehenden juristischen Personen des öffentlichen Rechts" wird die **mittelbare Staatsverwaltung** grundsätzlich in den Anwendungsbereich des Gesetzes einbezogen. Ausnahmen von diesem Grundsatz enthalten indes in weitem Umfang Absatz 2 (für Kommunen) und Absatz 3 Satz 1 Nr. 6 (Rundfunkanstalten), Nr. 7 (Hochschulen) und Nr. 8 (Selbstverwaltungskörperschaften der Wirtschaft und der Freien Berufe, Träger der Kranken-, Pflege-, Renten- und Unfallversicherung, Kassenärztliche Vereinigung Sachsen). Viele Stellen der mittelbaren Staatsverwaltung fallen daher entgegen der eingängigen Grundregeln nicht oder jedenfalls nur sehr eingeschränkt unter die Transparenzpflicht. Recht einzusehen ist dies nicht, v. a. was die Entscheidung des Gesetzgebers angeht, den Anwendungsbereich auch für die Informationen auf Antrag nach Abschnitt 3 derart drastisch zu beschränken. Allerdings finden sich auch insoweit bundesweit durchaus Vorbilder (Näheres Rn. 19 ff.). Insgesamt handelt es sich ersichtlich um das Ergebnis des politischen Aushandlungsprozesses. 7

Die vom Anwendungsbereich erfassten juristischen Personen des öffentlichen Rechts müssen der **Aufsicht des Freistaates Sachsen** unterstehen. Juristische Personen des öffentlichen Rechts werden durch Gesetz errichtet, das in der Regel auch die Aufsicht des Freistaates regelt. Handelt es sich um eine **Mehrländeranstalt**, also um eine juristische Person des öffentlichen Rechts, die eine Zuständigkeit für mehrere Bundesländer hat, verlangt der eindeutige Wortlaut des § 4 Abs. 1 Satz 1 SächsTranspG, dass die Aufsicht durch den Freistaat Sachsen ausgeübt wird, was wiederum einer gesetzlichen Grundlage (i. d. R. auf Grundlage eines Staatsvertrags) bedarf. So ergibt sich bspw. die Transparenzpflicht für die Deutsche Rentenversicherung Mitteldeutschland (vorbehaltlich des Absatzes 3 Nr. 8) aus Art. 1 Abs. 1 des Staatsvertrages über die Bestimmung aufsichtsführender Länder nach Artikel 87 Abs. 2 Satz 2 des Grundgesetzes für die Bundesrepublik Deutschland vom 23. Januar 1997 (SächsGVBl. S. 107). 8

Nicht ganz eindeutig ist danach die Rechtslage für solche Mehrländeranstalten, deren **Aufsicht turnusmäßig wechselt**. So liegt die Sache bspw. beim MDR (zu den Rundfunkanstalten siehe noch Rn. 34 ff.), der nach Absatz 1 i. V. m. Absatz 3 Satz 1 Nr. 6 allerdings nur eingeschränkt transparenzpflichtig ist. Für diese Rundfunkanstalt wechselt die Zuständigkeit für die Rechtsaufsicht zwischen Sachsen, Sachsen-Anhalt und Thürin- 9

7 Hierzu Müllmann, in: Heinemann, S. 56.
8 Schoch, § 1 Rn. 214 ff.
9 Differenzierend aber Maatsch/Schnabel, § 2 Rn. 39.
10 Dazu Maatsch/Schnabel § 2 Rn. 21; Berlit, SächsVBl. 2023, 93 (95).

gen alle zwei Jahre (§ 34 Abs. 1 Satz 2 MDR-Staatsvertrag).[11] Konsequenz dürfte indes nicht sein, dass die Transparenzpflicht nach Maßgabe des SächsTranspG nur für die Zeit besteht, für die der Freistaat Sachsen die Aufsicht hat. Richtig dürfte vielmehr eine generalisierende Betrachtung sein, für die es ausreicht, dass der Freistaat die Aufsicht zumindest *auch* ausübt.[12] Dies dürfte jedenfalls dann gelten, wenn – wie im Fall des MDR – die Mehrländeranstalt ihren Sitz in Sachsen hat oder es sich aus den Errichtungsregelungen ergibt, dass sächsisches Recht (auch) auf die betreffende Körperschaft anwendbar ist.[13]

10 Wenn nach der Formulierung des Gesetzes für bestimmte Informationen i. S. d. § 2 Abs. 2 Satz 1 **mehrere Stellen transparenzpflichtige Stellen** sein können (was der Fall ist, wenn mehrere Stellen über dieselben Informationen verfügen), so ist zwar im Grundsatz – wie sich unmittelbar aus § 2 Abs. 2 Satz 1 ergibt – jede der Stellen Adressatin der Pflichten des Gesetzes. Namentlich die Veröffentlichungspflicht wird allerdings in diesen Fällen von der insoweit federführenden Stelle erfüllt werden (so auch die Gesetzesbegründung, LT-Drs. 7/8517 S. 42), und zwar schon deshalb, weil auch nur die in der Sache zuständige Stelle etwaige Ausnahmen von der Transparenzpflicht nach § 5 sinnvoll prüfen kann. Praktisch relevant kann dies v. a. im Bereich der Regierung werden: Für die Bestimmung der sachlichen Zuständigkeit der Staatsministerien kann der Beschluss der Staatsregierung über die Abgrenzung der Geschäftsbereiche der Staatsministerien herangezogen werden (LT-Drs. 7/8517 S. 42). Aber auch wenn eine Information auf Antrag begehrt wird, sollten Verfahren auf Informationszugang bei der Stelle konzentriert – jedenfalls aber von dieser koordiniert – werden, der die größte Sachnähe zum Verfahren zukommt bzw. die die Verfahrensführung innehat. Eine immer umfangreicher werdende Abstimmungspraxis unter den Behörden führt dazu, dass Behörden in großem Umfang als Teil der bei ihnen geführten Akten über Informationen verfügen, die nicht von ihnen erhoben worden sind[14] und für die sie daher u. U. auch nicht einschätzen können, ob Ausnahmen nach § 5 oder Drittrechte nach § 6 betroffen sind. Dieser Gedanke ist in § 2 Abs. 2, der lediglich auf das „Verfügen" über Informationen abstellt, allerdings nicht zum Ausdruck gekommen. Es liegt also nahe, dass diese Erwägungen zur praktischen Handhabung nichts an der Veröffentlichungs- und Informationspflicht der jeweiligen Stellen ändert (strikt in diesem Sinne § 2 Rn. 9 ff., vgl. ferner § 8 Rn. 16, 28).

11 Nach **Satz 2** gelten **„öffentliche Gremien"**, die transparenzpflichtige Stellen beraten, als Teil der transparenzpflichtigen Stelle, die deren Mitglieder beruft. Damit wird zweierlei bezweckt: Erstens wird klargestellt, dass die Tätigkeit solcher Gremien überhaupt der Transparenzpflicht unterliegt. Zweitens stellt Satz 2 klar, dass diese Gremien nicht selbst transparenzpflichtig sind. Damit soll erreicht werden, dass die Gremien mit dem Verwaltungsaufwand nicht belastet werden, der mit dem Vollzug des Gesetzes verbunden ist.

11 Entsprechendes gilt für das ZDF (§ 31 Abs. 1 ZDF-Staatsvertrag) und das Deutschlandradio (§ 31 Abs. 1 Deutschlandradio-StV).

12 Vgl. Maatsch/Schnabel, HbgTG, § 3 Rn. 17, die zu den Rundfunkanstalten allerdings offenbar differenzierte Lösungen verfolgen wollen (a.a.O. Rn. 19 f.).

13 Vgl. etwa Maatsch/Schnabel, § 3 Rn. 19 f.; zum Meinungsstand nach dem HbgTG Ziekow u.a., Abschlussbericht Evaluation, S. 27 ff.

14 Vgl. BVerwG, Urt. v. 5.5.2022 – 10 C 1.21 –, juris Rn. 15; Urt. v. 3.11.2011 – 7 C 4.11 –, juris Rn. 28.

Ein Gremium i. d. S. ist eine Mehrzahl[15] von natürlichen Personen, die zur Wahrnehmung einer bestimmten Aufgabe für eine bestimmte oder auf unbestimmte Zeit gebildet ist.[16] Das Tatbestandsmerkmal „öffentlich" dürfte hingegen keine eigene Bedeutung haben, sondern sich auf die Stelle als Teil der öffentlichen Verwaltung beziehen. Es ist also bspw. nicht erforderlich, dass das Gremium öffentlich tagt. Ein Gremium „berät" eine transparenzpflichtige Stelle, wenn es Entscheidungen öffentlicher Stellen vorbereitet, nicht aber selbst Entscheidungen trifft.[17] Mit der Berufung der Mitglieder i. S. v. Abs. 1 Satz 2 ist der formale Bestellungsakt gemeint.[18] Ob die Bestellung zustimmungspflichtig ist,[19] spielt keine Rolle. An der grundsätzlichen Transparenzpflicht dürfte sich aufgrund des eindeutigen Wortlauts auch dann nichts ändern, wenn das Gremium selbst von Gesetzes wegen unabhängig ist, wie z. B. der Sächsische Normenkontrollrat (§ 1 Abs. 1 Satz 2 SächsNKRG). Unterlagen über die Beratungen des Gremiums werden von der Einengung des Informationsbegriffs in § 3 und von den Ausnahmevorschriften des § 5 hinreichend geschützt. 12

Bei Satz 2 handelt es sich um eine **Klarstellung**. Auch ohne diese Vorschrift würden Gremien, die ihre Existenz aus der Berufung durch den jeweiligen Minister oder Behördenleiter ableiten, als Teil des Staatsministeriums oder der Behörde gelten, die die Mitglieder bestellt.[20] Die Vorschrift erlaubt damit insbesondere **keinen Umkehrschluss** dergestalt, dass Gremien, die nicht unter Satz 2 fallen, nicht als Teil der Stelle gelten, die ihre Mitglieder beruft. Dabei handelt es sich insbesondere um solche Gremien, die selbst Entscheidungen treffen, z. B. Prüfungsausschüsse als Prüfungsorgane (z. B. § 5 Abs. 2 SächsJAG). Auch diese Gremien sind Teil der Stelle, deren Organ sie sind. 13

III. Ausnahmen für die Kommunen (Absatz 2)

Nach Absatz 2 sind die **Kommunen** nicht bereits kraft Gesetzes transparenzpflichtige Stellen. Eine Transparenzpflicht besteht nach dieser **Opt-in-Regelung** nur, soweit sie sich durch Satzung hierzu verpflichten. Diese Regelung geht auf einen Kompromiss im Koalitionsvertrag zurück, nach dem es der kommunalen Ebene zunächst ermöglicht werden soll, rechtssicher Informationsfreiheitssatzungen erlassen zu können.[21] Der Koalitionsvertrag nimmt damit offenbar Bezug darauf, dass auf die allgemeine Satzungshoheit der Kommunen (§ 4 Abs. 1 Satz 1 SächsGemO) gestützte Informationsfreiheits- oder Transparenzsatzungen an ihre rechtlichen Grenzen stoßen, soweit sie zu Grundrechtseingriffen – etwa in das Recht auf informationelle Selbstbestimmung – ermächtigen[22] und wollte insoweit Abhilfe schaffen. Dieser Gedanke ist im Hinblick auf § 4 14

15 Gegenbeispiel: Einzelgutachter, vgl. Müllmann, in Heinemann, S. 63. Die Ergebnisse solcher Gutachten fallen als dann bei der Stelle vorliegende Informationen aber ebenfalls unter das Transparenzgesetz.

16 Müllmann, in: Heinemann, S. 63 m.w.N.

17 Müllmann, in: Heinemann, S. 64.

18 Müllmann, in: Heinemann, S. 64.

19 Etwa im Fall des Sächsischen Normenkontrollrats: Einvernehmen der anderen Mitglieder der Staatsregierung (§ 3 Abs. 1 Satz 2 SächsNKRG).

20 So für den Wissenschaftlichen Beirat beim Bundesministerium der Finanzen BVerwG, Urt. v. 5.5.2022 – 10 C 1.21 –, juris Rn. 17.

21 Koalitionsvertrag v. 20.12.2019, S. 60.

22 BayVGH, Beschl. v. 27.2.2017 – 4 N 16.461 –, juris, Rn. 37; auf diese Entscheidung stellt auch die Gesetzesbegründung ab (LT-Drs. 7/8517 S. 42).

Abs. 1 Satz 2 SächsGemO[23] indes überholt. Nach dieser Vorschrift können „die Gemeinden zur Einräumung und Ausgestaltung von Informations- und Beteiligungsrechten Bürgerbeteiligungssatzungen erlassen". Nach der Gesetzesbegründung (LT-Drs. 7/7991 S. 23) sollte mit jener Änderung der SächsGemO „ausdrücklich klargestellt werden, dass die Gemeinden die Möglichkeit haben, Bürgerbeteiligungssatzungen zu erlassen, um Beteiligungs- und Informationsrechte rechtssicher zu regeln." Absatz 2 steht im Zusammenhang mit § 17 Abs. 2 Nr. 1 und Abs. 4, nach dem die Ausweitung auf die Kommunen Gegenstand einer Überprüfung bzw. Evaluation des Gesetzes sein soll (hierzu § 17 Rn. 14).

15 Absatz 2 wurde im Anhörungsverfahren von vielen Akteuren kritisiert.[24] Diese **Kritik** ist nicht unberechtigt. Das Sächsische Transparenzgesetz steht mit der Herausnahme der Kommunen aus der Transparenz- und Informationsfreiheitspflicht nahezu allein da.[25] Diese Beschränkung des Gesetzgebers ist auch in der Sache bedauerlich. Dass das Sächsische Transparenzgesetz ausgerechnet die „Grundlage des demokratischen Rechtsstaates" (§ 1 Abs. 1 SächsGemO) von jeglicher Transparenzpflicht ausnimmt, ist nur schwer nachvollziehbar. Denn gerade auf kommunaler Ebene werden Entscheidungen getroffen, die die Bürger ganz unmittelbar betreffen und daher erst recht Transparenz „verdienen".[26] Es mag zwar nachvollziehbar erscheinen, dass die Einbindung der Kommunen in die technische Umsetzung der Veröffentlichungspflicht Schwierigkeiten bereiten kann. Diese Schwierigkeiten hätten aber in einer – durchaus großzügigen – Übergangsfrist behoben werden können, ohne auf eine Transparenzpflicht in Gänze verzichten zu müssen. Erst recht nicht nachvollziehbar erscheint es, dass nicht nur die Veröffentlichungspflicht (§ 2 Abs. 1 Satz 2 i. V. m. §§ 7 ff.), sondern auch die Informationspflicht, also die Pflicht, Informationen auf Antrag zugänglich zu machen (§ 2 Abs. 1 Satz 4 i. V. m. §§ 10 ff.), nicht für Kommunen gilt. Hierfür gibt es keine sachlichen Gründe. Absatz 2 wurde aber auch von den kommunalen Landesverbänden scharf kritisiert,[27] dies allerdings zu Unrecht. Dass selbst das Einräumen einer bloßen Option zur Ablehnung des Gesetzentwurfs geführt hat, ist jedenfalls bemerkenswert.

16 Der Regelungsgehalt des Absatzes 2 erschöpft sich allerdings nicht darin, die Kommunen von der Transparenzpflicht auszunehmen. Er gibt den Kommunen auch die **Option**, sich durch Satzung der Transparenzpflicht des Gesetzes zu unterwerfen. Die Reichweite ihrer Transparenzpflicht bestimmen sie selbst, wie aus dem Gesetzeswortlaut („soweit") folgt.[28] Kommunen können also die vollständige Geltung des Gesetzes anordnen, sich auf den Informationsfreiheitsteil beschränken oder Mischformen zwischen Veröffentli-

23 Eingefügt durch Gesetz v. 9.2.2022 (SächsGVBl. S. 134); entsprechend § 3 Abs. 1 Satz 2 SächsLKrO n. F.

24 Z. B. Netzwerk Recherche, Gesellschaft für Freiheitsrechte, Konferenz der Informationsfreiheitsbeauftragten in Deutschland, siehe LT-Drs. 7/8517 (Anhang).

25 Die Vorschrift ist allerdings nicht ganz ohne Beispiel, eine vergleichbare Klausel sieht für Hessen noch § 81 Abs. 1 Nr. 7 HDSIG vor.

26 Nach einer Erhebung soll der Anteil der bei den Kommunen (im Vergleich zu anderen Stellen) gestellten Anträge z. T. bei 77 % (NRW) gelegen haben (hierzu Geminn, in: Roßnagel, Art. 81 Rn. 17).

27 S. die Stellungnahmen des Sächsischen Landkreistages und des Sächsischen Städte-und Gemeindetages, LT-Drs. 7/8517 (Anhang). Die Verbände bezweifeln sogar die verfassungsrechtliche Zulässigkeit einer Verpflichtung zur Transparenz. Diese Zweifel sind, zurückhaltend ausgedrückt, sicher nicht begründet, und zwar auch nicht unter der Prämisse, dass Grund der Zurückhaltung des Gesetzgebers als „Ausdruck des Rechts auf Selbstverwaltung der Gemeinden" (so Geminn, in: Roßnagel, § 81 Rn. 15 für § 81 Abs. 1 Nr. 7 HDSIG) zu sehen sein könnte.

28 Berlit, SächsVBl. 2023, 93 (95).

chungs- und Informationspflicht wählen. Auch Ausnahmen nach § 5 können erweitert oder beschränkt werden;[29] gleiches gilt für die Veröffentlichungstatbestände des § 8,[30] was hinsichtlich einer Erweiterung der Transparenz bereits aus § 8 Abs. 4 folgt.

Soweit sich eine Kommune der Veröffentlichungspflicht des Abschnitts 2 unterwirft, ist der Freistaat verpflichtet, die Veröffentlichung auch auf der **Transparenzplattform** (§ 2 Abs. 1 Satz 3, § 7) zu ermöglichen. Allerdings muss die Kommune dann dafür sorgen, dass die Veröffentlichung ihrer Informationen auf der Plattform technisch möglich ist. Die Kommune muss also selbst für die Kompatibilität der von ihr zur Verfügung gestellten Informationen sorgen. 17

Absatz 2 gilt für **Gemeinden, Landkreise und Gemeindeverbände**. Der Begriff des Gemeindeverbandes knüpft an Art. 82 Abs. 2 Satz 1 SächsVerf an und umfasst die Formen der kommunalen Zusammenarbeit i. S. v. § 2 Abs. 1 SächsKomZG,[31] v. a. also Zweckverbände sowie die (nach § 2 Abs. 1 Nr. 2 SächsKomZG nicht mehr neu zu bildenden) Verwaltungsverbände und Verwaltungsgemeinschaften. Zweckverbände sind auch Pflichtverbände nach den einschlägigen Fachgesetzen, wie z. B. die Kulturräume nach § 1 SächsKRG. Auch der Kommunale Sozialverband ist ein Gemeindeverband i. S. d. Absatz 2.[32] Ob dasselbe für den Kommunalen Versorgungsverband gilt, erscheint hingegen nicht sicher,[33] weil seine Mitglieder wiederum nicht lediglich Gemeinden oder Gemeindeverbände sind (vgl. §§ 4 und 5 SächsGKV). 18

IV. Bereichsspezifische Einschränkungen der Transparenzpflicht (Absatz 3 Satz 1)

Absatz 3 Satz 1 **schränkt die Transparenzpflicht** für bestimmte Stellen i. S. d. des Absatzes 1 **ein** (s.o. Rn. 1). Eingeschränkt wird dabei nur die **Pflicht** zur Transparenz, die Vorschrift begründet für sich genommen aber **kein Verbot**, Transparenz herzustellen,[34] wobei ggf. die Folgen einer tatsächlichen Übung (§ 8 Abs. 1 Nr. 17) zu beachten sind (hierzu § 8 Rn. 113 ff.). Gemeinsam ist allen Nummern, dass die Transparenzpflicht konkreter Stellen aus einem übergeordneten Gesichtspunkt ausgeschlossen ist, der i. d. R. den „eigentlichen Tätigkeitsbereich"[35] der genannten Stellen betrifft. Im Unterschied dazu enthält § 5 Bereichsausnahmen von der Transparenzpflicht, die sich nicht auf einzelne, d. h. konkrete Stellen beschränken lassen (vgl. LT-Drs. 7/8517 S. 43). Dieses System wird vom Gesetz aber nicht stringent verfolgt. Während bspw. § 4 Abs. 3 Satz 1 Nr. 5 auch als Ausnahme von der Transparenzpflicht i. S. d. § 5 hätte formuliert werden können (so etwa § 13 Abs. 1 Satz 2 Nr. 9 LTransP RP), wäre es anstelle der eher vagen Formulierung des § 5 Abs. 1 Nr. 15 wohl stringenter gewesen, das Landesamt für Verfassungsschutz i. S. d. § 4 Abs. 3 Satz 1 z. T. von der Transparenzpflicht auszunehmen (so z. B. § 5 Nr. 3 HmbTG), vgl. hierzu auch § 5 Rn. 74. 19

29 Nach Berlit SächsVBl. 2023, 93 (95), gilt dies für Pflicht- und Weisungsaufgaben nur eingeschränkt: Danach sollen in diesen Bereichen die Ausnahmen nach § 5 nur erweitert, nicht aber unterschritten werden können. Eine solche Einschränkung überzeugt indes im Hinblick auf die fehlende Verpflichtung der Kommunen nicht unbedingt.

30 Berlit, SächsVBl. 2023, 93 (95).

31 Vgl. Kaplonek, in: Baumann-Hasske, Art. 82 Rn. 8 ff.

32 Vgl. zu Art. 82 Abs. 2 SächsVerf Kaplonek, in: Baumann-Hasske, Art. 82 Rn. 10.

33 So für Art. 82 Abs. 2 SächsVerf aber Kaplonek, in: Baumann-Hasske, Art. 82 Rn. 10.

34 Vgl. für die vergleichbare Regelung Maatsch/Schnabel, § 5 Rn. 1.

35 Berlit, SächsVBl. 2023, 93 (96).

1. Nummer 1 (VerfGH, Gerichte, Strafverfolgungs- und Strafvollstreckungsbehörden)

20 Nach **Nummer 1** sind der Verfassungsgerichtshof, die Gerichte[36] sowie die Strafverfolgungs- und Strafvollstreckungsbehörden nur transparenzpflichtig, soweit sie Aufgaben der öffentlichen Verwaltung wahrnehmen. Nach der Gesetzesbegründung liegt die Begrenzung der Transparenzpflicht für **Gerichte** „im Interesse der Rechtspflege" (LT-Drs. 7/8517 S. 43). Transparenz werde in der Regel durch die Öffentlichkeit von Gerichtsverhandlungen hergestellt (a. a. O.). Diese Regel liegt in der Tradition der Informationsfreiheit und Transparenz in Deutschland, die seit jeher auf Behörden und Verwaltungstätigkeit fokussiert ist.[37] Sie wurzelt letztlich im Gewaltenteilungsprinzip. Daher handelt es sich bei der auf Gerichte bezogenen Einschränkung lediglich um eine Klarstellung. Denn bereits die Grundregel des Absatz 1 („sonstige Stellen der öffentlichen Verwaltung") würde den Bereich der rechtsprechenden Tätigkeit der Gerichte von der Transparenzpflicht ausschließen.[38] Erst recht gilt dies für den Verfassungsgerichtshof, der Gericht, aber v. a. auch selbständiges Verfassungsorgan ist.[39] Die Strafvollzugsanstalten fallen nicht unter Nummer 1, Ausnahmen von der Transparenzpflicht sieht für sie insbesondere § 5 Abs. 1 Nr. 13 vor (§ 5 Rn. 57 ff.).

21 Die Frage, welche Aufgabe die genannten Stellen als **„Aufgabe der öffentlichen Verwaltung"** wahrnehmen, ist jeweils im konkreten Fall zu beantworten. Mit dieser Einschränkung wird eine Abgrenzung der einzelnen Staatsfunktionen aufgenommen,[40] wie sie in Art. 3 Abs. 2 SächsVerf und Art. 20 Abs. 2 Satz 2 GG vorgefunden wird. Danach wird dem Begriff der Verwaltung die Gesetzgebung und die Rechtsprechung entgegengesetzt. Folglich ist Verwaltung alles, was nicht zur Rechtsprechung oder zur Gesetzgebung gehört.[41] Im Bereich der Gerichte sind u. a. Justizverwaltungsakte (§§ 23 ff. EGGVG) zu nennen.[42] Daneben sind Gerichte auch (selbst-)verwaltend tätig, etwa im Personal- und Beschaffungswesen oder in der Ausübung des Hausrechts,[43] wobei letzteres von der Ausübung der Sitzungspolizei (§§ 176 ff. GVG) abzugrenzen ist, die keine Verwaltungsaufgabe ist. Auch die Verteilung der richterlichen Geschäfte ist keine Aufgabe der öffentlichen Verwaltung. Der Informationszugang in Rechtsprechungsangelegenheiten ist im Übrigen spezial- und bundesrechtlich geregelt[44] und könnte daher nicht Gegenstand eines Landestransparenzgesetzes sein. Stellungnahmen der Gerichte zu Gesetzesvorhaben dürften hingegen der Transparenzpflicht unterliegen: Zwar werden die Gerichte in solchen Fällen wegen ihrer besonderen, aus der Rechtsprechung fließenden Expertise in Anspruch genommen. Doch handelt es sich bei diesen Stellungnahmen eben nicht um rechtsprechende Tätigkeit. Inwieweit die **Transparenz von**

36 Gemeint sind nur staatliche Gerichte (siehe Absatz 1), nicht also Schiedsgerichte (vgl. Maatsch/Schnabel, § 5 Rn. 2), die aber schon nicht unter Absatz 1 fallen.
37 Vgl. etwa Schoch, VVDStRL 57 (1998), 158 (201), der die Regierungs- und Verwaltungsöffentlichkeit als Thema der Informationsfreiheit ausmacht, während die Öffentlichkeit der Legislative in Art. 42 und 53 GG und der Judikative in § 169 GVG verortet wird.
38 Vgl. für § 3 Abs. 4 LTranspG RP Müllmann, in: Heinemann, S. 67; für § 1 Abs. 1 IFG Schoch, § 1 Rn. 209.
39 Hierzu Rozek, in: Baumann-Hasske, Art. 81 Rn. 2.
40 Vgl. Schoch, § 1 Rn. 119.
41 Schoch a. a. O.
42 Müllmann, in: Heinemann, S. 68.
43 Maatsch/Schnabel, § 5 Rn. 6; Schoch, § 1 Rn. 211.
44 Schoch, § 1 Rn. 210.

Gerichtsentscheidungen Aufgabe der öffentlichen Verwaltung ist, ist nicht unumstritten.[45]

Strafverfolgungsbehörden sind Behörden, deren gesetzliche Aufgabe es ist, Straftaten zu verfolgen. Das sind zunächst also die Staatsanwaltschaften (§ 160 Abs. 1 StPO). Aber auch die Polizei ist hierunter zu fassen, soweit sie strafverfolgend tätig wird (§ 163 StPO), darauf weist die Gesetzesbegründung eigens hin (LT-Drs. 7/8517 S. 43). Auch andere Ermittlungsbehörden, wie die Steuerbehörden im Rahmen ihrer Strafermittlungstätigkeit (§ 399 AO) und die Steuerfahndungs- und Zollfahndungsbehörden (§ 404 AO) fallen unter die Einschränkung der Nummer 1. Nicht von der Transparenzpflicht ausgeschlossen ist die polizeiliche Tätigkeit im präventiven Bereich, d. h. – für den Polizeivollzugsdienst – in dem landesrechtlich geregelten Bereich seiner Aufgaben nach § 2 Abs. 1 SächsPVDG. Einordnungsprobleme können sich in Gemengelagen strafverfolgender und gefahrenabwehrender Tätigkeit stellen. Die Gesetzesbegründung stellt hierzu fest, dass eine „strafverfolgende Tätigkeit im Sinne dieser Vorschrift auch dann vorliegen [kann], wenn gleichzeitig präventive Zwecke verfolgt werden" (LT-Drs. 7/8517 S. 43). Das ist zwar richtig, hilft für die Einordnung einer Maßnahme im konkreten Fall aber kaum. Hier wird man auf die bekannte Rechtsprechung zur Rechtswegfrage zurückgreifen können: Wäre für eine Maßnahme der Verwaltungsrechtsweg eröffnet (gefahrenabwehrrechtliches Handeln),[46] ist die Transparenzpflicht zu bejahen. Würde der Weg zum Ermittlungsrichter oder zur Strafkammer führen, wird man von einem strafverfolgenden, nicht transparenzpflichtigen Vorgang ausgehen können. 22

Strafvollstreckungsbehörde ist in der Regel die Staatsanwaltschaft (§ 451 StPO). Wo es ausnahmsweise nicht die Staatsanwaltschaft ist, ist ein Gericht Vollstreckungsbehörde (z. B. der Jugendrichter als Vollstreckungsleiter, §§ 82 ff., 110 JGG), sodass bereits die Ausnahme „Gericht" einschlägig ist. 23

Ob auch das für Justiz zuständige **Staatsministerium** von der Transparenzpflicht ausgenommen ist, soweit es in Strafverfolgungs- oder Strafvollstreckungsangelegenheiten tätig wird, ist nicht einfach zu beantworten. Die Frage stellt sich v. a. für Fälle, in denen das Ministerium als Aufsichtsbehörde tätig wird. Informationen, die das Ministerium im Rahmen der Aufsicht über die Strafverfolgungsbehörden – etwa durch Berichte – in konkreten Ermittlungsverfahren erhält, sollten unabhängig davon von der Transparenzpflicht ausgeschlossen sein, ob sie bei der Verfolgungsbehörde selbst oder (auch) beim Ministerium vorliegen. Das HbgTG wurde um eine entsprechende Klarstellung eigens erweitert.[47] Womöglich wird man dasselbe Ergebnis bereits aus § 147 GVG herleiten können, der eben nicht nur von der Aufsicht, sondern auch von der Leitung der Staatsanwaltschaften durch den Minister spricht. 24

2. Nummer 2 (Sächsischer Rechnungshof)

Nach Nummer 2 soll auch der **Sächsische Rechnungshof** nur insoweit transparenzpflichtig sein, als er Aufgaben der öffentlichen Verwaltung wahrnimmt. Die Formulie- 25

45 Gerichtsverwaltung, nicht Rechtsprechung: Schoch, § 1 Rn. 212; Brink, in: Brink/Polenz/Blatt, § 1 Rn. 99; a. A. Bohne, NVwZ 2007, 656: keine Gerichtsverwaltung, da die Entscheidungen nicht aus einer öffentlich-rechtlichen Verwaltungstätigkeit resultieren.

46 Entscheidend hierfür sind Grund oder Ziel des polizeilichen Einschreitens und ggf. dessen Schwerpunkt, hierzu m. w. N. SächsOVG, Beschl. v. 23.12.2021 – 6 A 680/19 –, juris Rn. 12.

47 Vgl. hierzu § 5 Nr. 1 HbgTG n. F., das die Justizbehörde nun ebenfalls benennt, soweit sie als Fachaufsicht über die Staatsanwaltschaft oder in Gnadensachen tätig wird.

rung knüpft an Nummer 1 an. Der Regierungsentwurf (LT-Drs. 7/8517) behandelte den Rechnungshof in seinem § 4 Abs. 3 Satz 2 noch gleich mit den jetzt in Nr. 3 aufgeführten Stellen, die transparenzpflichtig sind, soweit sie nicht kraft Gesetzes unabhängig tätig werden. Auf Drängen des Rechnungshofs[48] kam es dann zu der jetzigen Fassung. Der Rechnungshof meint, dass eine (weitergehende) Transparenzpflicht sein verfassungsrechtlich garantiertes Recht auf sachgerechte Eigenorganisation[49] beeinträchtigt und rückt eine Transparenzpflicht damit in die Nähe der Verfassungswidrigkeit. Diese Einschätzung dürfte aber nicht zutreffen;[50] auch die Regelungen anderer Länder enthalten weiter gehende Verpflichtungen.[51]

26 Die eigentliche Frage ist, ob der Rechnungshof in seinem gesamten **„Hofbereich"**, d. h. im Bereich der eigentlichen Rechnungsprüfung, von der Transparenzpflicht ausgenommen ist. Der Wortlaut ist offen, er wurde im Gesetzgebungsverfahren eher zugunsten einer Transparenzpflicht verändert: Während nach dem Regierungsentwurf der Fokus auf der gesetzlich garantierten Unabhängigkeit lag, soll jetzt entscheidend sein, ob der Rechnungshof Aufgaben der öffentlichen Verwaltung wahrnimmt. Das ist jedenfalls nicht eindeutiger. Ein systematischer Abgleich mit § 3 Abs. 1 Nr. 1 SächsUIG spricht vorderhand ebenfalls gegen eine umfassende Ausnahme für den „Hofbereich": Nach dieser Vorschrift sind – seit dem Haushaltsbegleitgesetz 2019/2020 v. 14.12.2018 (SächsGVBl. S. 782) – informationspflichtig u. a. „die Stellen der öffentlichen Verwaltung mit Ausnahme des Sächsischen Rechnungshofs".[52] Eine solche Ausnahme fehlt in Nummer 2. Letztlich ist für das SächsTranspG aber eine autonome Auslegung geboten, die es jedenfalls nach der Entstehungsgeschichte nicht erlaubt, den „Hofbereich" in die Transparenzpflicht einzubeziehen. Daher bleibt es bei einer Transparenzpflicht des Rechnungshofs für alle Fragen, die nicht den Bereich der eigentlichen Rechnungsprüfung betreffen (z. B. Personalverwaltung, Beschaffungswesen, Haushaltsführung, Ausübung des Hausrechts, Öffentlichkeitsarbeit).

---

48 Siehe die Stellungnahmen im Anhörungsverfahren (LT-Drs. 7/8517) und in der öffentlichen Anhörung im Landtag (das Wortprotokoll ist im Parlamentsdokumentationssystem unter https://edas.landtag.sachsen.de einsehbar). Der Änderungsantrag der Regierungsfraktionen (LT-Drs. 7/10236) nimmt ausdrücklich auf die Forderungen des Rechnungshofes Bezug.

49 Zu diesem SächsVerfGH, Urt. v. 25.2.2014 – Vf. 71-I-12 –, juris Rn. 40, sowie Berlit/Kühn, in: Baumann-Hasske, Art. 100 Rn. 32.

50 Vgl. zum Bundesrechnungshof BVerwG, Urt. v. 15.11.2012 – 7 C 1/12 –, juris Rn. 25; aufgrund dieser Rspr. kam es schließlich zum Erlass der nun vorrangigen (BVerwG, Urt. v. 22.3.2018 – 7 C 30.15 –, juris Rn. 16) Spezialvorschrift des § 96 BHO. Weiter gehend wohl Degenhart, SächsVBl. 2022, 125 (127 ff.), der aufgrund der besonderen Stellung des Rechnungshofs nach Art. 100 SächsVerf im Hofbereich keine Informationspflichten akzeptieren will.

51 Z. B. § 5 Nr. 2 HbgTG (kein Ausschluss für Berichte); § 3 Abs. 5 S. 1 LTranspG RP (weniger weitreichender Schutz, wenn Prüfergebnis abschließend festgestellt ist; diese Vorschrift schließt auf der anderen Seite den Verwaltungsbereich sogar von der Transparenzpflicht aus, vgl. Müllmann, in Heinemann, S. 74.). Die Einschränkung des Regierungsentwurfs hat in der Anhörung bereits viel Kritik erfahren, vgl. die mit der LT-Drs. 7/8517 (Anhang) veröffentlichten Stellungnahmen.

52 Die Gesetzesbegründung zum Haushaltsbegleitgesetz 2019/2020 spricht dafür, dass die Ausnahme konstitutiv war. Sie war im Regierungsentwurf noch nicht enthalten und wurde erst auf Antrag der Regierungsfraktionen eingefügt (ÄA CDU/SPD zu Drs. 6/13901). Zur Begründung heißt es, die Richtlinie ermächtige dazu, von der Umweltinformationspflicht Stellen auszunehmen, soweit sie in gerichtlicher oder gesetzgebender Eigenschaft tätig werden. Das sei beim Rechnungshof der Fall, und von diesem Recht mache man Gebrauch. A. A. (Änderung sei nicht konstitutiv) VG Leipzig, Urt. v. 9.6.2021 – 1 K 1884/18 –, juris Rn. 31; Degenhart, SächsVBl. 2022, 125 f.

Dass man mit dieser Änderung auch **§ 8 Abs. 1 Nr. 12** des Regierungsentwurfs gestrichen hat, war weder erforderlich noch stringent. Nach dieser Vorschrift sollten „Berichte, Gutachten und Unterrichtungen des Sächsischen Rechnungshofs sowie die dazugehörigen Erwiderungen und abschließenden Stellungnahmen" auf der Transparenzplattform veröffentlicht werden. Der Streichung dieser Vorschrift lag entweder das Missverständnis zugrunde, dass der Rechnungshof Adressat der Veröffentlichungspflicht gewesen wäre[53] (was nicht zutrifft), oder dass die Veröffentlichung abgeschlossener Berichte und Gutachten zu einem verfassungsrechtlich bedenklichen Übergriff des Gesetzgebers in das Recht auf Eigenorganisation des Rechnungshofs führt.[54] Die Einschätzung, dem Gesetzgeber sei es von Verfassung wegen verboten, *nach* Abschluss von Prüfungen die Veröffentlichung von Unterlagen vorzusehen, geht aber fehl. 27

3. Nummer 3 (kraft Gesetzes unabhängige Stellen)

Nummer 3 fasst (weitere) **Stellen** zusammen, die **kraft Gesetzes unabhängig tätig** werden. Die Gesetzesbegründung gibt – über den Gesichtspunkt der Unabhängigkeit hinaus – keine Gründe für die Ausnahme an (LT-Drs. 7/8517 S. 43). Der Umstand, dass Informationen in gesetzlich garantierter Unabhängigkeit verarbeitet werden oder zustande kommen, ist für sich genommen aber kein Grund, von der Transparenzpflicht zu befreien.[55] Die richterliche Unabhängigkeit steht für die Ausnahme nach Nr. 1 (s. o. Rn. 20) genauso wenig im Vordergrund wie die Unabhängigkeit der Mitglieder des Rechnungshofes für die Ausnahme nach Nr. 2 (s. o. Rn. 25). Dort geht es im Schwerpunkt um die Zuordnung zur Exekutive.[56] Soweit einzelne Landesgesetze auf den Gesichtspunkt der Unabhängigkeit abstellen, erfolgt dies jedenfalls in einem viel geringeren Maße als in § 4 Abs. 3 Satz 1 Nr. 3.[57] 28

Der Umfang der **Unabhängigkeit** ergibt sich aus dem einschlägigen **Fachgesetz**. Für die Frage, ob sich die Tätigkeit der Stellen im Rahmen ihrer Unabhängigkeit vollzieht, bedarf die gesetzliche Regelung im Einzelfall der Auslegung. Die gesetzlichen Grundlagen für die Unabhängigkeit der genannten Stellen sind im Einzelnen: für die Datenschutzbeauftragte Art. 52 Abs. 1 Verordnung (EU) 2016/679[58], für den Landesbeauftragten für Inklusion für Menschen mit Behinderungen § 12 Abs. 1 Satz 4 SächsInklusG, für die unabhängige Vertrauens- und Beschwerdestelle für die Polizei § 98 Abs. 3 Satz 1 SächsPVDG, für den Sächsischen Ausländerbeauftragten § 4 Abs. 1 SächsAuslBeauftrG, für den Landesbeauftragten zur Aufarbeitung der SED-Diktatur im Freistaat Sachsen § 2 Abs. 5 Landesbeauftragtengesetz, für die Prüfbehörden für Strukturfonds Art. 123 Abs. 4 und 5 Verordnung (EU) 1303/2013, für die Bescheinigende Stelle Art. 9 Abs. 1 UAbs. 2 S. 2 Verordnung (EU) 1306/2013 und für die Vergabekammern § 157 Abs. 1 GWB. Da die Ausnahme von der Transparenzpflicht die Stelle als solche betrifft, ist 29

53 In diese Richtung die Begründung des Änderungsantrags LT-Drs. 7/10236.

54 In diese Richtung die Stellungnahme des Rechnungshofs zum Regierungsentwurf vom 27.10.2022 (LT-Drs. 7/8517, Anhang).

55 Vgl. für die richterliche Unabhängigkeit der Mitglieder des Rechnungshofs BVerwG, Urt. v. 15.11.2012 – 7 C 1.12 –, juris Rn. 31.

56 Der Gedanke trifft allerdings nicht für Strafverfolgungsbehörden zu.

57 Vgl. etwa für Vergabekammern § 5 Nr. 1 HbgTG; keine entsprechende Ausnahme im LTranspG RP (sondern nur Ausschlussgründe vergleichbar mit § 5).

58 Da diese Vorschrift die Unabhängigkeit im Hinblick auf die Eigenschaft der Datenschutzbeauftragten als Aufsichtsbehörde, die „für die Überwachung der Anwendung dieser Verordnung zuständig" ist (Art. 51 Abs. 1 Verordnung (EU) 2016/679), betrifft, umfasst die Ausnahme von der Transparenzpflicht nicht die Aufgaben als Transparenzbeauftragte.

auch der „behördliche Unterbau" – etwa einzurichtende Geschäftsstellen (vgl. z. B. § 12 Abs. 5 Satz 2 SächsInklusG, § 5 Abs. 1 AuslbeauftrgG) – nicht transparenzpflichtig.

4. Nummer 4 (Landtag)

30 Im Regierungsentwurf (LT-Drs. 7/8517) wurde der **Landtag** noch in einem Atemzug mit den in der jetzigen Nummer 1 genannten Stellen genannt. Dies war insofern folgerichtig, als es in dieser Nummer im Wesentlichen um Stellen geht, die im Hinblick auf die Gewaltenteilung keine transparenzpflichtigen Stellen sein sollen. Danach wäre der Landtag nur transparenzpflichtig gewesen, soweit er Aufgaben der öffentlichen Verwaltung, also eben keine legislativen Aufgaben wahrnimmt. Die weiteren nun vorgesehenen Einschränkungen fehlten zwar. Der Anwendungsbereich einer Transparenzpflicht sollte aber bereits nach dem Regierungsentwurf eng sein: Die Gesetzesbegründung zu jener Fassung (LT-Drs. 7/8517 S. 43) enthält die Einschränkungen, die jetzt in Abs. 3 Satz 1 Nr. 4 im Gesetzeswortlaut auf eine entsprechende Anregung der Landtagsverwaltung aufgenommen wurden.[59]

31 Nach Abs. 3 Satz 1 Nr. 4 ist der Landtag nur transparenzpflichtig, soweit er (**erste Einschränkung**) Aufgaben der öffentlichen Verwaltung wahrnimmt und (**zweite Einschränkung**) soweit weder sein Selbstorganisationsrecht und das seiner Gremien, die freie Mandatstätigkeit der Abgeordneten sowie Unterstützungsleistungen in parlamentarischen Angelegenheiten, noch die Unabhängigkeit der Fraktionen betroffen sind. Die zweite Einschränkung dürfte im Wesentlichen schon in der ersten Einschränkung aufgehen, weil sie v. a. Aufgaben des Landtags im Parlamentsbetrieb umschreibt, die eben keine Aufgaben der öffentlichen Verwaltung darstellen.[60] Allerdings ist mit der Einschränkung „soweit [nicht] Unterstützungsleistungen in parlamentarischen Angelegenheiten ... betroffen sind" klargestellt, dass die **Ausarbeitungen des juristischen Dienstes** des Landtages oder Fragen der **Bereitstellung von Sachmitteln** für Abgeordnete – anders als nach der Rechtsprechung für den Bund und andere Länder[61] – nicht der Transparenzpflicht unterliegen sollen. Dies ist ausgesprochen bedauerlich; ein Grund hierfür ist nicht ersichtlich. Weder die Erfüllung der Aufgaben des Landtages noch die Belange der Abgeordneten oder die Art und Weise der Mandatsausübung wären durch eine entsprechende Transparenzpflicht beeinträchtigt.[62]

5. Nummer 5 (Prüfungseinrichtungen)

32 Nach Abs. 3 Satz 1 Nr. 5 sind **Prüfungseinrichtungen** nur transparenzpflichtig, soweit sie nicht im Bereich von Leistungsbeurteilungen und Prüfungen tätig werden. Solche oder ähnliche Ausnahmen kennen die meisten Transparenz- und Informationsfreiheits-

---

59 Siehe die Stellungnahme des Landtagspräsidenten im Anhörungsverfahren, LT-Drs. 7/8517 (Anhang).

60 Siehe aber in diesem Zusammenhang zu einem recht weiten Begriff der Verwaltung Schoch, NVwZ 2015, 1 (3 ff.).

61 Siehe für § 1 Abs. 1 IFG Bund und den wissenschaftlichen Dienst des Bundestages BVerwG, Urt. v. 25.6.2015 – 7 C 1.14 –, juris Rn. 13 ff. (Informationspflicht bejaht); hierzu auch Schoch, § 1 Rn. 203 ff.; für § 3 Abs. 4 LTranspG RP OVG Rh.-Pf., Beschl. v. 27.6.2018 – 10 A 10053/18 –, juris Rn. 6 (Transparenzpflicht bejaht); für Bereitstellung von Sachmitteln (im Zusammenhang mit einem verfassungsunmittelbaren Auskunftsanspruch der Presse) BVerwG, Urt. v. 16.3.2016 – 6 C 65.14 –, juris Rn. 20 ff.

62 BVerwG, Urt. v. 25.6.2015 – 7 C 1.14 –, juris Rn. 17 und 19 ff.

gesetze.[63] Nummer 5 steht in einem thematischen Zusammenhang mit der Nummer 7, hat aber einen anderen Anknüpfungspunkt. Gleichwohl werden Prüfungseinrichtungen häufig von der Nummer 7 erfasste Stellen (Hochschulen, Fakultäten und Fachbereiche, Institute, Schulen und sonstige Bildungseinrichtungen wie Berufsakademien) sein. Zwingend ist das aber keineswegs, wenn man etwa an staatliche Prüfungsämter, z. B. das Landesjustizprüfungsamt oder die Landesdirektion Sachsen, denkt. Prüfungseinrichtungen i. d. S. können auch Stellen sein, die eine Personalauswahl zu treffen und dafür eine Leistungsbeurteilung zu treffen haben; dies gilt allerdings nur dann, wenn der Personalauswahl eine Leistungsbeurteilung mit Wettbewerbscharakter zugrunde liegt.[64] Nur dann kann man von einer Prüfungseinrichtung i. S. d. Norm sprechen.

Der **Zweck** der Vorschrift erscheint klar: Prüfungen können sinnvoll nur durchgeführt 33
und Leistungsbeurteilungen sinnvoll nur getroffen werden, wenn ihr Inhalt nicht vorher bekannt ist (vgl. LT-Drs. 7/8517 S. 43). Insofern ist Transparenz ausgeschlossen. Die **Reichweite** der Vorschrift ist aber darauf nicht beschränkt: Sie ist in sachlicher Hinsicht nicht auf den Aufgabeninhalt beschränkt, sondern umfasst auch die Modalitäten von Aufgabenerstellung und -auswahl. In zeitlicher Hinsicht betrifft Nummer 5 nicht nur bevorstehende Prüfungen und Leistungsbeurteilungen, sondern auch bereits absolvierte. Damit soll zunächst vermieden werden, dass konkrete, d. h. einzelfallbezogene Beurteilungen (sei es auch ohne personenbezogene Daten, § 6 Abs. 1 Satz 1) transparent gemacht werden müssen. Aber auch bereits in der Vergangenheit absolvierte Prüfungsaufgaben sind nach dem klaren Gesetzeswortlaut nicht transparenzpflichtig, denn mit dem Vorhalten dieser Informationen wird die Stelle ebenfalls „im Bereich von Leistungsbeurteilungen und Prüfungen tätig".[65] Die Vorschriften anderer Länder haben z. T. einen ausdrücklich engeren Wortlaut,[66] dem sich der sächsische Gesetzgeber aber bewusst nicht angeschlossen hat.

6. Nummer 6 (öffentl.-rechtl. Rundfunkanstalten)

Öffentlich-rechtliche Rundfunkanstalten sind nach Nummer 6 nur transparenzpflichtig, 34
soweit sie Aufgaben der öffentlichen Verwaltung wahrnehmen und dies (gemeint: die Wahrnehmung von Aufgaben der öffentlichen Verwaltung, nicht die Transparenzpflicht, s. Rn. 36) staatsvertraglich geregelt ist. Der Wortlaut entspricht § 3 Abs. 7 LTranspG RP. Da Nummer 6 eine Einschränkung des Absatzes 1 darstellt (s. o. Rn. 1 und Rn. 19), ist „Eingangsvoraussetzung" dieses Tatbestandes, dass die betreffende Rundfunkanstalt im Grundsatz transparenzpflichtig ist. Dies setzt nach § 4 Abs. 1 voraus, dass sie der Aufsicht des Freistaates Sachsen untersteht (s. o. Rn. 8), was namentlich beim MDR als „der" öffentlich-rechtlichen Rundfunkanstalt im Geltungsbereich des

63 Z. B. § 5 Nr. 7 HbgTG; § 2 Abs. 3 IFG NW; § 2 Abs. 2 ThürTG (jeweils Verbindung der hier in den Nummern 5 und 7 getrennten Gegenstände); enger (Beeinträchtigung eines Verfahrens zur Leistungsbeurteilung und Prüfung erforderlich) aber § 14 Abs. 1 Satz 2 Nr. 9 LTranspG RP.

64 Die Gesetzesbegründung nennt als Bsp. die Durchführung von Auswahltests für die Einstellung in die Laufbahnausbildung (LT-Drs. 7/8517 S. 43).

65 A.A. VG Hamburg, Beschl. v. 20.3.2020 – 17 K 1312/19 –, juris Rn. 10 ff. (teleologische Reduktion); Maatsch/Schnabel, § 5 Rn. 40 (Hinausschießen über das „unabweisbar legitime Ziel") und Rn. 42 (anders nur, wenn die Prüfungseinrichtung darlegen könne, dass eine Offenbarung die Durchführung künftiger Prüfungen konkret gefährden würde).

66 Siehe § 14 Abs. 1 Satz 2 Nr. 9 LTranspG RP, nach dem eine Beeinträchtigung eines Verfahrens zur Leistungsbeurteilung und Prüfung erforderlich ist.

Gesetzes[67] deshalb nicht ganz unproblematisch ist, weil der MDR eine Mehrländeranstalt ist, deren Aufsicht turnusmäßig wechselt (näher Rn. 9). Dennoch muss es ausreichen, dass die Aufsicht *auch* beim Freistaat liegt. Eine gewisse „Abmilderung" erfährt dies durch den Vorbehalt einer staatsvertraglichen Regelung, die nach der Gesetzesbegründung (LT-Drs. 7/8517 S. 43) dem Umstand Rechnung tragen soll, dass der Freistaat Sachsen keine alleinige Gesetzgebungskompetenz für einen „Durchgriff" auf länderübergreifende Rundfunkanstalten hat.[68]

35 Die Beschränkung der Transparenzpflicht der Rundfunkanstalt auf die **Wahrnehmung von Aufgaben der öffentlichen Verwaltung** knüpft im Wortlaut an Nummer 1 an, hat aber einen anderen Hintergrund. Es geht hier nicht um die Gewaltenteilung, sondern im Vordergrund steht die die Grundrechtsträgerschaft der Rundfunkanstalt für die Rundfunkfreiheit (Art. 5 Abs. 1 Satz 2 GG).[69] Ob es hierfür ausgereicht hätte, wie in § 5 Nr. 6 HbgTG lediglich „journalistisch-redaktionelle Informationen" aus dem Anwendungsbereich herauszunehmen,[70] kann dahinstehen.[71] Obwohl die Ausnahme auch im Bundesvergleich eher weit ist, hat der MDR die Vorschrift scharf kritisiert.[72] Seine Argumente überzeugen aber nicht. Insbesondere der geltend gemachte Aspekt der Staatsferne des Rundfunks kann nicht gegen eine Transparenzpflicht ins Feld geführt werden. Staatsferne und Transparenz schließen sich nicht aus, jedenfalls im Bereich der Verwendung des Rundfunkbeitrags. Transparenz ist durchaus geeignet, den Vorbehalten gegen die Existenz eines beitragsfinanzierten öffentlich-rechtlichen Rundfunks zu begegnen.

36 Nummer 6 sieht weiter vor, dass die Wahrnehmung der Aufgaben der öffentlichen Verwaltung **staatsvertraglich geregelt** sein muss. Damit ist keine zweite Komponente für die Transparenzpflicht in dem Sinne vorgesehen, dass die Transparenzpflicht staatsvertraglich geregelt sein müsste.[73] Während der Gesetzeswortlaut in diesem Sinn (miss-)verstanden werden kann, ist die Gesetzesbegründung eindeutig: Danach müssen der Rundfunkanstalt „diese Verwaltungsaufgaben durch Staatsvertrag zugewiesen sein, da dem Freistaat Sachsen nicht die alleinige Gesetzgebungskompetenz zur Auferlegung weiterer derartiger Aufgaben zukommt" (LT-Drs. 7/8517, S. 43). Eine solche Auslegung vermeidet auch sinnwidrige Ergebnisse, weil eine Transparenzpflicht anderenfalls gar nicht bestünde. Rechtlich erforderlich war dieser Vorbehalt entgegen der Begründung wohl nicht.[74] **Hauptanwendungsfall** für eine solche staatsvertraglich geregelte Wahrneh-

---

67 Weitere öffentlich-rechtliche Rundfunkanstalten, die die Voraussetzungen des § 4 Abs. 1 erfüllen, existieren derzeit nicht.

68 Zwingend ist dieser Schluss wohl nicht. Ist der Sitz einer Mehrländeranstalt im Freistaat Sachsen und unterliegt diese seiner Rechtsaufsicht, ist die Anstalt ohne weitere Regelungen auch an das Recht des Sitzlandes gebunden; ebenso Müllmann, in: Heinemann, S. 72.

69 Müllmann, in: Heinemann, S. 72; ebenso für die – allerdings engere – Parallelvorschrift in Hamburg Maatsch/Schnabel, § 5 Rn. 33.

70 Dezidiert in diesem Sinne Schoch, Stellungnahme zum LTranspG RP (LT-Drs. RP 16/5700 S. 4).

71 Kritisch Maatsch/Schnabel, § 5 Rn. 33, die die dortige, entsprechende Ausnahme verfassungskonform weit auslegen wollen, weil der grundrechtliche Schutz der Rundfunkfreiheit über den Bereich der Programmgestaltung hinausreicht.

72 Siehe die Stellungnahme des MDR vom 1.10.2022 (LT-Drs. 7/8517, Anhang).

73 So aber Müllmann, in: Heinemann, S. 72 für § 3 Abs. 7 LTranspG RP.

74 Enger insoweit auch § 2 Abs. 5 Satz 1 ThürTG: „... gilt für die öffentlich-rechtlichen Rundfunkanstalten, es sei denn die journalistische Tätigkeit ist betroffen oder staatsvertragliche Regelungen stehen entgegen".

mung von Aufgaben der öffentlichen Verwaltung dürfte das Einziehen des Rundfunkbeitrages sein.[75]

Unabhängig von der Transparenzpflicht des MDR stellt sich die Frage, nach welchem **Verfahrensrecht** der MDR Anträge nach den §§ 10 ff. zu behandeln hat. Denn nach § 2 Abs. 3 SächsVwVfZG soll das allgemeine Verwaltungsverfahrensrecht für den MDR nicht gelten. Der (zweifelhafte) Hintergrund dieser Regelung ist, dass Art. 5 Abs. 1 GG für den MDR als „Tendenzbetrieb" ein „justizförmig ausgeprägtes Verwaltungsverfahren" verbieten soll.[76] Dieser Grund greift hier aber jedenfalls nicht, denn der Gesetzgeber hat mit den §§ 10 ff. gerade zu erkennen gegeben, dass es einen Anspruch geben soll, der – soweit der MDR transparenzpflichtig ist – auch durchsetzbar sein soll und damit nach den allgemeinen Regeln zu behandeln ist. 37

7. Nummer 7 (Bildungseinrichtungen, Krankenhäuser)

Nach Abs. 3 Satz 1 Nr. 7 sind **Hochschulen**, **Schulen** und sonstige **Bildungseinrichtungen** sowie **Universitätsklinika** und **Krankenhäuser** nur transparenzpflichtig, soweit (in einem weiten Sinn) die Verwendung von Drittmitteln betroffen ist. Die Vorschrift orientiert sich sichtlich an § 2 Abs. 4 ThürTG.[77] Eine ähnliche Beschränkung existiert mit § 16 Abs. 3 LTranspG RP. Der **Zweck** der Ausnahme – über den die Gesetzesbegründung nichts sagt – ist disparat. Während bei den universitären Einrichtungen die grundgesetzlich geschützte Forschungs- und Lehrfreiheit des Art. 5 Abs. 3 GG im Vordergrund steht,[78] geht die Ausnahme bei den sonstigen Bildungseinrichtungen und Schulen wohl auf Praktikabilitätsgründe zurück: Für die mehr als 1.000 Schulen im Freistaat Sachsen, die mit der Bildungsverwaltung bereits mehr als ausgelastet sind, wurde der Aufwand für eine Transparenzpflicht wohl als zu hoch eingeschätzt, zumal im Rahmen der (Schüler-, Eltern-)Mitwirkungsregelungen Formate zu Beteiligung und Transparenz zur Verfügung stehen. Die Ausnahme für die Universitätsklinika erschließt sich aus ihren Aufgaben und der damit verbundenen Nähe zu den Hochschulen.[79] Nicht recht in diesen Zweckkanon passt die Einschränkung für Krankenhäuser, zumal die Ausnahme von der Transparenzpflicht nach § 5 Abs. 1 Nr. 21 (keine Transparenz für Informationen im Zusammenhang mit medizinischen Behandlungen einzelner Personen) darauf hindeutet, dass Krankenhäuser i. Ü. in größerem Maße transparenzpflichtig sein könnten; es steht zu vermuten, dass es bei dem Nebeneinander von Abs. 3 Satz 1 Nr. 7 und § 5 Abs. 1 Nr. 21 insoweit um ein Versehen des Gesetzgebers handelt (siehe näher § 5 Rn. 85). 38

---

75 Der Beitrag ist an den MDR zu entrichten, siehe § 10 Abs. 2 Satz 1 Rundfunkbeitragsstaatsvertrag.

76 Siehe Ausschussberatung LT-Drs. 1/2580 (Frage der SPD-Fraktion und Antwort der Staatsregierung) zu dem Entwurf eines vorläufigen Sächsischen Verwaltungsverfahrensgesetzes (LT-Drs. 1/2496).

77 Soweit die Forschungseinrichtungen in der sächsischen Regelung nicht eigens aufgeführt sind, ist dies darin begründet, dass diese als in der Regel in privatrechtlich organisierter Form betriebene Einrichtungen bereits nach der Eingangsvoraussetzung des Absatzes 1 („Stellen der öffentlichen Verwaltung", „der Aufsicht des Freistaates Sachsen unterstehenden juristischen Personen des öffentlichen Rechts") nicht transparenzpflichtig sind.

78 Vgl. zu § 2 Abs. 4 ThürTG in der dortigen Gesetzesbegründung (Drs. 6/6684 S. 39); zu § 16 Abs. 3 LTRanspG RP (der dies allerdings im Gesetzeswortlaut ausdrücklich vorsieht) Pautsch, in: Heinemann, S. 314. Die Ausnahme nach § 5 Abs. 1 Nr. 9 versprechen dann allerdings mehr Transparenz, als § 4 Abs. 3 Satz 1 Nr. 7 hält.

79 Enge Zusammenarbeit mit der jeweiligen medizinischen Fakultät in Forschung und Lehre, vgl. § 2 UKG.

39 Unter den Begriff der **Hochschule** fallen die Hochschulen i. S. v. § 1 SächsHSFG. Ob – wofür manches spricht[80] – auch die Hochschule Meißen (vgl. § 1 FHMeißenG) und die Hochschule der Sächsischen Polizei (vgl. § 1 SächsPolFHG) Hochschulen i. S. v. Nr. 7 sind, kann dahinstehen, weil sie jedenfalls sonstige Bildungseinrichtungen sind. Hochschulen in freier Trägerschaft (anerkannt nach § 106 SächsHSFG oder nicht) sind schon nach § 4 Abs. 1 Satz 1 keine transparenzpflichtigen Stellen. Der Begriff der **Schule** bezieht sich auf Schulen i. S. v. § 4 Abs. 1 SächsSchulG. Auch insoweit bleiben Schulen in freier Trägerschaft wegen der Beschränkung des Absatzes 1 auf Stellen der öffentlichen Verwaltung außer Betracht; sie sind – ungeachtet einer Beleihung (siehe § 8 Abs. 2 SächsFrTrSchulG) – ohnehin nicht transparenzpflichtig. Als **sonstige Bildungseinrichtungen** sind alle weiteren – rechts- oder nichtrechtsfähigen – Einrichtungen zu verstehen, soweit sie unter § 4 Abs. 1 fallen und Bildungsaufgaben wahrnehmen, z. B. die Berufsakademie Sachsen (vgl. § 3 SächsBAG). **Universitätsklinika** sind die beiden in Dresden und Leipzig als rechtsfähige Anstalten des öffentlichen Rechts des Freistaates errichteten (§ 1 Abs. 1 UKG). **Krankenhäuser** i. S. d. Vorschrift sind derzeit nur die psychiatrischen Krankenhäuser in Trägerschaft des Freistaates Sachsen (§ 14 Abs. 1 Nr. 1 SächsVwOrgG). Andere Krankenhäuser unterfallen von vornherein nicht der Transparenzpflicht – sei es, weil sie nicht als der Aufsicht des Freistaates Sachsen unterstehend gelten können (z. B. im Hinblick auf § 4 Abs. 2 als Krankenhäuser in kommunaler Trägerschaft), sei es, weil sie als Krankenhäuser in privater Trägerschaft (oder in privater Rechtsform) agieren.

40 Die Transparenzpflicht für die in Rn. 39 genannten Stellen besteht nur für **Drittmittelbezug**, d. h. „soweit Informationen über Namen von Drittmittelgebern, die Höhe der Drittmittel und die Laufzeit der mit Drittmitteln finanzierten abgeschlossenen Forschungsvorhaben betroffen sind". Für den Begriff der **Drittmittel** kann auf das Vorverständnis zurückgegriffen werden, das der VwV Drittmittel[81] zugrunde liegt. Danach sind Drittmittel Geld- und Sachzuwendungen, Leistungen aus einseitig verpflichtenden und gegenseitigen Verträgen sowie alle sonstigen geldwerten Vorteile, die zur Erfüllung der der betreffenden Einrichtung obliegenden Aufgaben von Dritten zur Verfügung gestellt werden (Ziff. I Nr. 2.1 VwV Drittmittel). Dritte sind alle, die nicht dem Rechtsträger der jeweiligen Einrichtung angehören, können also sowohl juristische Personen des öffentlichen Rechts als auch Private sein (vgl. Ziff. II Nr. 1 und 2 VwV Drittmittel). Obwohl der Wortlaut nicht ganz eindeutig ist,[82] dürfte sich die Voraussetzung des „abgeschlossenen Forschungsvorhabens" auf den gesamten Tatbestand beziehen. Dagegen mag zwar sprechen, dass der Begriff des Forschungsvorhabens schwerlich auf Schulen passt. Dennoch würde die Einschränkung des Abschlusses nur für die „Laufzeit" eines Vorhabens wenig Sinn ergeben. Transparenzpflicht besteht also von vornherein nur für abgeschlossene (Forschungs-)Vorhaben. Nach deren Abschluss erstreckt sich die Transparenzpflicht auf die im Gesetz genannten Gegenstände.

---

80 Neben dem Wortlaut („Hochschule") ist dies v. a. der Umstand, dass Nummer 7 nicht auf § 1 SächsHSFG Bezug nimmt. Dagegen mag sprechen, dass sich beide Einrichtungen dadurch von Hochschulen herkömmlicher Prägung unterscheiden, dass sie keine rechtsfähigen Körperschaften des öffentlichen Rechts sind.

81 VwV Drittmittel vom 4.4.2005 (SächsABl. S. 343), zuletzt enthalten in der Verwaltungsvorschrift vom 2.12.2021 (SächsABl. SDr. S. S 219).

82 Auch die Gesetzesbegründung schweigt dazu, ebenso jene der „Patenregelung" des § 2 Abs. 3 ThürTG.

Für die **Namen** der Drittmittelgeber dürften die **Vorgaben des § 6** nicht gelten. Aus § 6 Abs. 1 Satz 3 könnte man den Schluss ziehen, dass § 4 Abs. 3 Satz 1 Nr. 7 keine „Rückausnahme" vom Gebot normiert, personenbezogene Daten unkenntlich zu machen. Allerdings spricht viel dafür, dass sich die Vorschrift, die nach der Gesetzesbegründung nur klarstellenden Charakter hat (LT-Drs. 7/8517, S. 48), nicht als abschließende, sondern als versehentlich unvollständige Kollisionsnorm darstellt (vgl. auch § 6 Rn. 22). Denn es wäre widersinnig, die Transparenzpflicht in § 4 Abs. 3 Satz 1 Nr. 7 eigens für Namen von Drittmittelgebern anzuordnen, diese aber gleichzeitig durch § 6 Abs. 1 Satz 3 (teilweise) wieder auszuschließen. Namen der Drittmittelgeber sind daher nicht unkenntlich zu machen. 41

8. Nummer 8 (Selbstverwaltungskörperschaften)

Nach Nummer 8 sind **Selbstverwaltungskörperschaften** der Wirtschaft und der Freien Berufe sowie die Träger der Kranken-, Pflege-, Renten- und Unfallversicherung und die Kassenärztliche Vereinigung Sachsen nur insoweit transparenzpflichtig, soweit ihnen hoheitliche Aufgaben des Freistaates Sachsen übertragen worden sind. Diese Regelung bewirkt für diese Körperschaften eine ausgesprochen weitgehende Befreiung von der Transparenzpflicht. Der Ansatzpunkt des Gesetzgebers ist eine Ausnahme, soweit die Körperschaften **im Rahmen ihrer Selbstverwaltung** tätig werden (LT-Drs. 7/8517 S. 44). Rechtlich zwingend ist eine solche Ausnahme keineswegs.[83] Mit dem gewählten Wortlaut geht der Gesetzgeber über den selbst beschriebenen Zweck noch deutlich hinaus, indem er die Transparenzpflicht nicht etwa für den Bereich der Erfüllung übertragener staatlicher Aufgaben anordnet, sondern nur, soweit diese **Aufgabenübertragung durch den Freistaat Sachsen** – d. h. durch oder aufgrund eines Landesgesetzes – erfolgt. Die Errichtung der Körperschaft durch eine landesrechtliche Regelung reicht für die Begründung einer Transparenzpflicht daher nicht aus.[84] Auch der Bereich der Aufgabenübertragung durch den Bund[85] bleibt mit der Formulierung ausgenommen. Die Gesetzesbegründung verhält sich hierzu zwar nicht direkt,[86] der Wortlaut („Aufgaben des Freistaates Sachsen übertragen") spricht aber deutlich dafür, dass bundesrechtliche Durchgriffsregelungen nicht ausreichen.[87] Die Gegenstände der Transparenzpflicht dürften daher marginal sein. 42

Eine derart enge Regelung für die funktionale Selbstverwaltung im Wirtschaftsbereich ist im **Bundesvergleich** nicht singulär. So nimmt § 3 Abs. 6 Satz LTranspG RP die Körperschaften gänzlich von der Transparenzpflicht aus,[88] ordnet dafür aber – ohne dass hiermit ein Anspruch verbunden wäre – an: „Diese sorgen in eigener Verantwortung für Transparenz und Offenheit gegenüber den Bürgerinnen und Bürgern." Dass es anders geht, zeigt das Beispiel Hamburgs, wo lediglich eine Ausnahme für Selbstverwaltungskörperschaften der Freien Berufe (nicht der Wirtschaft[89]) in Bezug auf Informationen besteht, die einer beruflichen Geheimhaltungspflicht unterliegen (§ 5 Nr. 8 43

83 Siehe etwa OVG NW, Urt. v. 9.11.2006 – 8 A 1679/04 –, juris: Auskunftsanspruch gegen eine IHK.
84 Berlit, SächsVBl. 2023, 93 (96).
85 Etwa nach § 8 Abs. 1 BQFG.
86 Sie spricht lediglich von „Fachgesetz" (LT-Drs. 7/8517, S. 44).
87 In diese Richtung auch Berlit, SächsVBl. 2023, 93 (96).
88 Entsprechendes gilt auch bspw. nach § 81 Abs. 2 Nr. 3 HDSIG für Industrie- und Handelskammern und Handwerkskammern.
89 Maatsch/Schnabel, § 5 Rn. 46.

HmbTG). Im Hinblick auf das unter Rn. 42 Ausgeführte erscheint die sächsische Regelung aber nur auf den ersten Blick als „Mittelweg". Trotz dieser sehr eingeschränkten Transparenzpflicht wurde der Gesetzentwurf von den einschlägigen Körperschaften z. T. hart kritisiert,[90] ohne dass dabei immer klar war, ob die starke Einschränkung der eigenen Transparenzpflicht überhaupt erkannt wurde.

44 Der Anwendungsbereich dieser Vorschrift auf juristische Personen der mittelbaren Selbstverwaltung ist denkbar weit, wobei darüber hinaus ggf. noch die Einschränkungen von der Transparenzpflicht nach sächsischem Recht bei Mehrländeranstalten zu berücksichtigen sind (s. o. Rn. 8 f.). Selbstverwaltungskörperschaften der **Wirtschaft** sind die Industrie- und Handelskammern sowie die Handwerkskammern, Selbstverwaltungskörperschaften der **Freien Berufe** sind v.a. die Rechtsanwaltskammer, das Rechtsanwaltsversorgungswerk, die Notarkammer, die Ländernotarkasse, die Landesärztekammer, die Landeszahnärztekammer und die Landesapothekenkammer. Im **Sozialbereich** gelten als der Aufsicht des Freistaates Sachsen stehende Träger der Kranken-, Pflege-, Renten- und Unfallversicherung die AOK Sachsen, die Deutsche Rentenversicherung Mitteldeutschland und die Unfallkasse Sachsen. Die **Kassenärztliche Vereinigung** führt das Gesetz eigens auf.

V. Bereichsspezifische Ausnahme von der Transparenzpflicht (Absatz 3 Satz 2)

45 Absatz 3 Satz 2 enthält eine echte **Ausnahme** von der Transparenzpflicht, keine bloße Einschränkung. Danach sind die Sächsische Aufbaubank – Förderbank – (SAB), öffentlich-rechtliche Kreditinstitute und die Sachsen-Finanzgruppe keine transparenzpflichtigen Stellen. Die Vorschrift orientiert sich weit gehend an § 3 Abs. 6 Satz 1 LTranspG RP. **Öffentlich-rechtliche Kreditinstitute** i. S. d. SächsTranspG sind v.a. die Sparkassen nach § 1 Abs. 1 SächsSpG als rechtsfähige Anstalten des öffentlichen Rechts in der Trägerschaft i. d. R. der Landkreise, der Kreisfreien Städte oder der von ihnen gebildeten Zweckverbände. Die Sachsen-Finanzgruppe ist eine unter der Aufsicht des Freistaates stehende rechtsfähige Körperschaft des öffentlichen Rechts, die Trägerin der auf sie übertragenen Verbundsparkassen ist, selbst aber keine Bankgeschäfte betreibt (§§ 49 Abs. 1, 50 Abs. 1 SächsSpG). Der **Grund für die Ausnahme** wird in der Gesetzesbegründung nicht erläutert. Dahinter steht letztlich wohl, dass die Kundenbeziehungen der Kreditinstitute privatrechtlicher Natur sind und diese im Wettbewerb mit anderen Kreditinstituten stehen. Dazu passt nach Auffassung des Gesetzgebers die auf Verwaltungshandeln ausgerichtete Transparenzpflicht nicht.[91] Rechtlich zwingend ist dieser Ausschluss aber keineswegs.[92]

46 Die **Bereichsausnahme für die SAB** kann diesen Gedanken nur zum Teil für sich in Anspruch nehmen. Die SAB ist als rechtsfähige Anstalt des öffentlichen Rechts (§ 1 Abs. 1 Satz 1 FördbankG) nicht lediglich ein Kreditinstitut. Ein sehr wichtiger Teil ihrer Aufgabe ist die einer Verwaltungsbehörde in der Fördermittelverwaltung: Die SAB ist

---

90 Siehe LT-Drs. 7/8517 (Anhang): von der Kassenärztlichen Vereinigung, der Sächsischen Landesärztekammer, der Landeszahnärztekammer, der Sächsischen Landesapothekenkammer, den sächsischen Handwerkskammern, der Ländernotarkasse; weniger kritisch aber aus dem Sozialbereich, z. B. von der AOK.

91 Krit. insoweit zur Parallelregelung in RP (§ 3 Abs. 6 LTranspG RP) Müllmann, in: Heinemann, S. 74.

92 Siehe die Stellungnahme von Schoch zum LTranspG RP (LT-Drs. RP 16/5700 S. 3); vgl. für Auskünfte gegenüber einem Sparkassenverband VG Düsseldorf, Urt. v. 23.11.2012 – 26 K 1846/12 –, juris Rn. 11 ff.

das zentrale Förderinstitut des Freistaates (§ 2 Abs. 1 Satz 1 FördbankG). Vor diesem Hintergrund ist die unterschiedslose Herausnahme von der Transparenzpflicht kaum nachvollziehbar. Die SAB verwaltet die Förderung mittels öffentlicher Gelder und wäre in dieser Eigenschaft geradezu prädestiniert als Adressat der Transparenzpflicht. Die Vorschrift wurde im Gesetzgebungsverfahren denn z. T. auch kritisiert.[93] Soweit Bankgeschäfte aus den in Rn. 45 genannten Gründen herausgenommen werden sollen, hätte zumindest geregelt werden können, dass die SAB transparenzpflichtige Stelle ist, soweit sie Aufgaben der Fördermittelverwaltung wahrnimmt. Dass der Gesetzgeber ein Transparenzinteresse für die Fördermittelvergabe gesehen hat, zeigt i. Ü. auch § 8 Abs. 1 Nr. 15, der die Veröffentlichung einer tabellarischen Übersicht von Förderungen vorsieht.

VI. Sonderregel des Absatzes 4

Nach Absatz 4 gelten die Einschränkungen der Absätze 2 und 3 entsprechend für transparenzpflichtige Stellen, soweit sie Informationen der dort genannten Stellen verarbeiten. Nach der Gesetzesbegründung dient die Vorschrift der **Verhinderung von Umgehungen** der in den Absätzen 2 und 3 normierten Einschränkungen der Transparenzpflicht (LT-Drs. 7/8517 S. 44). Ein klassisches Beispiel dürfte die Leitstelle für Informationstechnologie der sächsischen Justiz sein, die Daten für den Verfassungsgerichtshof, die Gerichte und die Staatsanwaltschaften verarbeitet (§ 41b Abs. 1 und 2 SächsJG). Die Geltendmachung eines Transparenzanspruchs gegenüber dieser – an sich transparenzpflichtigen – Stelle darf nicht die Einschränkungen von § 4 Abs. 3 Satz 1 Nr. 1 unterlaufen. Die Gesetzesbegründung ist aber nicht ganz präzise, wenn sie ausführt, dass diese Ausnahme nicht gilt, wenn die transparenzpflichtigen Stellen wie im Fall der Rechtsaufsicht eigene Aufgaben wahrnehmen. Denn natürlich nimmt auch die Leitstelle für Informationstechnologie der sächsischen Justiz mit der Verarbeitung „eigene Aufgaben" wahr (§ 41b Abs. 1 SächsJG). Entscheidend dürfte sein, ob die Stelle die Daten „für" die eingeschränkt transparenzpflichtigen Stellen verarbeitet, was im gewählten Beispiel der Fall ist, nicht aber, wenn die Rechtsaufsichtsbehörde (etwa die Landesdirektion über einen Landkreis) im Rahmen der Wahrnehmung ihrer eigenen rechtsaufsichtlichen Aufgaben Informationen erhebt. 47

§ 5
Ausnahmen von der Transparenzpflicht

(1) Keine Transparenzpflicht besteht,

1. soweit der Kernbereich exekutiver Eigenverantwortung entgegensteht, wobei der Schutz des Willensbildungsprozesses auch hinsichtlich abgeschlossener Vorgänge gewährleistet ist,
2. soweit die schutzwürdige Vertraulichkeit von Beratungen innerhalb von und zwischen transparenzpflichtigen Stellen oder mit anderen Stellen entgegensteht,
3. für Arbeiten zur unmittelbaren Vorbereitung von Entscheidungen und Maßnahmen, soweit durch das vorzeitige Bekanntwerden der Informationen der Erfolg der Entschei-

93 Z. B. vom Sächsischen Rechnungshof, LT-Drs. 7/8517 (Anhang).

dungen oder bevorstehender Maßnahmen vereitelt würde; dazu zählen auch Ort und Zeit präventiver Kontrollen,

4. für nicht anonymisierte, vertraulich übermittelte Informationen, soweit das Interesse der oder des Dritten an der Wahrung der Vertraulichkeit besteht,
5. für Vorgänge in Abgabeverfahren, in denen sich das Verfahren nach der Abgabenordnung richtet, und der damit verbundenen Kontroll- und Aufsichtsmaßnahmen,
6. für Vorgänge der Innenrevision und der Ansprechpartnerin oder des Ansprechpartners für Anti-Korruption,
7. für Personalaktendaten nach § 50 Satz 2 des Beamtenstatusgesetzes vom 17. Juni 2008 (BGBl. I S. 1010), das zuletzt durch Artikel 2 des Gesetzes vom 28. Juni 2021 (BGBl. I S. 2250) geändert worden ist, in der jeweils geltenden Fassung, und entsprechende für Beschäftigte einschließlich der zu ihrer Berufsbildung beschäftigten Personen vorgehaltene Informationen sowie für Informationen aus Stellenbesetzungsvorgängen,
8. für Informationen im Zusammenhang mit der gerichtlichen oder außergerichtlichen Geltendmachung oder Abwehr von Ansprüchen,
9. für Grundlagenforschung und anwendungsbezogene Forschung,
10. soweit der Schutz geistigen Eigentums entgegensteht,
11. soweit Unterlagen von Beratungen durch spezialgesetzliche Vertraulichkeitsvorschriften geschützt sind,
12. soweit Unterlagen nach § 4 Absatz 1 Satz 2 des Sächsischen Sicherheitsüberprüfungsgesetzes vom 19. Februar 2004 (SächsGVBl. S. 44), das zuletzt durch Artikel 21 des Gesetzes vom 27. Januar 2012 (SächsGVBl. S. 130) geändert worden ist, in der jeweils geltenden Fassung, als Verschlusssache eingestuft sind,
13. soweit das Bekanntwerden der Information die Landesverteidigung, die innere Sicherheit oder die öffentliche Sicherheit nicht unerheblich gefährden würde,
14. soweit das Bekanntwerden der Information die internationalen Beziehungen, die Beziehungen zum Bund oder zu einem anderen Land gefährden würde,
15. soweit dem Bekanntwerden der Information Aufgaben oder Tätigkeiten des Landesamts für Verfassungsschutz entgegenstehen,
16. soweit das Bekanntwerden der Information ein Gerichtsverfahren, ein Ermittlungsverfahren, ein Ordnungswidrigkeitenverfahren oder ein Disziplinarverfahren beeinträchtigen würde,
17. soweit das Bekanntwerden der Information nachteilige Auswirkungen auf die Tätigkeit der Vergabekammern und Regulierungsbehörden sowie auf die Kontroll- und Aufsichtsaufgaben der Finanz-, Wettbewerbs- und Sparkassenaufsichtsbehörden haben könnte,
18. soweit das Bekanntwerden der Information die IT-Sicherheit oder die IT-Infrastruktur des Freistaates Sachsen oder der seiner Aufsicht unterstehenden juristischen Personen des öffentlichen Rechts gefährden könnte,
19. für Betriebs- und Geschäftsgeheimnisse, soweit nicht
    a) der rechtmäßige Inhaber des Betriebs- und Geschäftsgeheimnisses in das Bekanntwerden eingewilligt hat oder
    b) das Transparenzinteresse überwiegt,
20. für Informationen aus Tarifverträgen, soweit die Einsichtnahme oder Auskunft nicht zulässig ist nach dem Tarifvertragsgesetz in der Fassung der Bekanntmachung vom 25. August 1969 (BGBl. I S. 1323), das zuletzt durch Artikel 8 des Gesetzes vom 20. Mai 2020 (BGBl. I S. 1055) geändert worden ist, und der Verordnung zur Durchführung des Tarifvertragsgesetzes in der Fassung der Bekanntmachung vom 16. Januar 1989 (BGBl. I

S. 76), die zuletzt durch Artikel 1 der Verordnung vom 25. Juni 2021 (BGBl. I S. 2146) geändert worden ist, in den jeweils geltenden Fassungen,

21. für Informationen im Zusammenhang mit medizinischen Behandlungen einzelner Personen,
22. vorbehaltlich des § 8 Absatz 1 Nummer 16, soweit Angelegenheiten und Belange der Beteiligungsunternehmen des Freistaates Sachsen betroffen sind.

(2) [1]Sofern die Veröffentlichung oder der Informationszugang auf Antrag durch höherrangiges Recht oder spezialgesetzliche Regelungen verboten ist, sind der Gegenstand der Information und ihr Titel nach Maßgabe dieses Gesetzes darzustellen, soweit dies zulässig ist. [2]Soweit höherrangiges Recht oder spezialgesetzliche Regelungen die Veröffentlichung oder den Informationszugang auf Antrag von besonderen Voraussetzungen abhängig machen, besteht eine Transparenzpflicht nur, soweit diese Voraussetzungen vorliegen.

(3) Sofern eine Information nur teilweise nicht veröffentlicht oder auf Antrag zugänglich gemacht werden darf, ist vorbehaltlich des § 6 Absatz 1 Satz 2 die übrige Information zu veröffentlichen oder auf Antrag zugänglich zu machen.

Erläuterungen:

Übersicht Rdnr.

I. Allgemeines

1. Systematik

1 § 5 Abs. 1 und 2 regelt **Ausnahmen** von der Transparenzpflicht (also für den Anspruch auf die Information auf Antrag ebenso wie für die Veröffentlichungspflicht, vgl. § 2 Abs. 1 und Einleitung Rn. 11). Liegt keine der Ausnahmen nach § 5 vor, sind bei der Erfüllung des Transparenzanspruchs noch die Beschränkungen aus § 6 zu beachten (vgl. dazu § 6 Rn. 4); § 5 und § 6 stehen im Grundsatz selbständig nebeneinander. Problematisch ist das Verhältnis von § 5 Nr. 4 (vgl. dazu Rn. 27) zu § 6; dasselbe gilt auch für § 4 Abs. 1 Nr. 7 (vgl. dazu § 4 Rn. 37). Wie mit Ausnahmen umzugehen ist, die nur einen Teil der Information betreffen, regelt Absatz 3 (vgl. dazu Rn. 97).

2 Die Frage, welche Bereiche auszunehmen sind, war bei allen Informationsfreiheits- und Transparenzgesetzen naturgemäß heftig umstritten und spielte auch in Sachsen eine wesentliche Rolle. Die wenig systematischen, begrifflich nicht vollständig aufeinander abgestimmten Regelungen in den 22 (!) Nummern – zum Teil mit Untertatbeständen – von § 5 Abs. 1 legen auch Zeugnis ab für das zähe – letztlich aber immerhin erfolgreiche – Ringen um Kompromisse.[1] Die **Maßstäbe**[2] reichen von „betroffen sein" (Nr. 22) über „entgegenstehen" (Nr. 1, 2, 10 und 15), „beeinträchtigen" (Nr. 16) „nachteilige Auswirkungen haben könnte" (Nr. 17), über „gefährden" (Nr. 14), „gefährden könnte" (Nr. 18), „nicht unerheblich gefährden" (Nr. 13) bis zu „vereiteln" (Nr. 3). Anders als mit der Weite der Ausnahmen steht das sächsische Gesetz mit der unsystematischen Regelungstechnik nicht allein: Die entsprechenden Regelungen des Bundes wurden schon als „Gemischtwarenladen an Verweigerungsgründen, dem es an Trennschärfe und Regelungsklarheit mangelt," bezeichnet.[3] Eine sehr übersichtliche Regelung mit einem einheitlichen Maßstab für alle Ausnahmen im öffentlichen Interesse stellt dagegen § 4 LIFG BW dar.

3 Was die Maßstäbe angeht, erschließt sich nicht ohne weiteres, warum etwa die Tätigkeit der in Nummer 17 genannten Behörden einen höheren Schutz vor dem Transparenzanspruch genießen soll als die in Nummer 13 und 18 genannten Belange und warum der

1 Vgl. dazu Meier, LT-Plenarprotokoll 7/53, S. 4161.

2 Vgl. zu der Frage, inwieweit damit tatsächlich eine Abstufung verbunden ist, die Anmerkungen zu den fraglichen Nummern.

3 So Kugelmann, NJW 2005, 3609 (3611).

Maßstab bei den Nummern 14 und 18 wiederum schärfer ist als bei der Nummer 13. Zum Teil werden die Begriffe Gefährdung, Beeinträchtigung und nachteilige Auswirkungen allerdings ohnehin eher verwischt und jeweils eine Konkretisierung im Einzelfall mit Bezug zum jeweiligen Schutzgut vorgenommen.[4] So wird bei der Definition der nachteiligen Auswirkungen auch von Beeinträchtigung gesprochen und in beiden Fällen eine gewisse, schutzgutabhängige Prüfung der Erheblichkeit vorgenommen; auch ist in beiden Fällen von Gefährdungslage die Rede; die Formulierung „nachteilige Auswirkungen" sei strukturell einem Gefahrenabwehrtatbestand vergleichbar.[5] Zum Teil wird selbst beim Tatbestand der Beeinträchtigung synonym von einer Gefährdung gesprochen.[6] Bei Auslegung von § 5 ist indes eine Abstufung der unterschiedlichen Maßstäbe zu berücksichtigen, um der Systematik des Gesetzes Rechnung zu tragen.

Die fehlende Systematik gibt Veranlassung zu dem Hinweis, dass die Ausnahmen sämt- 4
lich **nebeneinander** Anwendung finden.[7]

2. Darlegungs- und Beweislast

Grundsätzlich liegt die Darlegungs- und Beweislast für das Vorliegen eines Ausnahme- 5
tatbestandes bei der transparenzpflichtigen Stelle.[8] Insoweit gilt für ein gerichtliches Verfahren Folgendes:

Das Vorliegen eines Ausnahmegrundes muss zunächst plausibel dargelegt werden. Die 6
Darlegungslast geht allerdings nicht so weit, dass die transparenzpflichtige Stelle so detaillierte Angaben machen muss, dass daraus auf den Inhalt der zu schützenden Informationen geschlossen werden kann.[9] Die Darlegungen müssen aber so einleuchtend und nachvollziehbar sein, dass das Vorliegen von Ausschlussgründen überhaupt geprüft werden kann.[10] Das BVerwG[11] spricht von einem **Mindestmaß an Plausibilität**. Soweit dies unter Wahrung der von ihr behaupteten Geheimhaltungsbedürftigkeit der Informationen möglich ist, muss die in Anspruch genommene die Behörde zu diesem Zweck in nachvollziehbarer Weise Umstände darlegen, die auch für den Antragsteller, der die Informationen gerade nicht kennt, den Schluss zulassen, dass die Voraussetzungen des geltend gemachten Versagungsgrundes vorliegen. Fehlt es bereits daran, ist einer Klage ohne weiteres stattzugeben.

Ist eine Plausibilität nach diesem Maßstab gegeben, muss das Gericht zunächst die 7
ihm nach dem **Amtsermittlungsgrundsatz** (§ 86 VwGO) zur Verfügung stehenden Mittel ausschöpfen, um den Sachverhalt aufzuklären und festzustellen, ob über das Vorliegen der geltend gemachten Geheimhaltungsgründe auch ohne Einsicht in die betreffenden Unterlagen entschieden werden kann. Wenn die Angaben der Behörde danach für eine Prüfung der fachgesetzlichen Ausnahmegründe nicht ausreichen, wird eine Einsicht in die zurückgehaltenen Unterlagen entscheidungserheblich.[12] Ausschlussgründe dürfen dann nicht verneint werden, ohne die streitgegenständlichen Unterlagen zuvor anzufor-

4 Zum IFG Bund Schoch, § 3 Rn. 9, 13.
5 Schoch, § 3 Rn. 12 ff.
6 Schoch, § 3 Rn. 20 ff.
7 Vgl. zum Bundesrecht Schirmer, in: Gersdorf/Paal, § 3 Rn. 6.
8 Allgemeine Meinung, vgl. z. B. Schirmer, in: Gersdorf/Paal, § 3 Rn. 11.
9 Begründung zum IFG Bund, BT-Drs. 15/4493, S. 9.
10 VG Berlin, Urt. v. 9.6.2011 – 2 K 46.11 –, juris Rn. 19.
11 BVerwG, Urt. v. 28.2.2019 – 7 C 20.17 –, juris Rn. 38.
12 Vgl. BVerwG, Beschl. v. 23.5.2016 – 7 B 47.15 –, juris Rn. 8 f.

dern und ihre materiell zutreffende Einstufung in einem „in-camera"-Verfahren nach § 99 VwGO nachprüfen zu lassen.[13]

II. Absatz 1

1. Nummern 1 bis 3 (Willensbildungsprozess)

8 Die Nummern 1 bis 3 sollen den **Willensbildungsprozess innerhalb der gesamten Verwaltung** sachlich und zeitlich umfassend schützen. Dieser Ansatz, eine möglichst unbeeinflusste Entscheidungsfindung im Regierungs- und behördlichen Bereich zu ermöglichen (Gesetzesbegründung, LT-Drs. 7/8517, S. 44), wird bereits in der vorgelagerten Definition, was unter den Begriff der potentiell transparenzpflichtigen Information fällt, berücksichtigt. § 3 Satz 2 bestimmt insoweit sehr weit gehend, dass Entwürfe, Notizen, behördeninterne Kommunikation und Vermerke nicht erfasst sind. Das gilt ausdrücklich – anders als in § 2 IFG Bund – auch, wenn und soweit diese Bestandteil der Akten werden.[14] Für die Weite der Ausnahmen spricht, dass andernfalls bei realistischer Betrachtungsweise jedenfalls die Versuchung besteht, Akten nicht in jedem Fall vollständig zu führen und Zweifel an einer geplanten Entscheidung entweder nicht klar und offen oder aber nur außerhalb des schriftlichen Vorgangs zu äußern.[15] Mit einer solchen Selektivität der Aktenführung wäre auch für die Transparenz nichts gewonnen, vielmehr wäre dies gegenüber dem Zustand vor Einführung der Transparenzpflichten sogar ein Rückschritt.

2. Nummer 1

a) Begriff der exekutiven Eigenverantwortung

9 Die Nummer 1 knüpft zunächst an den verfassungsrechtlichen Begriff der **exekutiven Eigenverantwortung** an. Der aus dem Gewaltenteilungsprinzip folgende Schutz eines nicht ausforschbaren exekutiven Initiativ-, Beratungs- und Handlungsbereichs dient der Wahrung der Funktionsfähigkeit und Eigenverantwortung der Regierung. Zu diesem Bereich gehört die Willensbildung der Regierung selbst, sowohl hinsichtlich der Erörterungen im Kabinett als auch bei der Vorbereitung von Kabinetts- und Ressortentscheidungen, die sich vornehmlich in ressortübergreifenden und -internen Abstimmungsprozessen vollziehen.[16] Wenn schon der Kernbereichsschutz der Exekutive verfassungsrechtlich gegenüber dem Landtag als Kontrollorgan der Regierung geschützt ist, kann der Schutz gegenüber der Öffentlichkeit nicht geringer sein (LT-Drs. 7/8517, S. 44).

aa) Sachlicher Geltungsbereich

10 Der Begriff des Kernbereichs der exekutiven Eigenverantwortung wurde vom BVerfG in der sog. Flickentscheidung[17] entwickelt; er wird üblicherweise nur in Verbindung mit

---

13 BVerwG, Urt. v. 28.2.2019 – 7 C 20.17 –, juris Rn. 38.

14 Kritisch dazu Berlit, § 3 Rn. 21.

15 Eine Gefahr, die das BVerwG jedenfalls für die Ministerialbürokratie bei der Vorbereitung von Gesetzentwürfen ausdrücklich verneint hat (Urt. v. 30.3.2017 – 7 C 19.15 –, juris Rn. 18); vgl. auch StGH Bremen, der in seiner Entscheidung vom 1.3.1989 – St 1/88 –, NVWZ 1989, 953 (957) diese Gefahr in Bezug auf die Protokollierung von Senatsberatungen für eher gering hält und jedenfalls in Kauf nimmt.

16 BVerwG, Urt. v. 13.12.2018 – 7 C 19.17 –, juris Rn. 18 zu der entsprechenden Frage im Bundesrecht.

17 BVerfG, Urt. v. 17.7.1984 – 2 BvE 11/83 –, juris, Leitsatz Nummer 3.3, Rn. 127 ff.

der Arbeit der **Regierung** gebraucht. Ausweislich der Gesetzesbegründung (LT-Drs. 7/8517, S. 44) soll der Schutz aber sachlich nicht nur die Regierungstätigkeit im engeren Sinne, sondern die funktionsnotwendige, freie und offene Willensbildung innerhalb der gesamten Verwaltung schützen.[18] Damit soll eine unbeeinflusste Entscheidungsfindung im Regierungs- und **im gesamten behördlichen Bereich** ermöglicht werden. Diese Intention hat im Wortlaut der Ausnahmeregelung insoweit Niederschlag gefunden[19], als der Zusatz „der Regierung" fehlt. Bei systematischer Auslegung bezieht sich außerdem die Nummer 1 auf alle transparenzpflichtigen Stellen i. S. v. § 4. Auch Sinn und Zweck der Regelung spricht jedenfalls bei noch nicht abgeschlossenen Vorgängen dafür. Bei allen Behörden besteht die realistische Gefahr, dass nach Herausgabe von Informationen während des noch laufenden Entscheidungsprozesses versucht wird, auf eben diese Entscheidung im Vorfeld Einfluss zu nehmen. Das ist nicht Sinn und Zweck der Transparenz. Sofern bei komplexen behördlichen Entscheidungen, namentlich im Bereich des Planungsrechts, nicht nur potentiell Betroffene, sondern auch die Allgemeinheit im Vorfeld Gelegenheit haben sollen, sich zu äußern und so auf die behördliche Entscheidung einzuwirken, ist dies durch die Regelungen zur öffentlichen Auslegung unter anderem von Planentwürfen, Genehmigungsunterlagen und Umweltberichten spezialgesetzlich hinreichend gewährleistet.[20]

Dieselbe Vorstellung liegt auch § 15 Abs. 1 Nr. 1 und 2 **LTranspG RP** zugrunde. Die 11
Regelung soll den Schutz aller internen Verwaltungsabläufe und damit die Effektivität des Verwaltungshandelns gewährleisten. Geschützt sind laufende Verwaltungsverfahren, und zwar bis zu dem Zeitpunkt, zu dem eine behördliche Entscheidung oder Maßnahme getroffen wird.[21] Daneben erfasst § 14 Abs. 1 Satz 1 LTranspG RP die exekutive Eigenverantwortung der Regierung. Das **LIFG BW** schützt neben der exekutiven Eigenverantwortung der Landesregierung (§ 4 Abs. 1 Nr. 7) umfassend die Vertraulichkeit von Beratungen und Entscheidungsprozessen aller informationspflichtigen Stellen (§ 4 Abs. 1 Nr. 6). Auf **Bundesebene** wird der Kernbereich der exekutiven Eigenverantwortung der Regierung durch den Versagungsgrund des § 3 Nr. 3 Buchst. b IFG geschützt; soweit nach dessen Anwendungsbereich Schutzlücken verblieben, kann nach der Rechtsprechung des BVerwG[22] unmittelbar auf die Rechtsfigur des Kernbereichs exekutiver Eigenverantwortung zurückgegriffen werden. § 3 Nr. 3 Buchst. b IFG Bund schützt mit seinem weiten Wortlaut aber ohne weiteres auch die Willensbildung anderer, der Regierung nachgeordneter Behörden.[23] Der Wortlaut von § 6 Abs. 1 **HmbTG** knüpft an den traditionellen Begriff der exekutiven Eigenverantwortung an; vorgelagerte Vorgänge von Behörden sollen nur dann ausgenommen sein, wenn sie der Vorbereitung auf eine konkret anstehende Befassung des Senats dienen.[24] Behördliche Willensbildungsprozesse schützt dann allein die deutlich enger gefasste Soll-Vorschrift in § 6 Abs. 2 Nr. 1 HmbTG. Allerdings kann die Begründung zum HmbTG durchaus in eine andere Rich-

18 Kritisch dazu Hundert, SächsVBl. 2023, 33 (36 f.).
19 A.A. Berlit, SächsVBl. 2023, 93 (98).
20 Vgl. zum Beispiel § 3 BauGB für Bauleitpläne, § 73 VwVfG für Planfeststellungsverfahren, § 10 Abs. 3 BImSchG für Genehmigungen nach diesem Gesetz, §§ 18ff. UVPG für alle Vorhaben, die einer Umweltverträglichkeitsprüfung unterliegen.
21 LT RP Drs. 16/5173, S. 45.
22 Urt. v. 13.12.2018 – 7 C 19.17 –, juris Rn. 18.
23 Polenz, in: Brink/Polenz/Blatt, § 3 Rn. 76, 81 f.
24 Maatsch/Schnabel, § 6 Rn. 8 ff.

tung verstanden werden, wenn dort von der Vorbereitung von Behördenentscheidungen die Rede ist.[25]

bb) Zeitlicher Geltungsbereich

12 Auch in zeitlicher Hinsicht ist die Bereichsausnahme weit gehend.[26] Der verfassungsrechtliche Schutz der exekutiven Eigenverantwortung reicht grundsätzlich nur so lange, bis der entsprechende Willensbildungsprozess abgeschlossen ist. Nur ausnahmsweise sind bei abgeschlossenen Vorgängen Fälle möglich, in denen die Regierung nicht verpflichtet ist, aus dem Kernbereich exekutiver Eigenverantwortung geheim zu haltende Tatsachen mitzuteilen.[27] Die Behörde muss in diesen Fällen zusätzlich Tatsachen vorbringen, aus denen sich nachvollziehbar eine Beeinträchtigung des Schutzgutes ergeben kann, und darlegen, dass nachteilige Auswirkungen auf den (künftigen) behördlichen Entscheidungsprozess zu erwarten sind. Während bei laufenden Vorgängen grundsätzlich der Hinweis auf die in dieser Situation gebotene Wahrung der Entscheidungsautonomie genügen soll, kommt es bei abgeschlossenen Vorgängen zu einer Umkehr der Argumentationslast, die mit pauschalen Verweisen nicht erfüllt wird. Vielmehr muss nachvollziehbar dargelegt werden, aus welchem Grund die angeforderten Unterlagen dem exekutiven Kernbereich zuzuordnen sind und warum sie selbst nach Abschluss des Vorgangs nicht herausgegeben werden können. § 5 Abs. 1 Nr. 1 geht diesen Abgrenzungsschwierigkeiten aus dem Weg und nimmt generell auch bei schon **abgeschlossenen Vorgängen** die Willensbildung von der Transparenzpflicht aus.

cc) Entgegenstehen

13 Mit dem Begriff „entgegenstehen" und dem Fehlen einer Abwägungsklausel bringt das Gesetz hier wie in den Nummern 2, 10 und 15 zum Ausdruck, dass es ausreicht, dass die Information die Tatbestandvoraussetzungen erfüllt, damit der Transparenzanspruch ausgeschlossen ist. Einer konkreten Gefährdung öffentlicher Belange bedarf es nicht, für eine Abwägung mit einem gegenläufigen Interesse an der Offenbarung der begehrten amtlichen Informationen besteht ebenfalls kein Raum.[28]

3. Nummern 2 und 3 (Beratungen, Vorbereitung von Entscheidungen)

14 Die Nummern 2 und 3 flankieren den umfassenden Tatbestand der Nummer 1, wobei sich die fehlende Trennschärfe und Systematik der Ausnahmetatbestände untereinander hier deutlich zeigen; auch die Begründung zum Gesetzentwurf (LT-Drs. 7/8517, S. 45) überzeugt an dieser Stelle wenig. Anwendungsfälle insbesondere von Nummer 2 (vgl. dazu Rn. 15), die nicht schon von der Nummer 1 erfasst sind, dürften eher selten sein. Überdies ist Nummer 2 noch abzugrenzen von der Nummer 11 (vgl. dazu Rn. 48 ff.).

15 **Nummer 2** kann bei solchen Beratungen eine gegenüber der Nummer 1 eigenständige Bedeutung haben, die nicht der Willensbildung oder Entscheidungsfindung dienen, wie etwa ein bloßer **Erfahrungsaustausch** ohne das Ziel, daraus in bereits absehbarer Zeit Konsequenzen zu ziehen. Anders als bei der Nummer 1 sind bei der Frage der schutz-

25 Bü.-Drs. 20/4466, S. 18.
26 Kritisch dazu Hundert, SächsVBl. 2023, 33 (36 f.).
27 BVerwG, Urt. v. 13.12.2018 – 7 C 19.17 –, juris Rn. 18.
28 BVerwG, Urt. v. 13.12.2018 – 7 C 19.17 –, juris Rn. 19 zu § 3 Nr. 3 Buchst. b IFG Bund: „absoluter Ausschlussgrund".

würdigen Vertraulichkeit auch die Interessen anderer, nicht transparenzpflichtiger Stellen zu berücksichtigen, die an den Beratungen beteiligt waren. Nicht als andere Stelle anzusehen sind natürliche und juristische Personen oder sonstige Zusammenschlüsse, die privatrechtlicher Natur sind. Flankiert wird diese Vorschrift durch die Nummer 11 (vgl. dazu Rn. 48 ff.), die indes andere Voraussetzungen hat. Zum Begriff des Entgegenstehens s.o. Rn. 13). Von Vertraulichkeit kann dann keine Rede sein, wenn die Beratungen in einer öffentlichen Sitzung stattgefunden haben, vgl. dazu auch § 8 Abs. 1 Nr. 5.

Auch die **Nummer 3** ist nicht frei von Überschneidungen mit Nummer 1, das gilt namentlich, soweit auf die Vorbereitung von Entscheidungen abgestellt wird. Einen selbständigen Regelungsgehalt hat die Vorschrift indes für die Maßnahmen, deren vorzeitige Bekanntgabe ihren Zweck vereiteln würde. Das liegt vor allem bei den gesondert aufgeführten **präventiven Kontrollen** auf der Hand, der wohl häufigste Anwendungsfall dürften Verkehrskontrollen, etwa in Gestalt sog. Radarfallen sein. Solche straßenverkehrsrechtlichen Kontrollen dienen der öffentlichen Sicherheit, wozu im Sinne der polizeilichen Generalklausel die Unverletzlichkeit der Rechtsordnung zählt (vgl. dazu unten Rn. 58). Der öffentlichen Sicherheit unterfällt mithin auch die Beachtung der Verkehrsregeln, insbesondere die Einhaltung der vorgegebenen Geschwindigkeitsbegrenzungen. Die Feststellung von Geschwindigkeitsverstößen durch entsprechende Messanlagen soll nicht allein Grundlage für eine folgende Ahndung etwaiger Ordnungswidrigkeiten sein, sondern vielmehr den Gefahren des Straßenverkehrs entgegenwirken.[29] Beispielhaft zu nennen sind weiter Kontrollen auf Grund von § 39 des Lebensmittel-, Bedarfsgegenstände- und Futtermittelgesetzbuchs sowie Prüfungsaufgaben der Zollverwaltung nach § 2 des Schwarzarbeitsbekämpfungsgesetzes. Auch Kontrollen in Justizvollzugsanstalten nach § 84 StVollZG fallen darunter. Neben präventiven Kontrollen ist an Maßnahmen der **Verwaltungsvollstreckung** zu denken. 16

Der Ausnahmetatbestand ist **temporärer Natur** und greift nicht mehr, wenn die Maßnahme abgeschlossen ist.[30] 17

Durch den Begriff **vereiteln** dürfte gegenüber der Gefährdung des Erfolgs kein schärferer Maßstab gewollt sein; allerdings führt die unterschiedliche Terminologie ohne Not zu Zweifelsfragen. Zu der entsprechenden Regelung des Bundes in § 4 Abs. 1 Satz 1 wird die Auffassung vertreten, die einer Prognose notwendigerweise zu Grunde liegende ex ante-Sicht führe dazu, dass der Informationsverweigerungsgrund nicht die tatsächliche Erfolgsvereitelung voraussetzt, sondern die Gefährdung des Erfolgseintritts ausreichen lassen müsse. Auch die Formulierung „vereiteln würde" umschreibe nichts anderes als das Vorliegen einer Gefahrenlage.[31] 18

Die repressive Tätigkeit der **Strafverfolgungsbehörden** einschließlich der **Polizei**, soweit sie repressiv tätig wird, ist nach § 4 Abs. 3 Nr. 1 vom Transparenzanspruch ohnehin ausgeschlossen (vgl. § 4 Rn. 23 f.) Dagegen fehlt im Gesetz eine Erwähnung der Justizvollzugsbehörden. 19

29 BGH, Urt. v. 25.2.2021 – 3 StR 365/20 –, juris Rn. 18.
30 Berlit, SächsVBl. 2023, 93 (99).
31 Schoch, § 4 Rn. 31.

4. Nummer 4 (vertraulich übermittelte Informationen)

a) Allgemeines

20 Durch Nummer 4 soll ausweislich der Gesetzesbegründung (LT-Drs. 7/8517, S. 45) sichergestellt werden, dass sich Bürgerinnen und Bürger auch nach Inkrafttreten des Transparenzgesetzes vertraulich an die Verwaltung wenden können. Die Vorschrift zielt auf **Informanten und Whistleblower**, die aus guten Gründen anonym bleiben wollen. Sie ist § 3 Nr. 7 IFG Bund nachgebildet[32] und bedarf in mehrfacher Hinsicht einer **einschränkenden Auslegung**.

21 Allein der Umstand, dass eine Information vertraulich erhoben oder übermittelt wird, kann für sich genommen ohne **Hinzutreten eines objektiv anzuerkennenden Schutzbedürfnisses** nicht zum Ausschluss des Transparenzanspruchs führen. Dazu hat das BVerwG[33] ausgeführt: „Vertraulich sind solche Informationen, die nicht für die Öffentlichkeit bestimmt sind. Dies setzt eine Übereinkunft über die Vertraulichkeit zwischen der informationspflichtigen Stelle und dem Dritten voraus. Darüber hinaus ist ein objektiv schutzwürdiges Interesse an der Vertraulichkeit erforderlich. ... Der Gesetzesbegründung ist zu entnehmen, dass die vertraulich übermittelte Information nicht als solche, sondern im öffentlichen Interesse der Aufgabenerfüllung der Behörden geschützt werden soll, die in besonderem Maße auf Informationen der Bürger angewiesen sind, die regelmäßig nur unter der Bedingung der Verschwiegenheit zu erlangen sind (BT-Drs. 15/4493 S. 11). Die Zielsetzung des § 3 Nr. 7 IFG ist daher doppelter Natur. Die Regelung bezweckt den Schutz des Informanten im Interesse der behördlichen Aufgabenerfüllung. Ein objektiv schutzwürdiges Interesse an der Vertraulichkeit einer Information liegt vor, wenn bei ihrer Offenbarung dem Informanten Nachteile drohen und deshalb (zukünftig) die ordnungsgemäße Erfüllung der behördlichen Aufgabe, welche auf die vertrauliche Übermittlung von Informationen angewiesen ist, gefährdet ist. ... Es besteht folglich ein funktionaler Zusammenhang zwischen behördlicher Aufgabenerfüllung und dem Informantenschutz. Der Dritte genießt nur insoweit Schutz vor Nachteilen, als die Behörde auf eine vertrauliche Informationsübermittlung angewiesen ist."

22 Weiter heißt es im Urteil vom 15. Dezember 2020[34]: „Ein objektiv schutzwürdiges Interesse an der Vertraulichkeit einer Information besteht im Anschluss hieran auch dann, wenn eine Behörde zur ordnungsgemäßen Erfüllung öffentlicher Aufgaben von hohem Gewicht auf die Erhebung und Übermittlung von Informationen, die anders nicht zu erlangen wären, durch mit spezifischen Kenntnissen und Fertigkeiten ausgestattete Dritte angewiesen ist und auf Seiten dieser Dritten ein besonderes Vertraulichkeitsinteresse anzuerkennen ist."

23 Diese Auslegungsgrundsätze gelten – ungeachtet der Tatsache, dass die Begründung zum sächsischen Gesetzentwurf insoweit anders als bei der bundesrechtlichen Bestimmung nicht ergiebig ist – in gleicher Weise für die Regelung in Nummer 4. Wenn der Gesetzgeber – wie hier – die Norm eines anderen Gesetzgebers nachbildet, ist davon

32 Der Bund hielt den Schutz durch § 3 Nummer 7 für den Bereich des sog. Hinweisgeberverfahrens der Bundeanstalt für Finanzdienstleistungsaufsicht wohl für nicht ausreichend und schloss in § 4d Abs. 5 FinDAG die Anwendbarkeit des IFG mit der lapidaren Begründung aus, das Schutzbedürfnis des Hinweisgebers sei höher zu werten als der Zugang zu öffentlichen Informationen etwa nach dem IFG (BT-Drs. 18/7482, 77).

33 Urt. v. 30.3.2017 – 7 C 19.15 –, juris Rn. 24 f.

34 10 C 25.19, juris Rn. 28.

auszugehen, dass er sich die Vorschrift im Sinne der Begründung zu dem nachgebildeten Gesetz und in der bereits vorher bestehenden Auslegung durch höchstrichterliche Rechtsprechung zu eigen machen wollte.

b) Begriff des Dritten

Der Begriff des Dritten bedarf in zweifacher Hinsicht ebenfalls der einschränkenden Auslegung. Wer als **Verwaltungshelfer** oder sonst kraft **vertraglicher Verpflichtung** für eine transparenzpflichtige Stelle tätig wird, ist kein „Dritter" im Sinne der Vorschrift, sondern wird der informationspflichtigen Behörde zugerechnet. Wird innerhalb eines solchen Verhältnisses eine Information unter dem Siegel der Vertraulichkeit übermittelt, ist dies nicht die Konstellation, die in dem fraglichen Ausschlussgrund gemeint ist. Wenn die Erarbeitung und Übermittlung von Informationen vertraglich oder sonstwie geschuldet war, kann auch von einer „freiwilligen" Übermittlung nicht die Rede sein.[35] Die Vorschrift erfasst nach Sinn und Zweck nur eine freiwillige Informationsübermittlung, die von der Behörde nicht erzwungen werden kann; sie bezweckt damit den Schutz von Hinweisgebern und Informanten.[36] 24

Zur Frage zur Berücksichtigung von **Berufsgeheimnissen** in diesem Zusammenhang vgl. Rn. 52 ff. Verfahren der **Innenrevision** und Verfahren der Ansprechpartnerin oder des Ansprechpartners für **Anti-Korruption** unterliegen nach der weiter gehenden Nummer 6 der Transparenzpflicht generell nicht, vgl. dazu Rn. 32. 25

Eine weitere **ungeschriebene Ausnahme** besteht für die Fälle der Verleumdung, der üblen Nachrede oder auch der leichtfertig falschen Verdächtigung. Zwar schadet leichte Fahrlässigkeit des Informanten nicht. Dagegen entfällt das Geheimhaltungsbedürfnis regelmäßig dann, wenn ausreichende Anhaltspunkte dafür vorliegen, dass der Informant die Behörden wider besseres Wissen oder leichtfertig falsch informiert hat. Personen, die andere in dieser Weise denunzieren, sind als Gewährsleute meist ungeeignet. Durch deren Enttarnung werden sich andere, verlässliche Informanten von ihrer Tätigkeit nicht abhalten lassen. Auch darf der Rechtsschutz des Betroffenen gegen Denunzianten nicht behindert werden; sie zu schützen, entspräche keinem vernünftigen rechtsstaatlichen Anliegen.[37] 26

c) Verhältnis zu § 6

Das Verhältnis zu § 6 ist insbesondere wegen des Zusatzes „nicht anonymisiert" unklar. Der Ausnahmetatbestand dürfte dann nicht eingreifen, wenn die Preisgabe der Information nach Anwendung von § 6 keinen Rückschluss auf den Informationsgeber erlaubt.[38] Davon zu trennen ist der unberührt bleibende mögliche Anspruch auf Preisgabe des Informanten, wenn zumindest gewichtige Anhaltspunkte dafür sprechen, dass es sich um eine gezielte Fehlinformation handelt oder sonst unlautere Zwecke verfolgt werden.[39] 27

---

35 OVG Berlin-Brandenburg, Urt. v. 1.8.2019 – OVG 12 B 34.18 –, juris Rn. 52.

36 OVG NRW, Urt. v. 26.10.2011 – 8 A 2593/10 –, juris Rn. 145.

37 BVerwG, Beschl. v. 15.3.2019 – 20 F 7.17 –, juris Rn. 10; VG Aachen, Urt. v. 24.3.2022 – 8 K 1116/18 –, juris Rn. 137 f.; VerfGH Rh.-Pf., Urt. v. 4.11.1998 – VGH B 6/98 –, juris Rn. 25 ff.

38 Vgl. dazu Berlit, SächsVBl. 2023, 93 (99).

39 Berlit, SächsVBl. 2023, 93 (99).

5. Nummer 5 (Abgabeverfahren)

28 Die Bereichsausnahme in Nummer 5 betrifft Verfahren, die sich nach der **Abgabenordnung** richten; ausgenommen sind nach der weiten Formulierung nicht nur die Steuerfestsetzung und -erhebung nach dem 4. Teil 3. Abschnitt und dem 5. Teil der Abgabenordnung, sondern auch andere Abschnitte des Steuerverwaltungsverfahrens, wie die über Außenprüfungen, Rechtsbehelfsverfahren oder das Haftungsverfahren. Eines Rückgriffs auf § 32e Satz 2 AO bedarf es daher nicht; allerdings kann die Frage, ob auch die Bundesnorm unmittelbar Anwendung findet, bei der Frage des Rechtswegs von Bedeutung sein, vgl. dazu die Kommentierung zu § 16 Abs. 2.

29 Unzweifelhaft selbständige Bedeutung hat die Norm in den Abgabenverfahren, in denen die Abgabenordnung **kraft landesrechtlicher Verweisung** anzuwenden ist und dann insoweit als Landesrecht gilt. Auch diese Fälle sind von der Ausnahme erfasst (LT-Drs. 7/8517, S. 45). Das betrifft wegen der Verweisung in § 3 SächsKAG zunächst alle Abgaben, die gem. § 1 Abs. 2 SächsKAG dem Kommunalabgabengesetz direkt unterfallen.[40] Weiter ordnet der etwas versteckte **§ 36 SächsKAG** an, dass die Verweisungsnorm des § 3 SächsKAG entsprechend für sonstige öffentlich-rechtliche Abgaben und Umlagen gilt, die von Gemeinden, Gemeindeverbänden, Landkreisen und sonstigen öffentlich-rechtlichen Körperschaften, Anstalten und Stiftungen mit Ausnahme des Kommunalen Sozialverbandes Sachsen erhoben werden, soweit nicht eine besondere gesetzliche Regelung besteht. Die im Gesetzgebungsverfahren diskutierte Frage, ob die Ausnahme in Nummer 5 auch auf die Erhebung der **Gewässerunterhaltungsabgabe** nach § 37 SächsWG erstreckt werden sollte, stellt sich daher nicht. Ähnliches gilt für die (bundesrechtliche) **Abwasserabgabe**. Insoweit ordnet § 13 Abs. 1 des Sächsischen Ausführungsgesetzes zum Wasserabgabengesetz ebenfalls die Anwendung der Abgabenordnung an.

30 Im Anwendungsbereich des Sächsischen **Verwaltungskostengesetzes** gilt die Bereichsausnahme mangels Verweisung auf die Abgabenordnung nicht; auf der Grundlage des Verwaltungskostengesetzes erfolgt auch die Kostenerhebung von Gemeinden, Landkreisen und Gemeindeverbänden, soweit sie Weisungsaufgaben erfüllen. Die Kostenerhebung und -beitreibung **im gerichtlichen Verfahren** unterliegt der Transparenzpflicht schon nach § 4 Abs. 3 Satz 1 nicht, sie ist keine Verwaltung im Sinne dieser Vorschrift.

31 Für **Gemeinden, Landkreise und Gemeindeverbände** hat die Ausnahme allerdings nur insoweit praktische Bedeutung, als von der Möglichkeit des § 4 Abs. 2 Gebrauch gemacht wird, vgl. im Übrigen § 17 Abs. 3 Nr. 1.

6. Nummer 6 (Innenrevision und Anti-Korruption)

32 Nach Nummer 6 unterliegen Verfahren der **Innenrevision** und Verfahren der Ansprechpartnerin oder des Ansprechpartners für **Anti-Korruption**[41] nicht der Transparenzpflicht, um deren effektiven Ablauf nicht zu beeinträchtigen (LT-Drs. 7/8517, S. 45). Der Grund für diese Ausnahmetatbestände liegt vor allem im Quellenschutz begründet; nach dem klaren Wortlaut der Vorschrift gilt sie ohne Einschränkung auch für abgeschlossene

40 Das sind Steuern, Verwaltungsgebühren und Auslagen für Leistungen zur Erfüllung weisungsfreier Aufgaben, Benutzungsgebühren, Beiträge, Aufwandsersatz, die Gästetaxe, die Tourismusabgabe und dazugehörige abgabenrechtliche Nebenleistungen, also Verspätungszuschläge, Zinsen und Säumniszuschläge.

41 Siehe Ziffer IV Nummer 2 der VwV Anti-Korruption vom 11.12.2015 (SächsABl. S. 1847), zuletzt enthalten in der Verwaltungsvorschrift vom 3.12.2021 (SächsABl. SDr. S. S 162).

Vorgänge. Gegenüber der Nummer 4 ist sie spezieller und weitergehend, weil zusätzliche Voraussetzungen nicht zu prüfen sind.

7. Nummer 7 (Personalaktendaten)

Auch diese Vorschrift dient in Bezug auf Beamte der Klarstellung, denn auf Grund der bundesrechtlichen Vorgabe des § 50 Satz 4 BeamtStG dürfen (materielle) **Personalaktendaten** ohne Einwilligung der Beamtin oder des Beamten nur für Zwecke der Personalverwaltung oder Personalwirtschaft verarbeitet werden. Zum materiellen Personalaktenbegriff i. S. v. § 50 Satz 2 BeamtStG zählen alle vom Dienstherrn erfassten, sich auf die persönlichen oder dienstlichen Verhältnisse des Beamten beziehenden Vorgänge oder Urkunden, soweit sie in einem inneren Zusammenhang mit dem Beamtenverhältnis stehen.[42] Der Vorbehalt von § 50 in Satz 5 BeamtStG greift nicht ein, weil die Einführung einer allgemeinen Transparenzpflicht nicht als „Ausnahmefall" anzusehen ist. 33

Die Vorschrift erstreckt den Schutz auf die Akten von **Stellenbesetzungsverfahren**, die nicht unter den Personalaktenbegriff fallen, sondern Sachakten darstellen.[43] Das gilt nicht nur für Beförderungsentscheidungen, sondern für Besetzungsverfahren aller Art, einschließlich von Verfahren zur Anbahnung eines Beamten- oder Richterverhältnisses. 34

Wenn und soweit für **privatrechtlich Beschäftigte** (einschließlich der zur Berufsausbildung beschäftigten Personen) Informationen vorgehalten werden, die bei Beamten den materiellen Personalaktenbegriff erfüllen würden, sind diese vom Transparenzanspruch ebenfalls ausgeschlossen. Das gilt auch für Informationen aus Stellenbesetzungsverfahren. 35

8. Nummer 8 (Geltendmachung und Abwehr von Ansprüchen)

Nummer 8 schützt die Vorbereitung einer gerichtlichen oder außergerichtlichen **Geltendmachung oder Abwehr von Ansprüchen**. Gerichtliche Verfahren als solche erfasst die Nummer 16 (vgl. dazu Rn. 76 f.). Ausweislich der Begründung zum Gesetzentwurf könnte eine Transparenzpflicht in diesem Bereich die Position von Verfahrensbeteiligten unsachgemäß schwächen. Von der Ausnahme sollen insbesondere Informationen umfasst sein, welche die gegnerische oder eine potentiell gegnerische Partei zur Geltendmachung eines Anspruchs benötigen kann (LT-Drs. 7/8517, S. 45). Der mit der Ausnahme letztlich erzielte weitgehende Schutz der Träger öffentlicher Gewalt zum Beispiel gegenüber von Amtshaftungsansprüchen erscheint wenig überzeugend.[44] 36

Auch wenn das im Wortlaut der Vorschrift nicht zum Ausdruck kommt, dürfte sich der Tatbestand nur auf Verfahren beziehen, die von der in Anspruch genommenen transparenzpflichtigen Stelle geführt werden, für eine generelle Neutralitätspflicht im Hinblick auf die Prozesse zwischen anderen Beteiligten ist kein Grund ersichtlich.[45] Weiter gilt die Vorschrift nach Sinn und Zweck nur **bis zum rechtskräftigen Abschluss** eines Verfahrens; danach kommt eine Schwächung der Position eines Beteiligten nicht mehr in Betracht. 37

---

42 Schwarz, in: Brinktrine/Schollendorf, § 50 Rn. 6.
43 Schwarz, in: Brinktrine/Schollendorf, § 50 Rn. 6.2 a.E.
44 Berlit, SächsVBl. 2023, 93 (99).
45 Berlit, SächsVBl. 2023, 93 (99).

9. Nummer 9 (Forschung)

38 Die Vorschrift muss im Zusammenhang mit § 4 Abs. 3 Nr. 7 gelesen werden. Sie ist § 5 Nr. 7 1. Alt. HmbTG nachgebildet. Eine Ausnahme für Forschung regelt auch § 2 Abs. 3 IFG NRW und § 16 Abs. 3 LTranspG RP. § 4 Abs. 3 Nr. 7 entspricht weit gehend § 2 Abs. 4 ThürTG und § 16 Abs. 3 LTranspG RP, weitere Regelungen zur Forschungsfreiheit finden sich in TH und RP nicht.

39 Grundlagen- und anwendungsbezogene Forschung sind wegen der **Wissenschaftsfreiheit** aus Art. 5 Abs. 3 Satz 1 GG der Transparenzpflicht entzogen (LT-Drs. 7/8517, S. 45). Die Formulierung erfasst sämtliche Forschungstätigkeit,[46] was allerdings auch ohne den Zusatz „Grundlagen- und anwendungsbezogene" erreicht worden wäre, denn der Begriff ist verfassungsrechtlich vorgeprägt; das BVerfG versteht darunter jede geistige Tätigkeit mit dem Ziel, in methodischer, systematischer und nachprüfbarer Weise neue Erkenntnisse zu gewinnen.[47] Aufgrund der verfassungsrechtlich vorbehaltlos gewährleisteten Forschungsfreiheit sind alle Daten und Dokumente aus dem Bereich der Forschung erfasst, also sowohl der **Forschungsprozess** als auch die **Forschungsergebnisse.**[48]

40 Ob die Formulierung über den **Kernbereich** der Forschungsfreiheit hinausgeht und etwa auch auf **Informationen über Zuwendungen** oder Verträge zwischen Hochschulen und Privaten über Forschungskooperationen erfasst, ist fraglich. Für die Regelungen in Hamburg und NRW hat die obergerichtliche Rechtsprechung dies bejaht und die Ausnahmeregelung weit ausgelegt. Das OVG Hamburg[49] hat dabei maßgeblich auf den Willen des Gesetzgebers abgestellt und einerseits auf systematische Argumente innerhalb des HmbTG abgestellt und andererseits auf eine Regelung im dortigen Hochschulgesetz (§ 77 Abs. 8) Bezug genommen, in der nach Inkrafttreten des HmbTG eine eigene Veröffentlichungspflicht in Bezug auf Drittmittel begründet wurde. Das spreche dagegen, dass eine solche Verpflichtung bereits nach dem HmbTG bestanden habe. Ganz ähnlich argumentiert das OVG NRW[50] in Bezug auf den in das Hochschulgesetz NRW nach Inkrafttreten des IFG NRW neu eingefügten § 71a.

41 Diese Erwägungen sind auf die sächsische Rechtslage mangels einer entsprechenden hochschulrechtlichen Vorschrift nicht übertragbar. Vielmehr deutet eine systematische Auslegung hier auf die gegenteilige Lösung hin. § 5 Abs. 1 Nr. 9 steht in einem gewissen Spannungsverhältnis zu § 4 Abs. 3 Nr. 7, wonach Hochschulen ohnehin nur sehr eingeschränkt transparenzpflichtig sind, nämlich für den Bereich der Drittmittelfinanzierung. Schon wenn man davon ausgeht, dass Fragen der Drittmittelfinanzierung *nicht* vom Forschungsbegriff in der Nummer 9 erfasst sind, ist die Ausnahme überflüssig, soweit die Universitäten selbst transparenzpflichtige Stellen sind. Denn über die Drittmittelfinanzierung hinausgehende Transparenzpflichten treffen die Universitäten ohnehin nicht. Die Ausnahme entfaltet dann einen schmalen Anwendungsbereich für solche Fälle, in denen andere Stellen über forschungsbezogene Informationen verfügen (vgl. dazu § 2 Rn. 19 ff.). Dieser Anwendungsbereich wird durch die **Rückausnahme in § 8 Abs. 1 Nr. 12** weiter reduziert. Danach sind Gutachten, die von transparenzpflichtigen Stellen eingeholt worden sind, mit dem Namen des Verfassers auch dann zu veröffentli-

46 Maaatsch/Schnabel, § 5 Rn. 36 zu der entsprechenden Formulierung in HH.
47 Urt. v. 29.5.1973 – 1 BvR 424/71 –, juris Rn. 93)
48 Maatsch/Schnabel, § 5 Rn. 36.
49 Urt. v. 25.11.2020 – 3 Bf 183/18 –, juris Rn. 69 ff.
50 Urt. v. 18.8.2015 – 15 A 97/13 –, juris Rn. 40 ff.

chen, wenn sie Forschung betreffen. Nach § 8 Abs. 1 Nr. 12 2. Halbsatz findet § 5 Abs. 1 Nr. 9 insoweit keine Anwendung.

Nimmt man an, auch die Drittmittelfinanzierung falle unter den Forschungsbegriff, 42
würde für die Universitäten § 4 Abs. 3 Nr. 7 für diesen schmalen Bereich eine Transparenzpflicht ausdrücklich anordnen, die dann regelmäßig durch § 5 Abs. 1 Nr. 9 wieder ausgeschlossen wäre. Dieses ersichtlich unsinnige Ergebnis kann vermieden werden, wenn der Forschungsbegriff in Nummer 9 nach systematischer Auslegung in der Zusammenschau mit § 4 Abs. 3 Nr. 7 und nach Sinn und Zweck dieser Regelung eng ausgelegt wird. Verfassungsrechtlich ist dies unbedenklich, weil nur ein Randbereich der Forschungsfreiheit erfasst wird.

Im Hinblick auf die Drittmittelfinanzierung stellt sich weiter die systematische Frage, 43
ob die von § 4 Abs. 3 Nr. 7 angeordnete Transparenz der **Namen der Drittmittelgeber** durch § 6 Abs. 1 Satz 1 wieder aufgehoben wird, weil § 4 in § 6 Abs. 1 Satz 3 nicht genannt ist. Das dürfte bei systematischer Auslegung und nach der lex specialis Regelung entsprechend der hier zu der Nummer 4 vertretenen Auffassung (vgl. dazu Rn. 27) zu verneinen sein.[51]

10. Nummer 10 (Schutz geistigen Eigentums)

Keine Transparenzpflicht besteht, soweit der **Schutz geistigen Eigentums** (Urheber- 44
rechte sowie gewerbliche Schutzrechte wie Patent-, Marken-, Gebrauchs- oder Geschmacksmusterrechte) entgegensteht. Die Erwähnung dient der Klarstellung, die Rechtsfolge ergibt sich ohne weiteres bereits aus dem Vorrang der jeweiligen bundesrechtlichen Regelungen (vgl. auch die Begründung zum Gesetzentwurf, LT-Drs. 7/8517, S. 46). Verneint wurde das Vorliegen persönlichen geistigen Eigentums für Schätzvorschläge von Teilnehmern des Arbeitskreises Steuerschätzungen (Wirtschaftsforschungsinstitute, Sachverständigenrat zur Begutachtung der gesamtwirtschaftlichen Entwicklung, Deutsche Bundesbank und Bundesländer).[52]

Der Umfang des Ausschlusses richtet sich grundsätzlich nach den jeweiligen spezialge- 45
setzlichen Regelungen; so genießen **amtliche Werke** wie Gesetze, Verordnungen, amtliche Erlasse und Bekanntmachungen sowie Entscheidungen und amtlich verfasste Leitsätze zu Entscheidungen gemäß § 5 Abs. 1 UrhG keinen urheberrechtlichen Schutz. Nach § 5 Abs. 2 UrhG gilt das gleiche für andere amtliche Werke, die im amtlichen Interesse zur allgemeinen Kenntnisnahme veröffentlicht worden sind, wobei insoweit jedoch Bestimmungen über das Änderungsverbot und das Gebot der Quellenangabe zu beachten sind.

Nummer 10 entspricht **§ 6 Satz 1 IFG Bund** und enthält keine Rückausnahme für den 46
Fall, dass der Berechtigte in die Bekanntgabe einwilligt, wie dies für den Fall der Betriebs- und Geschäftsgeheimnisse in Nummer 19 Buchst. a und § 6 Satz 2 IFG Bund gleichermaßen vorgesehen ist.[53] Daraus ist indes nicht der Schluss zu ziehen, dass der Einwilligung des Berechtigten in Bezug auf den Schutz geistigen Eigentums keine rechtserhebliche Bedeutung zukommt.[54] Die Rechte am geistigen Eigentum sind dem

51 Vgl. dazu auch § 4 Rn. 41 und § 6 Rn. 12).
52 VG Berlin, Urt. v. 22.9.2022 – 2 K 35/19 –, juris Rn. 33.
53 Dagegen hat § 16 Abs. 1 Satz 1 Nr. 1 LTranspG RP beide Schutzgüter systematisch deutlich vorzugswürdig parallel geregelt.
54 Schoch, § 6 Rn. 54; Guckelberger, in: Gersdorf/Paal, § 6 Rn. 9

Urheber, also einem Privatrechtssubjekt, zugeordnet und unterliegen seiner Dispositionsbefugnis, er kann folglich in Eingriffe in seine Rechte einwilligen.[55] Die transparenzpflichtige Stelle ist ebenso wie im Fall von Nummer 19 verpflichtet, beim Urheber nachzufragen (vgl. dazu § 6 Rn. 6 und hier Rn. 81 ff.); eine Interessenabwägung findet im Fall von Nummer 10 allerdings nicht statt, sofern die Einwilligung verweigert wird.

47 Hat ein **Beamter in Erfüllung seiner Dienstpflichten** ein urheberrechtlich geschütztes Werk geschaffen, das er seinem Dienstherrn zur Verfügung gestellt hat, ist davon auszugehen, dass er dem Dienstherrn stillschweigend sämtliche Nutzungsrechte einräumt, die dieser zur Erfüllung seiner Aufgaben benötigt. Zur behördlichen Aufgabenerfüllung in diesem Sinn gehört auch die Gewährung von Zugangsansprüchen nach den Informationsfreiheits- oder Transparenzgesetzen. Die Behörde kann dann dem Transparenzanspruch den Schutz des Urheberrechts nicht entgegenhalten.[56] Entsprechendes gilt hinsichtlich **externer Gutachten**, die eine Behörde zur Erfüllung ihrer Aufgaben in Auftrag gegeben hat.[57]

11. Nummer 11 (Unterlagen von Beratungen)

48 Ausweislich der Gesetzesbegründung (LT-Drs. 7/8517 S. 46) schützt die Nummer 11 **vertrauliche Informationen** und dient der Klarstellung. Zwar gehen speziellere Regelungen grundsätzlich ohnehin vor. Die Regelung soll jedoch klarstellen, dass nicht das Transparenzgesetz als das spätere Gesetz Vorrang hat. Das gilt auch für vergaberechtliche Geheimhaltungsvorschriften und für Vorschriften über Berufs- und Amtsgeheimnisse.

49 Es handelt sich ebenso wie bei § 3 Nr. 4 IFG Bund und § 14 Abs. I Satz 2 Nr. 5 LTranspG RP um eine **Rezeptionsnorm**, die den besonderen Geheimnisschutz den in Bezug genommenen Spezialvorschriften überlässt. Es bedarf daher stets einer Norm, welche die Geheimhaltung gebietet.[58] Der Vorschrift liegt das Regelungskonzept zugrunde, dass auch nach dem Transparenzgesetz geheim bleibt, was bereits nach anderen Vorschriften geheim gehalten werden muss.[59]

50 Vertraulichkeitsvorschriften in diesem Sinne können alle **Gesetze im materiellen Sinn** sein, also nicht nur Parlamentsgesetze, sondern auch untergesetzliche Rechtsvorschriften in Gestalt von Rechtsverordnungen.[60] Nach der Rechtsprechung des Bundesverwaltungsgerichts zu § 3 Nr. 4 IFG Bund reicht indes eine **Geschäftsordnung** als reines Binnenrecht eines Gremiums, das nur die innere Organisation eines Organs und den Ablauf seiner Meinungs- und Willensbildung regelt, ebenso wenig aus wie **Verwaltungsvorschriften**. Beiden fehle es an der Außenwirkung, die für eine Rechtsvorschrift charakteristisch sei.[61] Das soll selbst für Geschäftsordnungen gelten, die verfassungsrechtlich

---

55 BGH, Urt. v. 29.4.2010 – I ZR 69/08 –, juris Rn. 33 ff. zum Ausschluss der Rechtswidrigkeit eines Eingriffs in ein ausschließliches Verwertungsrecht, wenn wirksam in die verletzende Handlung eingewilligt wurde.

56 Vgl. zu dieser Fallgestaltung ausführlich BVerwG, Urt. v. 25.6.2015 – 7 C 1.14 –, juris.

57 VG Berlin, Urt. v. 21.10.2010 – 2 K 89.09 –, juris Rn. 37 f.; VG Köln, Urt. v. 22.11.2012 – 13 K 5281/11 –, juris Rn. 45; Blatt, in: Brink/Polenz/Blatt, § 3 Rn. 36.

58 BVerwG, Urt. v. 5.5.2022 – 10 C 1.21 –, juris Rn. 20.

59 BVerwG, Urt. v.15.12.2020 – 10 C 25.19 –, juris Rn. 16.

60 LT-Drs. 7/8517 S. 46; Urt. v. 28.7.2016 – 7 C 3.15 –, juris Rn. 10 ff.; Urt. v. 5.5.2022 – 10 C 1.21 –, juris Rn. 22.

61 BVerwG, Urt. v. 5.5.2022 – 10 C 1.21 –, juris Rn. 23.

verankert sind[62], Entsprechendes dürfte dann auch für Satzungen gelten, die auf einer gesetzlichen Grundlage erlassen wurden.[63]

Ein Versagungsgrund kann sich ohne weiteres aus **später erlassenen** bereichsspezifischen Rechtsnormen ergeben. Darin liegt keine dynamische Verweisung; die Rechtsfolge der Nummer 11 knüpft, ebenso wie § 3 Nr. 4 IFG Bund, nicht an den Tatbestand anderer Rechtsvorschriften an, sondern trifft selbst eine vollständige Regelung und akzeptiert dabei außerhalb des Transparenzgesetzes getroffene gesetzliche Entscheidungen.[64] 51

Allgemeine Pflichten zur **Amtsverschwiegenheit** (etwa nach § 5 SächsMinistergesetz) und die im Beamtenrecht geregelte allgemeine Verschwiegenheitspflicht (§ 37 BeamtStG) reichen nicht aus.[65] Andernfalls liefe das Transparenzgesetz praktisch leer.[66] 52

Der Transparenz entzogen sind nur Informationen, die einem **besonderen Amtsgeheimnis** unterliegen, etwa das Sozialgeheimnis gem. § 35 Abs. 1 Satz 1 SGB I i. V. m. § 67 Abs. 1 Satz 1 SGB X[67], das Steuergeheimnis gem. § 30 AO[68], das Statistikgeheimnis (§ 16 Abs. 1 S. 1 BStatG, § 18 SächsStatG), das Wahlgeheimnis (§ 32 SächsWahlG), das Haushaltsgeheimnis, das Meldegeheimnis (§ 5 MRRG), das Adoptionsgeheimnis (§ 1758 Abs. 1 BGB). Zu nennen sind weiter andere bereichspezifische Regelungen, etwa die Vorschriften über das Berufsgeheimnis der Ärzte, Zahnärzte, Apotheker oder Angehörigen anderer regulierter Heilberufe, der Rechtsanwälte, Patentanwälte, Notare, Wirtschaftsprüfer, vereidigten Buchprüfer und Steuerberater. 53

In Bezug auf **Berufsgeheimnisse** ist jeweils zu berücksichtigen, wem gegenüber dieses Geheimnis besteht. Wird z. B. ein Rechtsanwalt oder Wirtschaftsprüfer auf Grund vertraglicher Verpflichtung für eine transparenzpflichtige Stelle zur Erfüllung einer öffentlichen Aufgaben dieser Stelle tätig, ist allein diese die Adressatin der speziellen Schutznorm und Herrin über das Geheimnis, das nur zwischen ihr und dem Berufsträger besteht. Sie kann sich gegenüber einem Transparenzanspruch Dritter nicht darauf berufen, dass die begehrte Information dem Berufsgeheimnis unterliegt. Nur der Berufsträger ist nicht befugt, die Informationen ohne Einwilligung des Auftraggebers preiszugeben. **Herr des Geheimnisses** ist und bleibt aber der Auftraggeber, der durch das Berufsgeheimnis nicht gehindert ist, über die Information zu verfügen. Die gegenteilige Ansicht würde dazu führen, dass sich eine transparenzpflichtige Stelle dem Transparenzanspruch dadurch entziehen kann, dass sie ihre Aufgabe nicht selbst erfüllt oder Informationen nicht selbst beschafft, sondern sich z. B. eines Wirtschaftsprüfers oder eines anderen Berufsträgers bedient. Das ist nicht Sinn und Zweck des Berufsgeheimnisses.[69] Die praktische Bedeutung der Berufsgeheimnisse ist damit im Ergebnis eher gering. Zu der Problematik im Rahmen von Nummer 4 vgl. Rn. 24 f. 54

62 BVerwG, Urt. v. 13.12.2018 – 7 C 19.17 –, juris Rn. 32; vgl. dazu die Anm. von Hofmann, NVwZ 2019, 812. In Sachsen betrifft das die Geschäftsordnung des Landtages und diejenige der Regierung.

63 z. B. § 38 Abs. 2 SächsGemO.

64 BVerwG, Urt. v. 15.12.2020 – 10 C 25.19 –, juris Rn. 21; Urt. v. 29.10.2009 – 7 C 21.08 –, juris Rn. 22 ff.; kritisch in Bezug auf die dogmatische Herleitung Schoch, § 3 Rn. 207 f.

65 BVerwG, Urt. v. 3.11.2011 – 7 C 3.11 –, juris Rn. 26; BVerwG, Urt. v. 24.5.2011 – 7 C 6.10 –, juris Rn. 15.

66 BVerwG, Urt. v.24.5.2011 – 7 C 6.10 –, juris Rn. 15; Schoch, § 3 Rn. 236.

67 Vgl. dazu auch die Nummer 21.

68 Vgl. dazu die Nummer 5 und Rn. 28 ff.

69 Vgl. zum Vorstehenden insgesamt BVerwG 15.12.2020 – 10 C 25.19 –, juris Rn. 17 ff.

55 Nach **Absatz 2 Satz 1** sind ggf. wenigstens Gegenstand und Titel einer Information darzustellen, vgl. dazu Rn. 88. Zum Verhältnis zu **Absatz 2 Satz 2** vgl. Rn. 90

12. Nummer 12 (Verschlusssachen)

56 Nummer 12 schützt Unterlagen, die als **Verschlusssachen** nach § 4 Absatz 1 Satz 2 des Sächsischen Sicherheitsüberprüfungsgesetzes eingestuft sind. Nach dem klaren Wortlaut der Norm mit ihrer Verweisung auf das SÜG kommt es dabei auf die **erfolgte Einstufung** und nicht die **Einstufungsfähigkeit** an (so auch die Gesetzesbegründung LT-Drs. 7/8517, S. 46). Für die offenere Formulierung in § 3 Nr. 4 IFG Bund[70] hat das BVerwG[71] entschieden, dass es allein auf die materielle Einstufungsfähigkeit ankommt, auch wenn eine formale Einstufung erfolgt ist. Zu der ebenfalls abweichenden Formulierung im HmbTG[72] wird die formale Einstufung und die materielle Einstufungsfähigkeit verlangt.[73] Demgegenüber soll nach § 14 Abs. 1 Nr. 5 LTransG RP[74] die erfolgte Einstufung ausreichen.[75]

13. Nummer 13 (Landesverteidigung, innere und öffentliche Sicherheit)

a) Allgemeines

57 Die Nummer 13 betrifft die **öffentliche Sicherheit**, die **innere Sicherheit** und die **Landesverteidigung**. Da die Gewichtigkeit der öffentlichen Sicherheit, die ein breites Spektrum an Schutzgütern abdeckt, in vielen Fällen vergleichsweise deutlich geringer als die der inneren Sicherheit und der Landesverteidigung einzuschätzen ist, erscheint die einheitliche Regelung auf den ersten Blick in Bezug auf die innere Sicherheit und die Landesverteidigung wenig überzeugend. In Bezug auf diese beiden Belange mutet der Maßstab erstaunlich streng an. Während etwa das IFG des Bundes es in § 3 Nr. 1 Buchst. b und c für militärische und sonstige sicherheitsempfindliche Belange der Bundeswehr sowie Belange der inneren oder äußeren Sicherheit ausreichen lässt, dass das Bekanntwerden der Information nachteilige Auswirkungen haben kann, fordert § 5 Nr. 13 auch insoweit, dass das Bekanntwerden der Information die fraglichen Belange nicht unerheblich gefährden würde. Indes lässt sich dieser Widerspruch durch eine sachgerechte Auslegung des Begriffes der nicht unerheblichen Gefahr im Wesentlichen auflösen, vgl. dazu unten Rn. 65 f.

b) Begriff der öffentlichen Sicherheit

58 Die Vorschrift entspricht im wesentlichen § 3 Nr. 2 IFG Bund. Belange der öffentlichen Sicherheit sind auch in den anderen Ländern durchweg Gegenstand von Ausnahmere-

---

70 § 3 Nr. 4: „wenn die Information ...durch die Allgemeine Verwaltungsvorschrift zum materiellen und organisatorischen Schutz von Verschlusssachen geregelten Geheimhaltungs- oder Vertraulichkeitspflicht ... unterliegt".

71 Urt. v. 29.10.2009 – 7 C 21.08 –, juris Rn. 16 ff.

72 § 6 Abs. 2 Nr. 2 2. Halbsatz: „Unterlagen, die durch die Verschlusssachenanweisung ... geschützt sind".

73 Maatsch/Schnabel, § 6 Rn. 22 unter Berufung auf die bundesrechtliche Rechtsprechung und Kommentierung.

74 „wenn ... die Information einer durch Rechtsvorschrift oder durch die Anweisung zum materiellen und organisatorischen Schutz von Verschlusssachen (VS-Anweisung/VSA) Rheinland-Pfalz geregelten Geheimhaltungs- oder Vertraulichkeitspflicht oder einem Berufs- oder besonderen Amtsgeheimnis unterliegt".

75 Pautsch, in: Heinemann, S. 295 a.E.

gelungen (vgl. etwa § 14 Abs. 1 Nr. 3 LTranspG RP, § 12 Abs. 1 Nr. 1 Buchst. e ThürTG). § 9 Abs. 1 Nr. 1 IZG SH beschränkt die Ausnahme auf *bedeutsame* Schutzgüter der öffentlichen Sicherheit, in § 6 Satz 1 Buchst. a NRW ist darüber hinaus auch die öffentliche Ordnung erfasst. Nur Hamburg verzichtet auf eine entsprechende Ausnahme.[76]

Der Begriff ist vom Polizeirecht geprägt. Zu der entsprechenden Formulierung in § 3 59
Nr. 2 IFG Bund haben das BVerwG[77] und ihm folgend das SächsOVG[78] jeweils in Bezug auf Zugang zu aktuellen Durchwahllisten eines Jobcenters zu erhalten, ausgeführt, die öffentliche Sicherheit erfasse die Unversehrtheit der Rechtsordnung und der grundlegenden Einrichtungen und Veranstaltungen des Staates sowie Gesundheit, Ehre, Freiheit, Eigentum und sonstigen Rechtsgütern der Bürger. Zu diesen Schutzgütern gehöre auch die Funktionsfähigkeit der staatlichen Einrichtungen. Dabei gehe es um die Erfüllung der einer staatlichen Einrichtung jeweils zugewiesenen Aufgaben, die ihrerseits von geordneten verwaltungsinternen Abläufen abhänge. Geschützt werde die geordnete Erfüllung der den staatlichen Einrichtungen gesetzlich zugewiesenen Aufgaben, die unter anderem auf der sachgerechten Ausübung des Organisationsermessens der jeweiligen Behörde aufbaue.

c) Begriff der inneren Sicherheit

Die innere Sicherheit wird, mit Abstufungen im Maßstab, in Bund und Ländern glei- 60
chermaßen als ein der Transparenz entgegenstehender Belang angesehen. Der Ausschlussgrund dient dem Schutz der freiheitlichen demokratischen Grundordnung sowie des Bestandes und der Sicherheit des Bundes und der Länder (vgl. BT-Drs. 15/4493, S. 9 zu § 3 Nr. 1 Buchst. c IFG Bund). Dies schließt den Schutz der Funktionsfähigkeit des Staates und seiner Einrichtungen mit ein, in Abgrenzung zum weiteren Begriff der öffentlichen Sicherheit allerdings nur insoweit, als sich eine Beeinträchtigung der Funktionsfähigkeit – insbesondere durch gewaltsame Einwirkungen – zugleich als Beeinträchtigung der freiheitlichen demokratischen Grundordnung sowie des Bestandes und der Sicherheit des Bundes und der Länder darstellt.[79] Unzweifelhaft zählt dazu der Schutz vor gewaltsamen, namentlich terroristischen Aktionen Privater. Unter Berufung auf § 3 Nr. 1 Buchst. c IFG Bund wurde es abgelehnt, den Terminkalender der Bundeskanzlerin zu offenbaren, weil dies Auswirkungen auf die Sicherheitslage der Bundeskanzlerin haben könnte.[80] Abgelehnt wegen der Möglichkeit terroristischer Anschläge wurde auch die Herausgabe von Informationen über technische Daten über Brücken und Tunnel an Bundesfernstraßen.[81] Nicht erfasst ist es, wenn lediglich die Arbeit einer

---

76 Mit der Begründung, der Begriff sei uferlos, vgl. Maatsch/Schnabel, § 6 Rn. 36.

77 Urt. v. 20.10.2016 – 7 C 20.15 –, juris Rn. 12 ff.

78 Urt. v. 15.11.2017 – 5 A 536/16 –, juris Rn. 17.

79 Schirmer, in: Gersdorf/Paal, § 3 Rn. 61 f.

80 VG Berlin Urt. v. 7.4.2011 – 2 K 39.10 –, juris Rn. 31 ff.; nachgehend OVG BB, Urt. v. 20.3.2012 – 12 B 27.11 –, juris Rn. 37.

81 VG Berlin, Urt. v. 10.2.2011 – 2 K 23.10 –, juris Rn. 27 ff. In der Sache ging es um folgende Informationen: Brücken: Gesamtlänge, Breite, Gesamtbreite; Tunnel-/Trogbauwerke: Bauwerkslänge, Geschlossene Länge der Tunnelröhre; Tunnelsicherheit: Fluchtwege Querstollen – Anzahl, Fluchtwege Querstollen – Abstand, Fluchtwege Fluchtstollen – Anzahl, Fluchtwege Fluchtstollen – Abstand, Automatische Brandmeldeanlage, Videoüberwachung, Funk, Lautsprecher, Statisches System/Tragfähigkeit: Bauteil, Statisches System in der Bauwerksachse, Statisches System quer zur Bauwerksachse, Tragfähigkeit, Maßgebende Tragfähigkeitseinstufung, Sperrung für Schwertransporte, Statistischer Auslastungsgrad, Einstufungsjahr, Baustoffe: Hauptbaustoff.

Behörde erschwert, beeinträchtigt oder aufwändiger wird, wie etwa durch mögliche Korruptionsversuche.[82]

d) Begriff der Landesverteidigung

61 Der Begriff der Landesverteidigung erfasst die Abwehr von **Angriffen von außen** (in Abgrenzung von der inneren Sicherheit, vgl. dazu Rn. 60), sei es von anderen Staaten oder von terroristischen Vereinigungen auf die Bundesrepublik Deutschland einschließlich des Schutzes der Zivilbevölkerung. Die Formulierung entspricht § 6 Abs. 3 Nr. 1 HmbTG und § 14 Abs. 1 Satz 2 Nr. 1 LTranspG RP; das IFG Bund erfasst diese Aspekte unter den Begriffen „militärische und sonstige sicherheitsempfindliche Belange der Bundeswehr" einerseits (§ 3 Nr. 1 Buchst. b) und „äußere Sicherheit" andererseits (§ 3 Nr. 1 Buchst. c).

62 Ebenso wie bei den internationalen Beziehungen (vgl. dazu unten Rn. 71) liegt es auf der Hand, dass vor einer Entscheidung über den Transparenzanspruch hinsichtlich von Fragen der Landesverteidigung eine Stellungnahme des Bundes eingeholt werden sollte.

e) Nicht unerhebliche Gefährdung

63 Nach gängiger **polizeirechtlicher Definition** spricht man von Gefahr bei einer Sachlage, bei der im Einzelfall die hinreichende Wahrscheinlichkeit besteht, dass in absehbarer Zeit ein Schaden für das Schutzgut eintreten wird[83].

64 Zu § 3 Nr. 2 IFG Bund hat das BVerwG und ihm folgend das SächsOVG entschieden, eine **Gefährdung** liege vor[84], wenn aufgrund einer auf konkreten Tatsachen beruhenden prognostischen Bewertung mit hinreichender Wahrscheinlichkeit zu erwarten ist, dass das Bekanntwerden der Information das Schutzgut beeinträchtigt. Die Feststellung der konkreten Möglichkeit nachteiliger Auswirkungen setze voraus, dass die informationspflichtige Stelle Tatsachen darlege, aus denen sich im jeweiligen Fall eine Beeinträchtigung des Schutzgutes ergeben kann. Diese Einschätzung könne insbesondere bei Vorgängen, die eine typisierende Betrachtungsweise ermöglichen, auch auf allgemeinen Erfahrungswerten beruhen. Das Vorliegen des Ablehnungsgrundes hänge dabei nicht von der Person des konkreten Antragstellers ab; maßgeblich ist, ob das Bekanntwerden der Information objektiv geeignet sei, sich nachteilig auf das Schutzgut auszuwirken. In Anwendung dieses Maßstabs sei eine Gefährdung der öffentlichen Sicherheit nicht erst dann zu bejahen, wenn die informationspflichtige Stelle ihrer Funktion voraussichtlich überhaupt nicht mehr gerecht werden könne, sondern schon dann, wenn die effektive Aufgabenerledigung gestört und die Arbeit der betroffenen Bediensteten beeinträchtigt werden könne. Bereits ein derartiger Geschehensablauf sei geeignet, sich nachteilig auf die Funktionsfähigkeit einer Behörde auszuwirken.

65 Der Gefahrbegriff kann nicht losgelöst vom Gewicht des Schutzgutes und dem **zu erwartenden Schaden** gesehen werden. Die Anforderungen an die Wahrscheinlichkeit des Schadenseintritts sind umso geringer, je größer der zu befürchtende Schaden wäre.[85]

---

82 VG Berlin Urt. v. 16.7.2013 – 2 K 282.12 –, juris Rn. 27 ff.

83 So auch § 4 Nr. 3 SächsPVDG.

84 BVerwG, Urt. v. 20.10.2016 – 7 C 20/15 –, juris Rn. 18 ff.; SächsOVG, Urt. v. 15.11.2017 –, juris Rn. 18 jeweils zu Durchwahlnummern im Jobcenter.

85 Maatsch/Schnabel, § 6 Rn. 41 a.E.

Wie der Zusatz **„nicht unerheblich"** zu verstehen ist, verdient nähere Betrachtung. Polizeirechtlich unterscheidet sich die erhebliche Gefahr von der (einfachen) Gefahr in der Gewichtigkeit des gefährdeten Rechtsguts oder der Größe des zu erwartenden Schadens.[86] Nach der allerdings unmittelbar nur für das Polizeirecht geltenden Legaldefinition in § 4 Nr. 3 Buchst. c SächsPVDG ist unter erheblicher Gefahr eine Sachlage zu verstehen, bei der im Einzelfall die hinreichende Wahrscheinlichkeit besteht, dass in absehbarer Zeit ein Schaden für ein bedeutsames Rechtsgut, wie Bestand oder Sicherheit des Bundes oder eines Landes, Leben, Gesundheit, Freiheit einer Person oder bedeutende Sach- und Vermögenswerte eintritt. Daher wird eine Gefahr für so **gewichtige Rechtsgüter** wie die Landesverteidigung oder die innere Sicherheit regelmäßig als erheblich anzusehen sein, während dies bei dem weiten Schutzgut öffentliche Sicherheit von Fall zu Fall individuell zu betrachten ist (vgl. zu der Problematik oben Rn. 57). 66

Ob die Formulierung „nicht unerheblich" mit „erheblich" gleichzusetzen ist (so ohne dies ausdrücklich zu thematisieren, die Begründung zum Gesetzentwurf, LT-Drs. 7/8517, S. 46) ist fraglich. Es spricht einiges dafür, dass die Formulierung einen geringfügig schwächeren Grad der Gefährdung zum Ausdruck bringt. 67

f) Gerichtliche Kontrolldichte

Anders als bei der Frage der internationalen Beziehungen (vgl. dazu Rn. 72) geht das BVerwG im Hinblick auf die innere wie die äußere Sicherheit unter Bezugnahme auf die Rechtsschutzgarantie des Art. 19 Abs. 4 GG davon aus, dass ein Beurteilungsspielraum nicht besteht und die fraglichen Tatbestände der **vollen gerichtlichen Überprüfung** unterliegen. Allein der Umstand, dass ein Tatbestandsmerkmal eine prognostische Bewertung voraussetzt, schränkt die gerichtliche Kontrolle nicht ein. Die Gerichte stoßen insoweit nicht an ihre Funktionsgrenzen mit der Folge, dass Entscheidungsspielräume der Verwaltung zu respektieren wären.[87] 68

14. Nummer 14 (internationale Beziehungen und Beziehungen zum Bund oder anderen Ländern)

a) Internationale Beziehungen

Diese Tatbestandsvariante schützt in erster Linie die auswärtigen Belange der Bundesrepublik Deutschland und das **diplomatische Vertrauensverhältnis** zu ausländischen Staaten sowie zu zwischen- und überstaatlichen Organisationen, etwa der Europäischen Union oder den Vereinten Nationen. Erfasst sind aber auch die Beziehungen des Freistaates zu ausländischen Staaten, wenngleich es sich bei den Bundesländern nicht um Nationen handelt.[88] Schließlich kommt auch das Verhältnis von kommunalen Gebietskörperschaften zu ausländischen Staaten in Betracht, soweit diese im Dreiländereck zu Tschechien und Polen eine grenzüberschreitende Zusammenarbeit etwa im Rahmen von INTERREG-Programmen pflegen. Auch an internationale Städtepartnerschaften kann zu denken sein. 69

Für die Regelung in § 3 Nr. 1 Buchst. a IFG Bund hat das BVerwG dem Bund einen weiten **Beurteilungsspielraum** eingeräumt, der gerichtlich nur begrenzt nachprüfbar 70

86 A.A. Verdichtung der Eintrittswahrscheinlichkeit: Maatsch/Schnabel, § 6 Rn. 26.
87 BVerwG, Urt. v. 22.3.2018 – 7 C 21.16 –, juris Rn. 21ff. zu § 3 Nr. 1 Buchst. c IFG; a.A. OVG BB, Urt. v. 20.3.2012 – 12 B 27.11 –, juris Rn. 34.
88 Maatsch/Schnabel, § 6 Rn. 28 zu der insoweit gleichlautenden Vorschrift in HH.

ist.[89] Für die Regelung dieser auswärtigen Beziehungen räume das Grundgesetz der Bundesregierung einen grundsätzlich weit bemessenen Spielraum eigener Gestaltung ein, innerhalb dessen die Bundesregierung die außenpolitischen Ziele und die zu ihrer Erreichung verfolgte Strategie bestimme. Ob ein Nachteil für die Beziehungen der Bundesrepublik Deutschland zu einem auswärtigen Staat eintreten könne, hänge wiederum davon ab, welche außenpolitischen Ziele die Bundesrepublik Deutschland im Verhältnis zu diesem Staat verfolge. Nur mit Blick auf diese Ziele und die insoweit verfolgte außenpolitische Strategie könne die Frage beantwortet werden, ob sich die Bekanntgabe von Informationen auf die auswärtigen Belange nachteilig auswirken kann. Wann eine Auswirkung auf die Beziehungen zu einem ausländischen Staat ein solches Gewicht hat, dass sie in diesem Sinne als Nachteil anzusehen sei, hänge ebenfalls von der Einschätzung der Bundesregierung ab. Diese Grundsätze lassen sich trotz des abweichenden Maßstabes – in § 5 ist von Gefährdung die Rede, während die bundesrechtliche Regelung von nachteiligen Auswirkungen spricht – auf die sächsische Regelung übertragen.[90]

71 Dabei ist weiter zu beachten, dass die **Zuständigkeit** für die auswärtigen Angelegenheiten allein beim **Bund** liegt, während über das Vorliegen des landesrechtlichen Ausnahmetatbestandes die sächsischen Behörden zu entscheiden haben. Praktisch dürfte es so sein, dass diese beim Bund nachfragen, ob auswärtige Belange gefährdet sind. Eine Pflicht zur Nachfrage ist einfachgesetzlich ebenso wenig geregelt wie eine Bindung an die Einschätzung des Bundes. Beides kann sich indes regelmäßig aus dem ungeschriebenen verfassungsrechtlichen Grundsatz des bundestreuen Verhaltens, das die Länder zur Beachtung der außenpolitischen Ziele des Bundes verpflichtet[91], ergeben.

b) Beziehungen zum Bund oder anderen Ländern

72 Geschützt ist weiter das Verhältnis des Freistaates zum Bund sowie zu anderen Bundesländern, also das, was von dem ungeschriebenen verfassungsrechtlichen **Grundsatz der Bundestreue** erfasst ist, der auch zwischen den Ländern gilt.[92] Ein weiterer Schutzzweck liegt hier darin, dass der Freistaat nicht infolge der Transparenzregelungen vom Informationsfluss abgeschnitten wird. Auch hier bietet sich eine Nachfrage beim Bund oder dem anderen betroffenen Land an (vgl. dazu oben Rn. 71). Allerdings liegt eine Gefährdung nicht schon immer dann vor, wenn etwa ein anderes Land seine Zustimmung zu einer Weitergabe der Information versagt[93] oder wenn innerhalb von Länderarbeitsgruppen eine langjährige Übung besteht, Arbeitsergebnisse vertraulich zu behandeln.[94] Das würde den Transparenzanspruch zur Disposition anderer Länder stellen und liefe letztlich auf eine Bereichsausnahme für intraföderale Zusammenarbeit hinaus, die sich dem Wortlaut der Nummer 14 nicht entnehmen lässt.[95] Erforderlich ist vielmehr ein objektiv

89 Vgl. dazu insgesamt BVerwG, Urt. v. 29.10.2009 – 7 C 22.08 –, juris Rn. 14 f.; kritisch unter dem Gesichtspunkt des effektiven Rechtsschutzes Maatsch/Schnabel, § 6 Rn. 30 a.E. m.w.N.; Schoch, § 3 Rn. 37.

90 A.A. für den allerdings noch strengeren Maßstab in Hamburg (nicht unerheblich gefährden) Maatsch/Schnabel, § 6 Rn. 30.

91 Vgl. dazu etwa Grzeszick, in: Dürig/Herzog/Scholz, Art. 20 GG Rn. 127 ff.

92 Rux, in: Epping/Hillgruber, Art. 20 GG Rn. 36 a.E.

93 Maatsch/Schnabel, § 6 Rn. 34; VG Düsseldorf, Urt. v. 23.11.2020 – 29 K 1634/19 –, juris Rn. 72 ff.

94 VG Düsseldorf, Urt. v. 23.11.2020 – 29 K 1634/19 –, juris Rn. 72 ff. (Arbeitsgruppenberichte der Justizministerkonferenz).

95 VG Düsseldorf, Urt. v. 23.11.2020 – 29 K 1634/19 –, juris Rn. 72 ff. zu der insoweit vergleichbaren Rechtslage in NRW.

schutzwürdiges Interesse der anderen Länder an einer Vertraulichkeit. Geringfügige atmosphärische Verstimmungen innerhalb solcher Arbeitsgruppen erreichen die **Schwelle zur Gefährdung** nicht.

15. Nummer 15 (Landesamt für Verfassungsschutz)

73 Zu Nummer 15 heißt es in der amtlichen Begründung (LT-Drs. 7/8517 S. 46): „Nummer 15 dient dem Schutz sicherheitsempfindlicher Vorgänge beim **Landesamt für Verfassungsschutz**. Die Bekanntgabe einer Information hat insbesondere zu unterbleiben, soweit dadurch eine Gefährdung der Aufgabenerfüllung zu besorgen ist, insbesondere Nachrichtenzugänge gefährdet werden können oder die Ausforschung des Erkenntnisstands oder der Arbeitsweise des Landesamts für Verfassungsschutz zu befürchten ist." Eine Beschränkung auf die dort geschilderten Fallgruppen lässt sich dem Text der Nummer 15 indes nur schwerlich entnehmen.

74 Da es die vorrangige Aufgabe des Verfassungsschutzes ist, Informationen, insbesondere sach- und personenbezogene Auskünfte, Nachrichten und Unterlagen zu sammeln und auszuwerten (vgl. § 2 SächsVSG), kommt die Norm einer **Bereichsausnahme** für das Landesamt für Verfassungsschutz praktisch gleich. Solche Bereichsausnahmen sind nicht selten, etwa in § 3 Nr. 8 IFG Bund[96], § 5 Nr. 3 HmbTG[97], § 2 Abs. 5 Nr. 1 AIG BB, § 2 Abs. 3 Nr. 1 LIFG BW, weniger weit gehend § 12 Abs. 1 Nr. 1 Buchst. e ThürTG. Ähnlich kryptisch wie hier formuliert § 14 Abs. 1 Satz 2 Nr. 4 LTranspG RP „wenn das Bekanntwerden der Information die Aufgabenerfüllung des Verfassungsschutzes betrifft", was ebenfalls als sehr weit gehende Ausnahme verstanden wird.[98]

75 Unproblematisch der Transparenz unterliegen dürften danach nur diejenigen Informationen, über welche die Öffentlichkeit ohnehin gem. § 15 SächsVSG zu unterrichten ist. Der jährliche **Verfassungsschutzbericht** ist zukünftig gemäß § 8 Nrn. 11 und 18 auf die Transparenzplattform einzustellen. Im Zuständigkeitsbereich des Landesamtes für Verfassungsschutz ist im Übrigen auch an die Nummer 4 zu denken.

16. Nummer 16 (Beeinträchtigung von Verfahren)

76 Der Tatbestand entspricht im wesentlichen § 6 Abs. 3 Nr. 2 HmbgTG und § 3 Nr. 1 Buchst. g IFG Bund und schützt die Informationen, die **Gerichtsverfahren aller Gerichtsbarkeiten, Ermittlungs-, Ordnungswidrigkeiten- oder Disziplinarverfahren** betreffen, wenn prognostiziert werden kann, dass diese Verfahren durch den Zugang zu der Information beeinträchtigt würden.[99] Gemeint sind nach Sinn und Zweck der Norm anhängige und bevorstehende Verfahren. Es ist jeweils im Einzelfall zu prüfen, ob und inwieweit ein Informationszugang zu einer Beeinträchtigung eines der genannten Verfahren führt. Das ist etwa der Fall, wenn die Kenntnis von Informationen Zeugenaussagen beeinflussen würde oder das Verfahren durch die Kenntnis erheblich verzögert würde. Schutzzweck ist die **unbeeinträchtigte Durchführung** des jeweiligen Verfahrens, die Interessen der daran Beteiligten werden nur mittelbar erfasst.[100]

---

96 Kritisch dazu Schoch, § 3 Rn. 337 f.
97 Kritisch dazu Maatsch/Schnabel, § 5 Rn. 12.
98 Pautsch, in: Heinemann S. 294 f.
99 Vgl. dazu und zum Folgenden die Begründung zu Gesetzentwurf, LT-Drs. 7/8517, S. 46.
100 Maatsch/Schnabel, § 6 Rn. 42.

77 Die Regelung betrifft nicht Informationen *aus* einem der genannten Verfahren, sondern nur solche, die unabhängig vom Verfahren vorliegen.[101] Für erstere bestehen in den Verfahrensordnungen abschließende bundesrechtliche Regelungen. Überdies sind die Gerichte sowie die Strafverfolgungsbehörden ohnehin in Bezug auf konkrete Verfahren nicht transparenzpflichtig (§ 4 Abs. 3 Nr. 1).

17. Nummer 17 (Vergabekammern, Regulierungsbehörden, Finanz- und Wettbewerbsbereich)

78 Die Vorschrift entspricht im Wesentlichen § 3 Nr. 1 Buchst. d IFG Bund und erfasst die Tätigkeit der Vergabekammern, Regulierungsbehörden sowie die Kontroll- und Aufsichtsaufgaben der Finanz-, Wettbewerbs- und Sparkassenaufsichtsbehörden. Die Vorschrift dient dem **Schutz der Funktionsfähigkeit** der genannten Stellen und dem öffentlichen Interesse daran, dass die dort genannten Informationen in der Regel nicht zugänglich zu machen sind. Es handelt sich nicht um eine Bereichsausnahme[102], vielmehr ist stets eine Einzelfallprüfung erforderlich. Der Maßstab liegt unterhalb der Gefahrenschwelle der Nummer 13, unerhebliche Auswirkungen wie etwa die Arbeitsbelastung für die Bearbeitung der Anträge reichen indes nicht aus (Begründung zum Gesetzentwurf, LT-Drs. 7/8517, S. 46 f.). Erforderlich ist die konkrete Möglichkeit nachteiliger Auswirkungen. Damit scheiden eher fernliegende Befürchtungen von vornherein aus. Nachteilig ist eine Auswirkung dann, wenn sich das Bekanntwerden der Information negativ oder ungünstig auf das jeweilige Schutzgut auswirken könnte.[103]

18. Nummer 18 (IT-Sicherheit und -Infrastruktur)

79 Nummer 18 regelt einen Unterfall zum Schutz der öffentlichen Sicherheit für den besonders bedeutsamen Bereich der **IT-Sicherheit und -Infrastruktur**. Soweit diese auch nur gefährdet werden könnte, besteht keine Transparenzpflicht. Da auch der Begriff der Gefahr an sich bereits ein prognostisches Element enthält, dürfte der Zusatz „könnte" so zu verstehen sein, dass die Wahrscheinlichkeit des Schadenseintritts herabgesetzt ist (vgl. zum Begriff der Gefahr Rn. 63 ff., zur Problematik der verschiedenen Maßstäbe Rn. 3 f.).

19. Nummer 19 (Betriebs- und Geschäftsgeheimnisse)

80 Die Norm bezweckt den Schutz von **Betriebs- und Geschäftsgeheimnissen**. Das sind alle auf ein Unternehmen bezogenen Tatsachen, Umstände und Vorgänge[104], die nicht offenkundig, sondern nur einem begrenzten Personenkreis zugänglich sind und an deren Nichtverbreitung der Rechtsträger ein berechtigtes Interesse hat. Betriebsgeheimnisse umfassen im Wesentlichen technisches Wissen im weitesten Sinne; Geschäftsgeheimnisse betreffen vornehmlich kaufmännisches Wissen.[105] Eine dementsprechende Legaldefinition enthält das Gesetz nicht[106], der Begriff soll ausweislich der Begründung

---

101 Vgl. zum Begriff der Beeinträchtigung Rn. 3; interessanterweise spricht die Begründung zum Gesetzentwurf (LT-Drs. 7/8517, S. 46) synonym von „gefährden".
102 BVerwG, Urt. v. 24.5.2011 – 7 C 6/10 –, juris Rn. 13 zu § 3 IFG Bund.
103 Schirmer, in: Gersdorf/Paal, § 3 Rn. 39 f.
104 Vgl. dazu Berlit, SächsVBl. 2023, 93 (99 f.).
105 BVerwG, Urt. v. 28.5.2009 – 7 C 18.08 –, juris Rn. 12 f.; Urt. v. 24.5.2011 – 7 C 6.10 –, juris Rn. 16.
106 Diese Legaldefinition findet sich in § 7 Abs. 1 Satz 1 HmbTG, § 5 Abs. 6 Satz 1 LTransPG RP und § 13 Abs. 2 Satz 1 ThürTG.

zum Gesetzentwurf aber an § 30 des Verwaltungsverfahrensgesetzes anknüpfen (LT-Drs. 7/8517, S. 47). Eine abweichende Definition enthält **§ 2 Nr. 1 GeschGehG.**[107] Diese ist insofern enger und für den Geheimnisträger ungünstiger, als dass zwei Merkmale hinzutreten: Die Information muss von wirtschaftlichem Wert und Gegenstand von den Umständen nach angemessenen Geheimhaltungsmaßnahmen durch ihren rechtmäßigen Inhaber sein. Nach § 1 Abs. 2 GeschGehG gehen öffentlich-rechtliche Vorschriften zur Geheimhaltung, Erlangung, Nutzung oder Offenlegung von Geschäftsgeheimnissen vor, § 1 Abs. 3 stellt zudem klar, dass der berufs- und strafrechtliche Schutz von Geschäftsgeheimnissen nach § 203 StGB unberührt bleibt. In der Rechtsprechung des Bundesverwaltungsgericht zum entsprechenden Begriff des Geschäftsgeheimnisses in § 6 Satz 2 IFG Bund ist indes noch nicht abschließend entschieden, inwieweit der herkömmliche öffentlich-rechtliche Begriff durch Weiterentwicklungen im Wettbewerbsrecht beeinflusst werden kann.[108]

Die Norm erfasst zwei Tatbestände. Vorrangig hat die transparenzpflichtige Stelle beim 81
Inhaber des Betriebs- oder Geschäftsgeheimnisses nachzufragen, ob dieser eine **Einwilligung** erteilt (Nr. 19 Buchst. a).

Wird eine Einwilligung nicht erteilt, ist nach Buchstabe b – anders als nach § 6 Satz 2 82
IFG Bund – eine **Interessenabwägung** vorzunehmen. Die transparenzpflichtige Stelle hat dabei das Abwägungsmaterial von Amts wegen zu ermitteln und die betroffenen Belange zusammenzutragen. Allerdings wird die Pflicht zur Amtsermittlung hinsichtlich des Informationszugangs auf Antrag durch § 10 Abs. 3 begrenzt. Trägt die Antragstellerin oder der Antragsteller keine Umstände vor, die ein berechtigtes Interesse stützen, kann sich die Behörde darauf beschränken, offenkundige Umstände zugunsten der Antragstellerin oder des Antragstellers zu berücksichtigen, zu weiteren Ermittlungen ist sie dann nur im Ausnahmefall verpflichtet. Auf der anderen Seite ist die oder der Betroffene gem. § 6 Abs. 2 anzuhören, ihrem oder seinem Vortrag wird bei der Abwägung besondere Bedeutung zukommen (LT-Drs. 7/8517, S. 47).

Praktisch bietet es sich an, die Frage nach der Einwilligung sogleich mit der Anhörung 83
für den Fall der Versagung zu verbinden. Verfahrensrechtlich ist § 6 Abs. 2 Satz 2 zu beachten, der die transparenzpflichtige Stelle zur Entscheidung durch Verwaltungsakt über die Zulässigkeit der Informationsherausgabe verpflichtet (vgl. dazu § 6 Rn. 32). Wird dem Antrag stattgegeben, kann der Inhaber des Betriebs- oder Geschäftsgeheimnisses dagegen Primärrechtsschutz durch Erhebung einer Anfechtungsklage nach § 42 VwGO ergreifen. Er muss dies tun, um die transparenzpflichtige Stelle im Wege der Amtshaftung auf Schadenersatz in Anspruch nehmen zu können, vgl. § 839 Abs. 3 BGB. Wird der Antrag abgelehnt, hat der Antragsteller die Möglichkeit, eine Verpflichtungsklage zu erheben. In beiden Konstellationen dürfte der jeweils Andere notwendig beizuladen sein (§ 65 Abs. 2 VwGO).

20. Nummer 20 (Tarifverträge)

Nummer 20 schützt vertrauliche Informationen aus Tarifverträgen, soweit die Einsicht- 84
nahme nicht nach den genannten bundesrechtlichen Regelungen zulässig ist (vgl. die

107 In Ausführung von Art. 2 Nr. 1 RL (EU) 2016/943.

108 BVerwG, Urt. v. 16.6.2020 – 10 C 22/19 –, juris Rn. 16 ff.; vgl. dazu Guckelberger, in: Gersdorf/Paal, § 6 Rn. 18; Römling, NVwZ 2022, 463.

Begründung zum Gesetzentwurf, LT-Drs. 7/8517, S. 47). Das IFG Bund und die Gesetze der anderen Länder kommen ohne eine entsprechende ausdrückliche Ausnahme aus.

21. Nummer 21 (medizinische Behandlungen)

85 Die Regelung sollte im Lauf des Gesetzgebungsverfahrens ursprünglich vor allem sicherstellen, dass bei einer Transparenzpflicht der Universitätsklinika und anderer Krankenhäuser **keine individuellen Patientendaten** der Transparenzpflicht unterliegen, ohne dass es dazu jeweils eines Rückgriffs auf § 6 Abs. 1 bedarf. Nachdem die Universitätsklinika sowie andere Krankenhäuser der Transparenzpflicht ebenso wie Schulen und Hochschulen in der endgültigen Fassung des Gesetzes nur noch sehr eingeschränkt unterliegen (vgl. § 4 Abs. 3 Nr. 7), hätte es dieser Ausnahme im Grund nicht mehr bedurft. Im Übrigen dürften Informationen über medizinische Behandlungen regelmäßig unter das Sozialgeheimnis gem. § 35 SGB I i. V. m. §§ 67 ff SGB X fallen (vgl. dazu die Erläuterungen unter Rn. 53).

22. Nummer 22 (Beteiligungsunternehmen)

86 In Nummer 22 wird für alle **Beteiligungsunternehmen** des Freistaates Sachsen – ohne Rücksicht auf die Beteiligungsquote – eine sehr weitgehende Ausnahme festgeschrieben. Lediglich der schon vor Inkrafttreten des Gesetzes jährlich erstellte Beteiligungsbericht muss gem. § 8 Absatz 1 Nummer 17 auf die Transparenzplattform eingestellt werden (tatsächliche Übung)[109], ebenso wie etwaige andere, dort genannte Arten von Informationen. Damit wird das staatliche Handeln in privatrechtlicher Form privilegiert. Insbesondere bei Mehrheitsbeteiligungen oder gar bei einer 100 %igen Trägerschaft des Freistaates ist dafür kein sachlicher Grund ersichtlich; in der Gesetzesbegründung (LT-Drs. 7/8517 S. 47) wird ein solcher gar nicht erst genannt. Die Ausnahme führt unter anderem dazu, dass nicht offenbart werden muss, welche Vergütungen von diesen Unternehmen und damit mittelbar vom Freistaat Sachsen gezahlt werden. Das steht in einem Wertungswiderspruch dazu, dass die Besoldung der Beamten an Hand der Dienstbezeichnung und der Besoldungsgesetze von jedermann vergleichsweise leicht nachvollzogen werden kann.

23. Rechtsmissbräuchliche Antragstellung

87 Nicht in § 5, sondern etwas versteckt in **§ 12 Abs. 3 Satz 2** ist geregelt, dass ein Antrag weiter dann abzulehnen ist, wenn er offensichtlich missbräuchlich gestellt wurde (vgl. dazu § 12 Rn. 53).

II. Absatz 2

1. Satz 1 (Darstellung von Gegenstand und Titel einer Information)

88 Nach Absatz 2 Satz 1 sind wenigstens Gegenstand und Titel einer Information darzustellen, wenn ein spezielleres oder höherrangiges Gesetz die Transparenz einer Information verbietet, die Veröffentlichung oder den Informationszugang von Gegenstand und Titel der Information jedoch erlaubt. Die Norm gilt nicht für die Ausnahmetatbestände des § 5, gemeint sind hier vielmehr Verbote und Anforderungen außerhalb des Transpa-

109 Sollte diese tatsächliche Übung eingestellt werden, würde § 8 Abs. 1 Nr. 16 eingreifen.

renzgesetzes (Begründung zum Gesetzenwurf, LT-Drs. 7/8517, S. 47), vgl. zu Anwendungsfällen die Erläuterungen unter Rn. 48 ff., Rn. 91 ff.)

Ob eine solche Konstellation vorliegt, ist im Einzelfall zu prüfen, sehr häufig dürfte dies 89
nicht der Fall sein. Je aussagekräftiger Gegenstand und Titel sind, je eher dürfte auch deren Darstellung dem Verbot widersprechen.

2. Satz 2 (Einschränkungen durch höherrangige oder speziellere Gesetze)

Die Vorschrift muss im Zusammenhang mit § 1 Abs. 2 gesehen werden, wonach *weiter* 90
gehende Ansprüche nach anderen Vorschriften unberührt bleiben. Zu Absatz 2 Satz 2 heißt es in der Begründung (LT-Drs. 7/8517, S. 47), die Vorschrift gewähre größtmögliche Transparenz, soweit höherrangiges Recht oder spezialgesetzliche Vorschriften dies erlaubten. Diese Wertung stimmt indes mit dem Regelungsgehalt der Vorschrift nur bedingt überein. Greifen Transparenzverbote oder -beschränkungen nach höherrangigem oder speziellerem Recht nicht ein, dürfte in aller Regel bereits nach diesen Vorschriften ein Informationszugang zu gewähren sein, ohne dass es eines Auffanganspruchs nach dem Transparenzgesetz bedarf.[110] Die Vorschrift stellt – ganz im Gegenteil – klar, dass Veröffentlichungsverbote oder -beschränkungen nicht durch das Transparenzgesetz im Sinne eines gesetzes- oder bereichsübergreifenden Mindeststandards unterlaufen werden sollen.[111] Im Zusammenspiel zwischen § 1 Abs. 2 und § 5 Abs. 2 Satz 2 wird damit – abgesehen von der Klarstellung in Bezug auf § 29 VwVfG (vgl. dazu Rn. 93) – letztlich *im Ergebnis* dasselbe erreicht wie durch die erheblich übersichtlicheren Regelungen etwa in § 1 Abs. 3 IFG Bund oder § 2 Abs. 3 LTranspG RP. Spezialgesetzliche Regelungen gehen vor, wenn sie weiter gehende Ansprüche regeln, kraft der Transformationsvorschrift in § 5 Abs. 2 Satz 2 wird dieses Ergebnis aber auch dann erzielt, wenn für den Informationsanspruch abschließend strengere Voraussetzungen normiert sind; eine Aufstockung durch das Transparenzgesetz findet dann nicht statt.

Handelt es sich um **bundesrechtliche Regelungen**, ist Absatz 2 Satz 2 ohnehin nur 91
deklaratorisch. Diese gehen gem. Art. 31 GG kompetenzrechtlich vor, soweit sie eine abschließende Regelung treffen. Das ist zum Beispiel bei § 40 des Lebensmittel-, Bedarfsgegenstände- und Futtermittelgesetzbuchs ebenso der Fall wie bei § 165 GWB, während das Verbraucherinformationsgesetz in § 2 Abs. 4 klarstellt, dass es gegenüber weiter gehenden Informationsansprüchen zurücktritt.

Bei **landesrechtlichen Regelungen**, die eigenständige, abschließende und bereichsspezi- 92
fische Regelungen über den Informationszugang enthalten, kollidiert bei der Frage des Vorrangs die lex posterior-Regel mit der lex specialis-Regel.[112] § 5 Abs. 2 Satz 2 löst diesen Konflikt zugunsten der Letzteren, wenn die spezielle Regelung den Informationszugang stärker beschränkt. Weiter gehende Regelungen gehen nach § 1 Abs. 2 vor. Ansonsten überträgt Absatz 2 Satz 2 die – abweichenden – Voraussetzungen, was im Ergebnis auf dasselbe hinausläuft. Es ist jeweils eine Vergleichsbetrachtung im Einzelfall nach Maßgabe des Vergleichs des sachlichen Regelungsgegenstandes[113] vorzunehmen, ob oder welche der Regelungen Vorrang beansprucht. Das ist der Fall u.a. bei §§ 9 ff.

110 Berlit, SächsVBl. 2023, 93 (100).
111 Berlit, SächsVBl. 2023, 93 (100).
112 Berlit, SächsVBl. 2023, 93 (94).
113 Berlit, SächsVBl. 2023, 93 (94).

des Sächsischen Archivgesetzes[114], §§ 18 f. SächsStatG und § 8 Sächsisches Geodateninfrastrukturgesetz.

93 Für das Verhältnis des **verwaltungsverfahrensrechtlichen Akteneinsichtsrechts** der Beteiligten (§ 29 VwVfG i. V. m. § 1 Abs. SächsVwVfZG; § 30 SGB X), greift § 1 Abs. 2 die bundesrechtliche Rückausnahme vom Vorrang speziellerer Regelungen nicht auf (§ 1 Abs. 3 VwVfG). Gleichwohl ist eine parallele Anwendung des SächsTranspG nicht ausgeschlossen.[115] Allerdings wird schon zu § 1 Abs. 3 IFG Bund vertreten, die dort getroffene Regelung der Rückausnahme sei entbehrlich und nur deklaratorisch, weil § 29 VwVfG mangels verdrängender Spezialität ohnehin keinen Vorrang entfalte.[116] Dem ist zu folgen, weil § 29 einen ganz anderen Gegenstand regelt: Die Norm erfasst nur Verfahrensbeteiligte und gibt einen Anspruch in die vollständigen Akten mit persönlichen Daten. Dadurch kann der Transparenzanspruch für jedermann mit eigenen Voraussetzungen und einem durch § 6 sehr eingeschränkten Inhalt nicht ausgeschlossen werden, beide Vorschriften stehen vielmehr unabhängig nebeneinander (vgl. auch § 1 Rn. 29 f.).

94 Eine Konkurrenz zum **SächsUIG** kann wegen der Regelung zum Informationsbegriff in § 3 nicht auftreten. Ansprüche nach **§ 4 SächsPresseG** stehen selbständig neben dem Transparenzanspruch.

95 Absatz 2 Satz 2 meint nur solche Vorschriften, die ihrerseits einen Informationszugang regeln. Nicht erfasst sind spezielle, nur punktuelle Vertraulichkeitsvorschriften wie Berufs- oder besondere Amtsgeheimnisse; diese sind nur durch Absatz 1 erfasst[117], vgl. dort insbesondere die Nummer 11 und die Erläuterungen unter Rn. 48 ff.

96 In Bezug auf spezialgesetzliche oder höherrangige **Löschungsfristen**, zu denen mittelbar auch Regelungen über die **Dauer der Veröffentlichung** gehören, findet sich eine entsprechende Vorschrift in § 9 Abs. 2 Satz 2.

III. Absatz 3

97 Absatz 3 regelt die Fälle, in denen Informationen **nur teilweise** nicht veröffentlicht oder nicht zugänglich gemacht werden können. In diesen Fällen ist der von dem Verbot nicht betroffene Teil zu veröffentlichen oder zugänglich zu machen. Der Verweis auf § 6 Abs. 1 Satz 2 ist, nimmt man ihn wörtlich, überflüssig.[118] Die Vorschrift ist – ebenso wie § 6 insgesamt – ohnehin in aller Regel neben § 5 zu beachten (vgl. dazu Rn. 1 und § 6 Rn. 4). Hingegen fehlt in § 5 eine § 6 Abs. 1 Satz 2 entsprechende Regelung für den Fall, dass kein Informationsgehalt mehr verbleibt. Es ist indes kein sachlicher Grund dafür ersichtlich, dass eine „Information ohne Informationsgehalt" nur nach Unkenntlichmachung personenbezogener Daten vermieden werden soll, nicht aber nach Anwendung der Ausnahmen auf Grund von § 5. Insoweit könnte man daran denken, Absatz 3 als eine Art Rechtsfolgenverweisung zu verstehen, wenngleich der Wortlaut der Vor-

---

114 Vgl. zu § 5 BArchG OVG Berlin-Brandenburg, Urt. v. 16.01.2014 – OVG 12 B 50.09 –, juris Rn. 36, dieser Aspekt bleibt von dem nachgehenden Urteil des BVerwG vom 17.3.2016 – 7 C 2.15 –, unberührt.

115 Anders wohl die Begründung zum Gesetzentwurf LT-Drs. 7/8517, S. 40 f.

116 Schoch, § 1 Rn. 381; Sitsen, Informationsfreiheitsgesetz, S. 65 f.; Scheel, in: Berger/Partsch/Roth/Scheel, § 1 Rn. 119; für den inhaltsgleichen § 4 Abs. 2 IFG NRW OVG NRW, Beschl. v. 31.1.2005 – 21 E 1487/04 –, juris Rn. 19 ff.

117 A.A. die Begründung zum Gesetzentwurf LT-Drs. 7/8517, S. 47.

118 Die Begründung zu dieser Vorschrift wiederholt nur den Gesetzestext.

schrift mit der Formulierung „vorbehaltlich" dies nicht nahelegt. Jedenfalls sollte erwogen werden, § 6 Abs. 1 Satz 2 analog anzuwenden.

§ 6
Schutz von Belangen Dritter

(1) [1]Die transparenzpflichtigen Stellen machen personenbezogene Daten in den Informationen unkenntlich, bevor sie die Informationen veröffentlichen oder auf Antrag zugänglich machen. [2]Verbleibt nach der Unkenntlichmachung der personenbezogenen Daten kein Informationsgehalt, werden die Informationen nicht veröffentlicht oder zugänglich gemacht. [3]§ 8 Absatz 1 Nummer 12 und 15 sowie § 11 Absatz 4 und 5 Satz 2 bleiben unberührt.

(2) [1]Die transparenzpflichtigen Stellen geben Dritten, deren schutzwürdige Belange durch die Veröffentlichung oder den Informationszugang auf Antrag beeinträchtigt werden können, Gelegenheit zur Stellungnahme. [2]Die Veröffentlichung oder der Informationszugang auf Antrag darf erst erfolgen, wenn

1. die Dritten zugestimmt haben oder
2. ein schriftlicher Bescheid der transparenzpflichtigen Stelle über die Zulässigkeit der Veröffentlichung oder des Informationszugangs auf Antrag den Dritten gegenüber
   a) bestandskräftig ist oder
   b) sofort vollziehbar ist und seit der Bekanntgabe des Bescheids an die Dritten zwei Wochen verstrichen sind.

(3) [1]Können schutzwürdige Belange einer größeren Anzahl von Personen beeinträchtigt werden, kann die Anhörung nach Absatz 2 Satz 1 durch öffentliche Bekanntmachung erfolgen. [2]§ 6 Absatz 1a Satz 3 bis 5 des Sächsischen Umweltinformationsgesetzes gilt entsprechend.

Erläuterungen:

Übersicht Rdnr.

§ 6 enthält **zwei zentrale Regelungen**: Absatz 1 regelt den Datenschutz. Dabei handelt es sich um eine Einschränkung des Transparenzanspruchs für personenbezogene Daten. Absatz 2 ist die zentrale Norm zum Verfahren, wenn Belange Dritter beeinträchtigt werden können. Hinsichtlich Datenschutz und dem Verfahren dazu bei der Erfüllung der Informationspflicht ist § 11 Abs. 4 spezieller und damit vorrangig zu beachten (vgl. § 11 Rn. 26). 1

I. Datenschutz (Absatz 1)

2 Das Grundrecht auf informationelle Selbstbestimmung (Art. 2 Abs. 1 i. V. m. Art. 1 Abs. 1 GG) bzw. das Recht auf Datenschutz (Art. 33 SächsVerf) steht im natürlichen Widerstreit zu mehr Transparenz. Dieses Verhältnis ist klärungsbedürftig. Der Gesetzgeber hat sich an § 4 Abs. 1 Satz 1 HmbTG orientiert, allerdings eine allgemeine Regelung getroffen, die nicht nur die Veröffentlichung betrifft, sondern auch die Information auf Antrag. Die Vorschrift räumt dem Datenschutz – abgesehen von wenigen Ausnahmen – den **Vorrang** ein. Der Gesetzgeber ist damit aus datenschutzrechtlicher Sicht einen sehr sicheren Weg gegangen, nimmt dafür aber Praxisprobleme und einen hohen Verwaltungsaufwand in Kauf. Die Regelung verstärkt die Informationsverluste, die durch den Ausschluss von behördeninterner Kommunikation und Vermerken nach § 3 Satz 2 vom Informationsbegriff bewirkt wird (näher § 3 Rn. 19 ff.), und konterkariert einen der wesentlichen Zwecke rechtsstaatlicher Aktenführung, den behördlichen Arbeits- und Entscheidungsgang vollständig nachvollziehbar zu dokumentieren, also auch hinsichtlich der involvierten Personen.[1] Diese Absolutheit ist nicht in jedem Fall sachgerecht und sollte zumindest vorbehaltlich einer Einwilligung verstanden werden (näher Rn. 6).

3 Die Vorschrift ist **in drei Sätze untergliedert**. Satz 1 regelt den Grundsatz, dass personenbezogene Daten unkenntlich zu machen sind. Satz 2 erweitert diese Einschränkung auf die übrige Information, wenn kein Informationsgehalt verbleibt. Satz 3 listet Ausnahmen vom Grundsatz der Unkenntlichmachung nach Satz 1 auf.

1. Unkenntlichmachung personenbezogener Daten als Grundsatz (Satz 1)

4 Satz 1 regelt den generellen Umgang mit personenbezogenen Daten. Sie sind von den transparenzpflichtigen Stellen unkenntlich zu machen. Diese ausdrückliche Handlungsanweisung unterscheidet die Vorschrift von den **Ausnahmen gemäß § 5 Abs. 1**. Der Gesetzgeber macht damit deutlich, dass Informationen mit personenbezogenen Daten der Transparenzpflicht unterfallen, dass die personenbezogenen Daten aber grundsätzlich dennoch nicht veröffentlicht oder auf Antrag zugänglich gemacht werden. Beide Vorschriften sind gesondert zu prüfen, wobei § 6 Abs. 1 Satz 1 nur zur Anwendung gelangt, soweit die Transparenzpflicht besteht, also insbesondere keine Ausnahme nach § 5 Abs. 1 gilt. Im Umgang mit personenbezogenen Daten und den Ausnahmen nach § 5 Abs. 1 dürfte sich aber für die transparenzpflichtigen Stellen in der Regel kein Unterschied ergeben. Insbesondere regelt § 5 Abs. 3 allgemein, dass die übrige Information zu veröffentlichen oder auf Antrag zugänglich zu machen ist, sofern sich eine Ausnahme nur auf einen Teil der Information bezieht (näher § 5 Rn. 97). Damit hat die transparenzpflichtige Stelle entsprechend der ausdrücklichen Handlungsanweisung zur Unkenntlichmachung personenbezogener Daten auch nur diejenigen Informationsteile unkenntlich zu machen, für welche eine Ausnahme nach § 5 Abs. 1 gilt. Die Information im Übrigen ist aber in beiden Fällen zu veröffentlichen oder auf Antrag zugänglich zu machen (zur Ausnahme nach Satz 2 s. Rn. 8 ff.). Ein Unterschied dürfte aber in der Praxis darin bestehen, dass personenbezogene Daten in der Regel lediglich kleine Teile einer Information betreffen, die Ausnahmen nach § 5 Abs. 1 eher umfassende.

5 Was **personenbezogene Daten** sind, bestimmt Art. 4 Nr. 1 DSGVO. Hieran knüpft das Gesetz allein durch die Verwendung des Begriffs der personenbezogenen Daten an.

---

1 Berlit, SächsVBl. 2023, 93 (100).

Auch die Gesetzesbegründung erläutert den Begriff anhand der Datenschutz-Grundverordnung (LT-Drs. 7/8517 S. 48). Personenbezogene Daten sind danach alle Informationen, die sich auf eine identifizierte oder identifizierbare natürliche Person beziehen. Als identifizierbar wird eine natürliche Person angesehen, die direkt oder indirekt, insbesondere mittels Zuordnung zu einer Kennung wie einem Namen, zu einer Kennnummer, zu Standortdaten, zu einer Online-Kennung oder zu einem oder mehreren besonderen Merkmalen, die Ausdruck der physischen, physiologischen, genetischen, psychischen, wirtschaftlichen, kulturellen oder sozialen Identität dieser Person sind, identifiziert werden kann.

Damit ist die **Definition sehr weit**. Die Ausnahmen hingegen beschränken sich auf die 6
wenigen in Satz 3 genannten Fälle. Im Übrigen ist die Pflicht zur Unkenntlichmachung ausnahmslos formuliert, ohne Möglichkeit einer Schutzbedarfsgewichtung oder Interessenabwägung, und besteht dem Wortlaut nach selbst dann, wenn die Betroffenen in eine Veröffentlichung einwilligen[2] oder ein Interesse daran haben, dass ihre Arbeit in der Öffentlichkeit wahrgenommen wird.[3] Zu schwärzen sind zum Beispiel die personenbezogenen Daten in Protokollen von öffentlichen Sitzungen, obwohl § 8 Abs. 1 Nr. 5 eine entsprechende Veröffentlichungspflicht vorsieht (näher § 8 Rn. 17 ff.). Gleiches trifft aber auch auf Namen von Regierungsmitgliedern für von diesen zu verantwortende Dokumente zu, obwohl allgemein bekannt oder einfach ermittelbar ist, wer wann welchen Posten innehatte.[4] Streng genommen dürften solche Dokumente nicht veröffentlicht oder auf Antrag zugänglich gemacht werden, soweit der Personenbezug durch Schwärzung nicht zu beseitigen ist.[5] In der Hamburgischen Praxis wurden jedoch Ausnahmen gemacht, zumindest für Personen, die keinerlei Benachteiligung fürchten müssen, also vor allem Senatorinnen, Senatoren, Staatsrätinnen und Staatsräte.[6] Dies kann auf sächsische **Regierungsmitglieder und die Staatssekretärsebene** übertragen werden. Das Amt bringt eine solche Beeinträchtigung zwangsläufig mit sich. Geradezu absurd wird das Ergebnis, wenn man bedenkt, dass auch Literaturnachweise in den Fußnoten wissenschaftlicher Texte zu anonymisieren wären.[7] Ferner wären Informationen zu schwärzen, die an anderer Stelle im Internet vollständig veröffentlicht sind, da für diese anderweitigen Veröffentlichungen nicht die rigide Vorgabe von Satz 1 gilt.[8] Auch in diesen beiden Fällen erscheint eine einschränkende Auslegung der Vorschrift ausgesprochen sinnvoll, ist aber wegen des klaren Wortlauts der Norm sowie des Anwendungsvorrangs des Unionsrechts schwer begründbar (vgl. Rn. 13 ff.).[9] Eine **Lösung** besteht jedenfalls in der Erteilung einer datenschutzrechtlichen Einwilligung (näher § 11

2 Berlit, SächsVBl. 2023, 93 (100).
3 Maatsch/Schnabel, § 4 Rn. 8.
4 Maatsch/Schnabel, § 4 Rn. 8.
5 So ist wohl die Gesetzesbegründung zu § 4 Abs. 1 Satz 1 HmbTG zu verstehen, Bü-Drs. 20/4466 S. 16: „Sollte im Einzelfall eine Anonymisierung in keiner Weise möglich sein, so wird von der Veröffentlichungspflicht abzusehen sein."
6 HmbBfDI, Tätigkeitsbericht Informationsfreiheit 2018/2019, S. 11, der dies – datenschutzrechtlich wohl mit einer Einwilligung begründet – als richtig erachtet.
7 Maatsch/Schnabel, § 4 Rn. 8.
8 Vgl. Maatsch/Schnabel, § 4 Rn. 8.
9 So aber mit guten Gründen Berlit, SächsVBl. 2023, 93 (100), der grundlegenden Überarbeitungsbedarf sieht und sich bis dahin für eine – wie er selbst einräumt, methodologisch grenzwertige – teleologische Reduktion oder eine erweiternde Auslegung der in Satz 3 in Bezug genommenen Regelungen ausspricht, nach der in Fällen des mutmaßlichen oder konkludenten Einverständnisses, offensichtlich fehlenden Schutzbedarfes oder gegebener Allgemeinkundigkeit der Information eine Unkenntlichmachung unterbleiben darf.

Rn. 32).[10] Für die Information auf Antrag sieht § 11 Abs. 4 Satz 1 Nr. 2, Satz 2 und Abs. 5 Satz 2 die Einwilligungsfähigkeit ohnehin vor (näher § 11 Rn. 30 ff., 40 f. und 46).[11] Dies auch auf die Veröffentlichung zu übertragen, entsprach bereits vor der Reform dort der Hamburgischen Verwaltungspraxis und wurde vom Hamburgischen Beauftragten für Datenschutz und Informationsfreiheit gebilligt.[12]

7 Die transparenzpflichtigen Stellen haben die **sichere Unkenntlichmachung** zu verantworten. Wie diese zu erfolgen hat, dazu enthält das Gesetz keine Vorgaben. Die **Anonymisierung** ist der einfachste Weg, um Abwägungen und die Einholung von Einwilligungen zu vermeiden, die sowohl langwierig sind als auch entsprechende Gebührenfolgen auslösen können.[13] Die ausreichende formale Anonymisierung geschieht durch Weglassen oder Entfernen des Namens und anderer unmittelbar identifizierender Merkmale, sodass die Identifizierung nicht mehr mit vernünftigerweise zu erwartendem Aufwand zu erreichen ist.[14] Um ein Rückgängigmachen bei elektronischen Dokumenten zu verhindern, sollten Bilddateien mit nur einer Ebene verwendet werden (.bmp oder .jpeg).[15] Ist die betroffene Person bekannt, kann eine Anonymisierung keinen Schutz bieten und die Veröffentlichung oder Informationsgewährung auf Antrag hat zu unterbleiben, es sei denn, die Herausgabe personenbezogener Daten ist ausnahmsweise zulässig.[16] Zur Unkenntlichmachung sollte es eine einheitliche technische Lösung geben. Solange nicht bereits bei der Texterstellung oder Übernahme von Fremdtexten in die Verwaltungsakten durch entsprechende maschinenlesbare Aufbereitung die unkenntlich zu machenden personenbezogenen Daten gekennzeichnet werden, um automatisiert „geschwärzt" werden zu können, bedarf es stets der „händischen" Durchsicht und Unkenntlichmachung.[17] Eine Ausnahme von der Transparenzpflicht wegen im Einzelfall hohen Verwaltungsaufwands sieht das Gesetz nicht vor. Wegen der Gesetzesbindung der Verwaltung ist der zu bewältigende Verwaltungsaufwand als Folge der gesetzlichen Regelung hinzunehmen.[18]

2. Information ohne Informationsgehalt (Satz 2)

8 Satz 2 **erstreckt die Beschränkung nach Satz 1** auf die Information insgesamt, wenn nach der Unkenntlichmachung kein Informationsgehalt verbleibt. Die Vorschrift gilt ihrem Wortlaut und ihrer systematischen Stellung nach nur, soweit personenbezogene Daten unkenntlich gemacht wurden und nicht, wenn ein Teil der Information wegen einer Ausnahme nach § 5 Abs. 1 nicht veröffentlicht oder auf Antrag zugänglich gemacht wird (zur Frage der analogen Anwendung s. § 5 Rn. 97). Die Vorschrift ist

---

10 Maatsch/Schnabel, § 4 Rn. 8 bereits, bevor die Einwilligung in § 4 Abs. 1 Satz 2 Nr. 6 HmbTG ausdrücklich als Ausnahme vom Grundsatz der Unkenntlichmachung geregelt worden ist.

11 Berlit, SächsVBl. 2023, 93 (100) sieht darin eine Milderung der Problematik, aber keine Beseitigung.

12 Maatsch/Schnabel, § 4 Rn. 18; vgl. auch HmbBfDI, Tätigkeitsbericht Informationsfreiheit 2018/2019, S. 11.

13 Maatsch/Schnabel, § 4 Rn. 78.

14 Ziebarth, in: Sydow/Marsch, Art. 4 DSGVO Rn. 30 f. m. w. N.

15 Maatsch/Schnabel, § 4 Rn. 78.

16 Maatsch/Schnabel, § 4 Rn. 78; s. zu den Ausnahmen Rn. 12.

17 Berlit, SächsVBl. 2023, 93 (100).

18 Schoch, § 8 Rn. 52; s. auch OVG Berlin-Brandenburg, Urt. v. 5.10.2010 – OVG 12 B 5.08 –, juris Rn. 38, wonach allein der Hinweis auf einen Umfang von 250 Seiten nicht die Annahme eines so großen Aufwands rechtfertigt, dass er von vornherein unterbleiben könnte; VG Berlin, Urt. v. 11.11.2010 – 2 K 35.10 –, juris Rn. 38, wonach auch Informationen in 308 Ordnern zu je 400 Blatt zu sichten sind.

bundesweit einzigartig. Ihr Zweck ist einerseits, dass sinnentleerte Informationen nicht der Transparenzpflicht unterfallen. Andererseits zielt sie ersichtlich auf eine Verfahrenserleichterung bei den transparenzpflichtigen Stellen ab.

Eine **Information ohne Informationsgehalt** ist zwar nicht im Wortsinn, wohl aber nach den gesetzlichen Bestimmungen denkbar. Denn § 3 Satz 1 definiert die Information als Aufzeichnung, die dienstlichen Zwecken dient (näher § 3 Rn. 7 ff.). Werden die personenbezogenen Daten einer solchen Aufzeichnung unkenntlich gemacht, sodass von der Information – abgesehen von Schwärzungen – nichts mehr erkennbar ist, liegt trotzdem eine Information im Sinne des § 3 Satz 1 vor. 9

Die Vorschrift ist als Erweiterung der Beschränkung für personenbezogene Daten nach Satz 1 **eng auszulegen**. Hierfür spricht auch § 1 Abs. 3 Satz 1, der die Transparenz zur Leitlinie für das Handeln der Verwaltung erhebt. Schließlich ist § 6 Abs. 1 Satz 2 auch eine Abweichung von § 5 Abs. 3, nach dem die übrige Information zu veröffentlichen oder auf Antrag zugänglich zu machen ist, sofern eine Information nur teilweise nicht veröffentlicht oder auf Antrag zugänglich gemacht werden darf. § 6 Abs. 1 Satz 2 soll nur die unnötige Bereitstellung inhaltsleerer geschwärzter Dokumente verhindern. Die Beschränkung darf daher nicht auf die Information insgesamt erstreckt werden, wenn irgendein Informationsgehalt verbleibt. Andererseits darf auch nicht jeder verbliebene Inhalt dazu führen, dass die Vorschrift nicht zur Anwendung gelangt, da sie ansonsten leerlaufen würde. Von einem verbliebenen Informationsgehalt ist insbesondere auszugehen, wenn die Information noch Wörter oder Angaben enthält, die im verbliebenen Zusammenhang einen Sinn ergeben. Es ist auch denkbar, dass gerade aus einer Schwärzung Erkenntnisse gewonnen werden können, zum Beispiel aus dem Verhältnis des Umfangs der Schwärzung zur Information insgesamt. 10

§ 5 Abs. 3 enthält einen ausdrücklichen Vorbehalt zugunsten des § 6 Abs. 1 Satz 2. Damit wird zumindest klargestellt, dass hiervon abweichend gemäß § 6 Abs. 1 Satz 2 eine Teilinformation nicht veröffentlicht oder auf Antrag zugänglich gemacht werden muss (vgl. aber § 5 Rn. 97). 11

3. Ausnahmen von der Unkenntlichmachung (Satz 3)

Satz 3 fasst die Vorschriften des Gesetzes zusammen, nach denen **abweichend von Satz 1** ausnahmsweise personenbezogene Daten veröffentlicht oder auf Antrag zugänglich gemacht werden dürfen. Das sind die Veröffentlichungstatbestände § 8 Abs. 1 Nr. 12 (Name der verfassenden Person von Gutachten, Studie oder Bericht) und Nr. 15 (Förderinformationen) sowie die Regelungen § 11 Abs. 4 und 5 Satz 2 (jeweils einzelne personenbezogene Daten auf Antrag). Die Vorschrift ist **abschließend** formuliert und an sich – ob ihres klaren Wortlauts – einer erweiternden Auslegung nicht zugänglich; auch eine analoge Anwendung erscheint ausgeschlossen (s. aber Rn. 6). Nach der Gesetzesbegründung soll sie aber nur klarstellend sein (LT-Drs. 7/8517 S. 48), also nicht konstitutiv. Die Vollständigkeit der Aufzählung kann daher diskutiert werden.[19] Anlass zu entsprechenden Überlegungen besteht, weil hier Vorschriften des Gesetzes nicht genannt werden, für die eine Ausnahme ebenfalls ausgesprochen sinnvoll gewesen wäre, zum Beispiel § 4 Abs. 3 Satz 1 Nr. 7 (Namen von Drittmittelgebern, näher § 4 Rn. 41). 12

19 VG Hamburg, Urt. v. 16.1.2020 – 17 K 3920/19 –, juris Rn. 32 sieht § 3 Abs. 1 Nr. 15 HmbTG auch als eine in der Ausnahmenliste des § 4 Abs. 1 Satz 2 HmbTG unerwähnte Sonderregelung.

13 Die **Vorschriften** und die auf ihnen beruhenden **Datenverarbeitungen** sind an der – Anwendungsvorrang genießenden – **Datenschutz-Grundverordnung zu messen.** Daran ändert auch nichts, dass die Regelungen unter die Öffnungsklausel des Art. 86 DSGVO fallen.[20] Nach **Art. 86 DSGVO** können personenbezogene Daten in amtlichen Dokumenten, die sich im Besitz einer Behörde oder einer öffentlichen Einrichtung oder einer privaten Einrichtung zur Erfüllung einer im öffentlichen Interesse liegenden Aufgabe befinden, von der Behörde oder der Einrichtung gemäß Gesetz offengelegt werden, um den Zugang der Öffentlichkeit zu amtlichen Dokumenten mit dem Recht auf Schutz personenbezogener Daten gemäß der Datenschutz-Grundverordnung in Einklang zu bringen. Die Vorschrift stellt klar, dass ungeachtet der Vorgaben der Datenschutz-Grundverordnung eine Offenlegung von Dokumenten nach nationalem Recht auch dann möglich ist, wenn diese personenbezogene Daten enthalten.[21] Gemäß Art. 86 DSGVO hat sich der Gesetzgeber beim Ausgleich des Rechts auf Informationszugang und des Rechts auf Datenschutz uneingeschränkt an die Vorgaben der Datenschutz-Grundverordnung zu halten.[22] Eine Einschränkung kommt nur in Betracht, soweit dies erforderlich ist, um das Recht auf Informationszugang nicht ins Leere laufen zu lassen.[23] Dass der Zugang der Öffentlichkeit zu amtlichen Dokumenten als öffentliches Interesse betrachtet werden kann, legitimiert es für sich allein nicht, dem Zugang zu amtlichen Dokumenten den Vorrang vor dem Recht auf Schutz personenbezogener Daten einzuräumen.[24]

14 Datenschutzrechtlicher Maßstab der in Satz 3 gennannten Rechtsgrundlagen, ebenso für die weiteren unbenannten Ausnahmen, soweit sie nicht mit einer Einwilligung begründet werden (s. dazu Rn. 6, 12), ist daher **Art. 6 Abs. 3 Satz 2 DSGVO**. Danach müssen die Rechtsgrundlagen im Fall von Art. 6 Abs. 1 UAbs. 1 Buchst. e DSGVO für die Erfüllung einer Aufgabe erforderlich sein, die im öffentlichen Interesse liegt oder in Ausübung öffentlicher Gewalt erfolgt, die dem Verantwortlichen übertragen wurde. In der Sache stellt diese Vorschrift auf die Zweckbindung der Verarbeitung ab, bedingt aber nicht, dass die Rechtsgrundlagen ausdrücklich die Zwecke festlegen müssen, die für die Erfüllung einer dem Verantwortlichen übertragenen Aufgabe notwendig sind, sofern die Rechtsgrundlagen die Aufgabenübertragung auf die betreffende öffentliche Stelle festlegen und die Verarbeitung für die Erfüllung dieser Aufgabe erforderlich ist.[25] Weiterhin sieht **Art. 6 Abs. 3 Satz 4 DSGVO** vor, dass die Rechtsgrundlagen ein im öffentlichen Interesse liegendes Ziel verfolgen und in einem angemessenen Verhältnis zu dem verfolgten legitimen Zweck stehen müssen. Die Vorschriften müssen also verhältnismäßig sein.

15 **Durchgreifende datenschutzrechtlichen Bedenken bestehen nicht.** Das gilt auch für die diskutierten unbenannten Ausnahmen (Rn. 6, 12). Die Datenverarbeitung in den in Satz 3 genannten Fällen ist erforderlich, um die Transparenzpflicht zu erfüllen. Sie dient angemessen dem legitimen Zweck, die Transparenz des Verwaltungshandelns zu erhöhen. Auch eine entsprechende Zweckänderung ist zulässig, weil sie Art. 86 DSGVO

---

20 Nach BVerfG, Beschl. v. 6.11.2019 – 1 BvR 16/13 –, juris Rn. 49, 63 führt der damit geschaffene Gestaltungsspielraum dazu, dass nicht nur das Unionsrecht zu beachten ist, sondern zusätzlich auch das nationale Verfassungsrecht.
21 Ehmann, in: Ehmann/Selmayr, Art. 86 Rn. 6.
22 So die überzeugende h. M., vgl. Bienemann, in: Sydow/Marsch, Art. 86 DSGVO Rn. 12.
23 Ehmann, in: Ehmann/Selmayr, Art. 86 Rn. 12.
24 Ehmann, in: Ehmann/Selmayr, Art. 86 Rn. 12.
25 Heberlein, in: Ehmann/Selmayr, Art. 6 Rn. 43.

voraussetzt. Das Gesetz ist auf wenige, klar geregelte Ausnahmen beschränkt. **§ 8 Abs. 1 Nr. 12** verpflichtet in bestimmten Fällen zur Veröffentlichung des Namens der verfassenden Person von Gutachten, Studien und Berichten. Da diese von einer transparenzpflichtigen Stelle beauftragt worden sein müssen oder in Verbindung mit einer ihrer Entscheidungen stehen müssen, ist von einem überwiegenden öffentlichen Interesse an dem Namen auszugehen. Nach **§ 8 Abs. 1 Nr. 15 Buchst. b** sind Namen von natürlichen Personen nur zu veröffentlichen, wenn sie gewerblich gehandelt haben und nur bei einer Förderung ab einem Betrag von 10 000 Euro. Bei Zuwendungen in dieser Höhe konnte der Gesetzgeber ebenfalls von einem überwiegenden öffentlichen Interesse daran ausgehen, für wen die öffentlichen Mittel verwendet werden. Bei Kleinzuwendungen unter 2 500 Euro wird zudem nichts veröffentlicht. **§ 11 Abs. 4 und 5 Satz 2** begegnet ebenfalls keinen datenschutzrechtlichen Bedenken, weil der Zugang zu personenbezogenen Daten lediglich auf Antrag ermöglicht wird sowie eine Erlaubnisnorm, eine Einwilligung oder eine genügend Raum zur verhältnismäßigen Entscheidung lassende Abwägung im Einzelfall voraussetzt.

Die **Informationspflichten nach der Datenschutz-Grundverordnung** bleiben unberührt. 16
Das Gesetz greift generell nicht in sonstige Pflichten aus Gesetzen mit anderen Regelungsbereichen ein. Soweit nach der Datenschutz-Grundverordnung Informationspflichten bestehen, richten sich diese nach den dortigen Vorgaben. Dies gilt insbesondere für die Pflichten nach den Art. 13 und 14 DSGVO. Art. 14 Abs. 5 Buchst. c DSGVO ist nicht einschlägig. Danach gilt Art. 14 Abs. 1 bis 4 DSGVO nicht, soweit Rechtsvorschriften der Union oder der Mitgliedstaaten geeignete Maßnahmen zum Schutz der berechtigten Interessen der betroffenen Person vorsehen. Solche Rechtsvorschriften enthält das Gesetz aber nicht, auch nicht mit Blick auf Abschnitt 4 zur oder zum Transparenzbeauftragten. Insbesondere sind keine der Datenverarbeitung vorgeschalteten Informationspflichten geregelt.

II. Drittbeteiligung (Absatz 2)

1. Allgemeines

Die Vorschrift regelt das Verfahren zur Beteiligung von Dritten, wenn deren Belange 17
durch die Veröffentlichung oder die Informationsgewährung auf Antrag beeinträchtigt werden können. Es bedarf dieser oder einer ähnlichen Regelung zur Wahrung der schutzwürdigen Rechte Dritter in Abwägung mit dem Transparenzinteresse. Die Vorschrift sichert die materiell-rechtlichen Schutzvorschriften zugunsten Dritter ab und verwirklicht den verfassungsrechtlich geforderten **Grundrechtsschutz durch Verfahren.**[26] Wie die transparenzpflichtigen Stellen das erforderliche Verwaltungsverfahren organisieren, unterfällt ihrer Organisationshoheit. Über Einwände hat die transparenzpflichtige Stelle nach allgemeinen Verfahrensgrundsätzen im Rahmen ihres Abwägungsprozesses zu entscheiden. Bei Drittbetroffenheit ist das in Absatz 2 geschilderte Verwaltungsverfahren, ergänzt durch allgemeine verwaltungsverfahrensrechtliche Regelungen (s. folgende Rn. 18), zu durchlaufen. Nach der Anhörung der Betroffenen ist, wenn eine Veröffentlichung oder Zugänglichmachung erfolgen soll, ein entsprechender Verwaltungsakt jeder betroffenen Person gegenüber zu erlassen.

---

26 Athen, in: Heinemann, S. 276 zu § 13 LTranspG RP; Sicko, in: Gersdorf/Paal, § 8 IFG Bund Rn. 2.

18 Soweit Absatz 2 keine speziellen Regelungen enthält, gelten die **Vorschriften des allgemeinen Verwaltungsrechts** und des Verwaltungsprozessrechts.[27] Das Erfordernis der Bekanntgabe des Bescheids auch an die Dritten folgt beispielsweise allgemein aus § 41 Abs. 1 Satz 1 VwVfG i. V. m. § 1 Satz 1 SächsVwVfZG. Einer eigenen Regelung bedarf es daher nicht.[28] Die Rechtsschutzmöglichkeiten ergeben sich aus den allgemeinen Regelungen der Verwaltungsgerichtsordnung. Durch die Drittbeteiligung wird zugleich ein Verwaltungsverfahren nach § 9 VwVfG i. V. m. § 1 Satz 1 SächsVwVwfZG in Gang gesetzt, wodurch Dritte als Verfahrensbeteiligte ein Recht auf Akteneinsicht nach § 29 VwVfG i. V. m. § 1 Satz 1 SächsVwVwfZG erwerben.[29]

2. Anwendungsbereich

19 Absatz 2 gilt für **sämtliche Drittbelange**. Er behandelt anders als der Absatz 1 nicht nur den Drittbelang Datenschutz. Das folgt aus dem offenen Wortlaut („schutzwürdige Belange") und kann systematisch auch mit der Überschrift „Schutz von Belangen Dritter" begründet werden. Die Vorschrift entspricht damit im Wesentlichen § 8 IFG Bund, ist aber auch an § 13 Abs. 1 Satz 1, Abs. 3 Satz 2 LTranspG RP orientiert. Gemäß **§ 12 Abs. 1 Satz 2** bleibt § 6 Abs. 2 unberührt. Das heißt, die Drittbeteiligung kann nicht wegen einer drohenden Fristversäumnis ausbleiben. Dritte sind auch unabhängig davon zu beteiligen, ob die transparenzpflichtige Stelle die Interessen der Dritten gering gewichtet und zurücktreten lassen will oder nicht.[30]

20 Dritte sind auch zu beteiligen, wenn nach der materiell-rechtlichen Regelung die Veröffentlichung oder der Informationszugang auf Antrag allein von ihrer **Einwilligung abhängt**.[31] Für ihre Beteiligung spricht, dass die Dritten nach Absatz 2 Satz 2 Nummer 1 zustimmen können und in diesem Fall einen umfassenderen Informationszugang ermöglichen. Die entsprechende Frage nach der Zustimmung gebietet der Amtsermittlungsgrundsatz nach § 24 VwVfG i. V. m. § 1 Satz 1 SächsVwVfZG. Schließlich ist Transparenz auch Leitlinie des Handelns der Verwaltung (§ 1 Abs. 3 Satz 1). Das längere Verfahren ist rechtsstaatlich geboten. Die Herbeiführung eines schnelleren Verfahrens hat dabei selbst in der Hand, wer sich von vornherein oder auf Nachfrage durch die transparenzpflichtige Stelle einverstanden erklärt, dass die jeweiligen Informationen der betroffenen Dritten unkenntlich gemacht werden, da das Erfordernis der Drittbeteiligung dann entfällt.[32] Aber auch in Fällen, in denen die transparenzpflichtige Stelle über eine Abwägungsbefugnis verfügt, besteht die Verpflichtung zur Frage nach der Einwilligung, denn diese geht zur Ebnung der Veröffentlichung oder des Informations-

27 So auch die Gesetzesbegründung, s. LT-Drs. 7/8517, S. 48; vgl. auch Vorbem. § 10 Rn. 5; vgl. aber zur Besonderheit beim MDR § 4 Rn. 37.

28 Gleichwohl regeln § 13 Abs. 3 Satz 1 HmbTG, § 13 Abs. 3 Satz 1 Halbsatz 1 LTranspG RP und § 10 Abs. 4 Satz 4 ThürTG die Bekanntgabe an Dritte, aber jeweils nicht ausschließlich.

29 Polenz, in: Brink/Polenz/Blatt, § 8 Rn. 4.

30 Schoch, § 8 Rn. 18 m. w. N.

31 OVG NRW, Urt. v. 10.8.2015 – 8 A 2410/13 –, juris Rn. 88 m. w. N.; Guckelberger, in: Gersdorf/Paal (Anhörung als verfahrensrechtliche Ergänzung), § 5 IFG Bund Rn. 8 jeweils zu § 5 Abs. 1 Satz 1 und § 8 Abs. 1 IFG Bund.; Schoch, § 8 Rn. 41, obwohl es im IFG Bund wie im SächsTranspG keine § 12 Abs. 7 HmbTG vergleichbare Vorschrift gibt. Dort ist geregelt, dass soweit Informationsansprüche etwa wegen entgegenstehenden geistigen Eigentums nicht erfüllt werden können, die auskunftspflichtige Stelle auf Verlangen der antragstellenden Person die Betroffenen um ihre Einwilligung ersucht.

32 Schoch, § 8 Rn. 51.

zugangs auf Antrag der Entscheidung der transparenzpflichtigen Stelle vor.[33] Bevor etwa eine Veröffentlichung wegen entgegenstehenden **geistigen Eigentums** nach § 5 Abs. 1 Nr. 10 unterbleiben darf, ist die transparenzpflichtige Stelle verpflichtet, den rechtmäßigen Inhaber anzuhören und nach seiner Zustimmung zu fragen. Anders liegt der Fall auch nicht, wenn es um **Betriebs- und Geschäftsgeheimnisse** geht. Hierfür regelt § 5 Abs. 1 Nr. 19 Buchst. a sogar einen ausdrücklichen Einwilligungsvorbehalt. Die unterschiedliche Formulierung zur Ausnahme für das geistige Eigentum rechtfertigt kein abweichendes Verfahren. Sowohl das geistige Eigentum als auch Betriebs- und Geschäftsgeheimnisse unterstehen der Dispositionsbefugnis des rechtmäßigen Inhabers.[34] Einwilligungen hat die transparenzpflichtige Stelle gleichermaßen zu beachten. Bei **personenbezogenen Daten** sind Besonderheiten zu beachten (s. nachfolgende Rn. 21).

Das Verfahren nach Absatz 2 muss aber nicht durchlaufen werden, soweit die transpa- 21
renzpflichtige Stelle die **personenbezogenen Daten** nach Absatz 1 Satz 1 vor einer **Veröffentlichung** ohne Einwilligung unkenntlich zu machen hat.[35] Zwar wird die Ansicht, dass eine Anhörung als verfahrensrechtliche Ergänzung im Falle des Einwilligungsvorbehalts durchzuführen sei, insbesondere zu personenbezogenen Daten vertreten.[36] Dies kann jedoch nicht auf die Veröffentlichungspflicht übertragen werden. Mit der klaren Handlungsanweisung zur Unkenntlichmachung und Beschränkung für personenbezogene Daten nach § 6 Abs. 1 Satz 1 soll dem Datenschutz bei einer Veröffentlichung ohne Anhörung Rechnung getragen werden.[37] Interessierten steht das **Antragsverfahren** offen, zu dem besondere Einwilligungsvorbehalte geregelt sind (s. § 11 Rn. 30 ff., 40 f. und 46). Insoweit dürfte für die transparenzpflichtigen Stellen die Pflicht zur Nachfrage bestehen (vgl. Rn. 20 und § 11 Rn. 31).

Bereits durch eine **Ausnahme nach § 5 Abs. 1** geschützte schutzwürdige Belange i. S. d. 22
§ 6 Abs. 2 Satz 1 können durch eine gemäß dem Gesetz pflichtige Veröffentlichung oder Informationsgewährung auf Antrag nicht beeinträchtigt werden. Denn beides ist bereits nicht von der Transparenzpflicht umfasst. Dies ergibt sich aus dem Wortlaut des § 5 Abs. 1 vor Nr. 1 („Keine Transparenzpflicht besteht,"). In solchen Fällen wird eine **Anhörungspflicht mithin nicht ausgelöst**.[38] Wenn von vornherein feststeht, dass Belange nicht berührt werden können, bedarf es auch keiner Drittbeteiligung.[39] Dennoch das Verfahren nach Absatz 2 durchzuführen, würde unnütz verzögern.

In den **Fällen nach § 6 Abs. 1 Satz 3** ist das Anhörungsverfahren ebenfalls nicht durchzu- 23
führen, soweit das Ergebnis der Veröffentlichung oder des Informationszugangs auf Antrag hinsichtlich der personenbezogenen Daten nach der jeweiligen materiellen Norm bereits feststeht. Soweit in Bezug auf personenbezogene Daten materiell-rechtlich kein Bedürfnis zum Schutz Dritter anerkannt wird, besteht verfahrensrechtlich keine

33 Schoch, § 8 Rn. 41.
34 Schoch, § 6 Rn. 54; näher § 5 Rn. 46.
35 Dies erscheint sachgerecht, obwohl es eine Regelung entsprechend § 13 Abs. 1 Satz 2 LTranspG RP nicht gibt. Nach dieser erfolgt u. a. keine Drittbeteiligung, wenn die personenbezogenen Daten ohnehin unkenntlich gemacht werden.
36 OVG NRW, Urt. v. 10.8.2015 – 8 A 2410/13 –, juris Rn. 88 m. w. N.; näher Rn. 20.
37 So wohl auch Maatsch/Schnabel, § 4 Rn. 78, nach denen die Anonymisierung die Einholung von Einwilligungen vermeidet.
38 Dieses Ergebnis kann auch mit einer teleologischen Reduktion begründet werden, vgl. Schoch, § 8 Rn. 18.
39 Schoch, § 8 Rn. 51.

Notwendigkeit, Dritte im Verfahren zu beteiligen.[40] Insbesondere in den Fällen des § 8 Abs. 1 Nr. 12 (Name der verfassenden Person von Gutachten, Studie oder Bericht) und Nr. 15 (Förderinformationen) hat der Gesetzgeber die Abwägung bereits vorgenommen. Eine Anhörung wäre unnütze Förmelei. Von den in § 6 Abs. 1 Satz 3 hinsichtlich § 11 aufgeführten Tatbeständen zu einzelnen personenbezogenen Daten auf Antrag lässt einzig Absatz 4 Satz 1 Nummer 3 eine Abwägung zu (näher § 11 Rn. 33 ff.), sodass nur in diesem Fall und wenn es um die Frage der Einwilligung nach § 11 Abs. 4 Satz 1 Nr. 2, Satz 2 und Abs. 5 Satz 2 geht, das Verfahren nach § 6 Abs. 2 durchzuführen ist.

24 Nach alledem verbleibt für Absatz 2 nur ein **geringer Anwendungsbereich**, da das Gesetz nur wenige Regelungen enthält, wonach das Anhörungsergebnis berücksichtigt werden könnte. Von den Ausnahmen nach § 5 Abs. 1 normiert einzig Nummer 19 Buchstabe b für Betriebs- und Geschäftsgeheimnisse eine Abwägung. Hinsichtlich der Veröffentlichung im Übrigen dürfte eine Anhörung nur in Betracht kommen, wenn die transparenzpflichtige Stelle gemäß § 8 Abs. 4 eine freiwillige Bereitstellung auf der Transparenzplattform beabsichtigt (näher § 8 Rn. 137 ff.). Keinen Veröffentlichungstatbestand nach § 8 Abs. 1 enthält eine materielle Regelung, nach der etwaige schutzwürdige Belange in eine Abwägung einfließen könnten. Bei der nicht enumerativ geregelten Informationspflicht sind weitere Fälle denkbar, wobei aber der speziellere § 10 Abs. 3 zu beachten ist (näher § 10 Rn. 18 ff.). Insbesondere sieht § 11 Abs. 4 Satz 1 Nr. 3 zu personenbezogenen Daten eine Abwägung vor (näher § 11 Rn. 33 ff.).

3. Anhörung (Satz 1)

25 Satz 1 begründet eine im Verhältnis zu § 28 Abs. 1 VwVfG i. V. m. § 1 Satz 1 SächsVwVfZG **spezielle Anhörungspflicht**. Die transparenzpflichtige Stelle soll einschätzen können, ob schutzwürdige Belange Dritter beeinträchtigt werden können. Hierzu hat sie die Betroffenen vor der Veröffentlichung oder der Informationsgewährung auf Antrag anzuhören. Nach § 28 Abs. 1 VwVfG ist den Beteiligten eines Verwaltungsverfahrens Gelegenheit zu geben, sich zu den entscheidungserheblichen Tatsachen zu äußern, bevor ein Verwaltungsakt erlassen wird, der in ihre Rechte eingreift. § 6 Abs. 2 normiert damit einen in sich geschlossenen, komplexen Regelungsmechanismus, der die Verfahrensbeteiligung Dritter von anderen Voraussetzungen abhängig macht als das allgemeine Verfahrensrecht, was jeden Rückgriff auf § 28 VwVfG – insbesondere auf den Ausnahmenkatalog nach § 28 Abs. 2 VwVfG – ausschließt.[41] Ausnahmen richten sich nach dem Sächsischen Transparenzgesetz (näher Rn. 20 ff.). Die unterbliebene Anhörung führt zwar zur Rechtswidrigkeit der Entscheidung, dies kann aber wegen § 44a Satz 1 VwGO nur im Rahmen der Anfechtung der Sachentscheidung insgesamt gerügt werden.[42] Erlangen Dritte Kenntnis von einer bevorstehenden Veröffentlichung oder Informationsgewährung auf Antrag, wurden aber nicht angehört, ist ein Antrag auf Erlass einer einstweiligen Sicherungsanordnung nach § 123 Abs. 1 Satz 1 VwGO statthaft, da sich die Antragstellerin oder der Antragsteller gegen die praktischen Folgen der Informationsgewährung mangels anfechtbarer Entscheidung nur auf diesem Weg zur Wehr setzen kann.[43]

---

40 Schoch, § 8 Rn. 53.

41 Polenz, in: Brink/Polenz/Blatt, § 8 Rn. 4; Schoch, § 8 Rn. 14; Sicko, in: Gersdorf/Paal, § 8 IFG Bund Rn. 3.

42 Athen, in: Heinemann, S. 282; Sicko, in: Gersdorf/Paal, § 8 IFG Bund Rn. 41.

43 HessVGH, Beschl. v. 1.10.2008 – 6 B 1133/08 –, juris Rn. 12; Athen, in: Heinemann, S. 282.

26 Der Begriff der **schutzwürdigen Belange** wird nicht konkretisiert und auch in der Begründung nicht erläutert, ebenso wenig der Begriff der Dritten. Eine abschließende Aufzählung infrage kommender Belange wäre auch nicht umsetzbar. Ein solcher Versuch hätte die Gefahr geborgen, dass relevante Belange außer Acht geblieben und die Vorschrift damit ungewünscht verengt wäre. Die Verwendung des Wortes „schutzwürdige" unterscheidet die Vorschrift von § 8 Abs. 1 IFG Bund und § 13 Abs. 1 Satz 1 LTranspG RP. Diese enthalten den Begriff der Belange (ohne Attribut) und den Begriff des schutzwürdigen Interesses, ohne dass dieser zweiten sachlichen Voraussetzung ein eigenständiger normativer Gehalt zugesprochen werden könnte.[44] Wenngleich § 6 Abs. 2 Satz 1 nur den Begriff der schutzwürdigen Belange nennt, dürfte der Begriff nicht anders als in den genannten Parallelnormen zu verstehen sein. Dritte sind daher immer anzuhören, wenn – ähnlich der Prüfung der Klagebefugnis nach § 42 Abs. 2 VwGO – die konkrete, nicht nur abstrakte Möglichkeit der Rechtsbetroffenheit besteht, diese also nicht offensichtlich und eindeutig nach jeder denkbaren Betrachtungsweise ausgeschlossen erscheint.[45]

27 Die Stellung von **Dritten** ergibt sich daraus, dass die Veröffentlichungspflicht die transparenzpflichtige Stelle betrifft und das Antragsverfahren deren Verhältnis zur Antragstellerin oder dem Antragsteller. Alle anderen natürlichen und juristischen Personen können Dritte sein. Es kann auch auf die Legaldefinition des **§ 2 Nr. 2 IFG Bund** zurückgegriffen werden. Danach ist Dritter jeder, über den personenbezogene Daten oder sonstige Informationen vorliegen. Umstritten ist, ob **Verstorbene** auch Dritte sein können.[46] Dies dürfte abzulehnen sein, da ein postmortaler Persönlichkeitsschutz von § 6 Abs. 2 eher nicht umfasst ist, wonach Angehörigen keine Gelegenheit zur Stellungnahme zu geben ist.[47]

28 Den Dritten ist **mitzuteilen**, welche Informationen veröffentlicht oder auf Antrag zugänglich gemacht werden sollen.[48] Ebenso sind die Dritten über die Begründung des Antrags in Kenntnis zu setzen.[49] Mit der Unterrichtung ist die Frage nach der Einwilligung zu verknüpfen.[50] Die Vorschrift stellt eine Rechtsgrundlage für die mit der Anhörungspflicht verbundene Datenverarbeitung dar. Ob auch die **Identität** der Antragstellerin oder des Antragstellers offenzulegen ist, ist umstritten.[51] Einerseits ist die Offenlegung zur Ermittlung schutzwürdiger Belange nicht in jedem Fall erforderlich. Andererseits werden die Dritten aber gerade hieran ein Interesse haben und von einer Einwilligung im Zweifel absehen. Der Preisgabe der Identität stehen dabei weder der Anspruch auf Geheimhaltung nach § 30 VwVfG i. V. m. § 1 Satz 1 SächsVwVfZG noch datenschutzrechtliche Bedenken entgegen.[52] Die Offenlegung sollte analog § 11 Abs. 4 Satz 1 Nr. 2 oder 3 erfolgen, wenn die Antragstellerin oder der Antragsteller eingewilligt hat oder überwiegende schutzwürdige Belange nicht entgegenstehen. Die Vorschrift

44 Schoch, § 8 Rn. 29; Sicko, in: Gersdorf/Paal, § 8 IFG Bund Rn. 11.
45 HessVGH, Beschl. v. 1.10.2008 – 6 B 1133/08 –, juris Rn. 22; Athen, in: Heinemann, S. 279 zu § 13 Abs. 1 Satz 1 LTranspG RP; Sicko, in: Gersdorf/Paal, § 8 IFG Bund Rn. 14.
46 Dafür im Falle personenbezogener Daten in Anlehnung an § 22 Satz 3 KunstUrhG: VG Köln, Urt. v. 26.9.2013 – 13 K 1541/11 –, juris Rn. 49; offen gelassen in der Berufungsinstanz von OVG NRW, Urt. v. 10.8.2015 – 8 A 2410/13 –, juris Rn. 100.
47 Polenz, in: Brink/Polenz/Blatt, § 8 Rn. 7; Schoch, § 8 Rn. 22.
48 Athen, in: Heinemann, S. 280; Sicko, in: Gersdorf/Paal, § 8 IFG Bund Rn. 22; Schoch, § 8 Rn. 41.
49 Sicko, in: Gersdorf/Paal, § 8 IFG Bund Rn. 22.
50 Schoch, § 8 Rn. 41; Sicko, in: Gersdorf/Paal, § 8 IFG Bund Rn. 22.
51 Athen, in: Heinemann, S. 280 zu § 13 Abs. 1 Satz 1 LTranspG RP.
52 Sicko, in: Gersdorf/Paal, § 8 IFG Bund Rn. 23; Schoch, § 8 Rn. 41.

enthält **keine Formvorgabe.**[53] Die Mitteilung kann also auch mündlich erfolgen und ist dann aktenkundig zu machen. Um die Dritten der Bedeutung ihrer Stellungnahme zu besinnen,[54] sollte die transparenzpflichtige Stelle die Anhörung allerdings schriftlich durchführen.

29 Eine **Stellungnahme** hat die transparenzpflichtige Stelle bei ihrer Entscheidung zu berücksichtigen. Das ergibt sich bereits aus dem Amtsermittlungsgrundsatz nach § 24 VwVfG i. V. m. § 1 Satz 1 SächsVwVfZG. Für die Stellungnahme ist ebenfalls **keine Form vorgeschrieben.** Sie kann daher auch mündlich ergehen und ist dann aktenkundig zu machen. Die Anhörungspflicht ist durch die Gelegenheit zur Stellungnahme erfüllt. Auf ein **Schweigen** der Dritten ist nach allgemeinen verwaltungsverfahrensrechtlichen Grundsätzen über die Veröffentlichung oder die Informationsgewährung auf Antrag zu entscheiden. Es ist nicht geregelt, dass eine Veröffentlichung oder die Informationsgewährung auf Antrag unterbleibt, wenn eine Stellungnahme ausbleibt.[55] Ein Schweigen der Dritten geht also nicht zwingend zulasten der Transparenz, obwohl die Dritten kein Interesse oder keine schutzwürdigen Belange geltend gemacht haben. Solange in den Fällen des Einwilligungserfordernisses die Einwilligung nicht vorliegt, darf der Informationszugang nicht erfolgen. Im Übrigen bedarf es einer Betrachtung unter Berücksichtigung aller Umstände des Einzelfalls.

4. Vollziehung (Satz 2)

30 Gemäß Satz 2 erfolgt die Vollziehung der Veröffentlichung oder der Informationsgewährung auf Antrag nicht, bevor die Dritten zugestimmt haben oder die Möglichkeit hatten, **Rechtsschutz** zu erlangen.[56] Die Wörter „die Dritten", also der bestimmte Artikel, stellen klar, dass sich Satz 2 auf diejenigen bezieht, deren schutzwürdige Belange die transparenzpflichtige Stelle bei einer Vollziehung als möglicherweise beeinträchtigt sieht. Rechtsschutzmöglichkeiten sind Widerspruch, Anfechtungsklage und vorläufiger Rechtsschutz. Satz 2 bestimmt das Verfahren zur Vermeidung einer irreversiblen Offenlegung der Informationen, ohne dass zuvor den Betroffenen die Möglichkeit für einen Rechtsschutzantrag eingeräumt wird.[57] Den Dritten ist also gemäß Satz 1 Gelegenheit zur Stellungnahme zu geben, sodann ist der Verwaltungsakt zu erlassen und erst wenn dieser bestandskräftig geworden ist oder im Fall der Anordnung der sofortigen Vollziehung zwei Wochen vergangen sind, darf die Veröffentlichung oder der Informationszugang auf Antrag erfolgen. Bei einer erheblichen Drittbetroffenheit (vgl. zum Anwendungsbereich Rn. 19 ff.) ist eine Abwägung im Einzelfall erforderlich.

31 Die **Zustimmung nach Nummer 1** bedarf keiner besonderen Form. Sie kann insbesondere auch mündlich erfolgen. Sie ist aktenkundig zu machen. Eine Datenverarbeitung auf Grundlage einer Einwilligung ist rechtmäßig (Art. 6 Abs. 1 UAbs. 1 Buchst. a

53 Anders § 8 Abs. 1 IFG Bund und § 13 Abs. 1 Satz 1 LTranspG RP, die eine schriftliche Mitteilung vorschreiben.

54 Athen, in: Heinemann, S. 280 zu § 13 Abs. 1 Satz 1 LTranspG RP.

55 Eine § 13 Abs. 2 LTranspG RP entsprechende Vorschrift existiert nicht. Dieser fingiert die Verweigerung der Einwilligung nach Ablauf eines Monats nach der Anfrage.

56 Die Vorschrift folgt der Empfehlung mit entsprechender Begründung des Sachverständigen Schwill in der Anhörung zum Gesetzentwurf LT-Drs. 6/10209 und orientiert sich danach an § 13 Abs. 3 Satz 2 LTranspG RP, Ausschussprotokoll v. 20.4.2018 zur LT-Drs. 6/10209, Anlage 5 S. 6; Athen, in: Heinemann, S. 276 bezeichnet den Regelungsgegenstand passend als „den Vollzug im mehrpoligen Informationsverhältnis".

57 HessVGH, Beschl. v. 16.2.2012 – 6 B 2464/11 –, juris Rn. 21; Schoch, § 8 Rn. 65.

DSGVO). Zu beachten sind dann aber die Voraussetzungen der Einwilligung nach Art. 7 DSGVO (näher § 11 Rn. 32). Die datenschutzrechtliche Einwilligung kommt nicht nur nach dem an sich spezielleren § 11 Abs. 4 Satz 1 Nr. 2, Satz 2 und Abs. 5 (vgl. aber § 11 Rn. 30) in Betracht. Sie kann auch zur freiwilligen Veröffentlichung nach § 8 Abs. 4 führen (näher § 8 Rn. 137 ff.).

Nummer 2 kommt nur zum Tragen, wenn keine Zustimmung vorliegt und die transpa- 32
renzpflichtige Stelle annimmt, dass keine schutzwürdigen Belange beeinträchtigt werden oder das Gesetz die Veröffentlichung oder den Zugang auf Antrag trotzdem erlaubt. Jemand, dessen Belange beeinträchtigt werden können, ist zwar nach Satz 1 anzuhören. Von seinem Verhalten kann aber die Veröffentlichung oder der Informationszugang auf Antrag nach Satz 2 nur abhängen, wenn er im Ergebnis einer Prüfung durch die transparenzpflichtige Stelle von der Veröffentlichung oder dem Informationszugang auf Antrag tatsächlich beeinträchtigt wäre. Wer letztlich nicht beeinträchtigt würde, kann mit dieser Begründung verbeschieden werden. Der gewährende Verwaltungsakt bedarf der **Schriftform**. Er ist damit auch nach § 39 Abs. 1 Satz 1 VwVfG i. V. m. § 1 Satz 1 SächsVwVfZG zu begründen. Beides erleichtert die gerichtliche Nachprüfbarkeit.[58] Die **Bestandskraft** des gewährenden Verwaltungsakts nach Nummer 2 Buchstabe a tritt ein, wenn dieser nicht mehr mit regulären Rechtsbehelfen angreifbar ist, also die Rechtsbehelfsfrist abgelaufen ist oder der Rechtsweg erschöpft ist.[59] Die **Frist** nach Nummer 2 Buchstabe b gilt nur bei nach § 80 Abs. 2 Satz 1 Nr. 4 VwGO angeordnetem Sofortvollzug. Es wird die Frist geregelt, innerhalb derer die Dritten die Aussetzung der sofortigen Vollziehbarkeit (§ 80a Abs. 3 Satz 1 i. V. m Abs. 1 Nr. 2 VwGO) oder die Wiederherstellung der aufschiebenden Wirkung (§ 80a Abs. 3 i. V. m. § 80 Abs. 5 Satz 1 VwGO) betreiben können.[60] Die Zwei-Wochen-Frist beginnt analog § 41 Abs. 2 VwVfG mit der jeweiligen Bekanntgabe an die Dritten.[61] Die Frist ist üblich sowie ausreichend und entspricht der Rechtslage in anderen Ländern.[62] Das ist auch in anderen Zusammenhängen die übliche Wartefrist (z. B. bei beamtenrechtlichen Entscheidungen vor Ernennung des Konkurrenten).

III. Anhörung durch öffentliche Bekanntmachung (Absatz 3)

Die Vorschrift ermöglicht den transparenzpflichtigen Stellen, die **Anhörung nach** 33
Absatz 2 Satz 1 durch öffentliche Bekanntmachung durchzuführen. Dies setzt nach **Satz 1** voraus, dass schutzwürdige Belange (Rn. 26) einer größeren Anzahl von Personen beeinträchtigt werden können.

Nach der Gesetzesbegründung soll dies in Betracht kommen, wenn Einzelanhörungen 34
nicht mit verhältnismäßigem Aufwand innerhalb angemessener Fristen durchgeführt werden könnten, beispielsweise bei Informationen, die mehrere Tausend personenbezogene Daten betreffen könnten (LT-Drs. 7/8517 S. 48). Der Maßstab ist aber unpassend. Die Vorschrift knüpft an eine **größere Anzahl von Personen** an, nicht an die Menge von Informationen. Näheres zum Begriff der größeren Anzahl von Personen enthält auch die Gesetzesbegründung zur Einführung von § 6 Abs. 1a SächsUIG nicht (LT-Drs. 6/4908). Eine größere Anzahl dürfte jedenfalls bei über 50 Personen erreicht sein. Das ist

58 Vgl. Athen, in: Heinemann, S. 281 zu § 13 Abs. 3 Satz 1 LTranspG RP.
59 Schoch, § 8 Rn. 66.
60 Sicko, in: Gersdorf/Paal, § 8 IFG Bund Rn. 34.
61 Sicko, in: Gersdorf/Paal, § 8 IFG Bund Rn. 34.
62 § 13 Abs. 3 Satz 2 HmbTG, § 13 Abs. 3 Satz 2 LTranspG RP und § 10 Abs. 4 Satz 5 ThürTG.

auch die gesetzliche Voraussetzung für ein sog. Massenverfahren nach den §§ 17 bis 19 VwVfG, durch welches der Behörde der Umgang mit einer Vielzahl von Beteiligten und Betroffenen erleichtert werden soll, um die zügige Durchführung von Verwaltungsverfahren zu ermöglichen.[63]

35 Zur öffentlichen Bekanntmachung **verweist Satz 2 auf § 6 Abs. 1a Satz 3 bis 5 SächsUIG.** Danach sind in der öffentlichen Bekanntmachung die Art der Informationen, die veröffentlicht werden sollen, der Zweck und die beabsichtigte Form der Veröffentlichung der Informationen sowie das Gebiet anzugeben, auf das sich die Informationen beziehen. Da Informationen nach § 3 Satz 1 anders als Umweltinformationen in der Regel keinen Gebietsbezug haben, kann diese Vorgabe in der Regel ignoriert werden. Die Bekanntmachung erfolgt im Sächsischen Amtsblatt. Sofern sich die Bekanntmachung auf ein Gebiet erstreckt, das bis zu zehn Gemeinden umfasst, erfolgt die Bekanntmachung auch in der Form der für die jeweiligen Gemeinden geltenden Bekanntmachungssatzungen.

Vorbemerkungen vor Abschnitt 2

1 Der zweite Abschnitt des Transparenzgesetzes enthält die grundlegenden Vorgaben für die Umsetzung der Veröffentlichungspflicht. Mit dieser geht das Gesetz über die Praxis hinaus, Bürgerinnen und Bürgern Informationen erst auf Antrag zur Verfügung zu stellen. Die Verwaltung wird nämlich verpflichtet, der Allgemeinheit eigenständig Informationen zur Verfügung stellen und auch nicht nur Einzelnen zu übermitteln. Hierfür sieht das Gesetz die Schaffung der sog. Transparenzplattform vor, über die die Bevölkerung die Informationen abrufen kann. Anders als für den Zugang zu Informationen auf Antrag ist der Umfang der Veröffentlichungspflicht im Gesetz mit einem Katalog von Informationen abschließend bestimmt.

2 Für die Umsetzung der Veröffentlichungspflicht wird die Verfügbarkeit der Informationen in Form elektronischer Dokumente vorausgesetzt. Die Transparenzplattform soll so ein zentrales Informationsportal werden, ein Archiv für die Informationen, die der Verwaltung sowieso vorliegen. Die Existenz der Informationen ist damit eine zentrale Beschränkung, die für das gesamte Informationsfreiheitsrecht typisch ist. Zugleich ergeben sich aus dem Vorhandensein der Informationen teilweise Überschneidungen mit anderen Veröffentlichungen, insbesondere, wenn die bisher auf Freiwilligkeit der Verwaltungsträger beruhen. Das Transparenzgesetz löst diese nicht mit dem Katalog an veröffentlichungspflichtigen Informationen ab, sondern nimmt auf dem Weg zu einer zentralen Informationsplattform etwaige Überschneidungen hin. Grundgedanke ist, dass Veröffentlichungen primär auf der Transparenzplattform erfolgen, unbeschadet einer anderweitigen Verfügbarkeit.

3 Details der technischen Umsetzung bestimmt das Gesetz nur zurückhaltend. Den Verantwortlichen wird mit weit gehend technikoffenen gesetzlichen Vorgaben hinreichend Spielraum für eine Lösung geboten. Die Grundvoraussetzungen finden sich in § 7 Abs. 1 bis 3 und insbesondere in § 9 Abs. 1. Aus diesen Vorschriften ergibt sich, dass die Veröffentlichung auf einer frei und kostenlos zugänglichen Plattform im Internet realisiert werden muss. Dort sind die Informationsträger, also die jeweiligen Dokumente, in der Regel mindestens zehn Jahre vorzuhalten. Welche Informationen auf der Transparenzplattform zu finden sein müssen, ergibt sich wiederum aus § 8.

---

63 Schmitz, in: Stelkens/Bonk/Sachs, § 17 Rn. 1.

Abschnitt 2
Veröffentlichung

§ 7
Transparenzplattform

(1) Die für den Betrieb der Transparenzplattform eingesetzte Software und ihre Komponenten müssen unter einer Freien Lizenz verfügbar sein.

(2) [1]Der Zugang zur Transparenzplattform ist kostenlos, anonym und barrierefrei zu ermöglichen. [2]Der Zugang soll auch in Dienstgebäuden der staatlichen transparenzpflichtigen Stellen gewährleistet sein, soweit die vorhandene räumliche und technische Struktur einen solchen Zugang erlaubt.

(3) [1]Alle Informationen müssen barrierefrei auffindbar, maschinell suchbar und druckbar sein. [2]Die Transparenzplattform enthält eine Funktion zur Suche von Informationen und eine nicht anonyme Rückmeldefunktion zur Kontaktaufnahme mit der für den Betrieb verantwortlichen Stelle.

(4) [1]Die Nutzung, Weiterverwendung und Verbreitung der veröffentlichten und zugänglich gemachten Informationen sind kostenfrei zulässig. [2]Die transparenzpflichtigen Stellen verwenden dazu allgemein anerkannte Lizenzen wie Creative Commons oder Datenlizenz Deutschland und geben an, welches Lizenzmodell auf bereitgestellte Informationen Anwendung findet. [3]Soweit Rechte Dritter, höherrangiges Recht oder spezialgesetzliche Regelungen entgegenstehen, macht die transparenzpflichtige Stelle entsprechende Vermerke. [4]Die transparenzpflichtigen Stellen sollen sich die entsprechenden Rechte bei der Beschaffung von Informationen einräumen lassen, soweit dies für eine freie Nutzung, Weiterverwendung und Verbreitung erforderlich ist.

Erläuterungen:

Übersicht Rdnr.

I. Einführung

Der Grundgedanke der Veröffentlichungspflicht, Informationen jederzeit zum freien Abruf bereitzustellen, wird mittels der Transparenzplattform umgesetzt. § 7 bestimmt 1 hierzu überwiegend technische Aspekte. Sinn und Zweck der Vorgaben ist es, Mindestanforderungen für die Veröffentlichung von Informationen, den Zugang zu diesen und deren Verwendbarkeit aufzustellen.

II. Die Software für die Transparenzplattform (Absatz 1)

2 Anhand der Wörter „eingesetzter Software" und „Lizenzen" wird der **digitale Ansatz** von § 7 Abs. 1 deutlich. Die Bestimmung gewisser technischer Merkmale einer elektronischen Plattform ist auch für andere Transparenzgesetze typisch.[1] Unüblich ist hingegen die Fixierung in Absatz 1 auf die Verwendung freier Software. Auch das als Vorbild herangezogene HmbTG sieht das nicht vor. Dort hat man sich indes in der Umsetzung für den Einsatz von frei verfügbarer Software entschieden. In Zusammenschau mit § 2 Abs. 1 Satz 3 (Betrieb im Internet) ergibt sich, dass der Freistaat eine elektronische Plattform im Internet anzulegen und zu betreiben hat, die für jedermann frei zu erreichen sein muss

3 Zunächst stellt sich die Frage, was das Gesetz unter „**Plattform**" versteht. Die Transparenzplattform ist nichts weiter als eine zentrale Sammlung vorhandener Informationen in strukturierter Form. Anstatt des Wortes „Plattform" hätten auch die Bezeichnungen Archiv, Register (§ 2 Abs. 6 HmbTG), Sammlung, Portal (§ 7 Abs. 1 ThürTG) oder Datenbank verwendet werden können. Der Gesetzgeber hat sich hier in Anlehnung an das Modell in Rheinland-Pfalz für die Bezeichnung Plattform entschieden. Eine elektronische Plattform kann insoweit als Verknüpfung aus Datensammlung und Zugangsmittel umschrieben werden.[2]

4 § 7 Abs. 1 stellt Anforderungen an die technische Lösung, auf der die Plattform beruhen muss. Gefordert wird der Einsatz von Software, die „**unter freier Lizenz**" verfügbar ist. Fraglich ist hier, ob damit nur Software zum Einsatz kommen darf, für die bereits solche freien Lizenzen existieren, oder ob jedenfalls nach der Errichtung der Plattform die dazu verwendete Software unter eine freie Lizenz gestellt werden muss. Ersteres schränkte die Umsetzung nicht unerheblich ein, da nur Software verwendet werden dürfte, die bereits frei verfügbar ist. Das ist bedenklich, da so von vornherein passgenaue und funktionale Lösungen daran scheitern könnten, dass für sie keine Software mit einer solchen freien Lizenz zur Verfügung steht. Dem Zweck der Vorschrift nach kann es nur auf die freie Verfügbarkeit der Software **nach Errichtung** der Plattform ankommen. Der Wortlaut stützt dies, indem er die für den Betrieb genutzte Software vorgibt.

5 Die Vorschrift verpflichtet allerdings nicht zur Bereitstellung des **Quellcodes** der Plattform selbst. Dem Wortlaut nach muss lediglich die *„für den Betrieb eingesetzte Software"* mit einer freien Lizenz verfügbar sein. Hinzu kommt, dass keine Vorgaben an den Umfang der freien Verwendbarkeit gestellt werden. Der Inhalt der „Freien Lizenz" wird an keiner Stelle vorgegeben. Damit ist ein sehr weiter, aber auch ein sehr begrenzter Nutzungsumfang von der Vorschrift gedeckt. Daher kann lediglich von einem Ansatz zu Open-Source gesprochen werden.

---

1 Vgl. § 2 Abs. 6, § 10 Abs. 1, 4 und 5 HmbTG; § 2 Abs. 1, § 6 Abs. 3 LTranspG RP und § 7 ThürTG.
2 Zu dem ansonsten wenig prägnanten Begriff der Plattform Schnittmann, in: Hoeren/Sieber/Holznagel, Teil 9 Rn. 9.

Nicht eindeutig zu bestimmen ist, was der Gesetzgeber unter den „**Komponenten**" verstanden wissen will.[3] Aus der Syntax der erst durch einen Änderungsantrag im Landtagsverfahren eingefügten Norm folgt, dass nicht Komponenten der Plattform gemeint sein können, sondern auf die eingesetzte Software abzustellen ist. Dies ist insoweit unverständlich, als dass es sich dabei ebenfalls um Software handelt und die Vorschrift ohnehin eine freie Lizenz für die eingesetzte Software fordert. Im Ergebnis dürfte Absatz 1 genügt werden, wenn die verwendete Softwarelösung insgesamt unter einer gewissen freien Nutzbarkeit steht. 6

Rechtsfolge von § 7 Abs. 1 ist eine an die für die Errichtung der Transparenzplattform zuständigen Stellen gerichtete **objektiv-rechtliche Vorgabe**. Subjektive Rechte werden damit nicht begründet. Der Transparenzanspruch (§ 1 Abs. 1) erfasst nicht die Vorgaben von § 7 Abs. 1. 7

III. Der Zugang zur Transparenzplattform (Absatz 2)

Die Vorschrift zielt auf die Verbindung zwischen der digitalen Umsetzung und der analogen Zugänglichkeit der Transparenzplattform. Satz 1 stellt Anforderungen an den digitalen Zugang zur der Plattform auf, wohingegen Satz 2 den Zugriff auf die Plattform in den Dienstgebäuden der staatlichen transparenzpflichtigen Stellen regelt. 8

1. Anforderungen an den digitalen Zugang (Satz 1)

Absatz 1 Satz 1 verpflichtet zum kostenlosen, anonymen und barrierefreien Zugang. Gemeint ist nicht, dass der Zugang zur Plattform objektiv keine Kosten verursachen darf. Das wird immer der Fall sein. Die entstehenden Kosten sind jedoch nicht von Nutzerinnen und Nutzern zu ersetzen. 9

Der Zugang erfolgt **anonym**, indem jeder über das Internet auf die bereitgehaltenen Informationen zugreifen kann, ohne den Klarnamen oder sonstige personenbezogene Daten offenlegen oder auch nur solche Daten angeben zu müssen, mithilfe derer eine Identifikation möglich würde. Die Vorgabe steht damit auch der Verwendung von Nutzerprofilen entgegen. 10

Der **barrierefreie Zugang** ist ebenfalls auf den technischen Zugang zur Plattform zu beziehen. Der Begriff findet sich in § 7 Abs. 3 Satz 1 im unmittelbaren Zusammenhang mit den eingestellten Informationen ein weiteres Mal. Abweichend davon nimmt § 7 Abs. 2 Satz 1 nicht die Informationen als solches in den Blick, sondern die übergeordnete Struktur der Plattform. Sie muss selbst barrierefrei zugänglich sein. § 2 Abs. 1 BfWebG ordnet bereits die barrierefreie Gestaltung von Internetseiten und mobilen Anwendungen öffentlicher Stellen des Freistaates Sachsen an. 11

Das Transparenzgesetz enthält hierzu keine abweichenden Vorgaben, sodass die **Anforderungen an die Barrierefreiheit** gleich sind. Konkret ergeben sich diese nach § 2 Abs. 2 Satz 1 BfWebG aus § 3 Abs. 1 bis 3 der BITV 2.0. Eine barrierefreie Internetseite ist nach § 3 Abs. 2 BITV 2.0 insbesondere dann anzunehmen, wenn sie den harmonisierten Normen der EN 301 549 entspricht, die seit Februar 2020 in deutscher Fassung mit der 12

3 Zur Begründung des Änderungsantrages werden auch hier lediglich redaktionelle Änderungen angeführt, LT-Drs. 7/10236 S. 58.

DIN EN 301 549 – Barrierefreiheitsanforderungen für IKT-Produkte und -Dienstleistungen – vorliegen.[4]

13 Lediglich an einer unscheinbaren, aber wesentlichen Stelle geht das Transparenzgesetz weiter. § 2 Abs. 3 BfWebG lässt Ausnahmen von der Barrierefreiheit zugunsten unverhältnismäßiger Belastungen zu. Dies ist an keiner Stelle des Transparenzgesetzes, insbesondere nicht § 7 Abs. 2 Satz 1, vorgesehen. Da auf § 2 Abs. 3 BfWebG nicht verwiesen wird, lässt das Transparenzgesetz insoweit **keine Ausnahmen** zu, sondern verpflichtet zwingend zur barrierefreien Gestaltung des Zugangs zur Transparenzplattform.

14 Im Gegensatz zu Absatz 1 beinhaltet Absatz 2 Satz 1 einen **subjektiv-öffentlich-rechtlichen Anspruch**. Der Transparenzanspruch nach § 1 Abs. 1 wird durch den von § 7 Abs. 2 geforderten, kostenlosen, anonymen und barrierefreien Zugang zur Transparenzplattform ausgestaltet.

2. Zugang in Dienstgebäuden (Satz 2)

15 Satz 2 ergänzt Satz 1 in Gestalt einer Soll-Regelung, die jede transparenzpflichtige Stelle dazu verpflichtet (s. zur Rechtsfolge Rn. 16), in ihren **Dienstgebäuden Zugang zur Transparenzplattform** zu gewähren. Nach dem **Vorbehalt** des Satzes 2 für räumliche und technische Umstände ist nur dort ein Zugang zu gewähren, wo dies in tatsächlicher Hinsicht überhaupt in Betracht kommt. In kleinen Dienstgebäuden, die keine Räumlichkeiten für Publikumsverkehr vorhalten und auch nicht ohne negative Auswirkungen auf die Dienstgeschäfte solche Räume schaffen können, gilt die Pflicht nicht. Ebenso wenig kann zur Nutzung der Transparenzplattform Zugang zu Einrichtungen oder Teilen erreicht werden, die ansonsten dem Publikumsverkehr verschlossen bleiben. Allerdings ist von den transparenzpflichtigen Stellen zu prüfen, inwieweit geeignete Maßnahmen ergriffen werden können, um der Pflicht nach Satz 2 nachzukommen.

16 **Rechtsfolge** von Satz 2 ist eine grundsätzliche Verpflichtung der transparenzpflichtigen Stellen und spiegelbildlich ein Anspruch der Nutzerinnen und Nutzer auf Zugang zu Dienstgebäuden, um darin auf die Plattform zugreifen zu können. Das heißt, vorbehaltlich vorhandener räumlicher und technischer Gegebenheiten muss regelmäßig für jedermann in den Dienstgebäuden der transparenzpflichtigen Stellen die Möglichkeit geschaffen werden, auf die Plattform zugreifen zu können. Lediglich in Ausnahmefällen kann der Zugang verweigert werden.[5] Soweit in der Gesetzesbegründung ausgeführt wird, es bestehe kein Anspruch auf Zugang zu den Dienstgebäuden, kann dies nur so verstanden werden, dass der Anspruch nicht absolut besteht, also ungeachtet der allgemeinen organisatorischen Vorkehrungen für das jeweilige Dienstgebäude.

IV. Gestaltung der Informationen und der Transparenzplattform (Absatz 3)

1. Anforderungen mit Bezug zu den Informationen (Satz 1)

18 § 7 Abs. 3 greift die in Absatz 1 und Absatz 2 Satz 1 aufgestellten technischen Parameter auf, allerdings werden teilweise bereits die Informationen selbst mit in den Fokus genommen. Absatz 3 Satz 1 stellt weitere Anforderungen an die Plattform im Zusammenhang mit den einzustellenden Informationen auf (s. LT-Drs. 7/8517 S. 49). Systema-

---

4 Dazu Carstens, in: Deinert/Welti/Luik/Brockmann, Barrierefreie Informationstechnik Rn. 11 ff. m. w. N.

5 Zur Rechtsnatur von „Soll-Vorschriften" etwa Geis, in: Schoch/Schneider, § 40 Rn. 26.

tisch bewegt sich die Vorschrift im Vergleich zu Absatz 2 auf der nächsten Ebene der Nutzung der Transparenzplattform. Während Absatz 1 das technische Grundgerüst betrifft und Absatz 2 den Zugang zur geschaffenen Plattform normiert, gibt Absatz 3 Satz 1 vor, wie **Plattform und Information** miteinander zu **verknüpfen** sind.

Ziel ist es, möglichst einfach und schnell die gewünschten Informationen auf der Plattform finden zu können und den Informationsgehalt erfassen zu können, ohne die Daten aufwändig händisch aufbereiten zu müssen. Hierzu müssen die Informationen auf der Plattform überhaupt **auffindbar** sein, also mittels Suchfunktion gefunden werden können. 19

In Ergänzung zum barrierefreien Zugang zur Plattform sind die Informationen **barrierefrei** auffindbar einzustellen. Damit muss also nicht nur die Plattform „inhaltsleer" barrierefrei erreichbar sein, sondern die auf ihr eingestellten Datensätze müssen ebenso barrierefrei zu finden sein. Die Barrierefreiheit der Information selbst, also des jeweiligen Dokuments, ist damit aber nicht verlangt. Allerdings kann dieser sich aus § 2 Abs. 2 Satz 1 BfWebG i. V. m. § 3 Abs. 1 Satz 2 BITV 2.0 ergeben, soweit man die auf der Transparenzplattform bereitgestellten Informationen als Inhalte von Websites nach § 2 Abs. 1 Nr. 1 und 4 BITV 2.0 begreift.[6] 20

Zur Erfüllung der Anforderung der **maschinell suchbaren** Information sind entweder die Informationen selbst so auf der Plattform einzustellen, dass sie maschinell lesbar und damit computergestützt auffindbar sind, oder die Datensätze sind mit entsprechenden maschinenlesbaren Schlüsselwörtern zu versehen, um so die Auffindbarkeit sicherzustellen.[7] Die Verwendung entsprechend maschinenlesbarer (Schrift-)Formate, die eine maschinelle Suche ermöglichen, genügt grundsätzlich.[8] Schließlich müssen die auf der Transparenzplattform zur Verfügung gestellten Informationen **druckbar**, d. h. ein Ausdruck muss ohne weitere nutzerseitige Aufbereitungshandlungen technisch möglich sein. 21

2. Such- und Rückmeldefunktion der Transparenzplattform (Satz 2)

Die Regelung vervollständigt zunächst nur die in Satz 1 aufgestellten Maßgaben zur Auffindbarkeit und Suchbarkeit der Informationen, indem eine **Suchfunktion** gefordert wird. Dies hat mehr den Charakter einer Klarstellung als einer eigenständigen Regelung. Denn den in Satz 1 aufgestellten Voraussetzungen ist eine Suchfunktion für die Plattform immanent. 23

Einen eigenständigen Regelungsinhalt weist die Vorschrift hingegen auf, soweit eine **Rückmeldefunktion** gefordert wird. Durch sie soll ein Kontakt zwischen den Nutzerinnen und Nutzern mit dem Plattformbetreiber ermöglicht werden, wobei dieser Kontakt der Gesetzesbegründung nach eher einseitig ausfallen dürfte. Denn es geht dabei allein um ein Werkzeug zur Übersendung von Hinweisen zu technischen Problemen (LT-Drs. 7/8517 S. 49). Wenig sinnvoll ist die **Zielrichtung** der Funktion. Anders als etwa in 24

6 Dafür spricht § 1 Abs. 2 BITV 2.0; dazu Carstens, in: Deinert/Welti/Luik/Brockmann, Barrierefreie Informationstechnik Rn. 4 ff.

7 Zum Begriff der Maschinenlesbarkeit s. § 9 Rn. 13.

8 Zu weiteren Anforderungen Maatsch/Schnabel, § 10 Rn. 11.

Rheinland-Pfalz[9] und Thüringen,[10] soll die Rückmeldefunktion nur die Kontaktaufnahme mit dem Betreiber der Plattform ermöglichen, ohne zur Klärung inhaltlicher Fragen beizutragen, sondern allein der Behebung technische Probleme dienen (LT-Drs. 7/8517 S. 49). Dazu hätte es keiner gesetzlichen Vorschrift bedurft.

26 Abweichend vom Grundsatz der anonymen Nutzung der Transparenzplattform ist die Rückmeldung nur in **nicht anonymer** Weise zulässig. Nachvollziehbar ist dies, soweit ein beidseitiger Kontakt zwischen den Nutzerinnen und Nutzern sowie der angefragten Stelle erreicht werden soll. Der vom Gesetzgeber offenbar intendierte, eher auf einseitige Hinweise beschränkte Umfang der Rückmeldefunktion hätte eine Identifizierbarkeit der sich meldenden Person indes nicht erfordert. Es soll eine Versachlichung der Hinweise erreicht werden (LT-Drs. 7/8517 S. 49). Vom Gesetz wird aber gerade nicht die Verwendung von Klarnamen und sonstigen (zutreffenden) Identitätsmerkmalen wie Alter, Wohnort oder Adresse gefordert. Ohnehin wäre diese praktisch kaum kontrollierbar. Nicht anonym ist damit auch die Verwendung pseudonymisierter Kontaktdaten.

V. Nutzbarkeit der Informationen (Absatz 4)

27 Im Gegensatz zu den Absätzen 1 bis 3 regelt Absatz 4 nicht Anforderungen an die Transparenzplattform, sondern betrifft die dort eingestellten **Informationen**. Ihre geltende Fassung erhielt die Vorschrift zum Teil erst durch den Änderungsantrag der Koalitionsfraktionen im Gesetzgebungsverfahren im Landtag.[11] Die vorgenommenen Änderungen erweisen sich im Hinblick auf Verständlichkeit und Bestimmtheit als nicht besonders gelungen.

1. Freie Nutzung der Informationen (Satz 1)

28 Die Regelung soll die **Verwendung der Informationen** sicherstellen. Kerngedanke ist es, Informationen nicht nur um ihrer selbst willen zur Verfügung zu stellen, sondern deren Nutzbarkeit für weitere Zwecke herbeizuführen. In den Worten des Gesetzgebers dürfen die auf der Plattform veröffentlichten und auch die auf Antrag zugänglich gemachten Informationen von jedermann kostenfrei genutzt, weiterverwendet und verbreitet werden.

29 Voraussetzung für die Verwendung der Informationen ist die Veröffentlichung oder Zugänglichmachung der jeweiligen Information. Bezugspunkt ist demnach immer eine **konkrete Information**, sodass für jede Information gesondert zu prüfen ist, ob und inwieweit deren Verwendung zulässig ist. Systematisch unpassend behandelt § 7 Abs. 4 Satz 1 sowohl Informationen auf der **Transparenzplattform** als auch solche aus dem **Antragsverfahren**. Letzteres müsste der gesetzeseigenen Systematik zufolge eigentlich in den §§ 10 ff. geregelt werden, oder es hätte eine allgemeine Vorschrift für die gesamte Transparenzpflicht geschaffen werden müssen.[12]

---

9 § 6 Abs. 3 LTranspG RP fordert eine Rückmeldefunktion zur Informationsbewertung und Kenntlichmachung vorhandener Defizite bei Informationen.

10 § 7 Abs. 2 Satz 1 ThürTG verlangt eine Rückmeldefunktion mit Bezug zur Informationsbereitstellung.

11 LT-Drs. 7/10236 S. 58 gibt als Grund, völlig verfehlt, redaktionelle Änderungen an.

12 Nach LT-Drs. 7/8517 S. 49 regle die Vorschrift die Rechte an veröffentlichten Informationen. Das trifft auf die Fassung in Gestalt des Regierungsentwurfs auch zu. Der Änderungsantrag unter LT-Drs. 7/10236 S. 56 erweiterte die Vorschrift jedoch.

Die Vorschrift bewirkt die kostenfreie **Nutzung, Weiterverwendung und Verbreitung** der veröffentlichten oder zugänglich gemachten Informationen. Hierbei ist die Nutzung der Oberbegriff und die zwei weiteren Arten der Verwendung sind lediglich als ergänzende Klarstellung zu begreifen. Im Ergebnis will die Vorschrift grundsätzlich jegliche Verwendung der bereitgestellten Informationen erlauben. 30

Die **Verbreitung** erlaubt die Weitergabe der Information an Dritte. Fraglich ist, ob davon auch die Vervielfältigung umfasst ist. Ausgehend von urheberrechtlichen Kategorien der Nutzungs- und Verwertungsrechte ist Vervielfältigung etwas Anderes als Verbreitung.[13] Danach dürfte nur die ursprüngliche Information weitergegeben werden, aber keine Kopie erstellt und übergeben werden. Allerdings schafft das Transparenzgesetz eigene Kategorien. Das urheberrechtliche Verständnis ist hier auch deshalb nicht zielführend, weil nicht der Umgang mit einem Originalwerk, d. h. mit einer Originalinformation Regelungsgegenstand ist. Denn schon bei der auf der Transparenzplattform in einer bestimmten Form eingestellten Information handelt es sich um Vervielfältigungen des Ausgangsdokuments. Das gilt auch für im Antragsverfahren als Abschrift oder Ausdruck gewährte Informationen. Originale sind nie herauszugeben, vgl. § 11 Abs. 1. Eine Verbreitung ist demnach auch durch Übersendung von Vervielfältigungen, insbesondere durch elektronische Kopien zulässig.[14] 31

Nach dem Wortlaut gewährt die Norm ein **Recht auf kostenfreie Nutzung** der Information in jedweder Form. Das ist durchaus bedenklich, da beispielsweise auch die kommerzielle Verwertung erlangter Informationen zulässig wäre, ungeachtet etwaiger Schutzrechte. Dies ist nicht beabsichtigt. Im Entwurf der Staatsregierung fand sich noch die Einschränkung, dass das Nutzungsrecht nur besteht, *„soweit Rechte Dritter, höherrangiges Recht oder spezialgesetzliche Regelungen nicht entgegenstehen"*. Diese gebotene Einschränkung strich der Änderungsantrag der Koalitionsfraktion im Landtag aus dem Gesetz.[15] 32

Vermutlich war man der Annahme, es käme darauf wegen Satz 3 und 4 nicht an. Das ist jedoch wenig überzeugend. Lediglich aus Satz 4 kann aus einem **Umkehrschluss** abgeleitet werden, dass Satz 1 nicht ohne weiteres zur freien Verwertung der Informationen befugt, sondern nur, soweit dem eben keine Rechte entgegenstehen. Andernfalls wäre die Soll-Vorschrift in Satz 4 zur Beschaffung der notwendigen Verwertungsrechte überflüssig.[16] Zudem könnte Satz 1 zwar Individualrechte Dritter, etwa aus Nutzungsverträgen, oder anderes Landesrecht übergehen, nicht aber Schutzrechte aus höherrangigen Rechtsquellen, wie dem europa- und bundesrechtlich geregelten Urheberrecht. Jedenfalls im Wege verfassungskonformer Auslegung muss daher Satz 1 so verstanden werden, dass er die Verwertungsbefugnis nur in den Grenzen entgegenstehender Rechte etabliert. 33

2. Lizenzen für die Informationen (Satz 2)

Satz 2 gestaltet die Vorgaben in Satz 1 zur freien Nutzung weiter aus, indem bestimmt wird, welche Lizenzen die transparenzpflichtigen Stellen für die bereitgestellten Infor- 34

13 S. § 16 Abs. 1 und § 17 Abs. 1 UrhG.
14 I. S. e. vollumfänglich freien Nutzbarkeit auch Maatsch/Schnabel, § 10 Rn. 29.
15 LT-Drs. 7/10236 S. 56.
16 Es verbliebe sonst nur die – wenig naheliegende – Interpretation, dass vorrangig Verwertungsrechte beschafft werden sollen und nur, wenn dies scheitert, Satz 1 subsidiär die Nutzung legitimiert.

mationen verwenden. Als Lizenz sind die **eingeräumten Nutzungsrechte** zu verstehen.[17] Die transparenzpflichtigen Stellen werden zur Verwendung von **allgemein anerkannten Lizenzen** verpflichtet. Soweit damit die allgemeine Umschreibung der angedachten Lizenzen beabsichtigt gewesen sein sollte, verfehlt die Vorschrift ihr Ziel. Denn es fehlt der Bezug, wofür die Lizenzen allgemein anerkannt sein sollen. Dies wird auch nicht durch den unmittelbaren Regelungszusammenhang mit Satz 1 kompensiert. Es dürfte zwar beabsichtigt gewesen sein, die Lizenzen zur Ausgestaltung der in Satz 1 benannten Nutzung zu regeln. Wegen des dort gestrichenen Vorbehalts für entgegenstehende Rechte kann Satz 1 aber so verstanden werden, dass jegliche Nutzung allein seinetwegen schon zulässig sein soll. Dann bedarf es aber keiner Lizenzen zur Bestimmung des Nutzungsumfangs mehr.

36 Da in Satz 1 ein Vorbehalt für entgegenstehende Rechte hineinzulesen ist (dazu Rn. 32 f.), ergibt Satz 2 nur Sinn, wenn der Nutzungsumfang für jede bereitgestellte Information mittels entsprechender Lizenz aufgezeigt werden muss. Für Informationen, deren freier Verwendung keinerlei Rechte entgegenstehen, ist das durch deklaratorische Angabe einer völlig unbeschränkten Lizenz umzusetzen. Bei Informationen, an denen Rechte Dritter bestehen, die eine freie Nutzung verhindern, räumen entsprechende Lizenzen die Nutzungsbefugnisse erst ein.

37 Beispielhaft nennt Satz 2 die **Creative Common Lizenzen** und die **Datenlizenz Deutschland**. Das ist aber nur begrenzt hilfreich, da insbesondere die gemeinnützige Organisation Creative Commons zahlreiche Lizenzmodelle mit unterschiedlicher Nutzungsbreite vorsieht. Sinnvoller erscheint der Vorschlag des Gesetzes, die Datenlizenz Deutschland zu verwenden. Hierbei handelt es sich um eine konkrete Lizenz mit derzeit zwei unterschiedlichen Lizenzmodellen.[18] Entworfen wurde sie unter Beteiligung des Bundes, der Länder und der kommunalen Spitzenverbände vom IT-Planungsrat.

38 Neben der Verwendung einer Lizenz verlangt Satz 2 ausdrücklich die **Angabe der Lizenz**. Dadurch werden die transparenzpflichtigen Stellen verpflichtet, zusätzlich zu der Information auf der Transparenzplattform darauf hinzuweisen, welchen Nutzungsbestimmungen die Information unterfällt. Vorzugswürdig erscheint es für die praktische Umsetzung, auf der Plattform die Bezeichnung der Lizenz anzugeben und auf die konkreten Nutzungsbestimmungen mittels Verlinkung zu verweisen.

39 Das Gesetz legt hierbei den **Anwendungsbereich** der Hinweispflicht nicht unter Verwendung der für das Transparenzgesetz üblichen Terminologie fest. Satz 2 selbst stellt auf bereitgestellte Informationen ab, wohingegen Satz 1 die Nutzung sowohl veröffentlichter als auch auf Antrag zugänglich gemachter Informationen betrifft und an Satz 1 anknüpft. Unter der Bereitstellung ist jedoch nur die Veröffentlichung von Informationen zu verstehen, wie § 8 Abs. 4 zeigt. Zudem ist die Angabe der Lizenz auch nur für auf der Transparenzplattform veröffentlichte Informationen zweckmäßig. Da dort Informationen einer unbegrenzten Anzahl von Personen dauerhaft zur Verfügung gestellt werden, erscheint es sachgerecht, den Nutzungsumfang zu jeder Information unmittelbar aufzuzeigen.

---

17 Vgl. M. J. Heinemann, in: Heinmann S. 239.

18 S. unter https://www.govdata.de/lizenzen (abgerufen am 19.4.2023).

3. Vermerke zu entgegenstehenden Rechten (Satz 3)

Nach § 7 Abs. 4 Satz 3 muss die transparenzpflichtige Stelle bei entgegenstehenden Rechten **Vermerke anlegen**. Der beabsichtigte Regelungsinhalt der erst mit dem Änderungsantrag der Koalitionsfraktionen im Landtagsverfahren eingebrachten Vorschrift ist nur schwer ergründbar.[19] Vermutlich soll auf der Transparenzplattform bei den dort veröffentlichten Informationen auf Rechte hingewiesen werden, die einer freien Nutzung entgegenstehen. Nur so erscheint die Vorschrift zielführend, wenngleich ihr Wortlaut dieses Verständnis nicht gerade nahelegt. 40

So fehlt schon der **Bezugspunkt für die entgegenstehenden Rechte**. Es bleibt offen, wem oder was sie entgegenstehen müssen, um die Vorschrift zur Anwendung kommen zu lassen. Aus dem unmittelbar vorangehenden Satz 2 ergibt sich das auch bei systematischer Auslegung nicht. Allenfalls unter Einbeziehung von Satz 1 und 4 kann auf die Nutzung der Informationen geschlossen werden. Ungeklärt bleibt aber, ob nur die veröffentlichten oder auch die auf Antrag zugänglich gemachten Informationen erfasst sein sollen. Im Hinblick auf Satz 2 (s. Rn. 39) sollten nur veröffentlichte Informationen einbezogen werden. 41

Misslich ist auch die sprachlich nicht gelungene **Rechtsfolge**. Danach *„macht die transparenzpflichtige Stelle entsprechende Vermerke"*. Gemeint sein dürfte, dass auf entgegenstehende Rechte hinzuweisen ist. Wegen der abweichenden Bedeutung des Wortes *„Vermerk"* in § 3 Satz 2 kann die vom Gesetzgeber beabsichtigte Rechtsfolge aber ebenso gut eine Pflicht zur Erstellung eines Vermerks über entgegenstehende Rechte sein. § 3 Satz 2 versteht unter Vermerk eine verschriftliche Form verwaltungsinternen Handelns (§ 3 Rn. 28). Wegen des unmittelbaren Bezugs von § 7 Abs. 4 zur Transparenzplattform, erscheint es aber fernliegend, ausdrücklich zu regeln, dass intern entgegenstehende Rechte dokumentiert werden sollen. Den Ort für entsprechende **Hinweise** nennt die Vorschrift nicht. Zweckmäßig erscheint die Transparenzplattform. Auf ihr sollte zu jeder betroffenen Information neben der Lizenz auch ein Hinweis auf dem ggf. eingeschränkten Nutzungsumfang zu finden sein. 42

4. Einräumung von Nutzungsrechten (Satz 4)

Satz 4 verpflichtet die transparenzpflichtigen Stellen die Veröffentlichungspflicht bereits in einem Stadium in den Blick zu nehmen, in dem ihnen die Informationen selbst noch nicht vorliegen. Bei der Beschaffung von Informationen sollen sie mit Blick auf die spätere Veröffentlichung agieren und sich etwaig erforderliche **Nutzungsrechte** einräumen lassen. Ziel der Vorschrift ist es, zu verhindern, dass die Verwendung der veröffentlichten Informationen am Fehlen solcher Rechte scheitert. 44

Die Vorschrift knüpft damit ersichtlich an den **Grundsatz der freien Verwendbarkeit** der Informationen nach Satz 1 an. Dieser soll durch Satz 4 abgesichert werden. Die transparenzpflichtigen Stellen sollen Sorge dafür tragen, dass sie entweder selbst über hinreichend Nutzungsrechte an den Informationen verfügen oder sich solche zugunsten Dritter einräumen lassen, sodass sie den Nutzerinnen und Nutzern der Transparenzplattform die Informationen mit Lizenzen (Satz 2) bereitstellen können, die ihnen eine Verwendung der Information nach Satz 1 ermöglichen. 45

19 LT-Drs. 7/10236 S. 56, worin sich aber keine Begründung findet.

46 Dagegen ist Satz 4 nicht als Vorgabe zur Verschaffung von Rechten allein für den aus Sicht der transparenzpflichtigen Stellen **eigennützigen Umgang** mit Informationen zu verstehen. Es wäre verfehlt, die Vorschrift auf die Veröffentlichung selbst zu beziehen, also so auszulegen, dass sich die transparenzpflichtigen Stellen von Dritten das Recht zur Veröffentlichung einräumen lassen sollen. Dieses folgt aus dem Transparenzgesetz selbst, ggf. unter Abwägung betroffener Drittinteressen nach § 6 Abs. 2 und steht nicht zur Disposition Dritter.

47 Da Satz 1 eine völlig freie Verwendung verlangt, ist das Wort „soweit" nicht als qualitative und einzelfallbezogene Beschränkung für den **Umfang der einzuräumenden Nutzungsrechte** zu begreifen. Gemeint ist, dass Rechte nur zu beschaffen sind, soweit sie der freien Nutzung nach Satz 1 entgegengehalten werden könnten. Handelt es sich um originär von transparenzpflichtigen Stellen erschaffene Informationen oder um solche, an denen keine beschränkten Nutzungsrechte bestehen oder deren Nutzung zwar potentiell beschränkt werden könnte, aber von den Berechtigten zur freien Verfügung gestellt worden sind, hat Satz 4 keinen Anwendungsbereich.

48 Ein Vorbehalt für die **Wirtschaftlichkeit, Zumutbarkeit oder Angemessenheit** zugunsten der transparenzpflichtigen Stellen ist nicht vorgesehen. Allerdings gibt die Gestaltung als Soll-Vorschrift ausreichend Spieltraum, um in Fällen unvertretbarer Konditionen oder Weigerung seitens der Rechteinhaber von einem Rechtserwerb absehen zu können. Das ist sachgerecht, schließlich können die transparenzpflichtigen Stellen die Einräumung von Nutzungsrechten nicht zwangsweise durchsetzen. § 7 Abs. 4 Satz 4 bewirkt keinen gesetzlichen Kontrahierungszwang.[20]

49 Folge derartiger **Ausnahmefälle** ist eine **eingeschränkte Verwendbarkeit** der Informationen. Entgegen Satz 1 sind die Informationen dann nicht für die Nutzerinnen und Nutzer ungeachtet entgegenstehender Rechte vollkommen frei zu verwenden. Die im Innenverhältnis zwischen Rechteinhabern und transparenzpflichtiger Stelle vereinbarten Nutzungsrechte bedingen unmittelbar die Verwendbarkeit der Information im Außenverhältnis zu den Nutzerinnen und Nutzern der Transparenzplattform. Auf die Veröffentlichung der Informationen haben fehlende Nutzungsrechte hingegen grundsätzlich keine unmittelbare Auswirkung.

---

20 Der Wortlaut von § 10 Abs. 3 Satz 2 HmbTG berücksichtigt dies etwas prägnanter, indem nur eine Hinwirkung verlangt wird; zu den Anforderungen an die erforderlichen Bemühungen Maatsch/Schnabel, § 10 Rn. 35 f.

§ 8
Veröffentlichungspflichtige Informationen

(1) Der Veröffentlichungspflicht unterliegen

1. Beschlüsse der Staatsregierung,
2. zur Anhörung freigegebene Gesetzentwürfe der Staatsregierung und zur Anhörung freigegebene Entwürfe von Rechtsverordnungen,
3. Vorlagen, Stellungnahmen, Berichte und Mitteilungen der Staatsregierung an den Landtag, Stellungnahmen der Staatsregierung zu Volksanträgen,
4. Staatsverträge und Verwaltungsabkommen,
5. Tagesordnungen von gesetzlich vorgesehenen öffentlichen Sitzungen einschließlich deren Anlagen und sitzungsvorbereitenden Unterlagen, in öffentlicher Sitzung gefasste Beschlüsse einschließlich der zugehörigen Protokolle und Anlagen,
6. Satzungen und Geschäftsordnungen,
7. Verträge der Daseinsvorsorge mit einem Auftragswert von mehr als 25 000 Euro,
8. die wesentlichen Inhalte von Verträgen von allgemeinem öffentlichen Interesse mit einem Auftragswert von mehr als 25 000 Euro, soweit es sich um Verträge handelt, durch welche sich die transparenzpflichtige Stelle als Leistungserbringer verpflichtet hat und soweit durch die Veröffentlichung wirtschaftliche Interessen des Freistaates Sachsen nicht beeinträchtigt werden,
9. Haushalts-, Stellen-, Organisations-, Geschäftsverteilungs- und Aktenpläne,
10. Erlasse, Dienstanweisungen und allgemeine Veröffentlichungen, wovon Erlasse und Dienstanweisungen in dienst- oder tarifrechtlichen Angelegenheiten ausgenommen sind, soweit sie Fragen des finanziellen Dienstrechts oder Entgeltfragen betreffen,
11. von transparenzpflichtigen Stellen erstellte oder in Auftrag gegebene amtliche Statistiken und Tätigkeitsberichte, vorbehaltlich des § 18 des Sächsischen Statistikgesetzes vom 17. Mai 1993 (SächsGVBl. S. 453), das zuletzt durch Artikel 26 des Gesetzes vom 26. April 2018 (SächsGVBl. S. 198) geändert worden ist, in der jeweils geltenden Fassung,
12. Gutachten, Studien und Berichte, soweit sie von transparenzpflichtigen Stellen in Auftrag gegeben wurden, in Entscheidungen der transparenzpflichtigen Stellen einflossen oder ihrer Vorbereitung dienten, einschließlich des Namens der verfassenden Person; § 5 Absatz 1 Nummer 9 findet keine Anwendung,
13. Informationen, die zugänglich gemacht worden sind nach § 6 Absatz 1 des Verbraucherinformationsgesetzes in der Fassung der Bekanntmachung vom 17. Oktober 2012 (BGBl. I S. 2166, 2725), das durch Artikel 8 des Gesetzes vom 27. Juli 2021 (BGBl. I S. 3146) geändert worden ist, in der jeweils geltenden Fassung und etwaige Richtigstellungen nach § 6 Absatz 4 des Verbraucherinformationsgesetzes,
14. die von den transparenzpflichtigen Stellen erstellten öffentlichen landesweiten Pläne,
15. eine tabellarische Übersicht aller einschließlich der von der Sächsischen Aufbaubank – Förderbank – nach den §§ 23 und 44 der Sächsischen Haushaltsordnung in der Fassung der Bekanntmachung vom 10. April 2001 (SächsGVBl. S. 153), die zuletzt durch Artikel 1 des Gesetzes vom 21. Mai 2021 (SächsGVBl. S. 578) geändert worden ist, in der jeweils geltenden Fassung, bewilligten Förderungen,
    a) ab einem Betrag von 2 500 Euro jeweils mit der Angabe von Bescheiddatum, Höhe der bewilligten Zuwendung, bewilligender Behörde, Bewilligungszeitraum, Fördergegenstand, Förderart und Finanzierungsform sowie
    b) ab einem Betrag von 10 000 Euro zusätzlich mit der Angabe der Zuwendungsempfänger, es sei denn, es handelt sich um nichtgewerblich handelnde natürliche Personen,

soweit durch die Veröffentlichung nicht im Einzelfall wirtschaftliche Interessen der öffentlichen Hand als Zuwendungsempfänger erheblich beeinträchtigt werden,

16. die wesentlichen Unternehmensinformationen für privatrechtliche Unternehmen, an denen der Freistaat Sachsen mehrheitlich beteiligt ist, und für öffentlich-rechtliche Unternehmen, die er errichtet hat; die Veröffentlichung kann in einem regelmäßigen Beteiligungsbericht erfolgen,
17. Informationen, die bereits aufgrund anderer Rechtsvorschriften zu veröffentlichen sind, mit Ausnahme der in den Absätzen 2 und 3 genannten, oder deren Veröffentlichung auf tatsächlicher Übung beruht,
18. im Rahmen des Antragsverfahrens nach Abschnitt 3, mit Ausnahme des § 11 Absatz 4 und 5 Satz 2, elektronisch zugänglich gemachte Informationen und im Rahmen des Antragsverfahrens nach dem Sächsischen Umweltinformationsgesetz elektronisch zugänglich gemachte Umweltinformationen.

(2) Daten, die nach § 8 Absatz 1 des Sächsischen E-Government-Gesetzes in der Fassung der Bekanntmachung vom 8. November 2019 (SächsGVBl. S. 718), das durch Artikel 3 der Verordnung vom 12. April 2021 (SächsGVBl. S. 517) geändert worden ist, in der jeweils geltenden Fassung, zum Datenabruf bereitgestellt werden, unterliegen nicht der Veröffentlichungspflicht nach diesem Gesetz.

(3) Auf der Transparenzplattform ist anzugeben, auf welcher Internetseite Folgendes veröffentlicht ist:

1. Umweltinformationen, die gemäß § 12 Absatz 1 des Sächsischen Umweltinformationsgesetzes zu verbreiten sind,
2. Rechtsvorschriften und Verwaltungsvorschriften sowie
3. Geodaten nach Maßgabe des Sächsischen Geodateninfrastrukturgesetzes vom 19. Mai 2010 (SächsGVBl. S. 134), das zuletzt durch Artikel 18 der Verordnung vom 12. April 2021 (SächsGVBl. S. 517) geändert worden ist, in der jeweils geltenden Fassung.

(4) Die transparenzpflichtigen Stellen können nach Maßgabe dieses Gesetzes auch nicht veröffentlichungspflichtige Informationen auf der Transparenzplattform bereitstellen.

Erläuterungen:

Übersicht

I. Einführung

§ 8 ist die zentrale Vorschrift für die Veröffentlichungspflicht. Absatz 1 beinhaltet den Katalog von veröffentlichungspflichtigen Informationen, der die Veröffentlichungspflicht des § 2 Abs. 1 Satz 2 ausgestaltet. Die Absätze 2 bis 4 ergänzen die Veröffentlichungstatbestände um weitere Vorgaben im Zusammenhang mit der Veröffentlichungspflicht. Absatz 2 regelt das Verhältnis zu Daten i. S. d. Sächsischen E-Government-Gesetzes, Absatz 3 stellt eine Verbindung zu anderweitigen Veröffentlichungen her und Absatz 4 sieht die Möglichkeit der freiwilligen Veröffentlichung über den Katalog von Absatz 1 hinaus vor. 1

II. Die zu veröffentlichenden Informationen (Absatz 1)

Da das Transparenzgesetz **keine Generalklausel** zur Veröffentlichung von Informationen vorsieht, ergeben sich Inhalt sowie Umfang der Veröffentlichungspflicht aus § 8 Abs. 1. Die Vorschrift führt die zu veröffentlichenden Informationen **abschließend** auf. Als Information ist im Einklang mit § 3 Satz 1 nicht die einzelne Erkenntnis mit einem Informationsgehalt zu verstehen, sondern die Information ist jeweils der in einer der Nummern umschriebene Gegenstand (zum Informationsbegriff § 3 Rn. 7 ff.). § 8 Abs. 1 definiert hierfür den Begriff der Informationen nicht. Vielmehr begrenzt § 3 Satz 2 grundsätzlich seinerseits den Katalog der veröffentlichungspflichtigen Informationen, mit einer Ausnahme für § 8 Abs. 1 Nr. 18 (s. Rn. 120). Der Katalog in Absatz 1 weist auch **keine Rangfolge** im Sinne einer abgestuften Bedeutsamkeit auf. Vielmehr ist er weit gehend willkürlich und ersichtlich an § 7 Abs. 1 LTranspG RP und § 3 Abs. 1 HmbTG orientiert. 2

Neben § 3 sind die **Ausnahmen in § 5** im Blick zu behalten. Die Transparenzpflichtigen müssen stets prüfen, ob sie über Informationen i. S. v. § 3 Satz 1 verfügen, die dem Katalog von § 8 Abs. 1 unterfallen, und ob eine der Ausnahmen nach § 5 einschlägig ist. Fällt die Prüfung positiv aus, liegen also die Voraussetzungen von § 8 Abs. 1 vor, bei gleichzeitiger Ablehnung der Ausnahmen, entsteht die Pflicht zur Veröffentlichung, ggf. reduziert um personenbezogene Daten (§ 6 Abs. 1). 3

1. Beschlüsse der Staatsregierung (Nummer 1)

§ 8 Abs. 1 Nr. 1 verpflichtet zur Veröffentlichung der Beschlüsse der Staatsregierung. Demnach sind sämtliche **Kabinettsbeschlüsse** vollständig auf der Transparenzplattform einzustellen. Einschränkungen können sich im Einzelfall aus § 5 ergeben, insbesondere 4

§ 5 Abs. 1 Nr. 1 bis 3, oder aus § 3 Satz 2. Betroffen sind nur „beschlossene" Kabinettssachen, nicht also jegliche Gegenstände von Sitzungen des Kabinetts über die kein Beschluss gefasst worden ist (z. B. reine Tischvorlagen). Nicht erfasst sind **vorbereitende Unterlagen**, etwa Kabinettsvermerke, sowie die Niederschrift über Kabinettssitzungen. Zugang zu derartigen Informationen kann allenfalls auf Antrag erlangt werden, wobei vorbereitende Vermerke schon nicht dem Informationsbegriff nach § 3 Satz 2 unterfallen. Erfasst ist hingegen der Beschluss über Abstimmungsverhalten im **Bundesratsplenum** (LT-Drs. 7/8517 S. 49). Nicht zu veröffentlichen ist das Stimmverhalten in den Ausschüssen des Bundesrats, da hierüber die Ressorts in eigener Verantwortung entscheiden.

5 Zu veröffentlichen ist als **Rechtsfolge** nur der Beschluss, mithin das Entscheidungsergebnis, nicht alle zum Beschluss dazugehörigen Dokumente. Dass die Vorschrift nicht sämtliche Beschlussinhalte umfasst, zeigt ein systematischer Vergleich mit § 8 Abs. 1 Nr. 2 und Nr. 5. Nach Nummer 2 sind nur Entwürfe von Rechtsnormen, über deren Freigabe zur Anhörung das Kabinett beschlossen hat, zu veröffentlichen. Dabei handelt es sich um den Beschlussgegenstand, bspw. einen Verordnungsentwurf, nicht den Beschluss an sich, also die Entscheidung über den Verordnungsentwurf. Auch Nummer 5 spricht gegen die Einbeziehung der Beschlussgegenstände. Danach sind Beschlüsse ebenso veröffentlichungspflichtig, die Vorschrift hebt Anlagen zu diesen aber ausdrücklich hervor.

2. Zur Anhörung freigegebene Entwürfe von Gesetzen (Nummer 2)

6 Nach § 8 Abs. 1 Nr. 2 sind zur Anhörung freigegebene Gesetzentwürfe der Staatsregierung und zur Anhörung freigegebene Entwürfe von Rechtsverordnungen, d. h. Regierungs- und Ressortverordnungen, zu veröffentlichen. **Anhörung** meint die Übermittlung der Entwürfe an Interessenverbände zur Möglichkeit der Stellungnahme, i. d. R. vor einer zweiten Kabinettsbefassung. Ob die Anhörung obligatorisch[1] ist oder nur für sachdienlich gehalten wird, ist nicht relevant.

7 Die **Rechtsfolge** ist die vollständige Veröffentlichung, d. h. der gesamte Regelungs- mit (sofern vorhanden) dem Begründungsteil. Um das Ziel dieses Veröffentlichungstatbestands zu erreichen, sollten sämtliche Normentwürfe auf der Transparenzplattform **freiwillig** nach § 8 Abs. 4 eingestellt werden. Dieser Weg kommt insbesondere bei solchen Entwürfen in Betracht, die bereits vor ihrer Behandlung im Kabinett öffentlich diskutiert werden.

3. Informationen der Staatsregierung (Nummer 3)

8 Nach § 8 Abs. 1 Nr. 3 sind bestimmte **Informationen der Staatsregierung** zu veröffentlichen. Die Regelung knüpft an die Informationspflicht der Staatsregierung gegenüber dem Landtag nach Art. 50 und Art. 71 Abs. 2 Satz 2 SächsVerf an. Die dort angelegte (parlamentarische) Kontrolle der Staatsregierung wird dem Sinn und Zweck des Transparenzgesetzes folgend um eine öffentliche Beteiligung und Kontrolle erweitert. Die Informationsgegenstände, die den Volksvertreterinnen und -vertretern zur Verfügung stehen, sind damit auch dem Volk selbst zugänglich zu machen. Die Aufzählung der zu veröffentlichen Unterlagen – Vorlagen, Stellungnahmen, Berichte und Mitteilungen

1 Bspw. die nach Artikel 84 Abs. 2 SächsVerf vorgesehene Anhörung der Gemeinden oder Gemeindeverbände bei Fragen des Kommunalrechts.

der Staatsregierung an den Landtag sowie Stellungnahmen der Staatsregierung zu Volksanträgen – ist **abschließend**.

Maßgeblich ist, dass es sich um **von der Staatsregierung** selbst erstellte oder zusammengestellte Informationen handelt. Das Transparenzgesetz verpflichtet die Staatsregierung als Organ, nicht die Staatsminister als deren Mitglieder. Die Staatsregierung ist nach Art. 59 Abs. 1 Satz 1 SächsVerf ein von ihren Mitgliedern zu unterscheidendes Staatsorgan.[2] Von diesem Verständnis weicht § 8 Abs. 1 Nr. 3 nicht ab, wie Wortlaut und systematischer Vergleich zu § 4 Abs. 1 zeigen. 9

Darüber hinaus erfordert der erste Teil des Veröffentlichungstatbestands eine **zielgerichtete** Übermittlung an den Landtag. Informationen an andere Stellen, die von diesen eigeninitiativ an den Landtag weitergeleitet werden, unterliegen nicht der Veröffentlichungspflicht nach § 8 Abs. 1 Nr. 3. Unschädlich ist hingegen die Übermittlung nicht ausschließlich an den Landtag, sondern auch an oder über andere Stellen. 10

Demgegenüber kommt es für den zweiten Teil des Veröffentlichungstatbestandes, also bei Stellungnahmen der Staatsregierung zu Volksanträgen, **nicht auf den Adressaten** an. Sie sind jedenfalls zu veröffentlichen, egal wem gegenüber Stellung genommen wird. Dass diese Stellungnahmen neben dem Landtag nach Art. 71 Abs. 2 Satz 2 SächsVerf, auch gegenüber anderen Stellen abzugeben sein können, hat keine Relevanz für die Veröffentlichungspflicht.[3] 11

4. Staatsverträge und Verwaltungsabkommen (Nummer 4)

Zur Bestimmung der veröffentlichungspflichtigen Informationen nach § 8 Abs. 1 Nr. 4 kann auf das verfassungsrechtliche Verständnis der verwendeten Begriffe zurückgegriffen werden. Art. 59 GG unterscheidet zwischen „Verträgen" und „Verwaltungsabkommen", Art. 65 Abs. 2 SächsVerf hingegen nimmt Bezug auf „Staatsverträge". Verträge i. S. v. Art. 59 Abs. 1 GG und Staatsverträge i. S. v. Art. 65 Abs. 2 SächsVerf sind völkerrechtliche Verträge. In den Worten des BVerfG handelt es sich abstrakt umschrieben um „Übereinkünfte zwischen zwei oder mehr Völkerrechtssubjekten, durch welche die zwischen ihnen bestehende Rechtslage verändert werden soll".[4] 12

Unproblematisch unterfallen dem Veröffentlichungstatbestand damit sämtliche Verträge zwischen verschiedenen, auch partiellen, **Völkerrechtssubjekten**, also etwa Verträge zwischen dem Freistaat und dem Bund oder zwischen den Ländern, deren Inhalt auf eine rechtsetzende Tätigkeit der Vertragsparteien gerichtet, durch ihren jeweiligen (Landes-)Gesetzgeber zu erfüllen ist.[5] 13

Veröffentlichungspflichtig sind zudem **Verwaltungsabkommen**. Diese regeln typischerweise nur einzelne Fragen der verwaltungsinternen Zusammenarbeit[6] oder die finanzi- 14

---

2 Mittag, in: Baumann-Hasske, Vor. Art. 59 Rn. 11 f.

3 Bspw. nach § 11 Abs. 2 Satz 1 VVVG gegenüber dem Sächsischen Verfassungsgerichtshof in Verfahren über die Zulässigkeit von Volksanträgen.

4 BVerfG, Urt. v. 12.7.1994 – 2 BvE 3/92 –, juris Rn. 265.

5 Beispiele für Staatsverträge in diesem Sinne mit sächsischer Beteiligung sind der Medienstaatsvertrag vom 28.4.2020, der Glücksspielstaatsvertrag 2021 vom 29.10.2020 oder der Staatsvertrag über die Hochschulzulassung vom 4.4.2019; zum Begriff s. Mittag, in: Baumann-Hasske, Art. 65 Rn. 13 f.

6 Bspw. auf Bundesebene im Abkommens über das Deutsche Institut für Bautechnik vom 9.12.1992.

elle Ausstattung[7] der Beteiligten. Sofern es sich bei der jeweiligen Vereinbarung nicht bloß um eine missverständliche Bezeichnung eines Staatsvertrages handelt, können sie von diesen dadurch abgegrenzt werden, dass sie zwischen Trägern der Verwaltung geschlossen werden und Bestimmungen zu Regelungsgegenständen beinhalten, über die durch die Verwaltungsträger im Gegensatz zu Staatsverträgen ohne Beteiligung des Gesetzgebers entschieden werden kann.[8]

15 Problematischer ist die Abgrenzung zwischen Verwaltungsabkommen und **Verwaltungsvereinbarung**. Teilweise werden die Begriffe synonym verwendet, sowohl in der Literatur[9] als auch der Praxis[10]. Gegen ein solches Verständnis könnte die wörtliche Unterscheidung im Grundgesetz angeführt werden, da Art. 59 Abs. 2 Satz 2 GG den Begriff Verwaltungsabkommen, Art. 104b Abs. 2 Satz 1 GG und Art. 143d Abs. 2 Satz 2 GG hingegen den Begriff Verwaltungsvereinbarung verwenden. Allerdings zeigt sich an den auf Grundlage dieser Vorschriften geschlossenen Verwaltungsvereinbarungen[11], dass es sich letztlich um Verwaltungsabkommen im o. g. Sinn handelt. Die sprachliche Trennung wird also nicht konsequent angewandt und ist daher für die Beurteilung der Veröffentlichungspflicht allenfalls ein Indiz, sodass auch als Verwaltungsvereinbarung bezeichnete Übereinkünfte veröffentlichungspflichtig sein können.

16 Vom Gesetz wird auch an dieser Stelle nicht geregelt, wie mit Informationsgegenständen umzugehen ist, an denen keine **transparenzpflichtige Stelle unmittelbar beteiligt** gewesen ist. Anders als etwa in Nummer 8, 11 oder 14 ist die Beteiligung einer transparenzpflichtigen Stelle keine Voraussetzung für eine Veröffentlichungspflicht. Daher kann die Vorschrift so verstanden werden, dass sämtliche Staatsverträge oder Verwaltungsabkommen zu veröffentlichen sind, über die transparenzpflichtige Stellen verfügen i. S. v. § 2 Abs. 2. Dem kann nur als ungeschriebene Einschränkung allgemein entgegengehalten werden, dass der sächsische Gesetzgeber nicht über die Veröffentlichung von Unterlagen entscheiden wollte, die überhaupt nicht seinem Organisationsbereich unterfallen, und dies ohne Beteiligung der originär zuständigen Stellen in den Ländern oder im Bund.[12]

5. Tagesordnungen und Sitzungsbeschlüsse (Nummer 5)

17 § 8 Abs. 1 Nr. 5 beinhaltet zwei Veröffentlichungstatbestände im Zusammenhang mit öffentlichen Sitzungen. Jene lassen sich in die Kategorien Vorbereitung und Ergebnis derartiger Sitzungen unterteilen.

a) Informationen aus dem Vorbereitungsstadium

18 Der Anwendungsbereich setzt eine **gesetzlich vorgesehene öffentliche Sitzung** voraus. Handelt es sich um eine solche, sind die im Gesetz aufgeführten Unterlagen (Tagesord-

7 Bspw. im Verwaltungsabkommen über die Regelung der Finanzierung der ökologischen Altlasten (VA Altlastenfinanzierung) in der Fassung vom 10.1.1995 über die Finanzierung der Braunkohlesanierung in den Jahren 2018 bis 2022.

8 Dazu Mittag, in: Baumann-Hasske, Art. 65 Rn. 15; Pieper, in: Epping/Hillgruber, Art. 59 Rn. 45.

9 So wohl Ludwig, in: Landmann/Rohmer, § 19 BBodSchG Rn. 16.

10 § 10 InvKG nutzt den Begriff, obwohl tatsächlich ein Vertrag zwischen Bund und Ländern geschlossen worden ist.

11 VV Städtebauförderung 2021 vom 18.12.2020 (BAnz AT 2021 28.5.2021 B1 und die Verwaltungsvereinbarung nach § 4 KonsHilfG v. 10.8.2019 (BGBl. I S. 2702).

12 Ein solches „übergeordnetes Prinzip" erkennen auch Maatsch/Schnabel, § 3 Rn. 19 an und Müllmann, in: Heinemann, S. 150.

nungen, deren Anlagen, sitzungsvorbereitende Unterlagen, gefasste Beschlüsse, Protokolle und Anlagen) auf der Transparenzplattform bereitzustellen. Die Notwendigkeit einer gesetzlichen Grundlage für die Sitzungen beschränkt die Veröffentlichungspflicht ohne überzeugenden Grund. Der Gesetzesbegriff ist materiell zu verstehen, umfasst also formelle und materielle Gesetze. Verwaltungsvorschriften werden allgemein zwar mitunter als Rechtsvorschrift[13], aber nicht als Gesetz angesehen und demgemäß nicht durch das Wort „gesetzliche" eingeschlossen.[14] Darin vorgesehene Sitzungen sind daher nicht erfasst.

Ob an dieser Stelle auch **Satzungen** dem Gesetzesbegriff zugeordnet werden können, ist weder der Vorschrift noch dem SächsTranspG insgesamt eindeutig zu entnehmen. Vorbehaltlich fachgesetzlicher Eigenheiten können Satzungen gemeinhin zwar den materiellen Gesetzen zugeordnet werden.[15] Gegen dieses allgemeine Verständnis spricht hier aber die Verwendung verschiedener Begrifflichkeiten für Rechtsnormen im SächsTranspG. Dieses unterscheidet zwischen Gesetz (so neben § 8 Abs. 1 Nr. 5 auch § 4 Abs. 3 Satz 1 Nr. 3, § 14 Abs. 1), Rechtsvorschrift (§ 8 Abs. 1 Nr. 5, 17 und Abs. 3 Nr. 2) und Verwaltungsvorschrift (§ 8 Abs. 3 Nr. 2, § 14 Abs. 1). Erkennt man allgemeinsprachlich und wegen § 8 Abs. 3 Nr. 2 in „Rechtsvorschrift" den Oberbegriff für Rechtsnormen, erscheinen die Begriffe „Gesetz" und „Rechtsvorschrift" nicht deckungsgleich.[16] Daraus ließe sich sprachlich und systematisch ableiten, dass Rechtsvorschriften jedenfalls alle materiell-rechtlichen Vorschriften und damit auch Satzungen meinen, diese hingegen nicht als Gesetz zu begreifen sind. 19

Allerdings kann dem SächsTranspG insoweit **keine überzeugende Gesamtsystematik** entnommen werden. Zwar sollte im ersten Ansatz unterstellt werden können, dass der Gesetzgeber mit einer sprachlich derart ausdifferenzierten Regelungsweise auch unterschiedliche Regelungsinhalte ausdrücken wollte. Die betroffenen Vorschriften (Rn. 19) erwecken jedoch den Eindruck eines teilweise willkürlichen Einsatzes unterschiedlicher Begriffe, sodass eine vorschriftenbezogene Betrachtung angezeigt sein dürfte, mit dem Ergebnis der Einbeziehung sämtlicher materiell-rechtlicher Vorschriften in den Gesetzesbegriff zumindest nach § 8 Abs. 1 Nr. 5. Informationen zu Sitzungen, die auf **Gewohnheit** und Übung basieren sind daher nicht veröffentlichungspflichtig. Das gilt auch für Zusammenkünfte, die nicht ausdrücklich in einem Gesetz vorgeschrieben sind, die aber zur Umsetzung gesetzlicher Aufgaben stattfinden. Der Wortlaut („vorgesehen") lässt eine mittelbare gesetzliche Anknüpfung nicht ausreichen. 20

Das Merkmal **„gesetzlich"** bezieht sich sowohl auf das Wort **„vorgesehen"** als auch auf das Wort **„öffentlich"**. Mithin muss nicht nur die Durchführung der Sitzung gesetzlich angeordnet sein, sondern auch deren Öffentlichkeit.[17] Relevant ist das für Sitzungen 21

---

13 Wobei auch dies je nach Norm umstritten ist, so zu § 47 Abs. 1 Nr. 2 VwGO bejahend Ziekow, in: Sodan/ders., § 47 Rn. 124 ff., den Charakter als Rechtnorm i. S. v. Art 2 EGBGB ablehnend BGH, 28.4.2015 – XI ZR 378/13 –, juris Rn. 66; ablehnend auch für § 49 Abs. 2 Satz 1 Nr. 1 VwVfG BVerwG, Urt. v. 11.12.1990 – 6 C 33.88 –, juris Rn. 37.

14 BVerwG, Beschl. v. 15.2.1988 – 7 B 219.87 –, juris Rn. 6 sieht sie nicht „originär als Gesetz" und dem Urt. v. 24.3.1977 – II C 14.75 –, juris Rn. 19 f. lässt sich eine Differenzierung in „Gesetz" bzw. „gesetzlich" und „Verwaltungsvorschrift" entnehmen.

15 So bspw. für § 823 BGB Wagner, in: Säcker/Rixecker/Oetker/Limperg, § 823 Rn. 537 m. w. N. und BGH, Urt. v. 28.4.2015 – XI ZR 378/13 –, juris Rn. 66.

16 Insb. wäre die Aufzählung in § 14 Abs. 1 unerklärlich, da die Einzelbegriffe dann mit dem Wort „Gesetz" oder „Rechtsvorschrift" hätten zusammengefasst werden können.

17 Ausdrücklich nicht öffentliche Sitzungen sind daher ausgenommen, bspw. Sitzungen des Personalrats nach § 36 Satz 1 SächsPersVG.

deren Zugänglichkeit für die Öffentlichkeit vom Gesetz nicht ausdrücklich thematisiert wird[18]. Im Vergleich mit entsprechenden Regelungen in anderen Transparenzgesetzen weicht das sächsische Recht hier im negativen Sinne ab. In § 3 Abs. 1 Nr. 3 HmbTG, § 7 Abs. 1 Nr. 3 LTranspG RP und § 6 Abs. 3 Satz 1 Nr. 2 Buchst. h ThürTG ist durchweg das Kriterium „gesetzlich" nicht vorgesehen.

22 **Öffentlichkeit** liegt vor, wenn neben den an der Sitzung selbst aktiv Beteiligten die passive Teilnahme i. S. e. zuhörenden Anwesenheit grundsätzlich jedermann offensteht. Ob Öffentlichkeit im o. g. Sinne anwesend ist, ist unerheblich.[19] Bei einer **faktisch öffentlichen** Sitzung, die also nicht öffentlich hätte stattfinden müssen oder sollen und dennoch für einen vorher nicht bestimmten Personenkreis zugänglich ist, handelt es sich zwar um eine öffentliche Sitzung i. S. d. Vorschrift.[20] Allerdings sind Informationen zu dieser nicht veröffentlichungspflichtig wegen des Erfordernisses einer gesetzlich vorgesehenen öffentlichen Sitzung.

23 Unter **Sitzung** ist die zielgerichtete Zusammenkunft mehrerer Personen zu verstehen. Dabei kommt es auf die Bezeichnung des Treffens nicht an, ob also eine Sitzung stattfindet, ein Gremium tagt oder etwas verhandelt wird, ist unerheblich. Der Begriff ist nicht schlechthin allein aus sich selbst heraus zu verstehen, wie seine Verwendung auch außerhalb des SächsTranspG zeigt. So sind die Plenarsitzungen des Landtags einmal als Verhandlung in Art. 48 Abs. 1 S. 1 SächsVerf und andermal als Sitzung in Art. 48 Abs. 4 SächsVerf bezeichnet. Hieran und an Art. 52 Abs. 3 SächsVerf („tagen") zeigt sich die allgemein synonyme Verwendung der Wörter Sitzung, Verhandlung, Tagung etc., sodass nur aus weiterem Kontext unterschiedliche Wirkungen daraus resultieren.

24 Aus dem Vorbereitungsstadium von Sitzungen unterliegen die **Tagesordnung**, einschließlich ihrer Anlagen und sitzungsvorbereitenden Unterlagen der Veröffentlichungspflicht. Hierbei kennt die Vorschrift keine Beschränkungen auf bestimmte Arten von Unterlagen. Selbst solche, die isoliert betrachtet nicht die Voraussetzungen für Informationen nach § 3 erfüllen, sind von ihr nicht ausgenommen. Bezugspunkt sind nicht „vorbereitende Informationen", sondern Unterlagen zu der Tagesordnung, sodass auch Entwürfe von Dokumenten, die Gegenstand der Sitzung sein sollen und der Tagesordnung von der für sie verantwortlichen Stelle beigefügt und vorab übermittelt worden sind, der Veröffentlichungspflicht unterliegen.

b) Informationen zu den Ergebnissen von Sitzungen

25 Der zweite Veröffentlichungstatbestand in § 8 Abs. 1 Nr. 5 betrifft in öffentlicher Sitzung gefasste **Beschlüsse** (zu öffentlichen Sitzungen Rn. 18 ff.). Im Gegensatz zu den Informationen im Vorbereitungsstadium bedarf die Veröffentlichung der Sitzungsergebnisse keiner **gesetzlichen Grundlage** der Sitzung. Der Gesetzeswortlaut bezieht sich hier auf sämtliche öffentlichen Sitzungen, ungeachtet eines gesetzlichen Grundes ihrer Durchführung. Somit sind nur für einen Teil der öffentlichen Sitzungen Informationen aus dem Stadium vor ihrer Durchführung zu veröffentlichen. Indes sind die Ergebnisse sämtlicher öffentlichen Sitzungen veröffentlichungspflichtig. Dieser Widerspruch ist de lege lata hinzunehmen.

---

18 Bspw. die Schulkonferenz nach § 43 Abs. 1 und 3 SächsSchulG.

19 Vgl. allgemein Kissel/Mayer, § 169 Rn. 3 ff. Insoweit unbegründet auf öffentliche Einladungen einengend Müllmann, in: Heinemann, S. 149.

20 So auch Maatsch/Schnabel, § 3 Rn. 18.

Als **Ergebnisse der Sitzungen** sind die jeweils darin gefassten Beschlüsse, einschließlich zugehöriger Protokolle und Anlagen zu veröffentlichen. Nicht zu veröffentlichen sind Unterlagen zu Verhandlungen an Gerichten, was schon aus § 4 Abs. 3 Satz 1 Nr. 1 folgt. 26

6. Satzungen und Geschäftsordnungen (Nummer 6)

Unter **Satzungen** nach § 8 Abs. 1 Nr. 6 sind sämtliche Normen rechtlicher Zusammenschlüsse zu verstehen, die diese aufgrund spezieller Ermächtigung oder kraft ihrer Selbstverwaltungsautonomie erlassen haben. Auf die Bezeichnung als Satzung kommt es dabei nicht entscheidend an. Darin kann zwar ein Indiz für eine Satzung i. S. d. Vorschrift liegen. Ein notwendiges Merkmal ist darin aber nicht zu sehen, sodass oftmals als „Ordnungen" bezeichnete Rechtsnormen ebenfalls der Veröffentlichungspflicht unterfallen, sofern es sich rechtsförmlich um eine Satzung handelt. 27

Der Veröffentlichungstatbestand kann wegen § 2 Abs. 2 S. 1 und 2 so ausgelegt werden, dass das Vorhandensein der Information bei der transparenzpflichten Stelle ausreicht, es sich hingegen nicht um eine Satzung der Stelle selbst handeln oder dass sie an der Erstellung beteiligt gewesen sein muss. Danach können vorbehaltlich einschlägiger Ausnahmen im Einzelfall **sämtliche Satzungen** auf der Transparenzplattform zur Verfügung zu stellen sein, über die die transparenzpflichtigen Stellen verfügen. Sofern man dies anerkannt, kann dem auch hier nur eine allgemeine, ungeschriebene Beschränkung auf Informationen entgegengehalten werden, die einen unmittelbaren Bezug zu transparenzpflichtigen Stellen aufweisen. (s. dazu auch Rn. 16 und § 2 Rn. 9 f.) 28

Im Unterschied zu Satzungen ist § 8 Abs. 1 Nr. 6 hinsichtlich der **Geschäftsordnungen** nicht auf bestimmte Formen rechtlichen Handelns beschränkt. Gemeinhin ist unter einer Geschäftsordnung ein Akt des inneren Organisationsrechts zur Vorgabe von Zuständigkeiten, Formalien, Befugnissen und Abläufen zu verstehen. Maßgeblich ist, dass es sich um einen Rechtsakt der jeweils betroffenen Organisationseinheit handelt, den sich diese selbst gegeben hat oder die ihr durch eine übergeordnete Stelle auferlegt worden ist mangels insoweit vorhandener Selbstverwaltungshoheit.[21] 29

Der Tatbestand überschneidet sich teilweise mit § 8 Abs. 3 Nr. 2 im Hinblick auf die darin geregelten **Verwaltungsvorschriften** (zur Abgrenzung zwischen Rechtsvorschrift und Verwaltungsvorschrift Rn. 18 und Rn. 133). Da Absatz 1 eine Veröffentlichung der Information vorsieht, Absatz 3 sich hingegen in der Angabe einer Fundstelle der Information erschöpft, bedarf es einer Abgrenzung zwischen § 8 Abs. 1 Nr. 6 und Abs. 3 Nr. 2. Wegen der speziellen Regelung für Geschäftsordnungen in Absatz 1 Nummer 6 ist die **Geschäftsordnung selbst** zu veröffentlichen anstatt eines bloßen Verweises auf deren Fundstelle. 30

7. Verträge der Daseinsvorsorge (Nummer 7)

Absatz 1 Nummer 7 verlangt die Veröffentlichung von Verträgen der Daseinsvorsorge. Regelmäßig berühren derartige Verträge elementare Fragen für das gesellschaftliche Zusammenleben. Mit dem Veröffentlichungstatbestand versucht der Gesetzgeber das aus den Vertragsinhalten herrührende berechtigte Informationsinteresse der Öffentlichkeit an Vertragsinhalten zu befriedigen. 31

21 So etwa bei der Geschäftsordnung des Sächsischen Normenkontrollrates nach § 3 Abs. 8 SächsNKRG.

32 Erste der zwei Voraussetzungen ist das Vorliegen eines **Vertrages**. Hierbei ist dem allgemeinen Verständnis zu Charakterisierung rechtlicher Verbindungen als Vertrag zu folgen. Jede bi- oder multilaterale Vereinbarung, aufgrund derer ein Rechtsverhältnis zwischen den Beteiligten gestaltet wird, erfüllt das Tatbestandsmerkmal. Bestimmend ist der Rechtsbindungswille der Beteiligten, mithin der Wille, sich an die anderen Vertragsparteien verpflichtend zu binden im Gegensatz zu Absichtserklärungen, losen Übereinkünften und Gefälligkeitsabreden.[22] Unerheblich für die Veröffentlichungspflicht sind die Bezeichnung der Vereinbarung und die Art der jeweiligen vertraglichen Pflichten. So werden einfache Kaufverträge ebenso erfasst wie Dienstleistungsverträge, komplexe Vertragswerke im Unternehmensrecht oder Planungs- und Bauverträge im Rahmen von Infrastrukturmaßnahmen.

33 Die Art und Weise der Einbindung der **öffentlichen Hand** in den Vertrag ist nicht entscheidend. Sie kann als Leistungserbringer oder -empfänger oder beides auftreten. Sie kann Auftraggeber oder Auftragnehmer, Erwerber oder Veräußerer sein oder auch ohne eigene Hauptleistungspflichten oder nur als Begünstigte am Vertrag beteiligt sein. Sie muss noch nicht einmal Vertragsteil sein. Die Vorschrift verlangt gerade keinen Vertrag der Daseinsvorsorge von transparenzpflichtigen Stellen.

34 Der Vertrag muss die **Daseinsvorsorge** betreffen. Das Gesetz verzichtet auf eine eigene Begriffsbestimmung. Das ist einerseits im Sinne der Entwicklungsoffenheit und Anpassungsfähigkeit der Norm nachvollziehbar, andererseits wirft es Abgrenzungsfragen auf. Hierzu kann auf das allgemeine Verständnis zurückgegriffen werden.[23] Die Bereiche der Wasser- und Energieversorgung, der Abwasser- und Abfallentsorgung sowie der Verkehrssektor sind ebenso darunter zu verstehen wie Verträge zur Schaffung von Wohnraum und solche betreffend Bildungs-, Kultur- und Gesundheitseinrichtungen (s. LT-Drs. 7/8517 S. 50). Wegen seiner grundlegenden Bedeutung zählt auch der gesamte Bereich der Telekommunikation zur Daseinsvorsorge.

35 Zur Begrenzung des Anwendungsbereichs ist eine **Bagatellgrenze** vorgesehen. Verträge mit einem Auftragswert von 25 000 Euro und weniger sind nicht zu veröffentlichen, können aber freiwillig nach § 8 Abs. 4 auf die Transparenzplattform eingestellt werden. Dass dieser Schwellenwert sinnvoll ist, darf bezweifelt werden. Eine erhoffte, merkliche Aufwandsreduzierung ist kaum zu erwarten, da eine Vielzahl von Verträgen den Schwellenwert überschreiten dürften. Dem steht ein Verlust von Erkenntnissen zu kleineren Aufträgen gegenüber.

36 Problematisch können **aufgeteilte Vertragswerke** sein. Solange keine bewusste Aufteilung erfolgt, etwa um Auftragswerte gering zu halten, obwohl die aufgeteilten Verträge derart eng miteinander verknüpft sind, dass faktisch eine einheitliche Vereinbarung vorliegt, ist der Auftragswert für jeden Vertrag separat zu betrachten. Angesichts der regelmäßigen Vergabe einzelner Lose oder Gewerke bei größeren Projekten kann eine Diskrepanz zwischen den jeweiligen Veröffentlichungspflichten auftreten, obwohl letztlich ein Lebenssachverhalt betroffen ist und es rein tatsächlich möglich gewesen wäre, nur einen Vertrag über das gesamte Projekt abzuschließen.

37 Ähnliche Fragen stellen sich bei rechtlich oder faktisch **verbundenen Verträgen**. Hierunter sind zwei oder mehrere separate Vertragswerke zu verstehen, die voneinander abhän-

22 Dazu Busche, in: Säcker/Rixecker/Oetker/Limperg, Vor § 145 Rn. 31 f.
23 Etwa Gaier, in: Säcker/Rixecker/Oetker/Limperg, Art. 240 EGBGB, § 1 Rn. 12.

gen oder aufeinander aufbauen. Unbeachtlich ist, ob es sich um besondere gesetzlich anerkannte Erscheinungsformen eines verbundenen Vertrages handelt, wie sie etwa § 358 Abs. 3 Satz 1 BGB verlangt. Auch für verbundene Verträge gilt der Grundsatz der getrennten Beurteilung der Veröffentlichungspflicht für jeden Vertrag, sodass die Veröffentlichungspflicht jedes der beteiligten Verträge getrennt zu beurteilen ist.

8. Wesentliche Vertragsinhalte (Nummer 8)

Nach dem schwer verständlich formulierten § 8 Abs. 1 Nr. 8 sind **wesentliche Inhalte bestimmter Verträge** zu veröffentlichen. Betroffen sind Verträge von allgemeinem öffentlichen Interesse, die zugleich einen Auftragswert von 25 000 Euro überschreiten. Diese Veröffentlichungspflicht greift nur ein, soweit es sich um Verträge handelt, durch welche sich die transparenzpflichtige Stelle als Leistungserbringer verpflichtet hat. Der Vertragsbegriff weicht nicht von dem in Nummer 7 ab. Auch hier ist die bi- oder multilaterale Vereinbarung zur Begründung, Ausgestaltung oder Aufhebung eines Rechtsverhältnisses erfasst (s. Rn. 32). Als weiteres, negatives Tatbestandsmerkmal dürfen die wirtschaftlichen Interessen des Freistaates Sachsen nicht beeinträchtigt werden. 38

Wegen dieser Vielzahl im Tatbestand untergebrachter Voraussetzungen und Einschränkungen kann die Vorschrift auf den ersten Blick fehlinterpretiert werden als eine Veröffentlichungspflicht für sämtliche Verträge mit einem Auftragswert ab 25 000 Euro, an denen transparenzpflichtige Stellen beteiligt sind. Dies ist aber nicht gemeint. Es geht um Verträge, die **transparenzpflichtige Stellen als Leistungserbringer** abgeschlossen haben. Die transparenzpflichtige Stelle muss dabei selbst Vertragspartner sein. Zusätzlich zu der bloßen Eigenschaft als Vertragspartei muss die transparenzpflichtige Stelle eine bestimmte Funktion im Vertrag einnehmen. Sie muss **Leistungserbringer** sein. Das kann je nach Vertragstyp schwierig zu bestimmen sein. Als Ausgangspunkt dafür dienen die **Hauptleistungspflichten** des jeweiligen Vertrags. Sie sind entweder ausdrücklich im Vertragswerk festgelegt oder durch Auslegung zu ermitteln. 39

Als **Modellfall** kann ein einfacher Kaufvertrag herangezogen werden. Verpflichtet sich die transparenzpflichtige Stelle nur zur Kaufpreiszahlung, ist sie nicht der Leistungserbringer im Sinne der Vorschrift, und der Vertrag unterfällt nicht Nummer 8. Tritt die transparenzpflichtige Stelle hingegen als Verkäufer auf, verpflichtet sich also zur Übergabe und Übereignung der Kaufsache nach § 433 Abs. 1 Satz 1 BGB, ist sie Leistungserbringer, und die wesentlichen Vertragsinhalte sind veröffentlichungspflichtig. Dieses Verständnis kann auf sämtliche Vertragskonstruktionen übertragen werden. 40

Bei **einseitig verpflichtenden** Verträgen liegt die Rollenverteilung auf der Hand. Wird die transparenzpflichtige Stelle verpflichtet, ist der Anwendungsbereich von § 8 Abs. 1 Nr. 8 eröffnet. Bei **zwei- oder mehrseitig verpflichtenden** Verträgen verkompliziert sich diese Bewertung. Bezeichnend für diese gegenseitig verpflichtenden Verträge sind die beidseitigen Hauptleistungspflichten. Dieser Umstand allein zeitigt jedoch keine Veröffentlichungspflicht für sämtliche derartige Verträge. Als Leistungserbringer versteht § 8 Abs. 1 Nr. 8 die Hauptleistungspflicht, die nicht auf Zahlung ausgerichtet ist. Die Leistungspflicht, die charakteristisch für die jeweilige Vertragsart ist, führt zugleich zum Leistungserbringer i. S. v. § 8 Abs. 1 Nr. 8. Noch schwieriger kann die Zuordnung bei **komplexen gegenseitig verpflichtenden Verträgen** sein. Hierfür gibt es keine allgemeingültige Formel zur Ermittlung der Hauptleistungspflicht und damit der Veröffentlichungspflicht. Wenn sich keine eindeutig typisierende Leistungspflicht ausmachen lässt, reicht die Feststellung, dass die transparenzpflichtige Stelle jedenfalls auch eine Leistung 41 über die bloße Zahlung hinaus zu erbringen hat, für die Anwendbarkeit von § 8 Abs. 1 Nr. 8 aus. Die Vorschrift verlangt nicht, dass die transparenzpflichtige Stelle der alleinige Leistungserbringer im Vertragsverhältnis ist.

42 Anders als in Nummer 7 sind nur die **wesentlichen Inhalte** von Verträgen zu veröffentlichen. Die Gesetzesbegründung benennt die essentialia negotii als wesentliche Vertragsinhalte (LT-Drs. 7/8517 S. 50), ohne dass damit ein wirklicher Erkenntnisgewinn verbunden wäre. Darunter sind die Mindestinhalte der übereinstimmenden Willenserklärungen zu verstehen, derer es bedarf, um überhaupt von einem wirksamen Vertrag ausgehen zu können.[24] Die Hauptleistungspflichten sind stets als wesentlicher Inhalt eines Vertrages anzusehen, machen sie ihn doch zu dem, was er ist. Alle Inhalte eines Vertragswerkes, die mit ihnen in Zusammenhang stehen, die sie ausgestalten oder mit deren Hilfe sie erst verständlich werden, sind grundsätzlich veröffentlichungspflichtig. Nur in atypischen Ausnahmefällen ist daher von einer Unwesentlichkeit auszugehen.

43 Wegen § 6 Abs. 1 sind aber nicht immer die **Namen** der Beteiligten zu veröffentlichen, auch wenn es sich bei diesen um wesentliche Inhalte handelt. § 6 Abs. 1 Satz 1 steht der Veröffentlichung von Namen entgegen, soweit es sich um personenbezogene Daten handelt (zum Begriff der personenbezogenen Daten s. § 6 Rn. 5 f.). Jedenfalls sofern natürliche Personen Leistungsempfänger in einem Vertrag mit einer transparenzpflichtigen Stelle sind, ist deren Name unkenntlich zu machen.

44 Daneben können **weitere Leistungspflichten** ebenso wesentlich sein. Vertragsrechtlich weniger bedeutsame Nebenabreden können ein wesentlicher Inhalt sein. Die Wesentlichkeit muss positiv anhand der rechtlichen und tatsächlichen Umstände festzustellen sein. Maßgeblich ist insoweit nicht allein die vertragsrechtliche Bedeutung, sondern die tatsächliche Relevanz der betrachteten Vertragsinhalte, insbesondere im Hinblick auf ein öffentliches Interesse an ihnen. Der Veröffentlichungsgegenstand und das Informationsinteresse stehen hierbei in einer Wechselwirkung.

45 Weitere Voraussetzung ist ein allgemeines **öffentliches Interesse** an dem Vertrag. Dabei entfaltet das Attribut „allgemein" keine Wirkung. Es verdeutlicht nur den Verzicht auf besondere Anforderungen an das Interesse. Bezugspunkt für dieses sind nicht ausschließlich die wesentlichen Inhalte, sondern der Vertrag insgesamt. Daher kann nicht allein auf die potentiell **zu veröffentlichenden Inhalte** abgestellt werden, um das Interesse zu ermitteln. Diese bieten zwar einen Anhaltspunkt, sind aber nicht erschöpfend für die Bewertung. Wenn allerdings schon an wenigen Inhalten eines Vertrags ein öffentliches Interesse besteht, liegt auch ein Vertrag von allgemeinem öffentlichen Interesse vor. Umgekehrt führt allein ein geringes öffentliches Interesse an einzelnen Vertragsbestandteilen nicht zu einem fehlenden Interesse am Vertrag an sich.

46 Es ist jeweils im **Einzelfall** zu entscheiden, ob aus dem Vertragsgegenstand, den Vertragsparteien, den Gegebenheiten des Vertragsschlusses oder aus einer **Gesamtschau** all dieser Umstände ein öffentliches Interesse abzuleiten ist. Indizien für ein bestehendes Interesse können der Auftragswert oder die Bindung öffentlicher Mittel bei der Abwicklung des Vertrages sein.[25] Je höher die Beträge ausfallen, umso eher wird ein beachtliches Interesse anzunehmen sein. Der gesetzliche Schwellenwert ist über seinen eigentli-

---

24 Vertiefend Busche, in: Säcker/Rixecker/Oetker/Limperg, § 145 Rn. 6.

25 So auch und mit weitergehenden Erläuterungen Maatsch/Schnabel, § 3 Rn. 134 und Müllmann, in: Heinemann, S. 151.

chen Anwendungsfall als Bagatellgrenze hinaus nicht als verbindliche Maßgröße zu verwenden. Erhebliche Überschreitungen des gesetzlichen Wertes weisen aber auf ein öffentliches Interesse hin, da der Gesetzgeber Verträgen mit solchen Werten offenbar ein potentiell berechtigtes Informationsinteresse unterstellt.

Das öffentliche Interesse kann, muss aber nicht im **Zeitpunkt des Vertragsschlusses** 47
oder bei der erstmaligen Prüfung der Veröffentlichungspflicht durch die transparenzpflichtige Stelle vorliegen. Wegen § 17 Abs. 1 sind zwar bereits im Zeitpunkt der Errichtung der Transparenzplattform vorhandene Verträge nur freiwillig zu veröffentlichen. Auf sie hat ein später aufkommendes öffentliches Interesse keine Auswirkung. Für danach geschlossene Verträge ist demgegenüber das Merkmal des öffentlichen Interesses nicht nur einmalig zu bewerten. Aufgrund des wandelbaren Interesses ist die Veröffentlichungspflicht keine Momentaufnahme. Sie kann also auch erst Jahre nach Abschluss eines Vertrages entstehen, wenn im Zeitpunkt des Vertragsschlusses noch nicht von einem allgemeinen öffentlichen Interesse auszugehen war.

Als negatives Tatbestandsmerkmal darf die Veröffentlichung **wirtschaftliche Interessen** 48
des Freistaates nicht beeinträchtigen. Da eine Beeinträchtigung von Interessen ausreicht, ist die tatbestandliche Einschränkung nicht erst als Korrektiv für tatsächlich drohende wirtschaftliche Schäden zu verstehen. Beeinträchtigungen gehen deutlich weiter, treten also bei erheblich geringeren Einwirkungen auf. Für eine Beeinträchtigung ist die Verschlechterung des status quo notwendig, wobei jede nachteilige Wirkung – von Bagatellfällen abgesehen – ausreicht.[26] Der Bezug auf **bloße Interessen** dehnt den Umfang der Einschränkung weiter aus. Dadurch muss noch nicht einmal ein realisiertes wirtschaftliches Verhalten in Gestalt einer aktiven wirtschaftlichen Unternehmung betroffen sein. Die Beeinträchtigung zukünftiger konkreter Vorhaben genügt ebenso wie das allgemeine wirtschaftliche Interesse des Freistaates. Hingegen sind unkonkrete, rein fiskalische Interessen unzulänglich, sodass die Veröffentlichung nicht unter Verweis auf eine allgemein angespannte Haushaltslage unterbleiben kann.[27]

Im **Zeitpunkt der Entscheidung** über die Veröffentlichung der wesentlichen Vertragsin- 49
halte ist eine Prognose über die möglichen Folgen der Veröffentlichung anzustellen, um die wirtschaftliche Beeinträchtigung beurteilen zu können. Eher theoretischer Natur ist der Fall einer nachträglich eintretenden Beeinträchtigung. Wie das öffentliche Interesse (s. Rn. 47), sind wirtschaftliche Beeinträchtigungen auch dynamisch zu beurteilen, weshalb zunächst die als nicht beeinträchtigende Veröffentlichung im Laufe der Zeit zu einer solchen werden kann. Daher können einmal veröffentlichte wesentliche Vertragsinhalte indes wieder von der Transparenzplattform zu löschen sein, soweit durch sie andernfalls Beeinträchtigungen der wirtschaftlichen Interessen eintreten würden.

Für die **Erfüllung** der Veröffentlichungspflicht sind rechtlich zwei Wege denkbar. Da 50
die Pflicht sich auf die wesentlichen Vertragsinhalte beschränkt, könnten diese aus den Vertragswerken herausgelöst und in einem separaten Dokument auf der Transparenzplattform eingestellt werden. Alternativ ist der betroffene Vertrag, um die nicht zu veröffentlichenden Stellen gekürzt oder geschwärzt, auf der Plattform zur Verfügung zu stellen. Das dürfte die vorzugswürdige Variante sein, da die Lesbarkeit und Verständlichkeit auch eines gekürzten Gesamtwerkes immer noch über der eines punktuell zusam-

26 Schoch, § 3 Rn. 185 m. w. N.
27 Zur Prognose bei Beeinträchtigungen im Informationsfreiheitsrecht Schnabel, ZD 2012, 67, 69; Schoch, § 3 Rn. 186; BVerwG, Urt. v. 15.12.2020 – 10 C 25.19 –, juris Rn. 33.

mengestellten Dokuments liegen und zugleich der Aufwand bei entsprechender technischer Ausstattung in den transparenzpflichtigen Stellen deutlich geringer ausfällt.

9. Haushalts-, Stellen-, Organisations-, Geschäftsverteilungs- und Aktenpläne (Nummer 9)

51 § 8 Abs. 1 Nr. 9 erklärt bestimmte Pläne für veröffentlichungspflichtig. Die einzelnen Begriffe unterliegen keiner für das Transparenzgesetz spezifischen Bedeutung; das allgemeine und in anderen Normwerken vorherrschende Verständnis kann weit gehend übertragen werden. Gemein ist den einzelnen Bestandteilen der Aufzählung, dass es sich im Unterschied zu Nummer 14 im weitesten Sinne um **organisatorische Pläne** mit unmittelbaren Bezug zu öffentlich-rechtlichen Einrichtungen handelt, die also der Strukturierung bestimmter Organisationseinheiten dienen.

52 Die Aufzählung ist **abschließend**. Andere als die genannten Pläne sind nicht unter die Vorschrift zu fassen. Dies ist nicht gleichzusetzen mit einer Beschränkung auf die verwendete Terminologie. Weist ein Plan eine andere Bezeichnung als in der Aufzählung auf, ist aber inhaltlich in dieser enthalten, greift der Veröffentlichungstatbestand.

53 Unter **Haushaltsplänen** sind die jeweils für zwei Jahre als Doppelhaushalt aufgestellten und nach Art. 93 SächsVerf durch ein Haushaltsgesetz festzustellenden Haushaltspläne zu verstehen. Der Veröffentlichungspflicht unterliegt der gesamte Haushaltsplan, also der Gesamtplan und die Einzelpläne, einschließlich seiner Anlagen. Das gilt trotz der ausdrücklichen Erwähnung von Stellenplänen, die Teil des Haushaltsplans sind (Rn. 54). Zwar bilden nach § 13 Abs. 1 SäHO der Gesamtplan und die Einzelpläne den Haushaltsplan. Die Anlagen zum Haushaltsplan treten nach § 14 Abs. 1 SäHO hinzu. Da es sich aber um Bestandteile des Haushaltsplans handelt, sind sie inhaltlich untrennbar mit ihm verbunden und zählen zu ihm. Diese Untrennbarkeit zeigt sich auch an § 26 Abs. 1 Satz 2 SäHO, wonach die Wirtschaftspläne der Staatsbetriebe entweder als Anlage zum Haushaltsplan zu fassen sind oder in dessen Einzelerläuterungen aufzunehmen sind.

54 Die **Stellenpläne** sind Teil des Haushaltsplans des Freistaates. In ihnen sind die Planstellen für Beamte nach Besoldungsgruppe und Amtsbezeichnung sowie sonstige Stellen ausgewiesen, § 17 Abs. 5 Satz 1 und Abs. 6 Satz 1 SäHO. Damit geben Stellenpläne Auskunft über die erforderliche personelle Ausstattung des Freistaates für das jeweilige Haushaltsjahr. Für den kommunalen Stellenplan nach § 63 SächsGemO und § 59 SächsLKrO besteht eine Veröffentlichungspflicht wegen § 4 Abs. 2 nur, soweit Kommunen eine entsprechende Satzung erlassen haben.

55 Aus **Organisationsplänen** ergeben sich der Aufbau, die Struktur und die grundlegende Zuständigkeitsverteilung der einzelnen Behördenteile. In Abgrenzung zu Geschäftsverteilungsplänen werden darin keine Aufgaben einzelnen Bediensteten zugewiesen, sondern es findet eine Zuordnung zu den internen Verwaltungseinheiten, wie beispielsweise Sachgebieten, Dezernaten oder Referaten statt.[28] Ein klassischer Anwendungsfall sind Organigramme.

56 **Geschäftsverteilungspläne** legen die abstrakte Aufgabenzuweisung innerhalb der jeweiligen Organisationseinheit fest. Im Gegensatz zu Organisationsplänen lässt sich ihnen die funktionale Zuständigkeit und nicht nur eine Grob- oder Außenstruktur entneh-

28 BVerwG, Beschl. v. 27.8.1997 – 6 P 10.95 –, juris Rn. 33.

men.[29] Nähere Bestimmungen zu Geschäftsverteilungsplänen der Behörden des Freistaates können Ziffer III Nummer 8 der VwV Dienstordnung entnommen werden. Geschäftsverteilungspläne der **Gerichte** sind nicht zu veröffentlichen. Gerichte sind nach § 4 Abs. 3 Satz 1 Nr. 2 nur transparenzpflichtig, soweit sie Aufgaben der öffentlichen Verwaltung wahrnehmen (§ 4 Rn. 20 ff.). Die Verteilung der richterlichen Aufgaben unter den Richtern oder Spruchkörpern eines Gerichts ist Teil der richterlichen Tätigkeit und erfolgt durch das Präsidium des Gerichts in richterlicher Unabhängigkeit. Damit ist die Aufstellung der Geschäftsverteilungspläne betreffend die Rechtsprechungsaufgaben nicht als Aufgabe der öffentlichen Verwaltung anzusehen.[30] Ob das in dieser Absolutheit für die Verwahrung und Einsichtnahme in die bereits aufgestellte Pläne gilt[31], kann hier dahinstehen. Einer Veröffentlichungspflicht dürfte jedenfalls die abschließende bundesrechtliche Regelung des § 21e Abs. 9 GVG entgegenstehen. Danach ist die Veröffentlichung zulässig, ohne dass eine Pflicht dazu bestünde.[32] Hierüber könnte sich das Landesrecht nicht hinwegsetzen; ein etwaiger landesrechtlicher Informationsanspruch träte hinter § 21e Abs. 9 GVG zurück.[33]

Aktenpläne sind konkretisierende und unterstützende Darstellungen für die Anlage und 57
den Umgang mit dem Schriftgut einer Behörde, ohne dass ihm der tatsächliche Aktenbestand zu entnehmen wäre.[34] § 3 der Registraturrichtlinie der Bundesministerien[35] definiert Aktenpläne als „sachsystematischen, an den behördlichen Aufgaben orientierten Ordnungsrahmen für das Bilden und Kennzeichnen von Akten." Hieran kann angeknüpft werden, da eine vergleichbare Bestimmung im sächsischen Landesrecht nicht existiert.[36]

Hervorzuheben ist das Fehlen des Merkmals „der **transparenzpflichtigen Stellen**". Mit- 58
hin erfasst § 8 Abs. 1 Nr. 9 nicht nur solche Pläne der jeweiligen transparenzpflichtigen Stelle. Zwar wird es sich im Regelfall gerade um solche handeln. Die Vorschrift ist aber nicht auf diese beschränkt. Sofern man der Veröffentlichungspflicht nicht eine generelle Beschränkung auf Informationen transparenzpflichtiger Stellen zuerkennt, erscheint es gut vertretbar, auch Pläne sonstiger Stellen einzubeziehen, die der jeweiligen transparenzpflichtigen Stelle geschäftsmäßig vorliegen.

10. Innenrecht und allgemeine Veröffentlichungen (Nummer 10)

Die in § 8 Abs. 1 Nr. 10 aufgeführten Informationsträger können in Innenrecht (Erlasse 59
und Dienstanweisungen) und die allgemeinen Veröffentlichungen aufgeteilt werden. Erlasse und Dienstanweisungen sind verwaltungsinterne Regelungen, mithin **Innenrecht**, das mittelbar aber auch Außenwirkung entfalten kann. Zu sämtlichen Vorgaben will die Vorschrift Zugang gewähren. Erlasse können von Dienstanweisungen zwar

29 Müllmann, in: Heinemann, S. 155.
30 Kissel/Mayer, § 21e Rn. 78; Pabst, in: Rauscher/Krüger, § 21e GVG Rn. 6; VG Gelsenkirchen, Beschl. v. 18.10.2018 – 20 K 4062/18 –, juris Rn. 19 ff.
31 Ablehnend OVG NRW Beschl. v. 14.1.2019 – 15 E 1027/18 –, juris Rn. 24.
32 So etwa Labusga/Petit, NJW 2022, 300.
33 BGH, Beschl. v. 25.9.2019 – IV AR(VZ) 2/18 –, juris Rn 24.
34 BT-Drs. 15/4493, S. 16; Schoch, § 11 Rn. 34.
35 Richtlinie für das Bearbeiten und Verwalten von Schriftgut (Akten und Dokumenten) in Bundesministerien vom 11.7.2001, abrufbar unter: https://www.bmi.bund.de/SharedDocs/downloads/DE/veroeffentlichungen/themen/ministerium/registraturrichtlinie.pdf?iiblob=publicationFile&v=6.
36 § 4 Abs. 9 VwV AktO und Ziff. IV Nr. 1 VwV Aktenführung setzen die Existenz von Aktenplänen voraus, ohne den Begriff zu definieren.

nicht trennscharf allgemeinverbindlich **abgegrenzt** werden. Unsicherheiten bei der Abgrenzung können im Hinblick auf die gleiche Rechtsfolge aber dahinstehen.

60 Ungeachtet der Bezeichnung „Erlass" und „Dienstanweisung" handelt es sich um abstrakt-generelles Innenrecht, demnach um **Verwaltungsvorschriften.** § 8 Abs. 3 Nr. 2 sieht für Verwaltungsvorschriften im allgemeinen allein die Angabe der Fundstelle, nicht aber eine Veröffentlichung selbst vor. Da § 8 Abs. 1 Nr. 10 Erlasse und Dienstanweisungen als Unterfälle von Verwaltungsvorschriften ausdrücklich benennt, geht er als speziellere Norm der insoweit subsidiären Pflicht nach § 8 Abs. 3 Nr. 2 vor. Damit ist in einschlägigen Fällen stets genau zu prüfen, ob es sich bei einer Verwaltungsvorschrift um einen Erlass oder eine Dienstanweisung oder eine sonstige Verwaltungsvorschrift handelt.

61 Ausgenommen sind Erlasse und Dienstanweisungen zum **Dienst- oder Tarifrecht**, soweit sie Fragen des finanziellen Dienstrechts oder Entgeltfragen betreffen. Mit dem etwas sperrigen Regelungsregime bestehend aus der grundsätzlichen Veröffentlichungspflicht, der Ausnahme für Dienst- oder Tarifrecht und der Rückausnahme für solche Erlasse und Dienstanweisungen, die zwar dem Dienst- oder Tarifrecht unterfallen, aber keine finanziellen oder Entgeltfragen betreffen, werden die Erlasse und Dienstanweisungen von der Veröffentlichungspflicht befreit, die die Entlohnung betreffen. Für Beamte sind also Erlasse und Dienstanweisungen zur Besoldung, für Tarifbeschäftigte solche betreffend das Tarifentgelt nicht zu veröffentlichen. Der Gesetzgeber war sichtlich bemüht, die Ausnahme eng zu gestalten. Das überzeugt, da nur schwerlich nachvollziehbar ist, weshalb gerade die Vorgaben zu dem oftmals zu recht besonders im öffentlichen Fokus stehenden Thema der „Bezahlung" der Staatsbediensteten nicht umfassend zugänglich sein sollen, zumal Informationen über die Besoldung, das Tarifentgelt und etwaige Zuschläge sowieso öffentlich zugänglich sind. Zwar gibt es berechtigte Schutzbedürfnisse des Einzelnen, über seinen individuellen Monatslohn nicht jedermann aufklären zu müssen. Erlasse und Dienstanweisungen betreffen ihrer Natur nach aber schon nicht ein Individualverhältnis, sondern beinhalten generelle Vorgaben. Die Ausnahme ist daher nicht umfassend auf sämtliche Regelungen des Dienst- und Tarifrechts, nicht einmal auf sämtliche Erlasse und Dienstanweisungen betreffend Entgelt und Besoldung zu beziehen, sondern nur, soweit unmittelbar finanziell wirksame Vorgaben getroffen werden.

62 Mit den **allgemeinen Veröffentlichungen** schafft die Norm einen kaum abgegrenzten und abschließend zu bestimmenden Veröffentlichungstatbestand. Benennt die Begründung hierfür Informationsbroschüren, Flyer und Rundschreiben (LT-Drs. 7/8517 S. 50), gibt sie zugleich den Charakter der Vorschrift als Auffangtatbestand zu erkennen. Sinn und Zweck ist es, solche Dokumente auch auf der Transparenzplattform zu veröffentlichen, die anderweitig ohnehin veröffentlicht werden. Dies soll dem Anspruch auf Vollständigkeit der Plattform dienen und einmal veröffentlichte Informationen abrufbar halten, selbst wenn sie nur kurzzeitig in anderen Quellen zugänglich sind. Veröffentlichung i. S. d. Norm ist eine Veröffentlichung außerhalb des Anwendungsbereichs des Transparenzgesetzes, sei es aufgrund anderer Veröffentlichungspflichten oder rein tatsächliche Veröffentlichungen. Damit wird in § 8 Abs. 1 Nr. 10 zwar eine eigene Veröffentlichungspflicht statuiert, die aber nicht zu einer originären Veröffentlichung führt, sondern diese gleichsam voraussetzt.

63 Letztlich kann der Tatbestand nur **negativ begrenzt** werden: Ihm unterfallen all jene Dokumente, Unterlagen und sonstigen Informationsträger, die von transparenzpflichtigen Stellen veröffentlicht werden und die nicht einem anderen Veröffentlichungstatbe-

stand zugeordnet werden können. Mangels tatbestandlicher Einschränkung kann die Vorschrift so verstanden werden, dass sämtliche veröffentlichten Informationen auch auf der Transparenzplattform einzustellen sind, selbst wenn es sich nicht um Informationen von transparenzpflichtigen Stellen handelt, jedenfalls soweit diesen die Veröffentlichung bekannt ist und sie selbst über die zu veröffentlichenden Informationen i. S. v. § 2 Abs. 2 Satz 1 verfügen. Der Inhalt der Veröffentlichung ist dabei zweitrangig und erlangt nur zur Abgrenzung von anderen Veröffentlichungstatbeständen des Gesetzes Bedeutung, insbesondere kommt es nicht auf den Adressatenkreis der Information an, solange sie veröffentlicht wird.[37]

11. Statistiken und Tätigkeitsberichte (Nummer 11)

In Nummer 11 finden sich zwei Veröffentlichungsgegenstände, die auf den ersten Blick nicht zusammengehören. Sowohl amtliche Statistiken als auch Tätigkeitsberichte geben aber Auskunft über in der Vergangenheit liegende Vorgänge, Zustände und Abläufe. 64

Statistiken im Sinne der Norm sind Darstellungen methodisch ausgewerteter Daten.[38] Amtlich ist eine Statistik, wenn sie von einer staatlichen Stelle oder für eine solche auf gesetzlicher Grundlage erstellt wird.[39] Hauptanwendungsfall sind die vom Statistischen Landesamt nach § 2 Absatz 1 SächsStatG angefertigten Statistiken. § 8 Abs. 1 Nr. 11 ist aber nicht auf die dort genannten Statistiken beschränkt. Sämtliche gesetzlich vorgesehene Statistiken öffentlich-rechtlicher Stellen im Freistaat sind erfasst. Hingegen sind Statistiken anderer Länder oder des Bundes nicht zu veröffentlichen (s. dazu Rn. 69 f.). 65

Tätigkeitsberichte sind erläuternde Darstellungen von Abläufen und der Aufgabenerfüllung bestimmter Personen, Vereinigungen oder Institutionen für einen begrenzten Zeitraum. Von Statistiken unterscheiden sie sich ihrem Inhalt nach, nicht hingegen durch die Darstellungsform oder Bezeichnung. Dabei sind insbesondere Berichte erfasst, die nicht nur die inneren Abläufe der betroffenen Stelle wiedergeben, sondern Auskunft über Entwicklungen im Aufgabenbereich geben. Tätigkeitsberichte sind eine **Teilmenge der Berichte** nach Nummer 12; Bericht ist der Oberbegriff. Nummer 11 ist insoweit spezieller, weshalb Tätigkeitsberichte allein unter den Voraussetzungen von Nummer 11 zu veröffentlichen sind, selbst wenn es sich daneben um Berichte im Sinne von Nummer 12 handeln sollte. 66

Eine **gesetzliche Berichtspflicht** ist keine Voraussetzung für die Veröffentlichungspflicht; auch freiwillig erstellte Tätigkeitsberichte sind zu veröffentlichen. Die Vorschrift schafft aber keine eigenständige Berichtspflicht. Transparenzpflichtige Stellen müssen keine neuen Tätigkeitsberichte anfertigen, lediglich vorhandene Berichte sind Informationen i. S. v. § 2 Abs. 2 Satz 1. 67

Auf eine **öffentliche Zugänglichkeit** bis zum Inkrafttreten des Transparenzgesetzes kommt es ebenfalls nicht an. Eine tatbestandliche Beschränkung auf öffentliche oder veröffentlichte Tätigkeitsberichte ist nicht vorgesehen. Selbst wenn sie bis zum Inkrafttreten nicht veröffentlicht worden sind, werden sie veröffentlichungspflichtig. 68

---

37 A. A. Müllmann, in: Heinemann, S. 157, der ungeschriebene Tatbestandsmerkmale in die insoweit wortgleiche Regelung in § 7 Abs. 1 Nr. 6 LTranspG RP hineinliest.

38 vgl. § 1 Satz 1 Bundestatistikgesetz; Uhle, in: Dürig/Herzog/Scholz, Art. 73 Rn. 257; BVerfG, Urt. v. 19.9.2018 – 2 BvF 1/15 u.a. –, juris Rn. 144.

39 Müllmann, in: Heinemann, S. 157 und Maatsch/Schnabel, § 3 Rn. 55.

69 Mit der Voraussetzung, dass die Statistiken und Tätigkeitsberichte von einer transparenzpflichtigen Stelle entweder **selbst erstellt oder von ihr in Auftrag gegeben** worden sein müssen, weicht Nummer 11 vom Grundtypus der Veröffentlichungstatbestände ab. Denn es sind nicht alle i. S. v. § 2 Abs. 2 Satz 1 vorliegenden Statistiken und Tätigkeitsberichte zu veröffentlichen. Lediglich im Rahmen des jeweiligen Aufgaben- und Kompetenzbereichs selbst erstellte oder in Auftrag gegebene Statistiken und Tätigkeitsberichte sind erfasst. Das schließt in der Folge Statistiken anderer Länder, des Bundes oder sächsischer nicht transparenzpflichtiger Stellen aus.[40]

70 Unter einer weiten Auslegung könnte zwar vertreten werden, dass auch **Statistiken für den Bund oder die Länder**, wie die Bundesstatistiken nach § 3 Abs. 1 Nr. 1 BStatG, § 2 Abs. 1 Nr. 2 SächsStatG, als „von transparenzpflichtigen Stellen erstellte oder in Auftrag gegebene amtliche Statistiken" zu werten sind.[41] Das Tatbestandsmerkmal soll seinem Sinn und Zweck sowie der Intention des Gesetzgebers nach aber gerade verhindern, dass sächsisches Recht zur Veröffentlichung von Statistiken führt, die nicht originär durch es selbst veranlasst sind, bei denen transparenzpflichtige Stellen also gewissermaßen als Erfüllungsgehilfen des Bundes oder der Länder auftreten. Über die Veröffentlichung dieser Statistiken muss und soll die jeweils primär verantwortliche Stelle in Bund oder Ländern entscheiden (s. LT-Drs. 7/8517 S. 50).

71 **Selbst erstellt** ist eine Statistik oder ein Tätigkeitsbericht, wenn Bedienstete der transparenzpflichtigen Stelle sie im Rahmen ihres Dienstverhältnisses zur weiteren Verwendung in der transparenzpflichtigen Stelle angefertigt haben. Das führt allerdings nicht zur Veröffentlichungspflicht für interne Berichte, die schon keine Information i. S. v. § 3 Satz 2 sind. Im Unterschied zur selbständigen Erstellung wird für in Auftrag gegebene Statistiken und Tätigkeitsberichte ein Auftragsverhältnis mit externen Personen eingegangen. Das umfasst Zuarbeiten für die transparenzpflichtige Stelle sowohl von anderen Stellen der öffentlichen Verwaltung als auch von Privaten.

72 Der **Vorbehalt** zugunsten von § 18 SächsStatG bewirkt ergänzend zu § 6 Abs. 1 den Schutz sensibler, überwiegend personenbezogener Daten. § 18 Abs. 1 Satz 1 SächsStatG ordnet die Geheimhaltung von Einzelangaben über persönliche und sachliche Verhältnisse an. Der Schutz wirkt allerdings nicht absolut, da § 18 Abs. 1 Satz 2 SächsStatG Ausnahmen zulässt. Liegt eine solche vor, steht § 18 SächsStatG der Veröffentlichung nicht entgegen. Zu prüfen bleibt dann für die Zwecke des Transparenzgesetzes, ob die Statistik oder der Tätigkeitsbericht personenbezogene Daten nach § 6 Abs. 1 enthält. Da § 18 Abs. 1 Satz 2 SächsStatG nicht die dauerhafte Veröffentlichung im Internet regelt, sondern allein Ausnahmen von der im Vergleich zu einer Veröffentlichung strengeren Geheimhaltung vorsieht und zudem § 6 Abs. 1 Satz 3 als Ausnahme nicht § 8 Abs. 1 Nr. 11 aufführt, wird der Grundsatz von § 6 Abs. 1 Satz 1 zur Unkenntlichmachung personenbezogener Daten nicht verdrängt und deren Veröffentlichung nicht allein durch § 18 Abs. 1 Satz 2 SächsStatG legitimiert.

12. Gutachten, Studien und Berichte (Nummer 12)

73 Die Vorschrift zielt auf die Bereitstellung abschließend benannter Arbeitsgrundlagen der transparenzpflichtigen Stellen. Dahinter verbergen sich zwei Gesichtspunkte, nämlich die Kontrolle der Verwendung öffentlicher Gelder und die Nachvollziehbarkeit des

40 Mit anderer Begründung auch Müllmann, in: Heinemann, S. 158.
41 Zu diesem Problem auch Maatsch/Schnabel, § 3 Rn. 55.

Einflusses Externer auf die Entscheidungsfindung in der öffentlichen Verwaltung. Hierfür weist Nummer 12 **drei Tatbestandsvarianten** auf, deren gegenständlicher Bezugspunkt Gutachten, Studien und Berichte sind, differenziert nach ihrem Ursprung in einer Variante (s. Rn. 78) oder ihrer Verwendung in zwei Varianten (Rn. 79 und Rn. 80).

a) Gutachten, Studien und Berichte als Veröffentlichungsgegenstände

Gutachten sind nach wissenschaftlichen Standards erarbeitete Darstellungen zu einer konkreten fachlichen Fragestellung. Im Unterschied zu Berichten oder einfachen Stellungnahmen geben gutachterliche Ausführungen nicht nur einen tatsächlichen Ist-Stand oder eine kurze Einschätzung wieder, sondern analysieren anhand des Fachwissens der Ersteller die Tatsachen- oder Rechtslage zur umfassenden Beantwortung der fachlichen Fragestellung.[42] 74

Soweit teilweise zwischen **Gutachten, gutachterlicher Stellungnahme und gutachterlicher Äußerung** differenziert wird, kann dem nicht gefolgt werden.[43] Die Argumente hierfür entstammen nicht informationsrechtlichen, sondern kostenrechtlichen Sachverhalten. Erläuterungen mit nur geringer Tiefe und wenig Aufwand mögen kostenrechtlich nicht dieselben finanziellen Folgen wie umfangreiche Gutachten auslösen. Für das Informationsfreiheitsrecht hat dies aber keine Relevanz. Hier kann es nur auf den potentiellen Informationsgehalt ankommen. Im Hinblick auf den Zweck, die Öffentlichkeit über Entscheidungsgrundlagen aufzuklären, ist kürzeren Gutachten aber nicht generell ein geringeres oder gar kein Informationsinteresse beizumessen. 75

Studien zielen im Gegensatz zu Gutachten nicht auf die Beantwortung konkreter fachlicher Fragen, sondern auf die Darstellung von Zuständen und Entwicklungen ab. Mit Gutachten haben Studien aber die Wissenschaftlichkeit gemeinsam. Im Gegensatz zu Statistiken oder bloßen Zusammenfassungen verlangen also auch Studien eine gewisse Darstellungs- und Begründungstiefe durch die Anwendung wissenschaftlicher Methoden.[44] 76

Berichte beschreiben Umstände, Ereignisse, Zustände oder Entwicklungen in tatsächlicher Hinsicht; geben mithin eher wieder, als dass sie schlussfolgern und beantworten. Im Gegensatz zu Gutachten werden keine Problemstellungen lösungsorientiert bewertet (zur Abgrenzung zu Tätigkeitsberichten s.o. Rn. 66). 77

b) Ursprung oder Verwendung der Veröffentlichungsgegenstände

Die erste Fallgruppe von Nummer 12 stellen die **in Auftrag gegebenen** Gutachten, Studien und Berichte dar. Hierbei handelt es sich um dieselbe Voraussetzung wie in Nummer 11 (Rn. 69). 78

Als zweite Variante sind Gutachten etc. zu veröffentlichen, die **in Entscheidungen** der transparenzpflichtigen Stellen **einflossen**. Entscheidend ist demnach die Nutzung der Gutachten etc., nicht deren Herkunft. Betroffen sind sämtliche Gutachten etc. die eine Entscheidung in einer transparenzpflichtigen Stelle beeinflusst haben. Dem Wortlaut nach sind nur solche Gutachten etc. zu veröffentlichen, die in irgendeiner Weise Nieder- 79

---

42 vgl. BSG, Urt. v. 5.2.2008 – B 2 U 8/07 R –, juris Rn. 16; Winkler, in: Mayer/Kroiß, § 34 Rn. 39; Ulrich, in: Deinert/Welti/Luik/Brockmann, Gutachten Rn. 20.

43 So Maatsch/Schnabel, § 3 Rn. 63 unter Verweis auf einen Beschluss des LG Hamburg v. 4.11.2008 – 603-16/08 –, juris zur Festsetzung der Sachverständigenvergütung.

44 Müllmann, in: Heinemann, S. 159.

schlag in dem Ergebnis gefunden haben, sich also tatsächlich auf es ausgewirkt haben. Im Hinblick auf die ebenso geregelt Variante der Entscheidungsvorbereitung ist die Abgrenzung lediglich theoretischer Natur.

80 Die letzte der von Nummer 12 geregelten Varianten sind die Gutachten etc., die weder von transparenzpflichtigen Stellen in Auftrag gegeben worden sind noch in ihre Entscheidung einflossen, aber der **Entscheidungsvorbereitung** dienten. Hierdurch wird die Lücke geschlossen, die der Variante der Entscheidungsbeeinflussung entspringt. Kommt es dort auf eine tatsächliche Auswirkung auf die Entscheidung an, ist hiernach auch ein Gutachten etc. zu veröffentlichen, welches sich in dem Ergebnis der Entscheidungsfindung nicht widerspiegelt, wohl aber im Prozess dahin herangezogen worden ist. Ziel ist dabei die Offenlegung, welche Sachargumente gegeneinander abgewogen werden mussten, um Verständnis und Nachvollziehbarkeit zu schaffen.

81 **Kein Kriterium** ist die Erarbeitung durch eine transparenzpflichtige Stelle. Derartige Gutachten etc. sind vom Tatbestand mitumfasst, solange sie sich auf die Entscheidung auswirkten oder ihrer Vorbereitung dienten. Das gilt auch, wenn nicht oder nur eingeschränkt transparenzpflichtige Stellen Gutachten etc. anfertigen, die von transparenzpflichtigen Stellen angefordert worden sind oder ihrer Entscheidungsfindung dienen. Beispielsweise kann das trotz § 4 Abs. 3 Satz 1 Nr. 4 zur Veröffentlichung von Gutachten der Parlamentsdienste führen, wenn diese in die Entscheidung einer transparenzpflichtigen Stelle einflossen.[45]

c) Inhalte der zu veröffentlichenden Informationen

82 Zu veröffentlichen sind die Information einschließlich des **Namens der verfassenden Person**. Zur Vermeidung datenschutzrechtlicher Auseinandersetzungen sollte die transparenzpflichtige Stelle bereits bei Erteilung des Auftrags zur Erstellung des Gutachtens, der Statistik oder des Berichts die Einwilligung der erstellenden Personen in die Bekanntgabe ihrer Namen einholen.[46] Aber auch ohne Einwilligung ist die Veröffentlichung der Namen als Ausnahme von § 6 Abs. 1 Satz 1 zulässig. Es gibt keinen allgemeinen datenschutzrechtlichen Grundsatz, wonach Betroffene in die Datenverarbeitung stets einwilligen müssen oder die Einwilligung gar als der primäre Rechtfertigungsgrund anzusehen wäre.[47] Vielmehr steht die Einwilligung neben verschiedenen anderen Erlaubnistatbeständen in Art. 6 DSGVO. Das Transparenzgesetz stellt hierbei eine Rechtsgrundlage im Sinne von Art. 6 Abs. 1 UAbs. 1 lit. c DSGVO dar.

83 Der zweite Halbsatz in Nummer 12 beinhaltet zugunsten der Transparenz eine **Ausnahme von § 5 Abs. 1 Nr. 9**. Daher werden auch die einer Forschungstätigkeit entspringenden Arbeiten der Veröffentlichungspflicht unterworfen, einschließlich der Namen der erstellenden Personen (§ 6 Abs. 1 Satz 3). Dadurch soll für die Öffentlichkeit erkennbar werden, wer entsprechende Aufträge von öffentlichen Einrichtungen erhält und damit ggf. Einfluss auf dortige Entscheidungen hat. Die Annahme in der Gesetzesbegründung, die Bekanntgabe des Namens rechtfertige sich allein einem zugrundeliegenden Auftragsverhältnis (LT-Drs. 7/8517 S. 51), trifft nur bedingt zu. Für in Auftrag gege-

---

45 Nach VG Mainz, Urt. v. 29.11.2017 – 4 K 147/17.MZ –, juris gilt das auch für den Landtag selbst. Wegen § 4 Abs. 3 Satz 1 Nr. 4 kann dies aber nicht uneingeschränkt auf Sachsen übertragen werden.

46 Wie etwa Veil, NJW 2018, 3337 zu Recht ausführt, schützt aber auch eine Einwilligung die einholende Stelle nicht allseits vor Auseinandersetzungen.

47 Statt vieler Reimer, in: Sydow/Marsch, Art. 6 Rn. 18 m. w. N. und Uecker, ZD 2019, 248 f.

bene Arbeiten trägt das Argument, nicht hingegen für die, die in Entscheidungen einflossen oder deren Vorbereitung dienten, da in diesen Fällen kein Auftragsverhältnis vorliegen muss.

13. Verbraucherinformationen (Nummer 13)

§ 8 Abs. 1 Nr. 13 erklärt zugänglich gemachte **Verbraucherinformationen** als veröffentlichungspflichtig. Die Vorschrift ergänzt Nummer 17 und 18. Nummer 17 stellt zwar ebenfalls die Verbindung zu anderen Rechtsvorschriften her, erfasst aber nur dortige Veröffentlichungspflichten und nicht den Informationszugang an Einzelpersonen auf Antrag (s. Rn. 113), was zwar Nummer 18 im Grunde regelt, allerdings nur bezogen auf das Antragsverfahren nach dem SächsTranspG und dem SächsUIG (dazu Rn. 119 ff.). Zweck der Vorschrift ist die Zugänglichkeit von Verbraucherinformationen für die Öffentlichkeit zentral über die Transparenzplattform. 84

Der **Informationsbegriff** ist i. S. d. § 1 VIG zu verstehen. Zu veröffentlichen sind demnach Informationen über Erzeugnisse im Sinne des Lebensmittel- und Futtermittelgesetzbuches sowie Verbraucherprodukte nach § 2 Nr. 25 ProdSG.[48] Diese Informationen müssen **zugänglich** gemacht worden sein nach § 6 Abs. 1 VIG. Zu veröffentlichen sind also nur Informationen, zu denen entweder auf Antrag nach § 6 Abs. 1 Satz 1 VIG Zugang gewährt worden ist oder die unabhängig von einem Antrag veröffentlicht worden sind nach § 6 Abs. 1 Satz 3 VIG. **Adressaten** sind die transparenzpflichtigen Stellen i. S. v. § 4. Das ist hier hervorzuheben, da der Kreis informationspflichtiger Stellen nach § 2 Abs. 2 VIG i. Ü. weiter ist.[49] 85

Neben den zugänglich gemachten Verbraucherinformationen sind auch **Richtigstellungen** nach § 6 Abs. 4 VIG zu veröffentlichen. Das ist folgerichtig, um keine fehlerhaften oder missverständlichen Informationen dauerhaft auf der Transparenzplattform bereitzuhalten. Die Notwendigkeit für Korrekturmeldungen folgt aus § 6 Abs. 3 VIG. Da die informationspflichtigen Stellen nicht zur inhaltlichen Prüfung der begehrten Informationen angehalten sind, findet vorab keine Kontrolle des Wahrheitsgehalts statt. Ergibt sich nach dem Informationszugang, dass die Informationen unzutreffend waren und reagiert die informationspflichtige Stelle darauf mit einer Richtigstellung, ist dies auch auf der Transparenzplattform nachzuvollziehen. Andernfalls verbliebe dort die als unzutreffend erkannte Information ohne Richtigstellung, weil aus § 6 Abs. 4 VIG gerade keine Löschpflicht i. S. v. § 9 Abs. 2 Satz 2 folgt. 86

14. Landesweite Pläne (Nummer 14)

Nummer 14 verlangt die Veröffentlichung von öffentlichen landesweiten Plänen, die von transparenzpflichtigen Stellen erstellt worden sind. Um welche Pläne es sich im Einzelnen handeln soll, gibt das Gesetz nicht vor. Für die Eigenschaft als Plan kommt es nicht auf die Bezeichnung als solcher oder die Darstellungsform an.[50] Für den Begriff des „**Plans**" existiert keine juristisch exakte, insbesondere keine abschließende Definition. Allgemein kann als Plan die strukturierte Darstellung der Ergebnisse eines voran- 87

---

48 Zu den Informationen im Einzelnen Heinicke, in: Zipfel/Rathke, § 1 VIG Rn. 14 ff.

49 So unterliegen bspw. die nach § 2 Abs. 2 Satz 1 Nr. 2 VIG verpflichteten natürlichen und juristischen Personen des Privatrechts nicht dem Anwendungsbereich des Transparenzgesetzes.

50 Anders § 3 Abs. 1 Nr. 12 HmbTG, der ausdrücklich Bezug zu Bauleitplänen u. ä. herstellt, dazu Maatsch/Schnabel, § 3 Rn. 101.

gegangenen Prozesses bezeichnet werden, ohne zwingend eine eigene, in sich geschlossene, förmliche Kategorie zu bilden. Kennzeichnend für einen Plan in diesem Sinn ist, dass ihm Überlegungen dazu vorausgingen, wie bestimmte Ziele zu erreichen sind, um das zukünftige Verhalten seiner Adressaten dementsprechend zu steuern. Das wahrnehmbare Ergebnis dieses Vorgangs ist der jeweilige Plan.[51]

88 Nur Pläne **transparenzpflichtiger Stellen** sind zu veröffentlichen. Fragwürdig erscheint hierbei der im Vergleich zu Nummer 11 und 12 verkürzte Wortlaut – „erstellt" in Nummer 14 versus „erstellt oder in Auftrag gegeben" in Nummer 11 und 12. Bei rein wörtlicher Auslegung hinge die Veröffentlichung nach Nummer 14 davon ab, ob die transparenzpflichtige Stelle den Plan durch eigene Bedienstete hat erstellen lassen oder ob die Anfertigung an ein Planungsbüro in Auftrag gegeben worden ist. Teleologisch lässt sich dies nicht begründen und ist als **redaktionelles Versehen** zu werten. Maßgeblich ist daher die Zuordnung zum Verantwortungsbereich einer transparenzpflichtigen Stelle.[52]

89 Ein **landesweiter** Plan liegt vor, wenn planerische Festsetzungen mit Bedeutung für das gesamte Gebiet des Freistaates getroffen werden. Der Anwendungsbereich von Nummer 14 ist damit sehr eng. Nicht nur sind von vornherein die meisten baurechtlichen Pläne, insbesondere Flächennutzungs- und Bauleitpläne nach dem Baugesetzbuch ausgeschlossen, sondern auch zahlreiche weitere Planungen von Landesbehörden, die nur Teilgebiete des Freistaates betreffen.

90 **Öffentlich** ist ein Plan nicht allein deshalb, weil er veröffentlicht wird. Es ist also zwischen öffentlichen und veröffentlichten Plänen zu unterscheiden.[53] Ein Plan zur Strukturierung rein innerbehördlicher Vorgänge oder Vorhaben wird nicht ein öffentlicher Plan im Sinne von § 8 Abs. 1 Nr. 14, sofern er der Öffentlichkeit zugänglich gemacht wird. Derartige Pläne können vielmehr von Nummer 9 erfasst sein. Nummer 14 zielt auf Planungen mit mittelbarer oder unmittelbarer Bedeutung für Belange der Öffentlichkeit. Das verlangt keine Betroffenheit aller Bürgerinnen und Bürger im Freistaat, aber der Plan muss generelle Wirkung für eine unbestimmte Anzahl von Personen entfalten können oder jedenfalls deren Belange betreffen.[54]

91 Umgekehrt steht eine **fehlende anderweitige Veröffentlichung** nicht der Annahme eines öffentlichen Plans entgegen. Es sind also auch Pläne zu veröffentlichen, die Belange der Öffentlichkeit berühren, aber vorbehaltlich der Veröffentlichungspflicht nach dem Transparenzgesetz bisher nicht öffentlich zugänglich gemacht werden. Ebenso wenig ist eine gesetzliche Pflicht zur Erstellung der Pläne notwendig, sodass auch freiwillig erstellte Planungen veröffentlichungspflichtig sind.

92 **Beispiel** für einen landesweiten Plan ist der landesweite Raumordnungsplan nach § 13 Abs. 1 Satz 1 Nr. 1 ROG, in Sachsen in Gestalt des Landesentwicklungsplans nach § 3 SächsLPlG. Demgegenüber sind die Regionalpläne nach § 13 Abs. 1 Satz 1 Nr. 2 ROG und § 4 SächsLPlG sowie die nach § 5 Abs. 1 Satz 1 SächsLPlG als Teilregionalpläne zu erlassenden Braunkohlepläne nach Nummer 14 nicht veröffentlichungspflichtig, da sie weder das Gesamtgebiet des Freistaates umfassen noch von einer Landesbehörde erlas-

51 Zum informationsrechtlichen Planbegriff auch Maatsch/Schnabel, § 3 Rn. 100.
52 Nach Maatsch/Schnabel, § 3 Rn. 102 bewirke dies auch das Merkmal „öffentlich", was allerdings nicht durchweg überzeugt nach Sinn und Zweck dieses Merkmals.
53 Zum Vergleich s. § 8 Abs. 1 Nr. 17, der auf veröffentlichte Informationen abstellt, nicht auf nach anderen Rechtsvorschriften öffentliche Informationen.
54 So auch Müllmann, in: Heinemann, S. 164.

sen werden. Gleiches gilt für die Nahverkehrspläne nach § 5 Abs. 1 ÖPNVG, da in Sachsen kein landesweiter Nahverkehrsplan vorgesehen ist.[55] Weitere positiv erfasste Beispiele sind der Krankenhausplan nach § 4 SächsKHG sowie als freiwilliger Plan der Landesverkehrsplan.

15. Übersicht über Fördermaßnahmen (Nummer 15)

Nummer 15 verpflichtet zur Veröffentlichung von **Informationen über Zuwendungen öffentlicher Mittel** und dient damit der Offenlegung der Verwendung öffentlicher Gelder zugunsten einzelner Personen, Unternehmen und teilweise von öffentlich-rechtlichen Einrichtungen selbst. Damit soll transparent werden, wie die öffentliche Hand die ihr zur Verfügung stehenden Finanzmittel zugunsten Einzelner verwendet. Der Umfang an Informationen hängt von der Höhe der gewährten Mittel ab. Unter einem Betrag von 2 500 Euro ist keine Veröffentlichung vorgesehen, ab 2 500 Euro müssen die wesentlichen Eckpunkte der Förderung mit Ausnahme des Empfängers angegeben werden und ab 10 000 Euro ist grundsätzlich auch der Zuwendungsempfänger zu benennen. 93

Sachlicher Bezugspunkt der Norm sind **bewilligte Förderungen**. Durch die Bezugnahme auf § 23 SäHO sind darunter „Ausgaben und Verpflichtungsermächtigungen für Leistungen an Stellen außerhalb der Staatsverwaltung zur Erfüllung bestimmter Zwecke" zu verstehen. Hingegen sind Sachleistungen, satzungsmäßige Mitgliedsbeiträge sowie Leistungen, auf die der Empfänger einen unmittelbar durch Rechtsvorschriften oder durch Vertrag begründeten Anspruch hat, nicht als Förderung anzusehen.[56] Zuwendungen an Stellen innerhalb der unmittelbaren Staatsverwaltung sind wegen § 23 SäHO von vornherein von dem Tatbestand ausgenommen, nicht aber an andere juristische Personen des öffentlichen Rechts. 94

Dem Wortlaut nach kommt es allein auf die Entscheidung für eine Zuwendung an.[57] Diese muss **nicht tatsächlich gewährt** worden sein i. S. e. wirtschaftlichen Zuweisung an den Empfänger. Die Bewilligung als behördliche Entscheidung über die beabsichtigte Gewährung reicht aus. Darin liegt keine sprachliche Unschärfe, trotz des regelmäßig höheren Informationsinteresses am tatsächlichen Mittelfluss. Denn schon der Entscheidung über die Zuwendung wohnt ein Informationsgehalt inne, lässt sich an ihr doch die Einschätzung der Verwaltung über die Förderfähigkeit im Einzelfall ablesen. 95

Adressat der Veröffentlichungspflicht sind zwar ausschließlich **transparenzpflichtige Stellen**, § 2 Abs. 1 Satz 2. § 8 Abs. 1 Nr. 15 verlangt aber nicht die Förderung durch eine transparenzpflichtige Stelle. Regelungsgegenstand sind dem Wortlaut nach alle Förderungen i. S. d. §§ 23, 44 SäHO. Die ausdrückliche Erwähnung der **Sächsischen Aufbaubank – Förderbank – (SAB)** ist wegen § 4 Abs. 3 Satz 2 geboten. Denn die SAB ist selbst keine transparenzpflichtige Stelle und somit der Veröffentlichungspflicht nicht unterworfen. Da sie nach § 2 Abs. 1 Satz 1 FördbankG zugleich aber das zentrale Förderinstitut des Freistaates ist, liegt in der Regel dort die Zuständigkeit für den Fördervollzug, d. h. den Erlass der Zuwendungsbescheide. Diese sind ausdrücklich einbezogen. Hierdurch wird die SAB aber nicht selbst transparenzpflichtig, auch nicht beschränkt auf die Veröffentlichung nach § 8 Abs. 1 Nr. 15. Die Veröffentlichungspflicht ist weiterhin nur von den transparenzpflichtigen Stellen zu erfüllen. Da nur eine Übersicht über 96

55 Anders bspw. in § 11 Abs. 1 NVG RP und § 4 Abs. 1 ÖPNVG SH.
56 Nr. 1.2 zu § 23 VwV-SäHO.
57 In diese Richtung gehen wohl auch Maatsch/Schnabel, § 3 Rn. 117.

die getroffenen Entscheidungen auf der Transparenzplattform bereitzustellen ist (dazu Rn. 101), dürften die benötigten Informationen technisch aus der Fördermitteldatenbank des Freistaates (FÖMISAX) zu generieren sein und den transparenzpflichtigen Stellen, in deren Zuständigkeitsbereich die Förderverfahren liegen, eine aufwändige Zusammenstellung erspart bleiben.[58]

97 Die erste für eine Veröffentlichungspflicht zu erreichende **Schwelle** ist der Betrag von **2.500** Euro. Darunter liegende Zuwendungen betrachtet das Gesetz in Anlehnung an Nr. 1.2 zu § 44 VwV-SäHO als Bagatelle (LT-Drs. 7/8517 S. 51) und nimmt sie von vornherein von der Veröffentlichungspflicht aus.[59] Für die **Wertermittlung** ist der jeweilige Zuwendungsbescheid maßgeblich, nicht die Summe aus sachlich eine Gesamtförderung bildenden mehreren Bescheiden. Dies ergibt sich aus der Gesamtschau der Formulierung „bewilligten Förderung" und der ausdrücklich auf einen Bescheid bezogenen Aufzählung der zu veröffentlichenden Informationen in Buchstabe a.

98 Erreicht eine Zuwendung diese Höhe, sind das Bescheiddatum, die Höhe der bewilligten Zuwendung, die bewilligende Behörde, der Bewilligungszeitraum, der Fördergegenstand sowie die Förderart und Finanzierungsform zu veröffentlichen. Die veröffentlichungspflichtigen **Angaben** lehnen sich begrifflich an die VwV zur Sächsischen Haushaltsordnung an. Als Fördergegenstand sind die geförderten Maßnahmen zu benennen. Unter der **Förderart** ist anzugeben, ob es sich um eine Projektförderung oder eine institutionelle Förderung handelt. Eine Projektförderung zielt auf die Deckung von bestimmten Ausgaben für einzelne abgegrenzte Vorhaben, wohingegen der institutionellen Förderung nicht abgegrenzte Teilausgaben oder die gesamten Ausgaben eines Zuwendungsempfängers zugrunde liegen, Nr. 2 zu § 23 VwV-SäHO. Für die Angabe der **Finanzierungsform** kann nicht ohne Weiteres die VwV-SäHO herangezogen werden, da diese sowohl eine „Form der Zuwendung" als auch eine „Finanzierungsart" kennt. Der in § 8 Abs. 1 Nr. 15 verwendete Begriff setzt sich aus diesen beiden zusammen. Nach Nr. 5.3 der Anlage 7 der VwV zu § 44 VwV-SäHO wird unter der Form die Angabe verstanden, ob die Zuwendung als Zuschuss oder Darlehen vergeben worden ist. Jedenfalls das ist auch für § 8 Abs. 1 Nr. 15 zu veröffentlichen. Wegen des ausdrücklichen Bezugs zu der Finanzierung liegt es nahe, auch darüber aufzuklären, ob die Finanzierung als Festbetrag, Anteilfinanzierung oder Fehlbedarf erfolgte. Damit wird die sprachliche Nähe zu Nummer 5.2 der Anlage 7 der VwV zu § 44 SäHO ebenso wie die Maxime von § 1 Abs. 3 gewahrt und transparenzpflichtige Stellen setzen sich nicht dem Risiko aus, die Veröffentlichungspflicht unzureichend zu erfüllen.

99 Ab einem Zuwendungsbetrag von 10 000 Euro ist zusätzlich zu den unter § 8 Abs. 1 Nr. 15 Buchst. a verlangten Angaben der **Name des Zuwendungsempfängers** zu veröffentlichen. Das gilt zumindest für gewerblich handelnde natürliche Personen, Personengesellschaften und juristische Personen. Natürliche Personen, die eine Förderung zu privaten Zwecken erhalten, sind nicht betroffen. Ihr Name ist nach § 6 Abs. 1 Satz 1 weiterhin unkenntlich zu machen. Mit der Veröffentlichung des Namens bildet die Vorschrift eine Ausnahme zu § 6 Abs. 1 Satz 1 (§ 6 Abs. 1 Satz 3). Auf eine Einwilligung oder eine Abwägung nach § 6 Abs. 2 kommt es dabei nicht an. Die Abwägungsentschei-

---

58 S. zum Datenbestand in FÖMISAX die §§ 1 bis 4 der Sächsische Fördermitteldatenbankverordnung.

59 Im Hinblick auf die sonst üblichen Schwellen von 1 000 Euro nach § 3 Abs. 1 Nr. 14, § 9 Abs. 2 Nr. 2 HmbTG; § 7 Abs. 1 Nr. 11 und 12 LTranspG RP; § 6 Abs. 3 Satz 1 Nr. 2 Buchst. m ThürTG ist das weder rechtlich noch tatsächlich geboten, aber hinzunehmen.

dung zugunsten der Veröffentlichung und damit zulasten des Datenschutzes der Betroffenen hat der Gesetzgeber vorgenommen. Darüber kann die transparenzpflichtige Stelle sich nicht mittels einer eigenen Abwägungsentscheidung hinwegsetzen (s. § 6 Rn. 23).

Die Veröffentlichung von Zuwendungen **zugunsten der öffentlichen Hand** unterliegt 100
einer weiteren Einschränkung. Soweit die Bekanntgabe der Förderung wirtschaftliche Interessen der öffentlichen Hand als Zuwendungsempfänger beeinträchtigt, entsteht keine Veröffentlichungspflicht. Die Ausnahme ist eng auszulegen. Anzuerkennen sind nur Fälle, in denen ein objektiv nachweisbarer, deutlich spürbarer negativer Effekt auf konkrete Wirtschaftsinteressen durch eine Veröffentlichung eintreten würde.

§ 8 Abs. 1 Nr. 15 weist eine zum Regelfall von § 8 Abs. 1 **abweichende Rechtsfolge** auf. 101
Es ist nicht der originäre Informationsträger, in diesem Fall jeweils der Zuwendungsbescheid, einzustellen, sondern lediglich eine tabellarische Übersicht aller Förderungen. Verlangt wird also ein Aufbereitungsakt. Hierbei stellen sich mehrere Umsetzungsfragen. Das geforderte Format der tabellarischen Zusammenstellung bewilligter Förderungen unterwirft die Veröffentlichungsfrist einer zeitlichen Prädisposition. Eine Gesamtübersicht kann erst veröffentlicht werden, wenn sie abschließend erstellt ist. Wegen des fehlenden zeitlichen Bezugs, etwa einer jährlichen Übersicht oder zumindest der abstrakten Umschreibung der Regelmäßigkeit wie in Nummer 16 (s. Rn. 110), wäre das aber nie der Fall, da stets weitere Förderungen nachfolgen. Die Vorschrift wäre bei einem solchen Verständnis kaum umsetzbar.

Eine in regelmäßigen Zeitabständen auf der Transparenzplattform veröffentlichte, **periodische Übersicht** erscheint als die zweckmäßigste und auch praktikabelste Lösung. Freilich ist das Nummer 15 so nicht zu entnehmen. Die Erstellung einer tabellarischen Übersicht in Nummer 15 und die von § 9 Abs. 1 Satz 1 geforderte unverzügliche Veröffentlichung können aber mittels erweiternder Auslegung miteinander vereinbart werden, indem in das Kriterium der tabellarischen Übersicht die Befugnis hineingelesen wird, abweichend von § 9 Abs. 1 Satz 1 über einen gewissen Zeitraum hinweg aus den Zuwendungsbescheiden eine Übersicht erstellen zu dürfen, die anschließend auf der Plattform veröffentlicht wird. 102

16. Informationen zu Unternehmen (Nummer 16)

Der Veröffentlichungstatbestand in § 8 Abs. 1 Nr. 16 betrifft einen Sachbereich, der von 103
hohem Interesse für die Öffentlichkeit ist. Dennoch war der Gesetzgeber offenbar bedacht darauf, so wenig Informationen preisgeben zu müssen wie möglich. Ziel der Norm ist Bereitstellung von Erkenntnissen über die **wirtschaftliche Betätigung der öffentlichen Hand**. Leider dürfte der tatsächliche Erkenntnisgewinn im Vergleich zur Situation vor Geltung des Transparenzgesetzes wegen des Adressatenkreises und der eingeschränkten Rechtsfolge gegen Null tendieren. Adressat der Veröffentlichungspflicht sind nicht alle transparenzpflichtigen Stellen. Es wird nur der **Freistaat** als Gebietskörperschaft als unternehmerisch tätige Einheit angesprochen. Betätigungen anderer juristischer Personen i. S. v. § 4 Abs. 1 sind nicht erfasst. Zudem lässt die Vorschrift die Veröffentlichung des sowieso schon veröffentlichten Beteiligungsberichts genügen (s. Rn. 110).

Nummer 16 umschreibt zwei Unternehmensarten, einerseits **Beteiligungsunternehmen**, also Unternehmen in privatrechtlicher Rechtsform, an denen der Freistaat eine Beteiligung hält, andererseits **Errichtungsunternehmen**, also Unternehmen in öffentlich-rechtlicher Form, die der Freistaat selbst errichtet hat. Hat der Freistaat hingegen 104 ein Unternehmen privatrechtlicher Art **errichtet**, kommt es auf die mehrheitliche Beteiligung an. Ein vom Freistaat errichtetes, privatrechtliches Unternehmen, an welchem er nach Errichtung keine Mehrheitsbeteiligung mehr hält, ist von der Vorschrift nicht betroffen.

105 Für die Unternehmen **öffentlich-rechtlicher Art** folgt aus dieser Zweiteilung, dass rechtsfähige Einrichtungen des öffentlichen Rechts vorbehaltlos erfasst sind. Staatsbetriebe unterfallen ebenso der Vorschrift. Für die Annahme der Gesetzesbegründung, wirtschaftlich tätige Staatsbetriebe transparenzpflichtiger Stellen seien nicht erfasst (LT-Drs. 7/8517 S. 51), findet sich kein Anhaltspunkt im Gesetz. Der Wortlaut dürfte mit „öffentlich-rechtliche Unternehmen" sämtliche wirtschaftliche Betätigung der öffentlichen Hand in öffentlich-rechtlicher Form erfassen und dabei keine bestimmte Rechtsform oder gar Rechtspersönlichkeit verlangen.[60] Entscheidend ist hingegen die Beschränkung auf vom Freistaat errichtete Unternehmen. Das spricht für die Einbeziehung organisatorisch eigenständiger Einrichtungen, die durch einen Gründungsakt hervorgebracht worden sind.[61] In Abgrenzung dazu sind organisatorisch unmittelbar eingegliederte, wirtschaftlich tätige Geschäftsbetriebe öffentlich-rechtlicher Einrichtungen zu sehen. Hierbei handelt es sich um Organisationseinheiten einer anderen, übergeordneten Institution und damit nicht selbst um Unternehmen i. S. d. Vorschrift.

106 Die Feststellung der **Mehrheitsbeteiligung** verlangt eine ökonomische und keine ganzheitlich konzernrechtliche Bewertung. Anders als nach § 3 Absatz 1 Satz 1 Nummer 2 SächsUIG ist nicht jede Form der Kontrollausübung maßgeblich. Auf eine Beherrschung abseits der Kapital- oder Stimmrechtsmehrheit kommt es nicht an. Kann der Freistaat also beherrschenden Einfluss auf ein privatrechtliches Unternehmen ausüben, etwa durch die Befugnis zur Bestellung mehr als der Hälfte der Mitglieder eines Leitungs- oder Aufsichtsorgans des Unternehmens oder durch Beherrschungsverträge, ohne zugleich über eine Mehrheit am Kapital oder an den Stimmrechten zu verfügen, unterliegt diese unternehmerische Betätigung nicht der Veröffentlichungspflicht.

107 Dass nicht ausschließlich die Mehrheit der Kapitalanteile entscheidend sein kann, sondern auch eine **Stimmrechtsmehrheit** umfasst ist, zeigen Wortlaut, Telos und Genese der Vorschrift. Mit dem Begriff der Mehrheitsbeteiligung kommt eine bestimmte Qualität der Betätigung der öffentlichen Hand zum Ausdruck. Sinn und Zweck ist nicht nur eine Ausgrenzung vermeintlich vernachlässigbarer Beteiligungen, sondern dahinter verbirgt sich der Gedanke, dass sich mit einer Kapitalbeteiligung zwangsläufig eine Einflussnahme verbindet.[62] Stimmrechtsmehrheiten gewähren dieselbe Position. Darüber hinaus können Stimmrechte nicht isoliert betrachtet werden, sind sie doch in aller Regel mit Unternehmensanteilen verbunden, wenngleich sie diesen nicht entsprechen müssen.[63]

---

60 So auch für denselben Begriff in § 2 Abs. 5 BDSG Böken, in: Sydow/Marsch, § 2 BDSG Rn. 22 m. w. N.

61 § 26 Abs. 1 Satz 1 SäHO definiert Staatsbetriebe als rechtlich unselbständige, organisatorisch abgesonderte Teile der Staatsverwaltung.

62 Dasselbe Verständnis liegt § 16 Abs. 1 AktG zugrunde; dazu Emmerich/Habersack, § 16 Rn. 21 und § 17 Rn. 17.

63 Vgl. den Wortlaut von § 3 Abs. 1 Satz 2 Nr. 2 Buchst. b SächsUIG „mit den Anteilen des Unternehmens verbundenen Stimmrechte"; zum Verhältnis Stimmrecht und Anteil Emmerich/Habersack, § 16 Rn. 3.

Dementsprechend liegt eine **Mehrheitsbeteiligung** vor, wenn der Freistaat Sachsen die Mehrheit der Kapitalanteile an einem Unternehmen hält oder über die Mehrheit der Stimmrechte verfügt. Konkret heißt das, der Freistaat muss über mehr als 50 % der Anteile oder Stimmrechte verfügen, wobei er diese nicht unmittelbar selbst halten muss, sondern Anteile anderer Rechtsträger können ihm zugerechnet werden, soweit er über diese Rechtsträger bestimmen kann, vgl. § 53 Abs. 2 Satz 2 HGrG. Nach der Rechtsprechung sind auch Anteile einzubeziehen, die andere juristische Personen des öffentlichen Rechts innehaben, wenn diese der Fachaufsicht unterstehen.[64] 108

Veröffentlichungsgegenstand sind die **wesentlichen Unternehmensinformationen**. Hierunter könnten zahlreiche für die Beurteilung der wirtschaftlich relevanten Betätigungen der öffentlichen Hand relevante Informationen gefasst werden. Zu denken ist an finanzielle Kennzahlen des Unternehmens oder personelle Zusammensetzung und Vergütungen der Leitungsebene.[65] Welche Informationen letztlich zu veröffentlichen sind, beantwortet sich nicht allein durch das Merkmal der wesentlichen Unternehmensinformationen, sondern in die Auslegung ist § 8 Abs. 1 Nr. 16 Halbsatz 2 („Beteiligungsbericht") einzubeziehen. 109

Neben Nummer 15 sieht Nummer 16 als zweiter Veröffentlichungstatbestand eine eigene, vom Grundsatz der Veröffentlichung der Information selbst abweichende **Rechtsfolge** vor. Hier gilt nicht, dass die betroffenen Informationen unverzüglich (§ 9 Abs. 1 Satz 1) zu veröffentlichen sind, sobald die Voraussetzungen des Veröffentlichungstatbestandes erfüllt sind. Dem steht der zweite Halbsatz entgegen, wonach die Veröffentlichung in einem regelmäßigen **Beteiligungsbericht** erfolgen kann. Diese Eigenheit von Nummer 16 zielt dem Willen des Gesetzgebers nach auf eine doppelte Wirkung ab. Zum einen soll die bis zum Inkrafttreten ohne gesetzliche Grundlage vorgenommene Veröffentlichung des vom Staatsministerium für Finanzen jährlich herausgegebenen Beteiligungsberichts in gesetzliche und damit zugleich verbindliche Form gegossen werden, und zum anderen sollen keine darüber hinausgehenden Informationen preisgegeben werden müssen. Dies wird deutlich an der Gesetzesbegründung, wonach der Beteiligungsbericht des Freistaates Sachsen den Anforderungen von Nummer 16 genügen soll (LT-Drs. 7/8517 S. 51). 110

Diese Ansicht ist jedoch nicht zwingend, da das Gesetz den Inhalt dieses Berichts nicht eindeutig auf die **Angaben beschränkt**, die in dem vor Inkrafttreten des Transparenzgesetzes bereits veröffentlichten Beteiligungsbericht des Staatsministeriums der Finanzen zu finden sind. Nummer 16 gibt nur vor, dass die Veröffentlichung in einem, nicht *dem* regelmäßigen Beteiligungsbericht erfolgen kann. Das beinhaltet Vorgaben für die Form und zeitliche Umsetzung der Veröffentlichung, schränkt den Inhalt von Nummer 16 aber nicht ein. Der Halbsatz ist als Modifikation von § 9 Abs. 1 Satz 1, nicht als qualitative Beschränkung von Nummer 16 Halbsatz 1 zu verstehen. 111

Die Veröffentlichung von **weiteren Unternehmensinformationen**, die über den bereits herausgegebenen Beteiligungsbericht hinausgehen, ist in § 8 Abs. 1 Nr. 16 selbst angelegt, ohne auf die freiwillige Veröffentlichung nach § 8 Abs. 4 zurückgreifen zu müssen. Angesichts der „Kann"-Regelung bleibt es den transparenzpflichtigen Stellen unbenommen, der eigentlichen Veröffentlichungspflicht von § 8 Abs. 1 Nr. 16 Halbsatz 1 abseits des Beteiligungsberichts nachzukommen. 112

---

64 VG Hamburg, Urt. v. 16.1.2020 – 17 K 3920/19 –, juris Rn. 21 ff.

65 Weitere Beispiele bei Maatsch/Schnabel, § 3 Rn. 123.

17. Anderweitige Veröffentlichungen (Nummer 17)

113 Nummer 17 soll die vorangehenden Veröffentlichungstatbestände um außerhalb des Transparenzgesetzes liegende Veröffentlichungspflichten **vervollständigen**. Dies dient dem Ansatz des Gesetzes, im Freistaat eine umfassende, frei zugängliche Datenbank in Gestalt der Transparenzplattform zu schaffen (so LT-Drs. 7/8517 S. 51). Daher sollen auch solche Informationen auf der Transparenzplattform zu finden sein, die ansonsten anderweitig öffentlich zugänglich sind.

114 § 8 Abs. 1 Nr. 17 hat den Charakter eines **Auffangtatbestands**. Der ihm vorangehende Katalog von veröffentlichungspflichtigen Informationen umfasst zum Teil bereits anderweitig zu veröffentlichende Informationen. Diese werden von § 8 Abs. 1 Nr. 17 nicht verdrängt. Denn die aufgrund anderer Rechtsvorschriften bestehende Veröffentlichungspflicht ist nicht das speziellere Merkmal im Vergleich zu den Voraussetzungen der anderen Katalognummern von Absatz 1.

115 Die Norm koppelt Veröffentlichungspflichten in anderen Rechtsvorschriften an das Transparenzgesetz an. Der Begriff der **Rechtsvorschrift** klammert Verwaltungsvorschriften aus. Demgegenüber sind auch Satzungen erfasst (s. zum Begriffsverständnis Rn. 19 und Rn. 133). Ebenso ausgenommen sind Veröffentlichungen von Daten, Informationen und Umweltinformationen, soweit sie Gegenstand von Absatz 2 oder 3 sind. Im Verhältnis zu Absatz 2 hat dies lediglich klarstellende Wirkung, hingegen bedarf es des Vorbehalts für Absatz 3, insbesondere für die in Absatz 3 Nummer 2 geregelten Rechts- und Verwaltungsvorschriften.

116 Neben der zusätzlichen Veröffentlichung auf der Transparenzplattform führt die Vorschrift zu einer originären Veröffentlichungspflicht für solche Informationen, die schon vor Geltung des Transparenzgesetzes veröffentlicht worden sind, für die es allerdings keine rechtsförmliche Grundlage gab, sondern deren Veröffentlichung auf rein **tatsächlicher Übung** beruht. Hierdurch erlangt Nummer 17 eine größere eigenständige Bedeutung, indem er freiwillige Veröffentlichungen zu Veröffentlichungspflichten verfestigt.

117 Dem Gesetz selbst und auch der Gesetzesbegründung sind nicht zu entnehmen, was eine **tatsächliche Übung** konkret sein soll. Die Gesetzesbegründung erwähnt lediglich „freiwillig veröffentlichte Informationen" (LT-Drs. 7/8517 S. 52). Eine Annäherung ermöglichen die zivil- und arbeitsrechtlichen Rechtsfiguren der tatsächlichen und betrieblichen Übung. Hierunter werden tatsächliche Verhaltensweisen verstanden, die nicht auf einer rechtlich formellen Grundlage beruhen und eine Üblichkeit sowie Dauerhaftigkeit aufweisen, gewissermaßen also Gewohnheit sind.[66] Auf § 8 Abs. 1 Nr. 17 übertragen sind sämtliche Informationen erfasst, die unabhängig vom Transparenzgesetz oder einer sonstigen rechtlichen Vorgabe wiederkehrend veröffentlicht werden. Demgemäß ist der Veröffentlichungstatbestand für einmalig veröffentlichte Informationen nicht einschlägig, selbst wenn die veröffentlichende Stelle zunächst die Intention einer Regelmäßigkeit verfolgt hat. Wird sie nicht umgesetzt, etabliert sich auch keine tatsächliche Übung.

118 Problematisch ist die Frage der **Beendigung der tatsächlichen Übung**. Zwar handelt es sich unabhängig vom Transparenzgesetz um freiwillige Veröffentlichungen. Der Frei-

66 Zur betrieblichen Übung etwa Thüsing, in: Drescher/Fleischer/Schmidt, Vor § 59, Rn. 33; Merten, in: Staudinger, Art 2, Rn. 104, umschreibt die tatsächliche Übung als faktisch anerkannte Erfahrungsregel, Sitte oder Handelsbrauch.

willigkeit ist die freie Entscheidung über die Einstellung der Veröffentlichungspraxis immanent. Allerdings statuiert das Gesetz aus der Regelmäßigkeit der Veröffentlichung eine Veröffentlichungspflicht für die jeweils bereits anderweitig veröffentlichte Information. Das trifft aber nur für die der tatsächliche Übung unterliegenden Information zu und heißt nicht, dass gleichartige, zeitlich nachfolgende Informationen wegen der vorherigen Übung der Veröffentlichungspflicht unterliegen. Im Grundsatz bedeutet das Ende tatsächlichen Übung auch das Ende der Veröffentlichungspflicht für noch nicht anderweitig veröffentlichte Informationen. Bezugspunkt der Veröffentlichungspflicht ist stets eine konkrete Information, die bereits anderweitig (freiwillig) veröffentlicht ist. Diese Information ist verpflichtend auch auf der Transparenzplattform zu veröffentlichen. Das hat aber nicht zur Folge, dass zukünftig sämtliche Informationen, die mit dieser vergleichbar sind, ebenso veröffentlichungspflichtig werden, wenn sie wegen der Beendigung der tatsächlichen Übung nicht mehr anderweitig veröffentlicht werden.

18. Informationen aus dem Antragsverfahren (Nummer 18)

§ 8 Abs. 1 Nr. 18 stellt die Verbindung zwischen **Informations- und Veröffentlichungspflicht** her. Die einmal im Antragsverfahren zugänglich gemachten Informationen sollen auch auf der Transparenzplattform zur Verfügung gestellt werden. Das dient der Erweiterung des Informationsbestandes zugunsten der Allgemeinheit.[67] 119

In systematischer Hinsicht nicht gelungen ist die Einbeziehung der **Umweltinformationen**. Selbst wenn ihre Einbeziehung im Sinne des Erkenntnisgewinns begrüßenswert und nachvollziehbar ist, bleibt sie dennoch ein Fremdkörper. Nach § 3 Satz 2 sind Umweltinformationen nicht vom Informationsbegriff des Gesetzes umfasst. Sie an dieser Stelle doch als Informationen zu behandeln ist nicht konsequent. Dies kann wohl nur als Versuch einer ersten Annäherung von Transparenzgesetz und Umweltinformationsrecht verstanden werden. Auflösen lässt sich der Widerspruch zu § 3 Satz 2 nur, indem dieser konkrete Veröffentlichungstatbestand ausnahmsweise als vorrangige Sonderregel zu § 3 Satz 2 gewertet wird. Abgesehen von der Besonderheit, dass **Umweltinformationen** in einem Verfahren nach dem SächsUIG elektronisch zugänglich gemacht worden sein müssen, gelten für sie dieselben Vorgaben wie für die auf Antrag zugänglich gemachten Informationen. Die nachfolgenden Ausführungen beschränken sich daher sprachlich auf Informationen, sind aber auf Umweltinformationen übertragbar. 120

Gegenstand der Veröffentlichungspflicht sind auf **Antrag** elektronisch zugänglich gemachte Informationen. Hierin sind zwei Voraussetzungen zu sehen, nämlich ein vorausgegangenes Antragsverfahren und eine sich daran anschließende elektronische Informationsgewährung (hierzu Rn. 124). Die jeweilige Information muss Gegenstand des Antragsverfahrens gewesen sein. Es bedarf also eines **inneren Zusammenhangs** von Verfahren und Informationsgewährung. Informationen, die bloß gelegentlich im Rahmen eines anderweitigen Verwaltungsverfahrens mitgeteilt worden sind, werden durch Nummer 18 nicht veröffentlichungspflichtig 121

Anlass der Informationsgewährung muss ein **Antragsverfahren** nach den §§ 10 ff. oder ein Verfahren nach den §§ 4 ff. SächsUIG sein. Ergebnis des Verfahrens muss der Informationszugang aufgrund der Vorschriften des Transparenzgesetzes oder des SächsUIG sein. Die Information muss also tatsächlich gewährt worden sein. Ob die 122

67 Dieser Ansatz wird auch als „access for one means access for all", also „einer für alle" bezeichnet, vgl. Engewald, NordÖR 2017, 209 (217); Brink, in: Polenz/Blatt/ders., § 11 Rn. 23.

Entscheidung im Antragsverfahren **rechtmäßig oder rechtswidrig** erging, hat für den Tatbestand von § 8 Abs. 1 Nr. 18 zunächst keine Bedeutung. Rechtswidrig gewährte Informationen fallen nicht von vornherein aus ihm heraus, da die Vorschrift nicht auf einen zulässigen oder rechtmäßigen Informationszugang abstellt. Dennoch muss als **Rechtsfolge** keine nachträglich als fehlerhaft erkannte Entscheidung in Gestalt der Veröffentlichung perpetuiert werden. Die transparenzpflichtigen Stellen werden nicht von der ggf. erneuten Prüfung über etwaige Ablehnungsgründe und Ausnahmen im Zuge der Entscheidung über die Veröffentlichung befreit. Das Verfahren zur Veröffentlichung der Information findet insoweit losgelöst vom Antragsverfahren statt (s. LT-Drs. 7/8517 S. 52). Auch die Ausnahmen können sich für eine Veröffentlichung anders darstellen als für ein Zugänglichmachen auf Antrag (z. B. für § 5 Abs. 1 Nr. 19 Buchst. b).

123 Die voranstehenden Überlegungen lassen sich auf Fälle übertragen, in denen erst ein **gerichtliches Verfahren** eine endgültige Entscheidung hervorbrachte. Lehnte die transparenzpflichtige Stelle den Antrag auf Informationszugang ab und führt gerichtlicher Rechtsschutz dagegen aus Sicht der Rechtsschutzsuchenden zum **Erfolg**, ist § 8 Abs. 1 Nr. 18 einschlägig.

124 Neben dem Antrag als Anlass ist die Form der Informationsgewährung entscheidend für die Pflicht zur Veröffentlichung. Ausschließlich **elektronisch zugänglich gemachte Informationen** sind nach § 8 Abs. 1 Nr. 18 zu veröffentlichen. Wegen § 17 Abs. 1 sind nur Informationen betroffen, die ab Errichtung der Plattform elektronisch zugänglich gemacht worden sind. Damit verzichtet das Transparenzgesetz an dieser Stelle auf eine vollständige Verknüpfung von Antragsverfahren und Transparenzplattform.

125 Eine gesetzliche Festlegung, in welchen Fällen eine elektronische Informationsgewährung gegeben ist, fehlt. Auf eine qualifizierte elektronische Signatur nach § 3a Abs. 2 Satz 2 VwVfG oder § 126a Abs. 1 BGB kommt es nicht an, da § 8 Abs. 1 Nr. 18 keinen Informationszugang in schriftformersetzender elektronsicher Form vorschreibt. Das Merkmal **„elektronisch"** dient hier lediglich der Abgrenzung zur analogen Informationsgewährung in Papierform oder durch persönliche Einsichtnahme. Der Zweck ist die Arbeitserleichterung für die transparenzpflichtigen Stellen. Lediglich in Papierform zugänglich gemachte Informationen sollen nicht allein wegen dieses Veröffentlichungstatbestands digitalisiert werden müssen. Klassischer Fall der elektronischen Informationsgewährung ist die Erteilung der Information per E-Mail (zu der Art der Informationsgewährung § 11 Rn. 14 ff.).

126 Elektronisch zugänglich gemachte Informationen sind nicht solche, die **anderweitig elektronisch zugänglich** sind oder die der transparenzpflichtigen Stelle in elektronischer Form vorliegen, aber auf Antrag nicht elektronisch gewährt worden sind. Erfolgt der Informationszugang im Antragsverfahren also durch Übermittlung verkörperter Träger von Informationen, obwohl diese in der transparenzpflichtigen Stelle elektronisch vorhanden sind, beispielsweise durch Übersendung von Ausdrucken elektronischer Dokumente, handelt es sich nicht um nach § 8 Abs. 1 Nr. 18 veröffentlichungspflichtige Informationen. Der Wortlaut des Gesetzes ist hier eindeutig und bietet keinen Raum für eine weitergehende Auslegung hin zu „elektronisch vorhandenen Informationen".[68]

127 **Informationen nach § 11 Abs. 4 und 5 Satz 2** sind von der Veröffentlichung ausdrücklich ausgenommen. Dadurch wird ein dem Transparenzgesetz so im Übrigen unbekannter,

---

68 So auch Müllmann, in: Heinemann, S. 171.

absoluter Schutz personenbezogener Daten aufgestellt. Das erscheint bestenfalls auf den ersten Blick einleuchtend. Zwar kann nicht von der Rechtfertigung der Gewährung auf Antrag im Einzelfall durchweg auf die Rechtmäßigkeit der Veröffentlichung personenbezogener Daten geschlossen werden. Hierfür bedarf es wegen der eingriffsintensiveren Wirkung einer eigenständigen Abwägung, nicht aber eines absoluten Schutzes.

III. Verhältnis zum Sächsischen E-Government-Gesetz (Absatz 2)

§ 8 Abs. 2 nimmt Daten i. S. d. Sächsischen E-Government-Gesetzes von der Veröffentlichungspflicht aus, sodass diese Daten nicht auf der Transparenzplattform zu veröffentlichen sind. Damit soll eine zusätzliche Veröffentlichung zu der auf dem Open Data Portal (https://www.opendata.sachsen.de) verhindert werden (s. LT-Drs. 7/8517 S. 52). 128

Ob es dazu dieser Abgrenzungsvorschrift tatsächlich bedurft hätte, kann bezweifelt werden.[69] Die **Definition der Daten** nach § 8 Abs. 1 Satz 3 SächsEGovG weist wenig Überschneidungen mit dem Informationsbegriff in § 3 Satz 1 auf, und kein Veröffentlichungstatbestand in § 8 Abs. 1 stellt Bezug zu diesen Daten her. Das SächsEGovG verwendet einen eigenen, qualifizierten Datenbegriff, der weder mit dem allgemein üblichen Informationsbegriff noch mit dem nach § 3 Satz 1 deckungsgleich ist, insbesondere handelt es sich bei den in § 8 Abs. 1 aufgeführten textlichen, bildlichen oder klanglichen Aufzeichnungen nicht um Daten i. S. v. § 8 Abs. 1 SächsEGovG.[70] Zudem ist die Trennung der jeweiligen Datenbestände in beiden Portalen fragwürdig. Denn auch das Open-Data-Portal dient seinem eigenen Anspruch nach der Schaffung von Transparenz durch Bereitstellung von Daten der öffentlichen Verwaltung.[71] Die Zusammenführung der Portale böte den Vorteil, interessierten Nutzerinnen und Nutzern über eine Zugangsmöglichkeit sämtliche Daten und Informationen zur Verfügung stellen zu können. Der sowieso zerklüfteten IT- und Portallandschaft in Sachsen hätte das gutgetan. 129

IV. Angabe von Fundstellen (Absatz 3)

§ 8 Abs. 3 vermittelt erneut den Eindruck, dass das Gesetz unter einer erheblichen Kompromisslast zustande kam. Für die aufgeführten Informationen, um nichts anderes handelt es sich der Sache nach bei der Aufzählung,[72] ist anstelle ihrer Veröffentlichung nur ein Hinweis zu deren – bereits vorhandenen – Fundstellen anzugeben. Die Vorschrift ist in Ansätzen an § 7 Abs. 1 ThürTG angelehnt, da auch dort die Verknüpfung des Transparenzportals mit bereits zuvor bestehenden Informationsportalen vorgesehen ist, bleibt jedoch offenkundig dahinter zurück, da die Chance für eine umfassende Zentralisierung sämtlicher Informationsportale in Sachsen nicht genutzt wurde. 130

Die in Absatz 3 Nummer 1 bis 3 genannten Informationen unterliegen nicht der Veröffentlichungspflicht. Der eigentliche Umgang mit ihnen richtet sich nach etwaig einschlägigen Fachgesetzen. Das Transparenzgesetz beschränkt sich auf die Pflicht zur Angabe der Fundstellen und ist damit ein ergänzendes **Aliud** zu Absatz 1, keine kumula- 131

69 Anders als nach dem Transparenzgesetz sind auf dem Open Data Portal schließlich vorrangig Rohdaten in maschinenlesbarer und strukturierter Form mit zugehörigen Metadaten zu finden, § 8 Abs. 7 SächsEGovG.

70 Zum Datenbegriff im EGovG des Bundes Richter, NVwZ 2017, 1408, 1409.

71 https://www.opendata.sachsen.de/informationen-4279.html (abgerufen am 24.4.2023).

72 Die Umweltinformationen nach Nummer 1 sind zwar keine Informationen i. S. v. § 3 Satz 2, ohne diese ausschließende Definition wären sie es aber nach allgemeinem Verständnis. Deshalb und zugunsten der Lesbarkeit wird nachfolgend der Begriff der Informationen verwendet.

tive oder alternative Veröffentlichungspflicht. Zweck von Absatz 3 ist es, an die Stelle der Veröffentlichung die bloße Angabe auf eine bereits vorhandene Fundstelle treten zu lassen. Für die Nummern 1 bis 3 bleibt aber die freiwillige Veröffentlichung nach Absatz 4, da Absatz 3 dies nicht verbietet, sondern nur von der zwingenden Veröffentlichung befreit.

132 Die in Nummer 1 geregelten **Umweltinformationen** fügen sich nicht in die eigentliche Regelungsmaterie des Transparenzgesetzes ein. Nach § 3 Satz 2 sind Umweltinformationen vom Informationsbegriff ausgenommen, sodass sie eigentlich nicht weiter Bestandteil des auf den Zugang zu Informationen ausgerichteten Transparenzgesetzes sein dürften. Dieser Grundsatz wird punktuell aufgehoben, etwa in § 8 Abs. 1 Nr. 18 (s. Rn. 120). So auch hier, allerdings systematisch stimmiger, da nicht der unmittelbare Zugang zu Umweltinformationen geschaffen wird, sondern nur ein Hinweis auf eine Fundstelle, was zugleich den Ausschluss der erfassten Umweltinformationen im Einklang mit § 3 Satz 2 von der Veröffentlichungspflicht verdeutlicht. Betroffen sind aber nicht alle Umweltinformationen, sondern nur die sowieso der Öffentlichkeit zur Verfügung zu stellenden; in der Sprache des Umweltinformationsgesetzes die zu verbreitenden Umweltinformationen.

133 Nach Nummer 2 ist die Fundstelle von **Rechtsvorschriften und Verwaltungsvorschriften** anzugeben. Für die Umsetzung reicht die Angabe einer allgemeinen Fundstelle, beispielsweise https://revosax.sachsen.de. Aus dem Verhältnis von Absatz 3 zu Absatz 1 folgen gewisse Abgrenzungsfragen, da einzelne Veröffentlichungstatbestände in Absatz 1 Informationsgegenstände betreffen, die den Oberbegriffen Rechtsvorschrift oder Verwaltungsvorschrift zugeordnet werden können (s. zu den Begriffen auch Rn. 18 ff.). Grundsätzlich gilt, dass Absatz 3 die in ihm benannten Informationen, einschließlich der Umweltinformationen, vor einer Veröffentlichungspflicht „schützt", soweit nicht Absatz 1 speziell geregelte Unterfälle von Informationsgegenständen betrifft. Absatz 3 lässt demnach für nicht von Absatz 1 erfasste Rechts- und Verwaltungsvorschriften die Angabe einer allgemeinen Fundstelle ausreichen, geht aber der Veröffentlichungspflicht für die in Absatz 1 aufgeführten Informationsgegenstände nicht generell vor. Hierin fügt sich auch der Vorbehalt in § 8 Abs. 1 Nr. 17 für u. a. Absatz 3 ein, da andernfalls sämtliche – stets sowieso zu veröffentlichenden – Rechtsvorschriften und veröffentlichten Verwaltungsvorschriften auf der Transparenzplattform einzustellen wären und Absatz 3 Nummer 2 gegenstandslos bliebe.

134 Nummer 3 verlangt einen Hinweis auf veröffentlichte **Geodaten**. Gemäß § 2 Abs. 1 SächsGDIG sind das alle Daten mit direktem oder indirektem Raumbezug. Etwas greifbarer drückt dies § 3 Abs. 1 GeoZG durch die Erweiterung „zu einem bestimmten Standort oder geografischen Gebiet" aus. Erfasst sind alle Datensätze, die in einem Raum positionierte Objekte beschreiben, die miteinander in Beziehung stehen.[73] Beispiele sind Koordinaten, Adressen, Landkarten, sonstige geografische Pläne. Die Einschränkung auf die **Maßgaben** des Sächsischen Geodateninfrastrukturgesetzes ist zu ignorieren, da keine Geodaten selbst zu veröffentlichen sind.

135 **Rechtsfolge** von Absatz 3 ist die Angabe zu einer Fundstelle der in den Nummern 1 bis 3 aufgeführten Informationen. Da ausdrücklich auf die „Internetseite" rekurriert wird, ist zumindest ein Hinweis, zweckmäßigerweise jedoch ein Link zu bestehenden Informationsportalen aufzunehmen. Das ist nicht gleichbedeutend mit einer Verlinkung auf

73 BT-Drs. 554/08 S. 19.

den konkreten Eintrag für die jeweilige Information. Zur Umsetzung von Absatz 3 genügt ein allgemeiner Link auf die jeweilige Internetseite. Es muss also nicht jede Einzelinformation verlinkt werden. Der offene Wortlaut von Absatz 3 untersagt dies allerdings nicht. Je nach technischer Umsetzbarkeit lässt das Gesetz an dieser Stelle für die Transparenzplattform ein Nebeneinander von Einträgen mit der Information selbst (s. § 9 Rn. 3) und Verlinkungen auf anderweitig abgespeicherte Informationen zu.

Die Vorschrift bestimmt allerdings nicht ausdrücklich ihren **Adressaten**. Für Nummer 2 136 und 3 reicht ein statischer Verweis auf die entsprechenden Informationsportale aus, den die mit der Errichtung der Transparenzplattform betraute Stelle dort aufnehmen kann. Die zahlreichen und dezentral verbreiteten Umweltinformationen nach Nummer 1 werfen jedoch Umsetzungsfragen auf. Gegen die Annahme, jede öffentlich-rechtliche Einrichtung müsse auf von ihr veröffentlichte Umweltinformationen hinweisen, spricht die Gesamtkonzeption des Gesetzes, nur singulär transparenzpflichtige Stellen zur aktiven Nutzung der Plattform zu verpflichten. Daher sollte dem pragmatischen Ansatz gefolgt werden und nur von transparenzpflichtigen Stellen jeweils ein allgemeiner Hinweis auf vorhandene Fundstellen für Umweltinformationen gefordert werden.

V. Freiwillige Veröffentlichungen (Absatz 4)

§ 8 Absatz 4 ergänzt die Veröffentlichungspflicht um die Zulässigkeit der **freiwilligen** 137 **Veröffentlichung** und schlägt damit eine Brücke von der eher punktuellen Pflicht nach Absatz 1 zu einer Veröffentlichungsgeneralklausel. Je nach Nutzungsumfang der Vorschrift kann sich dadurch praktisch das Ausnahmeverhältnis der Veröffentlichungspflicht hin zu dem der Informationspflicht auf Antrag zugrundeliegenden Verständnis – Zugang zu allem, soweit keine Ausnahme im Einzelfall vorliegt – bewegen. Die Bedeutung des § 8 Abs. 4 darf dabei allerdings nicht überbewertet werden. Letztlich handelt es sich nur um eine Klarstellung, dass die Transparenzplattform auch für Informationen bereitsteht, die nicht veröffentlichungspflichtig sind.

Soweit auf die Maßgaben des Transparenzgesetzes abgestellt wird, soll damit sicherge- 138 stellt werden, dass § 8 Abs. 4 nicht als **Generalermächtigung** für eine voraussetzungslose Veröffentlichung missverstanden wird (LT-Drs, 7/8517 S. 52), insbesondere also Veröffentlichungen unter Beachtung von § 6 Abs. 1 erfolgen. Die Vorschrift ist keine Befugnis zur Veröffentlichung sämtlicher Informationen infolge einer Ermessensentscheidung. Das Wort „können" ist hier nicht als Hinweis auf eine zu Eingriffen in geschützte Rechtspositionen ermächtigende Ermessensvorschrift zu verstehen, sondern kennzeichnet lediglich die Befugnis der öffentlichen Verwaltung zur freiwilligen Nutzung der Transparenzplattform über die Veröffentlichungspflicht hinaus.

Diese freiwillige Nutzungsmöglichkeit besteht **ausschließlich** für **transparenzpflichtige** 139 **Stellen**. Nicht transparenzpflichtige Stellen haben hingegen nach derzeitiger Rechtslage keinen Anspruch auf aktive Nutzung der Plattform, sind also auf eine passive rezipierende Nutzung beschränkt. Das gilt auch für die in § 4 Abs. 2 aufgeführten kommunalen Stellen, soweit diese sich nicht selbst transparenzpflichtig mittels eigener Transparenzsatzung erklären. Die Gesetzesbegründung ist hier missverständlich, indem sie die Geltung auch für Stellen nach § 4 Abs. 2 und 3 behauptet (LT-Drs. 7/8517 S. 52). Damit kann nur die Selbstverständlichkeit gemeint sein, dass diese Stellen die Plattform nutzen dürfen, da sie im Grunde transparenzpflichtig sind, und zwar auch für Informationen, die nach § 4 Abs. 3 nicht der Transparenzpflicht unterliegen (vgl. § 4 Rn. 19).

§ 9
Ausgestaltung der Veröffentlichungspflicht

(1) [1]Veröffentlichungspflichtige Informationen sind unverzüglich im Volltext auf der Transparenzplattform zu veröffentlichen. [2]Sie sind in einem nicht veränderbaren Format und in allen vorhandenen sprachlichen Fassungen bereitzustellen. [3]Soweit damit für die transparenzpflichtigen Stellen kein unverhältnismäßiger Aufwand verbunden ist, sollen sie in einem kostenfrei zugänglichen, plattformunabhängigen und maschinenlesbaren Format mit den zugehörigen Metadaten bereitgestellt werden. [4]§ 8 Absatz 7 Satz 2 und 4 des Sächsischen E-Government-Gesetzes gilt entsprechend.

(2) [1]Veröffentlichungspflichtige Informationen sind mindestens zehn Jahre zu veröffentlichen, Informationen nach § 8 Absatz 1 Nummer 12 und 15 jedoch nicht länger als fünf Jahre. [2]Soweit höherrangiges Recht oder spezialgesetzliche Regelungen die Löschung veröffentlichter Informationen vorsehen, sind diese von der Transparenzplattform zu entfernen.

Erläuterungen:

Übersicht

I. Einführung

1 § 9 schließt den Abschnitt zur Veröffentlichungspflicht ab. Dabei wird der Umgang mit den nach § 8 als veröffentlichungspflichtig identifizierten Informationen geklärt. In der Gesamtschau vervollständigt § 9 mit den §§ 7 und 8 das Bild davon, was die Transparenzplattform sein soll (§ 7), welche Informationen dort zu finden sind (§ 8) und in welcher Form sie über welchen Zeitraum verfügbar sein müssen (§ 9). § 9 Abs. 1 legt fest, wie die Informationen bereitzustellen sind. Absatz 2 Satz 1 gibt den Zeitraum für deren Verfügbarkeit vor. Darüber hinaus findet sich in Absatz 2 Satz 2 eine Regelung zum Einfluss von Löschpflichten, die außerhalb des Transparenzgesetzes liegen, auf die veröffentlichten Informationen.

II. Anforderungen an die zu veröffentlichenden Informationen (Absatz 1)

1. Unverzügliche Volltextveröffentlichung (Satz 1)

2 Absatz 1 Satz 1 beinhaltet eine der Kernvorgaben für die **Umsetzung** der Veröffentlichungspflicht. Zwar stellt bereits § 2 Abs. 1 Satz 3 den Internetbezug der Transparenzplattform heraus, und § 7 beschreibt gewisse Kriterien für ihre Gestaltung. Aber erst § 9 Abs. 1 Satz 1 beantwortet die Frage, in welcher Form Informationen zu veröffentlichen sind und bestimmt dadurch das Grundkonzept für die Transparenzplattform.

Die Betrachtung bereits **bestehender Transparenzplattformen** und -portale zeigt drei grundlegende Modelle. Die Informationen selbst können auf der Plattform eingestellt werden, d. h. wahrnehmbare elektronische Dateien als Informationsträger werden auf Servern gespeichert, zu denen Zugang über eine dafür geschaffene Software gewährt wird.[1] Gegenstück dazu ist die bloße Bereitstellung von Verknüpfungen auf andernorts abgespeicherte Dateien.[2] Zwischen diesen Varianten liegt ein Mischmodell, indem einerseits bestimmte Dateien unmittelbar auf Servern für die Transparenzplattform gespeichert werden, etwa Informationsträger, die erst nach Errichtung der Plattform entstanden sind oder anderweitig in nicht kompatiblen Datenbanken abgelegt sind und andererseits weitere Informationen durch Verlinkung auf Speicherorte außerhalb der Plattform über sie zugänglich gemacht werden.[3] In Sachsen hat man sich im Grunde für die erste Variante entschieden. Die zu veröffentlichenden Informationen sind auf der Plattform selbst bereitzustellen. Deutlich wird dies am Wortlaut von § 9 Abs. 1 Satz 1: „im **Volltext** auf der Transparenzplattform" (so auch die Gesetzesbegründung LT-Drs. 7/8517 S. 52). 3

Veröffentlichungspflichtige Informationen nach § 8 Abs. 1 sind stets im Volltext abrufbar auf der Transparenzplattform verfügbar zu halten. Diese Pflicht wirkt in qualitativer Hinsicht. Das Wort „Volltext" verdeutlicht, dass Informationen vorbehaltlich der §§ 5 und 6 ungekürzt zu veröffentlichen sind. Insoweit folgt das sächsische Recht § 10 Abs. 1 Satz 1 HmbTG, verzichtet aber auf die überflüssige Forderung der Veröffentlichung in elektronischer Form.[4] Angesichts dieses qualitativen Elements kann die Anforderung nicht verkürzend auf Textdokumente bezogen werden. Diese dürften zwar den Grundfall der Veröffentlichung darstellen, da der überwiegende Teil der Informationen nach § 8 Abs. 1 als ein solches Dokument vorliegen werden. Jedoch sind auch Informationen, die in anderer als rein textlicher Form vorliegen werden, etwa Pläne nach § 8 Abs. 1 Nr. 14, im Volltext, d. h. vorbehaltlich aus den Veröffentlichungstatbeständen selbst herrührende Einschränkungen vollständig auf der Transparenzplattform bereitzustellen. 4

§ 9 Abs. 1 Satz 1 verpflichtet zur **unverzüglichen** Veröffentlichung. Dem ist das allgemeine Verständnis zugrunde zu legen, nach dem die Veröffentlichung ohne schuldhaftes Zögern zu veröffentlichen ist, vgl. § 121 Abs. 1 Satz 1 BGB. Dieses aus Sicht der zur Veröffentlichung verpflichteten Stellen recht strenge zeitliche Kriterium ist geboten, um dem Informationsbedürfnis der Öffentlichkeit zeitnah Rechnung tragen zu können. Zugleich bietet die dynamische Frist der Unverzüglichkeit genügend Spielraum für die Verwaltung, um jeweils eine objektiv ausreichende Bearbeitungszeit zur Verfügung zu haben. Im Übrigen bleibt eine **nicht fristgerechte Veröffentlichung** praktisch folgenlos.[5] Sanktionen sind an ein Fristversäumnis nicht geknüpft. Zwar könnten im Zeitraum bis zur Veröffentlichung Rechtsbehelfe mit dem Ziel der Veröffentlichung erhoben werden. Dies dürfte aber eine theoretische Möglichkeit bleiben. Um gegenüber der Behörde die 5

1 So sieht bspw. die technische Lösung in Hamburg aus. Dort werden die betreffenden Dateien selbst „auf die Plattform" gestellt.

2 Diese Variante wurde in Thüringen vorrangig gewählt, § 7 Abs. 4 Satz 2 ThürTG.

3 Die Transparenzplattform in Rheinland-Pfalz weist eine solche hybride Struktur auf, da veröffentlichungspflichtige Informationen sowohl als Datei auf der dortigen Plattform zu finden sind, als auch als Verlinkung zu anderen Informationsportalen.

4 Maatsch/Schnabel, § 10 Rn. 7 sehen das Kriterium „elektronisch" ebenso als überflüssig an.

5 Das entspricht dem gängigen Transparenzrecht. In Rheinland-Pfalz und Thüringen ist überhaupt keine Zeitvorgabe vorgesehen, in Hamburg ebenfalls eine sanktionslose, unverzügliche Veröffentlichung, § 10 Abs. 1 Satz 1 HmbTG.

Veröffentlichung geltend machen zu können, muss die Existenz der zu veröffentlichenden Information überhaupt bekannt sein, was in der Regel erst mit ihrer Veröffentlichung eintreten dürfte.

6 Wie lang der **Zeitraum** für eine unverzügliche Veröffentlichung sein kann, hängt vom Einzelfall ab. Für umfangreiche Dokumente, die zudem zahlreiche nicht zu veröffentlichende personenbezogene Daten enthalten, wird man – allein schon wegen der umfangreicheren Bearbeitungsschritte bis zur Erstellung des final zu veröffentlichenden Dokuments – regelmäßig einen längeren Zeitraum veranschlagen müssen als für einfache Informationsträger, die keine Drittinteressen berühren. Hinzu kommt ein Zeitraum für die rechtliche Beurteilung, ob überhaupt veröffentlichungspflichtige Informationen vorliegen. Hierbei kann es durchaus objektiv gerechtfertigt sein, für die Veröffentlichung von Informationen anfangs noch einen längeren Zeitraum als unverzüglich anzusehen, als dies mit voranschreitender Verwaltungspraxis der Fall sein wird.

7 Wie die Veröffentlichungspflicht insgesamt setzt auch die zeitliche Anforderung von § 9 Abs. 1 Satz 1 das **Bestehen der Transparenzplattform** oder den Ablauf der Frist von § 17 Abs. 2 Satz 1 voraus, § 17 Abs. 2 Satz 3. Spätestens zum 1.1.2026 sind demnach den transparenzpflichtigen Stellen vorliegende Informationen unverzüglich zu veröffentlichen, sofern es sich um nach diesem Zeitpunkt entstandene Informationen handelt. Vorher hat die Norm keine praktische Bedeutung.

2. Veröffentlichung in allen Sprachen in einem unveränderbaren Format (Satz 2)

8 Satz 2 enthält zwei weitere Vorgaben für die Art der Bereitstellung, eine technische und eine inhaltliche. Danach sind die Informationsträger in einem **nicht veränderbaren Format** zum Schutz vor Missbrauch zu veröffentlichen. Ohne eine solche Vorgabe könnten auch editierbare Textdokumente veröffentlicht werden, die leichter zu manipulieren wären und zur Täuschung im Rechtsverkehr genutzt werden könnten (s. LT-Drs. 7/8517 S. 52). Die Nichtveränderbarkeit des Informationsträgers ist nicht gleichzusetzen mit der Verwendbarkeit der veröffentlichten Information. Das Dokument selbst darf zur Wahrung der Integrität der von der öffentlichen Verwaltung bereitgestellten Inhalte nicht veränderbar sein, die Nutzung der in dem Dokument verkörperten Information hingegen ist nach § 7 Abs. 4 zulässig.

9 Als gängiges **Format** für den weit überwiegenden Teil der Informationen in § 8 Abs. 1 waren Dateien im portablen Dokumentenformat (pdf) mit entsprechenden Nutzungseinschränkungen Leitmodell im Gesetzgebungsverfahren. Damit sollten Textdokumente sowie nicht übermäßig komplexe bildliche Darstellungen in unveränderbarer Form zur Verfügung gestellt werden können. Zwingend ist dieses Format allerdings nicht. Das Gesetz ist technikoffen und -neutral. Bei der Umsetzung hat die dafür zuständige Stelle entsprechend Handlungsspielraum, der faktisch aber durch die bereits in der Verwaltung etablierte technische Ausstattung begrenzt wird.

10 § 9 Abs. 1 Satz 2 verlangt darüber hinaus die Verfügbarkeit **sämtlicher sprachlicher Fassungen** der jeweiligen Informationsträger. Hiermit wird den transparenzpflichtigen Stellen keine Pflicht zur Übersetzung auferlegt. Die Vorschrift zielt lediglich darauf ab, Informationen in allen, bei der transparenzpflichtigen Stelle vorhandenen sprachlichen Fassungen bereitzustellen. Wenn **nachträglich** weitere Übersetzungen einer bereits veröffentlichten Information hinzukommen, sind auch diese zu veröffentlichen.

3. Dateiformat und Metadaten (Satz 3 und 4)

Unter dem Vorbehalt des unverhältnismäßigen Aufwands stellt Satz 3 **weitere technische Anforderungen** an die bereitzustellenden Dateien auf. Sie sollen in einem kostenfrei zugänglichen, plattformunabhängigen und maschinenlesbaren Format zusammen mit ihren Metadaten auf der Transparenzplattform zu finden sein. Dem Grundgedanken der kostenlosen Nutzung der Transparenzplattform nach § 7 Abs. 2 Satz 1 und der freien Weiterverwendung der Informationen nach § 7 Abs. 4 folgend verlangt § 9 Abs. 1 Satz 3 die Bereitstellung der Informationen in einem **kostenfrei zugänglichen Format**. Das erfordert ein Dateiformat, das Nutzerinnen und Nutzern einen Zugriff ohne den Einsatz kostenpflichtiger Software ermöglicht. Im Unterschied zu § 7 Abs. 1 muss es sich dabei nicht um Open Source Software handeln. Ausreichend sind Formate, für die kostenlos nutzbare Programme existieren.[6] 11

Die weitere Voraussetzung der **Plattformunabhängigkeit** bezweckt im Ergebnis dasselbe wie die Nutzung kostenfreier Dateiformate. Mit der Plattform ist nicht die Transparenzplattform gemeint, sondern jegliches elektronisches System. Der Zugriff auf die bereitgestellten Informationen soll also nicht von dem Vorhandensein bestimmter Software abhängen. Man könnte auch von herstellerunabhängigen Formaten sprechen.[7] Das heißt nicht, dass keine Text- und Bilddateien in gängigen Formaten verwendet werden dürften. Entscheidend ist, dass die verwendeten Dateiformate auch mittels Software anderer Hersteller genutzt werden können, es sich also nicht um solche Dateien handelt, die nur und ausschließlich mit der Software eines Herstellers nutzbar sind. 12

Den Inhalt der **Maschinenlesbarkeit** gibt das Gesetz über Satz 4 selbst vor. Die Vorschrift verweist hierfür auf § 8 Abs. 7 Satz 2 SächsEGovG, der den Begriff übereinstimmend mit § 12 Abs. 1 Satz 2 EGovG (Bund) definiert. Eine maschinenlesbare Datei liegt dann vor, wenn die in ihr enthaltenen Daten durch Software automatisiert ausgelesen und verarbeitet werden können. Nicht jede Datei ist per se deshalb maschinenlesbar, weil sie durch ein Computerprogramm dargestellt werden kann. Maschinenlesbarkeit geht darüber hinaus. Das Format muss so gewählt sein, dass die in der Datei enthaltenen Daten durch Software identifiziert, erkannt und ausgelesen werden können, also für sie interpretierbar sind.[8] 13

Über diese unmittelbar an das die Information beinhaltende Dokument gestellten Anforderung hinaus sollen zusätzlich die **Metadaten** zu den Informationen bereitgestellt werden. Durch den Verweis auf § 8 Abs. 7 Satz 4 SächsEGovG in § 9 Abs. 1 Satz 4 wird der Begriff der Metadaten verbindlich vorgegeben. Danach sind Metadaten zusätzliche Angaben zu anderen Daten, die Inhalte, Eigenschaften, Quellen und Nutzungsbestimmungen der Daten beschreiben und es ermöglichen, die Daten zu ermitteln, in Verzeichnisse aufzunehmen und zu nutzen. Für die praktische Umsetzung sollen die Informationen auf der Transparenzplattform demnach mit entsprechenden Zusatzangaben versehen werden.[9] Vorbehaltlich der technischen Machbarkeit sollte dies weit gehend automatisiert erfolgen, indem bei der Einstellung von den Informationen auf der Plattform entsprechende Metadaten ausgelesen oder generiert werden. 14

6 Maatsch/Schnabel, § 10 Rn. 49.

7 So auch Maatsch/Schnabel, § 10 Rn. 49.

8 S. Erwägungsgrund 21 der Richtlinie 2013/37/EU vom 26.6.2013 zur Änderung der Richtlinie 2003/98/EG über die Weiterverwendung von Informationen des öffentlichen Sektors (ABl. L 175 S. 1).

9 Bspw. Dateiformate, Datum, Zugehörigkeiten der Informationen zu Oberbegriffen.

15 § 9 ist kein **Widerspruch zu § 8 Abs. 2.** Zwar nimmt § 8 Abs. 2 Daten nach § 8 Abs. 1 SächsEGovG von der Veröffentlichungspflicht aus und § 8 Abs. 7 Satz 4 SächsEGovG benennt diese ausdrücklich als Inhalte des Open Data Portals. Metadaten sind aber immer im Verhältnis zu einem bestimmten Bezugsobjekt zu verstehen. Das Wort „Meta" zeigt, dass es sich nicht um eigenständige Angaben handelt, sondern um Ergänzungen zu anderen Daten, in der Sprache des Transparenzgesetzes zu anderen Informationen. Diese Bezugsdaten sind zu veröffentlichen. Es handelt sich um die Informationen des Katalogs in § 8 Abs. 1. Sie sollen nach § 9 Abs. 1 Satz 3 ergänzt werden um ihre Metadaten, also zugehörige Hintergrundinformationen. Wenn also § 8 Abs. 2 die Veröffentlichung von Daten i. S. d. SächsEGovG verbietet, meint das nur die „Hauptdaten" nach § 8 Abs. 1 SächsEGovG einschließlich ihrer Metadaten, nicht aber die Metadaten zu den Informationen i. S. v. § 8 Abs. 1.

16 Die Anforderungen des § 9 Abs. 1 Satz 3 stehen unter einem **Vorbehalt des unverhältnismäßigen Aufwands.** Ob der Aufwand wegen einer der Voraussetzungen anfällt oder erst die Summe zur Einhaltung aller Voraussetzungen ihn herbeiführt, ist unbeachtlich. Konkrete Maßgrößen für die Unverhältnismäßigkeit, beispielweise eine Mindestschwelle, gibt das Gesetz nicht vor. Die Unverhältnismäßigkeit ist im Einzelfall anhand einer hypothetischen Gegenüberstellung von dem Fall der Einhaltung sämtlicher Vorgaben mit dem der nur teilweisen Erfüllung oder dem vollständigen Verzicht festzustellen. Unverhältnismäßig wird der Aufwand erst, wenn er deutlich über dem für die Nichterfüllung liegt. Selbst dann ist zu prüfen, inwieweit die Vorgaben von § 9 Abs. 1 Satz 3 erfüllt werden können. Bis zur Schwelle der Unverhältnismäßigkeit muss dem dann nachgekommen werden.

17 Unter **Aufwand** fallen sowohl unmittelbar als auch mittelbar finanziell wirksame Handlungen. Erforderte beispielsweise die Umwandlung eines vorhandenen, seltenen Dateiformats in ein frei zugängliches die Anschaffung teurer Softwarelizenzen, sind die Anschaffungskosten eine mittelbare finanzielle Folge. Ebenfalls als Aufwand einzubeziehen ist die notwendige Arbeitszeit der Bediensteten der transparenzpflichtigen Stelle, etwa für die händische Eingabe umfangreicher Metadaten. Der Aufwand ist dabei stets für **jede veröffentlichungspflichtige Information** gesondert zu beurteilen. Eine transparenzpflichtige Stelle darf nicht pauschal unter Verweis auf einen allgemein zu hohen Aufwand generell auf die Einhaltungen der Vorgaben von Satz 3 verzichten. Bezugspunkt der Norm ist jede zu veröffentlichende Information, sodass auch für jede Veröffentlichung zu bewerten ist, inwieweit Satz 3 nachgekommen werden kann. Der jeweilige Aufwand ist an der betroffenen Information zu ermitteln und hat zugleich nur Auswirkungen auf diese, nicht auf andere Informationen, insbesondere, wenn diese Informationen in einem von Satz 3 geforderten Format vorliegen. Die Vorschrift funktioniert nicht nach einem „ganz oder gar nicht Prinzip". Daraus folgt, dass auf der Transparenzplattform durchaus **unterschiedliche Dateiformate** für dieselbe Art von Information Verwendung finden können.

18 Im Unterschied zu Satz 1 und 2 lässt Satz 3 Ausnahmen zu. Selbst wenn der Aufwand nicht die Schwelle des Zumutbaren überschreitet, müssen die Dateien nicht stets den Anforderungen von § 9 Abs. 1 Satz 2 gerecht werden. Das ist zwar für den Regelfall vorgesehen, aber keine starre Pflicht. Die **Soll-Vorschrift** gibt den transparenzpflichtigen Stellen Entscheidungsspielraum in atypischen Fällen. Mit dem ausdrücklichen Aufwandsvorbehalt ist allerdings bereits ein bedeutsamer Ausnahmegrund gesetzlich normiert worden. Für weitere Ausnahmen können also insbesondere keine Kosten- und

Zeitargumente bemüht werden. Daher sind die Vorgaben von § 9 Abs. 1 Satz 2 nur in außergewöhnlichen Fällen ausnahmsweise nicht umzusetzen.

III. Verfügbarkeit veröffentlichter Informationen (Absatz 2)

19 Anders als Absatz 1 stellt Absatz 2 keine Anforderungen, die sich unmittelbar auf die Art und Weise der jeweils zu veröffentlichenden Informationen auswirken. Absatz 2 regelt den Umgang mit bereits veröffentlichten Informationen. Absatz 2 Satz 2 stellt die einzige Vorschrift im Sächsischen Transparenzgesetz dar, die sich ausdrücklich mit der Löschung von Informationen beschäftigt.

1. Dauer der Veröffentlichung (Satz 1)

20 Nach Satz 1 bestimmt sich der **Zeitraum**, über den hinweg Informationen auf der Transparenzplattform abrufbar sein müssen. Die Vorschrift unterscheidet in einen Regel- und einen Ausnahmefall. Beide trennen nicht nur unterschiedliche Rechtsfolgen, sondern geradezu entgegengesetzte Regelungsweisen. Einheitlich ist hingegen der Zeitpunkt des **Fristbeginns**. Mit dem Tag der Einstellung der Informationen auf der Transparenzplattform beginnt der Fristlauf. Eine zuvor bereits anderweitig erfolgte Veröffentlichung der Information hat auf die Frist keinen Einfluss.[10] Mangels einschlägiger Sonderregelungen ist die Fristberechnung in Anlehnung an § 31 Abs. 1 VwVfG i. V. m. § 1 Satz 1 SächsVwVfZG, § 187 Abs. 1, § 188 Abs. 1, § 193 BGB vorzunehmen.

21 Regelfall ist die **zeitlich unbegrenzte** Bereitstellung der veröffentlichungspflichtigen Informationen. Zwar spricht Absatz 2 Satz 1 im ersten Teilsatz von einer Veröffentlichung für zehn Jahre. Das ist jedoch nicht als Ausschlussfrist zu verstehen, sondern, wie das Wort „mindestens" deutlich zum Ausdruck bringt, als Mindestfrist (so auch LT-Drs. 7/8517 S. 53). Vorbehaltlich der in Satz 1 formulierten Ausnahmen sind alle nach § 8 Abs. 1 zu veröffentlichenden Informationen mindestens zehn Jahre auf der Transparenzplattform bereitzustellen. Nach Ablauf dieses Zeitraums können die Informationen weiterhin auf der Plattform verbleiben. Für sie entsteht keine Löschpflicht. Die teilweise gegen eine unbegrenzte Veröffentlichung vorgebrachten Bedenken greifen wegen der eigenständigen Regelung für die Veröffentlichungstatbestände, die eine Veröffentlichung personenbezogener Daten zulassen, hier nicht.[11]

22 Für Informationen, die nach § 8 Abs. 1 Nr. 12 oder 15 zu veröffentlichen sind, sieht § 9 Abs. 1 Satz 2 keine zeitlich unbegrenzte Veröffentlichung mit der Vorgabe einer ausnahmslosen Mindestfrist, sondern eine **Höchstfrist** vor. Gutachten, Studien und Berichte (Nr. 12) sowie die Übersicht zu Zuwendungsentscheidungen (Nr. 15) sind höchstens – zugleich aber auch regelmäßig – fünf Jahre auf der Transparenzplattform zur Verfügung zu stellen. Grund für diese Beschränkung sind die mit den Informationen nach § 8 Abs. 1 Nr. 12 und 15 zu veröffentlichenden personenbezogenen Daten. Nach Nummer 12 ist für jedes Gutachten, jede Studie und jeden Bericht der Name der verfassenden Personen anzugeben, Nummer 15 sieht in bestimmten Fällen die Veröffentlichung des Namens von Zuwendungsempfängern vor (s. § 8 Rn. 99). Höherrangigeres oder spezielleres Recht kann eine kürzere Frist bedingen. Spätestens nach Ablauf der Höchstfrist sind die Informationen zu **löschen**.

10 So auch Seeger, in: Heinemann, S. 90.

11 Dazu Maatsch/Schnabel, § 10 Rn. 52 unter Verweis auf eine Stellungnahme des HmbBfDI in Bü.-Drs. 21/19056 S. 34 ff.

23 Die Höchstfrist gilt für jede Information, die unter § 8 Abs. 1 Nr. 12 und 15 fällt. Eine Rückausnahme ist nicht vorgesehen. Für Nummer 12 leuchtet das ein, da jede der danach zu veröffentlichenden Information zwingend **personenbezogene Daten** enthält. Für Informationen nach Nummer 15 ist hingegen der Name von Zuwendungsempfängern nur ab einem Betrag von 10 000 Euro anzugeben, und selbst dann nicht von natürlichen Personen, die im Zusammenhang mit der Zuwendung nicht gewerblich agieren. Allerdings rechtfertigt das **keine teleologische Reduktion** der Vorschrift. Der Wortlaut ist eindeutig, und der Gesetzgeber hat sich bewusst für dieses grobe Raster entschieden. Die Vorschrift soll gerade nicht nur gezielt die Bereitstellung personenbezogener Daten im Einzelfall beschränken, sondern Veröffentlichungen betreffen, die typischerweise derartige Daten enthalten können (LT-Drs. 7/8517 S. 53). Dadurch wird der Prüf- und Pflegeaufwand für die transparenzpflichtigen Stellen begrenzt, die ohne Einzelfallbetrachtung jede nach § 8 Abs. 1 Nr. 12 und 15 veröffentlichte Information gleich behandeln können.

2. Löschung veröffentlichter Informationen (Satz 2)

24 Satz 2 enthält **unselbständige Löschpflichten**. Anknüpfungspunkt sind Vorgaben in gegenüber dem Transparenzgesetz vorrangigen Normen. Damit ist Satz 2 im Ergebnis überflüssig. Die Vorschrift wiederholt nur, was nach allgemeiner Methodik sowieso gilt. Wenn im Vergleich zum Transparenzgesetz speziellere oder höherrangige Vorschriften die Löschung von Informationen verlangen, sind diese schon wegen vorrangigen Normbefehls von der Transparenzplattform zu entfernen und nicht erst aufgrund der Löschanordnung in § 9 Abs. 2 Satz 2. Damit lässt das Transparenzgesetz die **Rechtslage unverändert**. Für die transparenzpflichtigen Stellen bedeutet das einen geringeren Umstellungsbedarf. Soweit speziellere oder höherrangige, also insbesondere bundes- oder europarechtliche Vorschriften einer Veröffentlichung entgegenstehen oder sie nur zeitweise erlauben, müssen diese unverändert befolgt werden.

Vorbemerkung vor Abschnitt 3

1 Abschnitt 3 zur Information auf Antrag behandelt die Antragstellung (§ 10), die Möglichkeiten des Informationszugangs (§ 11) und schließlich Anforderungen an die behördliche Entscheidung sowie die Kosten (§ 12). **Sinn und Zweck** bestehen darin, die materiellrechtlichen Wertungen des Gesetzes zum Anspruch auf Information abzusichern.[1] Das Verständnis der Vorschriften darf nicht vom pathologischen Fall her entwickelt werden; weder die missbräuchliche Antragstellung noch die Obstruktion seitens der Verwaltung stellen den Normalfall dar.[2] Von den transparenzpflichtigen Stellen fordert der Gesetzgeber, das Verfahren einfach, transparent und erfolgsorientiert zu gewährleisten (vgl. LT-Drs. 7/8517 S. 54).

2 Zusätzlich gelten für die Information auf Antrag die **allgemeinen Bestimmungen** des ersten Abschnitts. Eine Regelung zur Information auf Antrag ist aber auch **§ 7 Abs. 4** in Abschnitt 2, der nach dem Gesetzentwurf der Staatsregierung eigentlich ausschließlich spezielle Vorschriften zur Veröffentlichung und nähere Bestimmungen zur Transparenzplattform enthalten sollte (vgl. LT-Drs. 7/8517 S. 40). Der Anwendungsbereich

---

1 Sicko, in Gersdorf/Paal, § 7 IFG Bund Rn. 1; Athen, in: Heinemann, S. 246 zu den §§ 11 bis 13 LTranspG RP zum Antragsverfahren dort.

2 Schoch, § 7 Rn. 8.

wurde indes auf Empfehlung des federführenden Ausschusses im Landtag durch die Einfügung der Wörter „und zugänglich gemachten" in seinem Satz 1 entsprechend erweitert (vgl. LT-Drs. 7/10236 S. 14). Die Nutzung, Weiterverwendung und Verbreitung der auf Antrag zugänglich gemachten Informationen ist damit kostenfrei zulässig. Anderenfalls vermerkt die transparenzpflichtige Stelle dies.

Abschnitt 3 enthält indirekt auch **Anforderungen an die Transparenzplattform**. Gemäß § 10 Abs. 1 Satz 1 muss sie die Antragstellung ermöglichen. Das heißt, die Plattform muss ein entsprechendes Formular bereithalten und nach dem Ausfüllen an die angerufene transparenzpflichtige Stelle weiterleiten. Nach § 10 Abs. 2 Satz 1 muss das Formular Felder für den Namen und die Adresse der Antragstellerin oder des Antragstellers enthalten sowie ein Feld zur Bezeichnung der begehrten Informationen. Das Wahlrecht nach § 11 Abs. 1 Satz 1 (Auskunft oder Einsicht) muss ausgeübt werden können. Auch der Antrag nach § 11 Abs. 1 Satz 2 (Abschriften oder Ausdrucke) sollte gestellt werden können. Die antragstellende Person sollte angeben können, ob und gegebenenfalls welches Interesse an der gewählten Art der Informationsgewährung nach § 11 Abs. 1 Satz 3 Nr. 1 besteht. 3

Eine weitere Verbindung zu Abschnitt 2 stellt **§ 8 Abs. 1 Nr. 18** her. Danach unterliegen im Rahmen des Antragsverfahrens nach Abschnitt 3, mit Ausnahme des § 11 Abs. 4 und 5 Satz 2, elektronisch zugänglich gemachte Informationen und im Rahmen des Antragsverfahrens nach dem Sächsischen Umweltinformationsgesetz elektronisch zugänglich gemachte Umweltinformationen der Veröffentlichungspflicht (näher § 8 Rn. 119 ff.). 4

Im Übrigen gelten im Antragsverfahren die **allgemeinen verwaltungsverfahrensrechtlichen Regelungen** (LT-Drs. 7/8517 S. 53; vgl. auch § 6 Rn. 18). So kann beispielsweise nach den §§ 17 bis 19 VwVfG verfahren werden, wenn mehr als 50 Personen gleichförmige oder auf dieselben Informationen gerichtete Anträge stellen. Einen entsprechenden Verweis, wie ihn § 12 Abs. 3 Satz 4 HmbTG und § 10 Abs. 2 ThürTG vorsehen, hat der sächsische Gesetzgeber zu Recht für überflüssig erachtet. Die §§ 17 bis 19 VwVfG gelten gemäß § 1 Satz 1 SächsVwVfZG ohnedies. Die Regelungen zielen auf eine Verfahrenserleichterung bei einer Vielzahl von gleichen Anträgen ab. Die transparenzpflichtige Stelle kann auch die begehrte Information freiwillig nach § 8 Abs. 4 veröffentlichen und im Antragsverfahren hierauf nach § 11 Abs. 6 verweisen. 5

Der zusätzliche **Zeitaufwand** bei den transparenzpflichtigen Stellen wird von kritischen Stimmen oft gegen Transparenz angeführt. Er hängt vom Einzelfall und dem Antragsaufkommen ab. Nach der Gesetzesbegründung rechnet der Gesetzgeber anhand von Zahlen aus Rheinland-Pfalz mit einer durchschnittlichen Bearbeitungszeit von 186 Minuten je Antrag und anhand des Aufkommens in Hamburg gemäß dem Evaluationsabschlussbericht zum Hamburgischen Transparenzgesetz hochgerechnet in den ersten drei Jahren mit 2 400 Anträgen und danach mit 1 200 Anträgen insgesamt jährlich (LT-Drs. 7/8517 S. 19, 32). Nach dem Evaluationsbericht zum Hamburgischen Transparenzgesetz konnten nahezu die Hälfte (45 %) der Anträge in weniger als zwei Stunden bearbeitet werden, für rund ein Viertel (26 %) fielen zwischen zwei und vier Stunden für die Bearbeitung an und etwa zwölf Prozent der Anträge konnten in vier bis sechs 6

Stunden abgearbeitet werden.[3] Für nur knapp sieben Prozent der Anträge wurden danach sechs bis acht Stunden benötigt und für ein Zehntel der eingehenden Anträge ein Zeitaufwand von mehr als acht Stunden.

Abschnitt 3
Information auf Antrag

§ 10
Antragstellung

(1) [1]Der Antrag auf Zugang zu Informationen kann in Schriftform, Textform, elektronischer Form, zur Niederschrift bei der transparenzpflichtigen Stelle oder über die Transparenzplattform gestellt werden. [2]Ist die angerufene transparenzpflichtige Stelle nicht zuständig, informiert sie die Antragstellerin oder den Antragsteller und leitet den Antrag an die transparenzpflichtige Stelle weiter.

(2) [1]Der Antrag muss Namen und Adresse der Antragstellerin oder des Antragstellers enthalten und die begehrten Informationen bezeichnen. [2]Die Antragstellerin oder der Antragsteller hat einen Anspruch auf Unterstützung bei der Antragstellung durch die angerufene transparenzpflichtige Stelle. [3]Ist der Antrag zu unbestimmt, hat die transparenzpflichtige Stelle dies der Antragstellerin oder dem Antragsteller mitzuteilen und Gelegenheit zur Präzisierung zu geben.

(3) [1]Betrifft ein Antrag schutzwürdige Belange Dritter, soll er begründet und ein berechtigtes Interesse an der Information geltend gemacht werden. [2]In der Begründung sollen die besonderen Umstände des Einzelfalls dargelegt werden, auf die sich das berechtigte Interesse der Antragstellerin oder des Antragstellers stützt. [3]Soweit ein berechtigtes Interesse nicht dargelegt wird oder sich aus den dargelegten Umständen nicht ergibt, dass dieses die schutzwürdigen Belange Dritter überwiegt, soll der Antrag abgelehnt werden.

Erläuterungen:

Übersicht

3 S. 221 des Berichts, abrufbar auf dem Transparenzportal HH unter https://suche.transparenz.hamburg.de/dataset/abschlussbericht-zur-evaluation-des-hamburgischen-transparenzgesetzes.

I. Allgemeines

§ 10 regelt die formellen Anforderungen an einen Antrag auf Information.[1] Der Antrag setzt ein Verwaltungsverfahren in Gang, für das ergänzend die allgemeinen Vorschriften gelten (s. Vorbem. § 10 Rn. 5). Anspruchsberechtigung (näher § 1 Rn. 5 ff.) und **Antragsberechtigung** sind deckungsgleich.[2] Da die Beantragung des Informationszugangs eine Verfahrenshandlung darstellt, muss die Antragstellerin oder der Antragsteller allerdings handlungsfähig im Sinne des § 12 VwVfG i. V. m. § 1 Satz 1 SächsVwVfZG sein.[3] 1

II. Form und Adressat (Absatz 1)

Die Vorschrift regelt die Form und, wer Adressat des Antrags sein kann. Es sind auch Anträge betreffend Informationen zulässig, die auf der Transparenzplattform veröffentlicht sind. Damit werden Personen ohne Internetzugang nicht ausgeschlossen (vgl, aber § 11 Abs. 6, näher § 11 Rn. 50 ff.). 2

1. Vielfältige Antragsformen (Satz 1)

Der Antrag kann in vielfältiger Form gestellt werden. Er ist zulässig in Schriftform, Textform, elektronischer Form, zur Niederschrift bei der transparenzpflichtigen Stelle und über die Transparenzplattform. 3

Allgemeines Kennzeichen der **Schriftform** ist, dass der Sinngehalt eines entsprechenden Dokuments mittels Schriftzeichen auf einem Substrat – regelmäßig ist dies Papier – auf Dauer fixiert ist.[4] Anders als im Zivilrecht ist der Begriff der Schriftform im Verwaltungsrecht nicht stets mit der eigenhändigen Unterzeichnung eines Dokuments verbunden, er ist offener, ohne verbindliche einheitliche Bedeutung und kann in den jeweiligen Fachgesetzen mit eigener Bedeutung erfüllt werden.[5] Sinn und Zweck ist hier die möglichst unbürokratische Gewährleistung des Informationsanspruchs (s. Vorbem. § 10 Rn. 1). Es ist daher nicht erforderlich, dass der Antrag eigenhändig unterschrieben ist. 4

Für die **Textform** kann auf § 126b Satz 1 BGB zurückgegriffen werden, Danach muss eine lesbare Erklärung, in der die erklärende Person genannt ist, auf einem dauerhaften Datenträger abgegeben werden. Der Antrag kann danach auch per **E-Mail** gestellt werden. 5

Die Definition der **elektronischen Form** ergibt sich aus § 3a Absatz 2 Satz 2 VwVfG. Der elektronischen Form genügt danach ein elektronisches Dokument, das mit einer qualifizierten elektronischen Signatur versehen ist. 6

Soll ein Antrag **zur Niederschrift** bei der transparenzpflichtigen Stelle gestellt werden, muss die Antragstellerin oder der Antragsteller persönlich anwesend sein und der Antrag muss von Bediensteten der transparenzpflichtigen Stelle protokolliert werden.[6] Dafür ist intern eine entsprechende Person oder Stelle zu benennen.[7] Die Erklärung 7

---

1 Ein Musterantrag zum Herunterladen findet sich auf der Internetseite der Sächsischen Datenschutzbeauftragten: https://sdb.de/izantrag.
2 Schoch, § 7 Rn. 12; Athen, in: Heinemann, S. 250 zu § 11 Abs. 1 Satz 1 LTranspG RP.
3 Sicko, in: Gersdorf/Paal, § 7 IFG Bund Rn. 7; Schoch, § 7 Rn. 12; Maatsch/Schnabel, § 11 Rn. 11.
4 Schmitz, in: Stelkens/Bonk/Sachs, § 3a Rn. 17.
5 Schmitz, in: Stelkens/Bonk/Sachs, § 3a Rn. 17.
6 Michler, in: Bader/Ronellenfitsch, § 64 Rn. 12 m. w. N., auch zur a. A., wonach telefonische Mitteilung zur Niederschrift reiche.
7 Berlit, SächsVBl. 2023, 93 (101).

muss zur Wirksamkeit nicht unterzeichnet sein, sollte aber nach der Niederschrift einen Vermerk „vorgelesen und genehmigt" mit der Unterschrift der oder des Bediensteten tragen.[8] Aus dem eingeräumten Formwahlrecht kann geschlossen werden, dass die transparenzpflichtige Stelle verpflichtet ist, den Antrag entgegen zu nehmen, allerdings in Fällen hoher Arbeitsbelastung eine umfangreiche Antragsbegründung nicht protokollieren muss, sondern die Antragstellerin oder den Antragsteller insofern auf die Möglichkeit schriftlicher, textlicher oder elektronischer Begründung verweisen darf.[9]

8 Der Antrag kann schließlich auch **über die Transparenzplattform** gestellt werden. Dabei sollte der Antrag direkt an die vom Nutzer auszuwählende transparenzpflichtige Stelle weitergeleitet werden. Wie die Antragstellung genau erfolgt, hängt von der Realisierung der Transparenzplattform ab. Naheliegend erscheint eine Lösung entsprechend § 3a Abs. 2 Satz 4 Nr. 1 VwVfG, also durch unmittelbare Abgabe des Antrags in einem elektronischen Formular über die Transparenzplattform. Der Plattformbetreiber kann durch die technische Ausgestaltung der zur Verfügung gestellten Anwendung und die eröffneten Auswahl- oder Ausfüllfelder selbst steuern, welche Erklärungen abgegeben werden können und Manipulationen ausschließen.[10] Eine gesetzliche Vorgabe entsprechend § 3a Abs. 2 Satz 2 VwVfG zum elektronischen Identitätsnachweis enthält das Gesetz aber nicht. Nicht geregelt ist ebenfalls, was bis zur Errichtung der Transparenzplattform gelten soll. § 17 Abs. 2 Satz 3 suspendiert seinem Wortlaut nach lediglich die Verpflichtungen nach Abschnitt 2. Solange die Transparenzplattform nicht errichtet ist, existiert dieser Antragsweg aber tatsächlich noch nicht, ohne dass ein Anspruch auf seine Einrichtung bestünde.

9 Eine **mündliche Antragstellung ist nicht zulässig**. Den Belangen von Betroffenen, die ihr Anliegen nicht zumindest in Textform vorbringen können, wird dadurch Rechnung getragen, dass eine Antragstellung zur Niederschrift möglich ist.

2. Adressat (Satz 2)

10 Der richtige Adressat ist die jeweilige **transparenzpflichtige Stelle**. Dies setzt Satz 2 voraus, ohne es ausdrücklich zu regeln. Die angerufene transparenzpflichtige Stelle hat zunächst ihre Zuständigkeit zu prüfen. Satz 2 verpflichtet sie, den Antrag ggf. an die zuständige transparenzpflichtige Stelle weiterzuleiten. Damit wurde zugleich eine Regelung zur Übermittlung der personenbezogenen Daten geschaffen.[11] Die Antragstellerin oder der Antragsteller ist darüber zu informieren. Für diese Mitteilung enthält das Gesetz keine Formvorgabe. Sie kann daher auch telefonisch oder per E-Mail erfolgen. Die Weiterleitung des Antrags erfolgt im Original. Sie hat als speziellere und weitreichendere Maßnahme Vorrang vor der Unterstützung auch hinsichtlich der zuständigen transparenzpflichtigen Stelle, welche die Antragstellenden nach Absatz 2 Satz 2 beanspruchen können (näher, auch zum möglichen Nebeneinander, Rn. 15). Die angerufene unzuständige transparenzpflichtige Stelle hat die eigenständige Verpflichtung, die zuständige transparenzpflichtige Stelle **zu ermitteln**.[12] Nicht geregelt ist der Fall des

---

8 Sachs/Kamp, in: Stelkens/Bonk/Sachs, § 64 Rn. 12.
9 Michler, in: Bader/Ronellenfitsch, § 64 Rn. 14.
10 Schmitz, in: Stelkens/Bonk/Sachs, § 3a Rn. 38c.
11 Hundert, SächsVBl. 2023, 33 (39).
12 Spellbrink, in: Körner/Krasney/Mutschler/Rolfs, § 16 SGB I Rn. 52; Sauer, in: Ehmann/Karmanski/Kuhn-Zuber, § 16 SGB I Rn. 8; so ausdrücklich auch § 11 Abs. 2 Satz 2 HmbTG; anders § 11 Abs. 3 Satz 1 LTranspG RP („wenn ihr diese bekannt ist").

Eingangs bei einer nicht transparenzpflichtigen Stelle. Diese hat nach allgemeinem Verwaltungsrecht zu verfahren. Es entspricht gängiger Verwaltungspraxis und auch gesetzlichen Vorschriften, etwa § 16 Abs. 2 SGB I, dass eine unzuständige Stelle eine Weiterleitung veranlasst.

III. Identität und Bestimmtheit (Absatz 2)

Die Vorschrift stellt weitere Anforderungen an den Antrag. Diese sollen ersichtlich der Sicherheit im Rechtsverkehr und der Gewährleistung eines ordentlichen Verwaltungsverfahrens dienen. 11

1. Name, Adresse und Bezeichnung (Satz 1)

Nach Satz 1 sind **Name und Adresse** anzugeben. Natürliche Personen haben daher ihren Vor- und Zunamen sowie ihre Wohn- oder Geschäftsanschrift anzugeben. Wegen der wohl – die Gesetzesbegründung verhält sich nicht zum Grund der Adressangabepflicht – angestrebten Identifizierungsfunktion ist nicht die E-Mail-Anschrift, sondern – zumal mit Blick auf den bei Ablehnung erforderlichen schriftlichen Bescheid (§ 12 Abs. 4) – die Postadresse gemeint.[13] Juristische Personen müssen Namen oder Firma sowie ihren Sitz in den Antrag aufnehmen. 12

Die Pflicht zur Angabe von Name und Adresse schafft eine formelle Antragsvoraussetzung. Hinsichtlich der Identitätsfeststellung enthält § 11 Abs. 2 Satz 1 LTranspG RP eine Entsprechung. Für ordnungsgemäße Bescheide sind Name und Anschrift notwendig. Auch etwa nach § 17 Abs. 2 Satz 3 VwVfG können Anträge unberücksichtigt bleiben, soweit Antragstellerinnen und Antragsteller Namen oder Anschrift unleserlich oder nicht angegeben haben. Der **VerfGH Rh.-Pf.** hat zu § 11 Abs. 2 Satz 1 LTranspG RP zutreffend ausgeführt, dass die Vorschrift nicht den Schutzbereich der Informationsfreiheit tangiert.[14] Mit dem Erfordernis der Preisgabe der Identität bei Stellung des Informationszugangsantrags habe der bestimmungsberechtigte Landesgesetzgeber die Art des Zugangs in diesem Sinne festgelegt. Dabei sei unbeachtlich, dass anonymer politischer Aktivismus die Bürgerinnen und Bürger vor negativen Folgen der Meinungsfreiheit schützen und letztlich der demokratischen Auseinandersetzung dienen kann. Ein verfassungsrechtlicher Anspruch auf Informationszugang ohne Preisgabe persönlicher Daten lasse sich daraus nicht ableiten. Wer einen Antrag stellt, von dem dürfe erwartet werden, dass er ein ernsthaftes Begehren vorbringt und „zu seinem Anliegen steht". Zudem könne ein Verwaltungsverfahren, wie es durch einen Antrag auf Zugang zu Informationen eingeleitet wird, nicht „aus dem Verborgenen heraus" geführt werden. Eine weitergehende Identifizierung, etwa durch schriftliche Bestätigung, Nutzung elektronischer Identifizierungsmittel oder gar das persönliche Erscheinen, kann grundsätzlich nicht und ausnahmsweise allenfalls durch gewichtige Anhaltspunkte gerechtfertigt sein.[15] 13

Zudem sind die begehrten Informationen zu bezeichnen. Das heißt, der Antrag muss **bestimmt** sein. Dabei müssen die Informationen nicht genauso bezeichnet werden, wie sie bei der transparenzpflichtigen Stelle aufgezeichnet sind. Auch ein Bezug zu diesem Gesetz muss nicht kenntlich gemacht werden, Antragstellerin oder Antragsteller müssen nicht einmal von der Existenz des sie begünstigenden Informationsanspruchs wis- 14

13 Berlit, SächsVBl. 2023, 93 (101).
14 VerfGH Rh.-Pf., Beschl. v. 27.10.2017 – VGH B 37/16 –, juris Rn. 18.
15 Berlit, SächsVBl. 2023, 93 (101).

sen.[16] Es genügt, wenn die transparenzpflichtige Stelle in die Lage versetzt wird, die begehrten Informationen aufzufinden. Da die Information in der Regel nicht bekannt ist, sondern die Antragstellerin oder der Antragsteller sich darüber erst unterrichten möchte, ist eine nähere Konkretisierung des Antrags in der Regel nicht möglich oder nicht zumutbar.[17] Es sind auch ausforschende und allgemeine Anträge zulässig, die lediglich einen Überblick verschaffen sollen.[18] Eine Antragsbegründung kann stets erfolgen, obliegt der Antragstellerin oder dem Antragsteller nach Absatz 3 aber nur bei Drittbetroffenheit (näher Rn. 18 ff.).

2. Anspruch auf Unterstützung (Satz 2)

15 Gemäß Satz 2 haben die Antragstellerinnen und Antragsteller einen Anspruch auf Unterstützung bei der Antragstellung. § 25 VwVfG zur Beratungspflicht wird hier spezialgesetzlich ergänzt. Der Begriff des Unterstützens ist aus dem Umweltinformationsrecht bekannt.[19] Nach der Gesetzesbegründung beinhaltet dies vorrangig die Beratung hinsichtlich der zuständigen Stelle und im Hinblick auf die Präzisierung des Antrags (LT-Drs. 7/8517 S. 53). Die Unterstützungspflicht ist aber **umfassend** zu verstehen, insbesondere i. S. e. Hinweis- und Beratungspflicht. Aus dem Wortlaut der Norm ergibt sich keine Einschränkung. Die Unterstützung hat so zu erfolgen, dass das Recht auf Informationszugang wirksam ausgeübt werden kann. Die Unterstützungspflicht hinsichtlich der zuständigen Stelle besteht neben der Weiterleitungspflicht nach Absatz 1 Satz 2, wenn sich die zuständige transparenzpflichtige Stelle aus dem Antrag nicht ermitteln lässt (zum grundsätzlichen Vorrang der Weiterleitungspflicht s. Rn. 10). Die Unterstützungspflicht erfasst auch Fälle fehlender oder unzureichender Darlegung des berechtigten Interesses bei potentieller **Drittbetroffenheit** nach Absatz 3; in diesen Fällen ist das Beteiligungsverfahren nach § 6 Abs. 2 einzuleiten, bevor der Antrag deswegen abgelehnt wird.[20]

3. Gelegenheit zur Präzisierung (Satz 3)

16 Satz 3 regelt Selbstverständliches. Die transparenzpflichtige Stelle informiert die Antragstellerin oder den Antragsteller über einen unbestimmten Antrag und gibt Gelegenheit zur Präzisierung. Für diese Information enthält das Gesetz – wie bei Absatz 1 Satz 2 – **keine Formvorgabe**. Sie kann daher auch telefonisch oder per E-Mail erfolgen. § 12 Abs. 3 Satz 1 enthält einen besonderen Ablehnungsgrund für unbestimmte Anträge. Werden diese nicht präzisiert, ist der Antrag auf Informationszugang abzulehnen (näher § 12 Rn. 11). Die Vorschrift schützt die Antragstellenden vor überzogenen Konkretisierungsanforderungen und die transparenzpflichtige Stelle vor zu allgemeinen Informationsbegehren.[21]

17 Für eine Vorschrift entsprechend § 11 Abs. 2 Satz 3 LTranspG RP hat sich der sächsische Gesetzgeber nicht entschieden. Dort wird geregelt, dass nach Präzisierung des Antrags die Antwortfrist erneut zu laufen beginnt. Der Fall ist ohnedies handhabbar. Solange

---

16 Maatsch/Schnabel, § 11 Rn. 4.

17 BVerwG, Urt. v. 25.3.1999 – 7 C 21.98 –, juris Rn. 16.

18 Athen, in: Heinemann, S. 254 zu § 11 Abs. 2 Satz 2 LTranspG RP; Sicko, in: Gersdorf/Paal, § 7 IFG Bund Rn. 15.

19 Art. 3 Abs. 3 Satz 1, Abs. 5 UAbs. 1 Buchst. a Richtlinie 2003/4/EG und § 7 Abs. 2 Satz 4, § 11 Abs. 2 SächsUIG.

20 Berlit, SächsVBl. 2023, 93 (101).

21 Athen, in: Heinemann, S. 253 zu § 11 Abs. 2 Satz 2 LTranspG RP.

der Antrag der transparenzpflichtigen Stelle nicht konkret genug vorliegt, beginnt die Monatsfrist nach § 12 Abs. 1 Satz 1 nicht (näher § 12 Rn. 3).

IV. Drittbelange (Absatz 3)

Die Vorschrift regelt eine Begründungsobliegenheit, wenn der Antrag schutzwürdige Belange Dritter betrifft. Grundgedanke des Gesetzes ist aber ein Transparenzanspruch, der keines besonderen Grundes oder Interesses bedarf. Diesem Grundgedanken läuft die Begründungsobliegenheit zuwider. Andererseits kann bei einer Drittbetroffenheit ohne Begründung kaum eine sachgerechte Entscheidung getroffen werden. Denn die transparenzpflichtigen Stellen müssen die gegenläufigen Interessen berücksichtigen. Ohne zusätzliche Information durch die Antragstellerin oder den Antragsteller ist eine Abwägungsentscheidung zwischen den Informationsrechten einerseits und entgegenstehenden Schutzrechten Dritter andererseits schwer möglich. Daher hätte wohl auch ohne ausdrückliche Regelung der Antrag ohne Darlegung, weshalb die Information begehrt wird, in der Regel abgelehnt werden müssen. 18

1. Anwendungsbereich

Zum Anwendungsbereich gilt das zu **§ 6 Abs. 2** Gesagte entsprechend (§ 6 Rn. 19 ff.). 19 Den Antragstellenden darf nicht mehr auferlegt werden, als bei der Drittbeteiligung maßgeblich sein kann. Die Verwendung unterschiedlicher Begriffe in § 6 Abs. 2 Satz 1 („beeinträchtigt werden können", näher § 6 Rn. 26) und § 10 Abs. 3 Satz 1 („betrifft") kann dabei mit der Maßgabe vernachlässigt werden, dass auch in Fällen, in denen die transparenzpflichtige Stelle eine Drittbetroffenheit nur für möglich hält und eine Anhörung deswegen in Betracht kommt, die Betroffenheit aber nach näherer Prüfung nicht besteht, die Antragstellerin oder der Antragsteller nicht auf die Begründungsobliegenheit verwiesen werden darf. Von der Antragstellerin oder dem Antragsteller kann auch nicht erwartet werden, jede mögliche in Betracht kommende Drittbetroffenheit im Sinne des § 6 Abs. 2 Satz 1 zu kennen.

Soweit sich der Antrag auf **personenbezogene Daten** bezieht, ist die Vorschrift nur hin- 20 sichtlich der allgemeinen Begründungsobliegenheit nach Satz 1 anzuwenden. Dass in der Gesetzesbegründung zu § 11 Abs. 4 und 5 auf § 10 Abs. 3 undifferenziert insgesamt Bezug genommen wird (LT-Drs. 7/8517 S. 54 f.), ändert an diesem Befund nichts. **§ 11 Abs. 4 und 5 ist spezieller.** Wenn Fälle nach § 11 Abs. 4 Satz 1 Nr. 1 oder 2, Satz 2 oder Abs. 5 Satz 2 (Erlaubnis durch Rechtsvorschrift oder Einwilligung) vorliegen, können an den Antrag keine weitergehenden Anforderungen gestellt werden. Es kann nicht in einem Antrag etwas verlangt werden, das materiell keine Voraussetzung für die Gewährung des Informationszugangs auf Antrag ist. Wenn also beispielweise eine Einwilligung der betroffenen Person vorliegt, kann die transparenzpflichtige Stelle von der Antragstellerin oder dem Antragsteller nicht die Darlegung eines berechtigten Interesses verlangen. Das gilt ebenso bei einer entsprechenden Disposition über **geistiges Eigentum** (§ 5 Abs. 1 Nr. 10, s. § 5 Rn. 44 ff.) und für **Betriebs- und Geschäftsgeheimnisse**, soweit der rechtmäßige Inhaber in das Bekanntwerden im Sinne des § 5 Abs. 1 Nr. 19 Buchst. a eingewilligt hat (näher § 5 Rn. 80 ff.).

Zudem hat der Gesetzgeber in § 11 Abs. 4 Satz 1 Nr. 3 eine grundsätzlich andere Wer- 21 tung als in § 10 Abs. 3 Satz 3 vorgegeben. Danach ist im Fall des nicht überwiegenden schutzwürdigen Belangs die materielle Voraussetzung für den Informationszugang auf Antrag erfüllt. Nach § 10 Abs. 3 Satz 3 hingegen soll der Informationszugang auf Antrag bei einer entsprechenden Begründung (berechtigtes Interesse und schutzwürdiger Belang wiegen gleich) versagt werden. Strengere formelle Anforderungen können die **materielle Wertung** des Gesetzgebers aber nicht konterkarieren. Dass § 11 Abs. 4 Satz 1 Nr. 3 zudem ein besonders schutzwürdiges Interesse an der Information voraussetzt und nicht lediglich ein berechtigtes Interesse wie § 10 Abs. 3 Satz 3, dürfte dagegen unschädlich sein, da beide Begriffe gleich auszulegen sind (vgl. § 11 Rn. 34).

2. Begründungsobliegenheit (Sätze 1 und 2)

22 **Satz 1** begründet eine Obliegenheit. Ihre Einhaltung ist im Gegensatz zu einer Pflicht **nicht durchsetzbar**. Die Antragstellerinnen und Antragsteller sind im eigenen Interesse gehalten, die Obliegenheit zu erfüllen. Anderenfalls droht die Ablehnung ihres Antrags. Die Obliegenheit kommt zum Tragen, wenn der Antrag **schutzwürdige Belange Dritter** betrifft. Zum Begriff der schutzwürdigen Belange Dritter s. zu § 6 Abs. 2 (§ 6 Rn. 26). Sind schutzwürdige Belange in diesem Sinne betroffen (näher zu diesem Begriff Rn. 19), soll der Antrag begründet und ein berechtigtes Interesse an der begehrten Information geltend gemacht werden.

23 Für die **Begründung** gelten die Formvorgaben gemäß Absatz 1 Satz 1 (Rn. 3 ff.). Inhaltlich stellt **Satz 2** klar, was der Gesetzgeber für die Begründung grundsätzlich für erforderlich hält. Es sollen die besonderen Umstände des Einzelfalls dargelegt werden, auf die sich das berechtigte Interesse stützt. Ein berechtigtes Interesse legt dar, wer Tatsachen vorträgt, die es nachvollziehbar erscheinen lassen, die Information zu gewähren, was mehr als nur ein Behaupten oder ein pauschales Vorbringen erfordert, jedoch weniger als die Glaubhaftmachung oder das Beweisen.[22]

24 Der **Begriff des berechtigten Interesses** wird weder definiert, noch in der Gesetzesbegründung erläutert. Der offene Rechtsbegriff ist jedoch aus zahlreichen Normen bekannt und bestimmt.[23] Danach genügt es, wenn die Antragstellerin oder der Antragsteller ein verständiges, durch die Sachlage gerechtfertigtes Interesse darlegt.[24] Als berechtigtes Interesse ist jedes anzuerkennende schutzwürdige Interesse rechtlicher, wirtschaftlicher oder ideeller Art anzusehen.[25] Im Regelfall wird ein berechtigtes Interesse anzunehmen sein, wenn die Antragstellerin oder der Antragsteller einen objektiven Vorteil erlangen kann oder ein sonst eintretender Nachteil verhindert wird.[26] Wer die Information aus bloßer Neugier oder zu unbefugten Zwecken begehrt, macht kein berechtigtes Interesse geltend.[27] Das berechtigte Interesse muss auch hinreichend konkretisiert sein, damit es mit den schutzwürdigen Belangen der Dritten abgewogen werden kann.[28] Das berechtigte Interesse geht danach greifbar über das bloße allgemeine Transparenzinteresse hinaus, das grundsätzlich in jedem Antrag liegt. Es muss die

22 Burmeister/Neureither, in: Ernst/Zinkahn/Bielenberg/Krautzberger, § 75 Rn. 3; Köster, in: Schrödter, § 53 Rn. 7.

23 Z. B. § 43 Abs. 1 VwGO, § 12 Abs. 1 Satz 1 GBO, § 9 Abs. 1 BImSchG, § 53 Abs. 4, § 75 BauGB, Art. 6 Abs. 1 UAbs. 1 Buchst. f DSGVO.

24 OLG Düsseldorf, Beschl. v. 7.4.2015 – I-3 Wx 61/15 –, juris Rn. 11; Köster, in: Schrödter, § 53 Rn. 7; Wilsch, in: Hügel, § 12 Rn. 1; Imre, in: Kroiß/Horn/Solomon, § 12 GBO Rn. 2.

25 BVerwG, Beschl. v. 20.12.2017 – 6 B 14.17 –, juris Rn. 13; Happ, in: Eyermann, § 43 Rn. 30; Pietzcker, in: Schoch/Schneider, § 43 Rn. 33 Reimer, in: Sydow/Marsch, Art. 6 DSGVO Rn. 75.

26 Dietlein, in: Landmann/Rohmer, § 9 BImSchG Rn. 50.

27 Köster, in: Schrödter, § 53 Rn. 7; Heberlein, in: Ehmann/Selmayr, Art. 6 Rn. 25; Imre, in: Kroiß/Horn/Solomon, § 12 GBO Rn. 2.

28 Heberlein, in: Ehmann/Selmayr, Art. 6 Rn. 25.

Antragstellerin oder den Antragsteller betreffen und die begehrte Information muss geeignet erscheinen, deren Position in den genannten Bereichen zu verbessern. Die Anforderungen dürfen nicht überspannt werden. Im Einzelfall, etwa bei hoher medialer Aufmerksamkeit zu einem öffentlichen Vorgang, kann das allgemeine Transparenzinteresse zum berechtigten Interesse erwachsen. Erforderlich ist aber kein rechtliches Interesse, also ein Betroffensein im eigenen Rechtskreis.[29]

3. Regelermessen (Satz 3)

Die Rechtsfolge einer fehlenden oder zur Informationsgewährung ungenügenden Begründung regelt Satz 3. Systematisch hätte diese Regelung zur Entscheidung auch in § 12 gefasst werden können, um die formalen Antragsvoraussetzungen in Absatz 3 und die Rechtsfolgen in § 12 klarer voneinander zu trennen. Nach Satz 3 soll der Antrag abgelehnt werden, wenn die Antragstellerin oder der Antragsteller die Gründe nicht darlegt, aus denen das berechtigte Interesse an dem Zugang zu den Informationen folgen soll. Ebenso soll die transparenzpflichtige Stelle verfahren, wenn sich aus den dargelegten Umständen nicht ergibt, dass das berechtigte Interesse die schutzwürdigen Belange Dritter überwiegt. Damit führt die Verletzung der Obliegenheit **in der Regel zur Versagung** des Informationszugangs. Diese Rechtsfolge hätte wohl auch ohne ausdrückliche Regelung gegolten. Wird ein berechtigtes Interesse vorausgesetzt und lässt sich ein solches Interesse nicht feststellen, kann ein Antrag ohne vorherige Auslegung und Erörterung abgelehnt werden.[30] 25

Die betroffenen Belange auf Seiten sowohl der Antragstellerin oder des Antragstellers als auch der Dritten sind im Wege der **Amtsermittlung** festzustellen (§ 24 VwVfG i. V. m. § 1 Satz 1 SächsVwVfZG). Die Vorschrift begründet als Rechtsfolge ein intendiertes Ermessen, sodass im typischen Fall **keine weitergehende Begründungspflicht** für die transparenzpflichtige Stelle bei einer Ablehnung besteht. 26

§ 11
Zugang zu Informationen

(1) [1]Die Antragstellerin oder der Antragsteller kann wählen, ob die begehrten Informationen durch Auskunft oder durch Einsicht zugänglich gemacht werden. [2]Auf Antrag erteilt die transparenzpflichtige Stelle die Auskunft, indem sie Abschriften oder lesbare Ausdrucke der Informationen übersendet. [3]Die transparenzpflichtige Stelle kann die gewählte Art der Informationsgewährung ablehnen und stattdessen die Information auf andere Art gewähren, wenn

1. dies wesentlich weniger aufwendig ist und ein in der Person der Antragstellerin oder des Antragstellers liegendes Interesse an der gewählten Art der Informationsgewährung nicht überwiegt oder
2. Gründe der Sicherheit entgegenstehen.

(2) [1]Für die Einsicht nach Absatz 1 Satz 1 stellt die transparenzpflichtige Stelle ausreichende sachliche, zeitliche und räumliche Möglichkeiten zur Verfügung. [2]Die Anfertigung von Fotos der Information und von Notizen ist gestattet.

---

29 Ein rechtliches Interesse sieht etwa § 9 Abs. 3 Satz 1 ThürTG vor, wenn personenbezogene Daten oder Betriebs- oder Geschäftsgeheimnisse offenbart werden sollen.

30 Dietlein, in: Landmann/Rohmer, § 9 BImSchG Rn. 48.

(3) Soweit Informationen nur mit Hilfe von Maschinen lesbar sind, stellt die transparenzpflichtige Stelle auf Verlangen der Antragstellerin oder des Antragstellers die erforderlichen Lesegeräte einschließlich der erforderlichen Leseanweisungen oder lesbare Ausdrucke zur Verfügung.

(4) [1]Zu personenbezogenen Daten ist der Zugang auf Antrag zu gewähren, wenn

1. er durch Rechtsvorschrift erlaubt ist,
2. die betroffene Person in die Übermittlung eingewilligt hat oder
3. ein besonders schutzwürdiges Interesse an der Information besteht und überwiegende schutzwürdige Belange nicht entgegenstehen.

[2]Besondere Kategorien personenbezogener Daten im Sinne des Artikels 9 Absatz 1 der Verordnung (EU) 2016/679 des Europäischen Parlaments und des Rates vom 27. April 2016 zum Schutz natürlicher Personen bei der Verarbeitung personenbezogener Daten, zum freien Datenverkehr und zur Aufhebung der Richtlinie 95/46/EG (Datenschutz-Grundverordnung) (ABl. L 119 vom 4.5.2016, S. 1, L 314 vom 22.11.2016, S. 72, L 127 vom 23.5.2018, S. 2, L 74 vom 4.3.2021, S. 35) in der jeweils geltenden Fassung, dürfen nur zugänglich gemacht werden, wenn die betroffene Person ausdrücklich eingewilligt hat.

(5) [1]Personenbezogene Daten von Bediensteten und ehemaligen Bediensteten von transparenzpflichtigen Stellen sowie von Bewerberinnen und Bewerbern werden nicht zugänglich gemacht. [2]Name, Titel, akademischer Grad, Berufs- und Funktionsbezeichnung, Telekommunikationsnummer und E-Mail-Adresse von Bearbeiterinnen und Bearbeitern werden ausnahmsweise auf Antrag zugänglich gemacht, soweit die Voraussetzungen des § 11 Absatz 3 des Sächsischen Datenschutzdurchführungsgesetzes vom 26. April 2018 (SächsGVBl. S. 198, 199), das durch Artikel 2 Absatz 4 des Gesetzes vom 5. April 2019 (SächsGVBl. S. 245) geändert worden ist, in der jeweils geltenden Fassung, vorliegen.

(6) Sind die begehrten Informationen im Internet veröffentlicht, kann die transparenzpflichtige Stelle zur Erfüllung der Informationspflicht auf die Fundstelle verweisen.

Erläuterungen:

Übersicht

§ 11 regelt den Zugang zu Informationen auf Antrag. Absatz 1 regelt den Grundsatz des Wahlrechts der Antragstellerin oder des Antragstellers (Rn. 2 ff.). Die Wahl besteht zwischen Auskunft (Rn. 14 ff.) und Einsicht (Rn. 20 ff.). Besonderheiten gelten für Anträge, die personenbezogene Daten betreffen (Rn. 25 ff.). In geeigneten Fällen kann die transparenzpflichtige Stelle ins Internet verweisen (Rn. 50 ff.). 1

I. Übermittlungswege, Wahlrecht (Absatz 1 Satz 1 und 3)

Nach Absatz 1 Satz 1 kann die **Antragstellerin oder der Antragsteller wählen**, ob die begehrten Informationen durch Auskunft oder durch Einsicht zugänglich gemacht werden. Ausnahmen sieht Satz 3 vor. Nur in den dort geregelten Fällen darf die transparenzpflichtige Stelle von der getroffenen Wahl abweichen. 2

Absatz 1 Satz 1 regelt gleichzeitig, wie die transparenzpflichtigen Stellen die begehrten Informationen übermitteln können. Als **Übermittlungsweg** stehen die Auskunft (s. Rn. 14 ff.) und die Einsichtnahme (s. Rn. 20 ff.) zur Verfügung. Zwischen beidem hat grundsätzlich die Antragstellerin oder der Antragsteller die Wahl. Eine Ablehnung des gewählten Übermittlungswegs hat gemäß § 12 Abs. 4 schriftlich und nach § 39 Abs. 1 Satz 1 VwVfG i. V. m. § 1 Satz 1 SächsVwVfZG mit Begründung zu erfolgen. 3

Absatz 1 Satz 3 regelt – an sich abschließend (s. aber Rn. 9 ff.) – zwei Alternativen, nach denen die transparenzpflichtige Stelle von der Wahl der Antragstellerin oder des Antragstellers abweichen kann. Die Vorschrift soll erreichen, dass vor allem von der Einsicht vor Ort und vom Fertigen von Kopien oder Ausdrucken Abstand genommen werden kann, wenn dies wesentlich aufwändiger ist als beispielsweise eine Auskunft per E-Mail. Allerdings muss auch der Zugang zu Informationen für Personen bestehen, die nicht elektronisch mit den transparenzpflichtigen Stellen kommunizieren können. 4

Nach **Nummer 1** müssen hierzu kumulativ zwei Voraussetzungen vorliegen: Die andere als die gewählte Art der Informationsgewährung ist wesentlich weniger aufwendig und ein in der Person der Antragstellerin oder des Antragstellers liegendes Interesse an der gewählten Art der Informationsgewährung überwiegt nicht. Eine Beschränkung des Wahlrechts in den Fällen, in denen die jeweils andere Art der Informationsgewährung mit weniger Aufwand erfolgen kann, ist nicht unüblich.[1] 5

Maßgeblich dafür, ob von **wesentlich weniger Aufwand** ausgegangen werden kann, ist der Vergleich des Aufwands zwischen der begehrten Art der Informationsgewährung und der alternativen Art.[2] Der Aufwand der begehrten Art muss im Ergebnis messbar denjenigen der alternativen Art der Informationsgewährung wesentlich überwiegen. Schließlich hat der Gesetzgeber mit der Voraussetzung des wesentlich geringeren Aufwands klargestellt, dass nicht jeder Mehraufwand genügt. Der **Grundsatz des Wahlrechts der Antragstellerin oder des Antragstellers** muss gewahrt bleiben. Die transparenzpflichtigen Stellen haben daher die Einsichtnahme grundsätzlich zu ermöglichen. Hierfür haben die transparenzpflichtigen Stellen gemäß Absatz 2 Satz 1 für die Einsicht ausreichende sachliche, zeitliche und räumliche Möglichkeiten zur Verfügung zu stellen (näher Rn. 21). Dass im Vergleich zur Auskunftsgewährung regelmäßig mehr Personal 6

---

1 § 1 Abs. 2 Satz 2 und 3 IFG Bund, § 12 Abs. 1 Satz 3 LTranspG RP und § 11 Abs. 1 ThürTG regeln zu deutlich höherem Verwaltungsaufwand; vgl. auch § 4 Abs. 2 Satz 2 SächsUIG („mit geringerem Verwaltungsaufwand").

2 Berlit, SächsVBl. 2023, 93 (101); vgl. auch Schoch, § 1 Rn. 278; Athen, in Heinemann, S. 266 zu § 12 Abs. 1 Satz 2 LTranspG RP.

und Zeit sowie zusätzlich räumliche Kapazität gebraucht wird, ist nach der gesetzlichen Intention von den transparenzpflichtigen Stellen hinzunehmen. Allein der Umstand, dass der technisch-organisatorische Aufwand für eine Auskunft in der Regel geringer sein dürfte als der für eine Einsicht, reicht nicht aus, denn damit würde das gesetzlich begründete Regel-Ausnahme-Verhältnis in sein Gegenteil verkehrt.[3] In Betracht kommt aber, dass eine Auskunft aus einer sehr umfangreichen Information oder einer Vielzahl von Informationen verlangt wird und es für die transparenzpflichtige Stelle mit signifikant weniger Arbeitsbelastung verbunden ist, der Antragstellerin oder dem Antragsteller hierin Einsicht zu gewähren. Wenn im Einzelfall die Begründung der Abweichung mehr Aufwand erzeugen sollte, als die gewählte Art der Informationsgewährung, wäre die Voraussetzung für die Abweichung wohl auch nicht erfüllt.

7 Die zweite Voraussetzung von Nummer 1 ist, dass ein in der Person der Antragstellerin oder des Antragstellers liegendes Interesse an der gewählten Art der Informationsgewährung nicht überwiegt. Diese Einschränkung ist im Bundesvergleich ohne Beispiel. Beim **Interesse in der Person** kommt es nicht auf das Interesse an der Information an. Die Voraussetzung ist also nicht allein deshalb erfüllt, weil es sich etwa um eine aus Sicht der Antragstellerin oder des Antragstellers wichtige Information handelt oder sie ein besonderes Interesse daran geltend machen kann. Vielmehr muss der Antragstellerin oder dem Antragsteller durch die wesentlich weniger aufwendige Art der Informationsgewährung der Informationszugang unmöglich sein oder erheblich erschwert werden. Ein solcher Fall dürfte nur selten vorkommen. Ein entsprechendes Interesse an einer Einsichtnahme läge wohl selbst dann nicht vor, wenn die Antragstellerin oder der Antragsteller für den Empfang einer Auskunft weder über einen Internetanschluss verfügt noch über eine inländische Postanschrift. Denn es dürfte zumutbar sein, die Auskunft bei der transparenzpflichtigen Stelle entgegenzunehmen. Hat die transparenzpflichtige Stelle ein ausreichendes persönliches Interesse ermittelt, ist dieses mit dem öffentlichen Belang des wesentlich geringeren Aufwands **abzuwägen**. Dabei genügt gemäß dem Gesetzeswortlaut ein einfaches Überwiegen. Wird wie im Beispiel oben (Rn. 6) Auskunft aus einer sehr umfangreichen Information oder einer Vielzahl von Informationen verlangt und macht die Antragstellerin oder der Antragsteller geltend, einen weiten Weg zum Ort der Einsichtnahme zu haben, ist dieses Interesse mit dem öffentlichen Belang des wesentlich geringeren Aufwands der transparenzpflichtigen Stelle abzuwägen. Überwiegt danach das Interesse der Antragstellerin oder des Antragstellers an der gewählten Art der Informationsgewährung, ist dieser gemäß zu verfahren. Ein Fall des Überwiegens des persönlichen Antragstellerinteresses läge in diesem Beispiel bei einem Menschen mit Behinderung vor, dem aufgrund seiner Behinderung die Einsichtnahme unmöglich oder wesentlich erschwert ist.

8 Nach **Nummer 2** können **Gründe der Sicherheit** der gewählten Art der Informationsgewährung entgegenstehen. Der Sicherheitsbegriff wird anders als in § 5 Abs. 1 Nr. 13 (innere oder öffentliche Sicherheit, näher § 5 Rn. 57 ff.) nicht konkretisiert. In § 11 Abs. 1 Satz 3 beruht die Gefahr nicht auf der Kenntniserlangung, sondern auf den Umständen der Kenntniserlangung. In Betracht kommt, dass der Antragstellerin oder dem Antragsteller kein Zugang zum Dienstgebäude gewährt werden kann, etwa zu

3 VG Berlin, Urt. v. 1.6.2012 – 2 K 177.11 –, juris Rn. 37 zu § 1 Abs. 2 Satz 2 IFG Bund; Debus, in Gersdorf/Paal, § 1 IFG Bund Rn. 173.1; Athen, in: Heinemann, S. 266 zu § 12 Abs. 1 Satz 2 LTranspG RP.

einer Justizvollzugsanstalt. Sicherheitsgründe können auch einer Einsicht im Hochsicherheitsbereich eines Forschungslabors entgegenstehen.[4]

Auch die **Unmöglichkeit** für die transparenzpflichtige Stelle führt zur Einschränkung des Wahlrechts. Das folgt aus dem allgemeinen Prinzip, das Unmögliches nicht verlangt werden kann. Auf eine Unmöglichkeit können sich die transparenzpflichtigen Stellen aber nicht ohne Weiteres berufen. Nach Absatz 2 Satz 1 müssen sie für die Einsicht ausreichende sachliche, zeitliche und räumliche Möglichkeiten zur Verfügung stellen (dazu unten Rn. 21). 9

Sofern Informationen **teilweise unkenntlich** zu machen sind, scheidet die Einsichtnahme regelmäßig als unmöglich aus. Denn es ist nicht ersichtlich, wie etwa personenbezogene Daten in Papierakten nach § 6 Abs. 1 Satz 1 für die Einsichtnahme unkenntlich gemacht werden können. Auch in elektronische Akten kann in diesen Fällen in der Regel nicht eingesehen werden. Die Schwärzung wäre eine Veränderung der Aufzeichnung, sodass die Einsichtnahme nicht mehr in die Information nach § 3 Satz 1 erfolgen würde, also nicht mehr in die originale Aufzeichnung. Soweit technisch möglich, käme allenfalls in Betracht, die von der Ausnahme erfassten Teile der Information tatsächlich oder elektronisch abzudecken, ohne die Information zu verändern. Regelmäßig werden die transparenzpflichtigen Stellen aber in diesen Fällen den Informationszugang nur durch Auskunft gewähren können. 10

Nach § 8 Abs. 4 kann die transparenzpflichtige Stelle die begehrte Information auch auf der Transparenzplattform **freiwillig veröffentlichen** (näher § 8 Rn. 137 ff.) und dann gemäß § 11 Abs. 6 darauf verweisen. Ein solches Vorgehen ist im Sinne der Transparenz zu begrüßen, da die Information unmittelbar allgemein zugänglich wird. Die transparenzpflichtige Stelle hat ihr Ermessen aber ordnungsgemäß auszuüben. Dabei hat sie den gesetzlichen Grundsatz des Wahlrechts der Art der Informationsgewährung nach Absatz 1 Satz 1 ebenso zu beachten wie den in Absatz 1 Satz 3 Nummer 1 gesetzlich verankerten Schutz des Informationszugangs auch für Personen, die mangels verfügbaren Internets ohne Einsichtnahme keinen Informationszugang hätten. Jedoch sieht § 7 Abs. 2 Satz 2 vor, dass der Zugang zur Transparenzplattform auch in Dienstgebäuden der staatlichen transparenzpflichtigen Stellen gewährleistet sein soll, soweit die vorhandene räumliche und technische Struktur einen solchen Zugang erlaubt (näher § 7 Rn. 15 f.). Hierauf könnten solche Antragstellerinnen und Antragsteller also verwiesen werden. 11

Der Schutz **geistigen Eigentums** ergibt sich aus höherrangigem Bundesrecht und erfasst auch die Ausgestaltung der Information auf Antrag. Das heißt, auch insoweit kann eine Beschränkung des Wahlrechts der Antragstellerin oder des Antragstellers geboten sein. Insbesondere der Übersendung von beantragten Ablichtungen nach Absatz 1 Satz 2 kann der Schutz des geistigen Eigentums entgegenstehen.[5] Die transparenzpflichtige Stelle kann die Form der Auskunftserteilung wählen, die urheberrechtlich unbedenklich ist.[6] In Betracht kommt auch, dass entgegen Absatz 2 Satz 2 bei der Einsichtnahme keine Fotos gemacht werden dürfen. 12

4 Schoch, § 1 Rn. 282.
5 Debus, in: Gersdorf/Paal, § 1 IFG Bund, Rn. 174.1.
6 Maatsch/Schnabel, § 12 Rn. 4.

13 Keine Vorgaben enthält das Gesetz – abgesehen von Satz 2 (s. Rn. 15 ff.) – dazu, wie die einzelne Art der Informationsgewährung ausgeübt wird. Das heißt, die **Art und Weise** der Informationsgewährung durch Auskunft oder durch Einsicht erfolgt jeweils nach **pflichtgemäßem Ermessen** der transparenzpflichtigen Stellen. Das gilt entsprechend, wenn die Antragstellerin oder der Antragsteller die Art der Informationsgewährung nicht nach Absatz 1 Satz 1 wählt.[7] Eine Auffangvariante „in sonstiger Weise" entsprechend § 1 Abs. 2 Satz 1 Var. 3 IFG Bund sieht das Gesetz nicht vor. Damit gibt es nach dem Wortlaut der Norm keinen unmittelbaren Zugang zu **Audiodateien und Tonbändern**. Es dürften insoweit aber die Voraussetzungen zur analogen Anwendung von Absatz 1 Satz 1 zur Informationsgewährung durch Einsicht vorliegen, zumal im Wege der Auskunft zumindest Kopien zur Verfügung gestellt werden müssten. Der Gesetzgeber sollte erwägen, die Auffangvariante bei einer Novellierung aufzunehmen.

II. Auskunft (Absatz 1 Satz 1 und 2)

14 Auskunft ist der **indirekte Informationszugang**, indem die transparenzpflichtige Stelle den Inhalt der Information ganz oder teilweise mitteilt. Der notwendige Inhalt der begehrten Auskunft muss im konkreten Fall informationsrechtlich bestimmt werden und ist am Informationsbegehren zu orientieren.[8] Es kann – z. B. bei komplexen Sachverhalten – auch eine zusammenfassende aussagekräftige Darstellung des wesentlichen Inhalts der einschlägigen Behördenakten angezeigt sein.[9]

15 Gemäß Absatz 1 Satz 2 erteilt die transparenzpflichtige Stelle auf Antrag die Auskunft, indem sie **Abschriften oder lesbare Ausdrucke** der Informationen übersendet. Dies ist eine besondere Form der Auskunft. Es handelt sich nicht um eine Konkretisierung. Anderenfalls wäre der neuerliche (s. § 10 Abs. 1 Satz 1) Antragsvorbehalt überflüssig. Satz 2 regelt ein **darüberhinausgehendes Antragserfordernis**. An einen solchen weitergehenden Antrag ist die transparenzpflichtige Stelle gebunden.

16 Das **Recht auf Ausdrucke oder Abschriften** scheint im Zeitalter der Digitalisierung auf den ersten Blick kaum zeitgemäß. Allerdings könnten Personen ohne Möglichkeit der elektronischen Kommunikation ansonsten keine Dokumente erhalten. Der Transparenzanspruch wäre also schwächer. Dass auch umfassende Kopien angefertigt werden sollen, kann zur Verwirklichung von Transparenz geboten sein. Dafür können von den Antragstellenden in diesem Fall gemäß § 12 Abs. 5 Satz 6 ausnahmsweise **Kosten** erhoben werden (dazu § 12 Rn. 22).

17 Der Begriff der **Abschriften** ist **eng zu verstehen**. Erfasst sind ausschließlich körperlich vorhandene Kopien von körperlich vorhandenen Informationen (z. B. die Kopie eines Aktenblatts jeweils auf Papier). Scankopien und Dateikopien fallen nicht darunter. Abschriften sollen nach der Gesetzesbegründung Kopien von gegenständlichen, auf Papier oder Ähnlichem vorliegende Informationen (z. B. Informationen aus Akten) sein (LT-Drs. 7/8517 S. 54). Die Gesetzesbegründung erläutert aber nicht, dass auch die Abschrift gegenständlich sein müsste. Der Begriff könnte damit auch als Synonym des

7 Vgl. Athen, in: Heinemann, S. 265 zu § 12 Abs. 1 Satz 1 LTranspG RP. Dies ist selbstverständlich und kann auch mit einem Erstrecht-Schluss aus der Abweichungsbefugnis nach Absatz 1 Satz 3 begründet werden.

8 Schoch, § 1 Rn. 255.

9 VG Frankfurt, Urt. v. 23.1.2008 – 7 E 3280/06 (V) –, juris Rn. 93.

Begriffs „Kopie" verstanden werden.[10] Dies würde im Sinne der Transparenz als Leitlinie von Verwaltungshandeln (§ 1 Abs. 3 Satz 1) zu einem weitreichenderen Anspruch auf Kopien führen. Zum einen sieht die Vorschrift aber ein Wahlrecht der Antragstellerin oder des Antragstellers zwischen elektronischer und gegenständlicher Kopie nicht vor, womit Personen ohne Möglichkeit der elektronischen Kommunikation doch auf eine elektronische Übermittlung verwiesen werden könnten. Zum anderen ergibt sich das enge Begriffsverständnis auch aus dem Gesetz. Gemäß § 12 Abs. 5 Satz 6 werden Abschriften oder lesbare Ausdrucke nicht gebühren- und auslagenfrei zur Verfügung gestellt, soweit die Informationen in zumutbarer Weise aus allgemein zugänglichen Quellen beschafft oder elektronisch übermittelt werden können. Die Regelung ergibt nur Sinn bei einem engen, elektronische Kopien ausschließenden Begriffsverständnis. Denn ansonsten könnten gemäß dem Wortlaut für die Herstellung von Scankopien oder Dateikopien Kosten erhoben werden, obwohl sie elektronisch übermittelt werden können.

Ausdrucke sind Verkörperungen von elektronisch vorliegenden Informationen.[11] Da deren Lesbarkeit nicht selbstverständlich ist, enthält die Vorschrift eine entsprechende Anforderung (LT-Drs. 7/8517 S. 54). 18

Der Gesetzgeber hat die **elektronische Übermittlung als Regelfall** vorausgesetzt. Das folgt aus den Ausnahmevorschriften für gegenständliche Abschriften und Ausdrucke. Das Gesetz enthält – von Satz 2 abgesehen – keine Vorgaben, wie die Informationsgewährung durch Auskunft auszuüben ist. Die Art und Weise der Auskunft erfolgt nach pflichtgemäßem Ermessen der transparenzpflichtigen Stellen. Auch an verschiedenen Stellen in der Gesetzesbegründung wird die elektronische Übermittlung als verfahrensökonomischer und kostengünstiger Regelfall vorausgesetzt.[12] Das hat der Gesetzgeber im Zeitalter der Digitalisierung offenbar als selbstverständlich und nicht regelungsbedürftig erachtet und nur Abweichungen von diesem Regelfall normiert. Dies folgt nicht zuletzt aus der inzwischen relativ weit verbreiteten Führung elektronischer Verwaltungsakten.[13] Eine elektronische Zugänglichmachung setzen auch die Veröffentlichungspflicht nach § 8 Abs. 1 Nr. 18 sowie § 12 Abs. 5 Satz 6 zu den Kosten für Abschriften und Ausdrucke voraus (vgl. Rn. 17). 19

III. Einsicht (Absatz 1 Satz 1, Absätze 2 und 3)

Bei der Einsicht wird der **direkte Zugang** zur Information im Original gewährt. Anders als bei der Auskunftserteilung verschafft sich dabei die Antragstellerin oder der Antragsteller einen eigenen unmittelbaren Zugang zum amtlichen Informationsbestand und kann selbständig aus der amtlichen Originalquelle schöpfen.[14] 20

---

10 So Maatsch/Schnabel, § 12 Rn. 8 mit Verweis auf § 2 Nr. 2 HmbTGGebO, wonach Kosten für die Herstellung von Kopien auf sonstigen Datenträgern und Filmkopien zu erstatten sind.

11 LT-Drs. 7/8517, S. 54; vgl. auch Sicko, in: Gersdorf/Paal, § 7 IFG Bund Rn. 71 m. w. N. („Wiedergabe von elektronisch gespeicherten oder verfilmten Informationen").

12 LT-Drs. 7/8517, S. 22, 25 zum Erfüllungsaufwand zu § 12 Abs. 5 Satz 6: „In aller Regel werden die Bürgerinnen und Bürger Einsicht nehmen können oder ihnen wird die Information elektronisch übermittelt werden können."; LT-Drs. 7/8517, S. 34, 37 zum Erfüllungsaufwand Sonstiges: „Soweit die Bürgerinnen und Bürger sowie Unternehmen ihre Rechte nicht elektronisch, sondern postalisch oder persönlich wahrnehmen, entsteht zudem nicht quantifizierbarer jährlicher Sachmehraufwand für Porto und Abschriften."

13 Berlit, SächsVBl 2023, 93 (101).

14 Brink, in: Brink/Polenz/Blatt, § 1 Rn. 109.

21 **Absatz 2 Satz 1** regelt, dass die transparenzpflichtigen Stellen auch die **Rahmenbedingungen** zur Einsichtnahme schaffen müssen. Sie haben danach ausreichende sachliche, zeitliche und räumliche Möglichkeiten zur Verfügung zu stellen. Konkreteres ist nicht geregelt. Letztlich ist lediglich Selbstverständliches klargestellt: Die transparenzpflichtigen Stellen müssen die Ressourcen vorhalten, um ihre gesetzlichen Aufgaben zu erfüllen. Was unter „ausreichenden Möglichkeiten" zu verstehen ist, lässt sich nicht abstrakt beantworten, sondern muss im Einzelfall konkret beantwortet werden.[15] Gegebenenfalls ist Haushaltsvorsorge für Bedienstete und Räumlichkeiten zu treffen. Die konkrete Umsetzung obliegt den transparenzpflichtigen Stellen. Die Räumlichkeiten müssen nicht in der jeweiligen transparenzpflichtigen Stelle bereitgehalten werden. Auch ein von mehreren Stellen zur Gewährung der Einsicht gemeinsam genutzter zentraler Ort genügt den Anforderungen. Die Ortsauswahl darf aber den Informationszugang nicht unzumutbar erschweren, etwa durch eine große Entfernung zur transparenzpflichtigen Stelle.[16] Es besteht ein begrenztes **Organisationsermessen** der transparenzpflichtigen Stelle, wobei die transparenzpflichtige Stelle die Einsicht beaufsichtigt, Wünsche zur zeitlichen Gestaltung zu berücksichtigen hat und auch Hilfestellung beim Erschließen der Aktenlage geben muss.[17]

22 **Absatz 2 Satz 2** erlaubt **Notizen und Fotos** von den eingesehenen Informationen, etwa mit dem Smartphone. Die ausdrückliche Fotoerlaubnis ist im Bundesvergleich eine Besonderheit.[18] Nur einzuräumen, sich Notizen machen zu können, wäre auch nicht zeitgemäß. Aus urheberrechtlichen Gründen können sich Einschränkungen ergeben (vgl. o. Rn. 12). Dem Wortlaut nach können keine **Ablichtungen oder Ausdrucke** verlangt werden.[19] Da die Einsicht die Auskunft hinsichtlich derselben Information aber nicht ausschließt, kann ein entsprechender Antrag nach Absatz 1 Satz 2 gestellt werden.

23 **Absatz 3** regelt den Fall, dass Informationen nur mit Maschinen lesbar sind. In diesen Fällen haben die transparenzpflichtigen Stellen auf Verlangen die erforderlichen Lesegeräte einschließlich der erforderlichen Leseanweisungen oder lesbare Ausdrucke zur Verfügung zu stellen. Die Regelung ist nur deklaratorisch, da Absatz 2 Satz 1 bereits regelt, dass ausreichende sachliche Möglichkeiten zur Verfügung zu stellen sind, worunter auch das erforderliche Lesegerät verstanden werden kann.

24 Nach der Gesetzesbegründung bezieht sich Absatz 3 auf die Einsichtnahme in den Diensträumen der transparenzpflichtigen Stelle (LT-Drs. 7/8517 S. 54). Eine darüberhinausgehende Pflicht zur Bereitstellung von Hilfsmitteln sollte danach nicht geschaffen werden. Eine Beschränkung auf die Diensträume gilt jedoch dann nicht, wenn die transparenzpflichtige Stelle die Einsicht an einem anderen Ort gewährt (vgl. o. Rn. 21).

IV. Personenbezogene Daten (Absätze 4 und 5)

25 Der Zugang zu personenbezogenen Daten ist materiell-rechtlich nur unter **strengen Voraussetzungen** möglich. Flankiert werden diese strengen Voraussetzungen von

---

15 Maatsch/Schnabel, § 12 Rn. 9 zu § 12 Abs. 3 Satz 1 HmbTG.
16 Vgl. Maatsch/Schnabel, § 12 Rn. 9.
17 Brink, in: Brink/Polenz/Blatt, § 1 Rn. 110 f.
18 Die Transparenzgesetze von Hamburg, Rheinland-Pfalz und Thüringen regeln dies zumindest nicht ausdrücklich. Maatsch/Schnabel, § 12 Rn. 9 sehen das Abfotografieren nach § 12 Abs. 3 Satz 2 HmbTG trotzdem als gerechtfertigt an, sofern keine besonderen urheberrechtlichen Konstellationen bestehen. Entsprechend lässt § 11 Abs. 2 Satz 1 ThürTG grundsätzlich Kopien zu, was ebenfalls ein Abfotografieren erlauben dürfte.
19 Anders: § 7 Abs. 4 Satz 1 IFG Bund.

ebenso strengen Verfahrensvorschriften (§ 10 Abs. 3), die vorsehen, dass solche Anträge begründet und im Fall der Nichtbegründung abgelehnt werden sollen. § 10 Abs. 3 gilt aber entgegen dem in der Gesetzesbegründung zum Ausdruck gebrachten Willen des Gesetzgebers bei Anträgen auf den Zugang zu personenbezogenen Daten nur eingeschränkt (vgl. o. § 10 Rn. 20).

1. Gesetzesstruktur

Die Absätze 4 und 5 regeln als **Spezialvorschriften zu § 6 Abs. 1 Satz 1** (vgl. § 6 Abs. 1 Satz 3) den Zugang zu personenbezogenen Daten auf Antrag. Der Grundsatz der Unkenntlichmachung personenbezogener Daten wird eingeschränkt. Absatz 4 sieht als Ausnahme von § 6 Abs. 1 Satz 1 Möglichkeiten des Zugangs zu personenbezogenen Daten vor. Absatz 5 schränkt diese Möglichkeiten hinsichtlich Bedienstetendaten wieder ein. Die Struktur zum Zugang zu personenbezogenen Daten auf Antrag lässt sich wie folgt zusammenfassen: 26

- Grundsatz des Anspruchs auf Zugang zu Informationen (§ 1 Abs. 1),
- Beschränkung für personenbezogene Daten (§ 6 Abs. 1 Satz 1),
- Ausnahmen von der Beschränkung bei der Informationspflicht (§ 11 Abs. 4 Satz 1),
- Einschränkung der Ausnahmen für besondere Kategorien personenbezogener Daten (§ 11 Abs. 4 Satz 2),
- Rückausnahme für Bedienstetendaten mit „Rückrückausnahme" (§ 11 Abs. 5).

Absatz 4 Satz 1 enthält drei Tatbestände, nach denen ausnahmsweise personenbezogene Daten zugänglich zu machen sind. Besondere Kategorien personenbezogener Daten dürfen nach Absatz 4 Satz 2 nur mit ausdrücklicher Einwilligung zugänglich gemacht werden (Rn. 40 f.). Bedienstetendaten sind nach Absatz 5 besonders geschützt. Für sie enthält aber Absatz 5 Satz 2 einen Zugangstatbestand (vgl. dazu Rn. 44 ff.). Als formelle Voraussetzung ist für jeden Zugang zu personenbezogenen Daten jeweils ein Antrag erforderlich (Rn. 48). 27

2. Materielle Voraussetzungen

Absatz 4 Satz 1 listet alternativ drei Tatbestände auf. Die Vorschrift orientiert sich an **§ 4 Abs. 3 HmbTG**. Eine § 4 Abs. 3 Nr. 2 HmbTG entsprechende Regelung wurde jedoch nicht übernommen. Danach wird der Informationszugang auf Antrag auch gewährt, wenn er zur Abwehr erheblicher Nachteile für das Allgemeinwohl oder von Gefahren für Leben, Gesundheit, persönliche Freiheit oder sonstiger schwerwiegender Beeinträchtigungen der Rechte Einzelner geboten ist. Praxisfälle zu § 4 Abs. 3 Nr. 2 HmbTG sind auch nicht bekannt.[20] Gegebenenfalls kann auf § 11 Abs. 4 Satz 1 Nr. 3 zurückgegriffen werden. Entgegenstehende schutzwürdige Belange sind in diesen Fällen nicht denkbar. 28

a) Erlaubnis durch Rechtsvorschrift (Absatz 4 Satz 1 Nummer 1)

Nach der Nummer 1 wird der Informationszugang gewährt, wenn er durch Rechtsvorschrift erlaubt ist. Die Gesetzesbegründung erläutert hierzu lediglich, dass es sich um eine **Rechtsvorschrift außerhalb dieses Gesetzes** handeln müsse (LT-Drs 7/8517 S. 54), was bereits Wortlaut und systematische Gründe nahelegen. Die Voraussetzungen der jeweiligen Erlaubnisnorm müssten auch vorliegen. Die Praxisrelevanz dürfte aber gering 29

20 Maatsch/Schnabel, § 4 Rn. 39.

sein. Zum entsprechenden § 4 Abs. 3 Nr. 1 HmbTG ist aus der dortigen Praxis kein Anwendungsfall bekannt.[21]

b) Einwilligung (Absatz 4 Satz 1 Nummer 2)

30 Die Nummer 2 regelt als materielle Voraussetzung die Einwilligung der betroffenen Person in die Übermittlung der personenbezogenen Daten. Der Vorschrift hätte es nicht bedurft. Die Zustimmung nach dem allgemein geltenden **§ 6 Abs. 2 Satz 2 Nr. 1** hat hinsichtlich personenbezogener Daten keine andere Bedeutung als die Einwilligung zur Zugänglichmachung nach dieser Vorschrift. Der Begriff der betroffenen Person eröffnet auch keinen anderen Adressatenkreis als der Begriff der Dritten nach § 6 Abs. 2 Satz 1 und 2. „Betroffen" ist lediglich der im Datenschutzrecht gebräuchlichere Begriff. Da nach § 6 Abs. 2 sogar schon zu berücksichtigen ist, wer von dem Informationszugang auf Antrag beeinträchtigt werden kann, ist der Anwendungsbereich insoweit sogar weiter als nach dieser Vorschrift, die nur für betroffene Personen gilt.

31 Die transparenzpflichtige Stelle muss im Sinne von Transparenz als Leitlinie für das Handeln der Verwaltung (§ 1 Abs. 3 Satz 1) **nach der Einwilligung fragen** (s. § 6 Rn. 20), auch wenn es eine § 12 Abs. 7 HmbTG vergleichbare Vorschrift nicht gibt. Dort ist geregelt, dass soweit Informationsansprüche u. a. aus Datenschutzgründen nicht erfüllt werden können, die auskunftspflichtige Stelle auf Verlangen der antragstellenden Person die Betroffenen um ihre Einwilligung ersucht. Ohne eine vergleichbare Pflicht der transparenzpflichtigen Stellen würde die Regelung praktisch leerlaufen. Die Antragstellerin oder der Antragsteller wird in aller Regel die Kontaktdaten der betroffenen Person nicht kennen, zu deren personenbezogenen Daten um Information ersucht wird. Daher besteht in diesen Fällen auch keine Möglichkeit, die Einwilligung selbst einzuholen. Die transparenzpflichtige Stelle hat sich bei der Nachfrage **neutral** zu verhalten und zumindest auf Nachfrage die Konsequenzen einer verweigerten oder erteilten Einwilligung zu erläutern.[22] Ist die Adresse der betroffenen Person nicht bekannt, dürfte die transparenzpflichtige Stelle auch zu allgemeiner Nachforschung angehalten sein.[23]

32 Für die datenschutzrechtliche Einwilligung nach Art. 4 Nr. 11 DSGVO ist **Art. 7 DSGVO** anzuwenden (vgl. auch Rn. 41). Danach gilt für die Einwilligung keine besondere Form. Die transparenzpflichtige Stelle muss aber gemäß Art. 7 Abs. 1 DSGVO nachweisen können, dass die betroffene Person in die Datenverarbeitung eingewilligt hat. Es empfiehlt sich daher die Einholung einer schriftlichen Einwilligung.[24] Die Einwilligung ist frei widerruflich, worüber die betroffene Person vor der Einwilligung zu belehren ist (Art. 7 Abs. 3 Satz 1 und 3 DSGVO). Nach Art. 7 Abs. 3 Satz 2 DSGVO berührt jedoch der Widerruf die bisherigen Datenverarbeitungen aufgrund der Einwilligung nicht.

c) Abwägung (Absatz 4 Satz 1 Nummer 3)

33 Materielle Voraussetzungen nach der Nummer 3 sind, dass ein besonders schutzwürdiges Interesse an der Information besteht und überwiegende schutzwürdige Belange nicht entgegenstehen. Es ist also das Interesse an der Information, das besonders

21 Maatsch/Schnabel, § 4 Rn. 38.
22 Maatsch/Schnabel, § 12 Rn. 17.
23 So Maatsch/Schnabel, § 12 Rn. 17 zur ausdrücklichen Ersuchenspflicht, die an die Ermittlung aber „keine überhöhten Anforderungen" stellen wollen.
24 So auch Maatsch/Schnabel, § 4 Rn. 40.

schutzwürdig sein muss, mit gegebenenfalls entgegenstehenden schutzwürdigen Belangen abzuwägen.

Was der Begriff des **besonders schutzwürdigen Interesses** bedeutet, ist nicht klar. Die 34
Gesetzesbegründung enthält dazu nichts. Das Interesse an der Information muss nicht der persönlichen Sphäre der Antragstellerin oder des Antragstellers zuzuordnen sein. Für eine Verengung nur auf Persönliches enthält das Gesetz keinen Anhalt. Die Antragstellerin oder der Antragsteller kann damit als Sachwalter der Allgemeinheit auftreten.[25] Mit dem Wort „besonders", das nicht in der Vorbildnorm des § 4 Abs. 3 Nr. 4 HmbTG enthalten ist, hat der sächsische Gesetzgeber die Anforderungen für ein überhaupt abwägungsfähiges Interesse wohl versucht heraufzusetzen. Im Ergebnis dürfte sich aber eine andere Auslegung als für den Begriff des nur schutzwürdigen Interesses nicht ergeben. Ein besonders schutzwürdiges Interesse wöge von vornherein schwerer, sodass es sich eher gegen einen entgegenstehenden Belang durchsetzen würde.

Der Begriff der **schutzwürdigen Belange** ist grundsätzlich wie in § 6 Abs. 2 Satz 1 zu 35
verstehen (vgl. § 6 Rn. 26). Es stellen sich aber zwei spezielle Auslegungsfragen: Zum einen ist fraglich, ob auch allgemeine schutzwürdige Belange zu berücksichtigen sind (Rn. 36), zum anderen, ob auch schutzwürdige Belange zu berücksichtigen sind, zu denen § 5 Abs. 1 bereits Ausnahmeregelungen enthält (Rn. 37). Es streiten die überzeugenderen Argumente dafür, dass beide Fragen zu bejahen sind.

Hinsichtlich des entgegenstehenden Belangs enthält die Vorschrift – anders als § 6 36
Abs. 2 Satz 1 („deren") – keine Einschränkung, dass der Belang der betroffenen Person persönlich zuzuordnen sein müsste. Insoweit entspricht die Formulierung derjenigen zum Interesse an der Information, das auch allgemeiner Natur sein kann (vgl. o. Rn. 34). Daher sind **auch allgemeine Belange zu berücksichtigen**.

Für den fast entsprechenden § 4 Abs. 3 Nr. 4 HmbTG wird vertreten, dass als ein solcher 37
allgemeiner Belang das Interesse an einer effektiven aufsichtsbehördlichen Tätigkeit in Betracht komme, die darauf angewiesen sein könne, Informantennamen zu schützen.[26] Dieses Ergebnis ist zwar wünschenswert, da ein allgemeines Interesse an einer funktionierenden Aufsicht besteht und diese regelmäßig auf Hinweise angewiesen ist. Es ist aber nicht zwingend, da § 5 Abs. 1 Nr. 5 und 17 – anders als § 5 HmbTG, die Vorschrift zu den Ausnahmen im Hamburgischen Transparenzgesetz – bereits Ausnahmen hinsichtlich der Aufsicht im Abgaben-, Finanz- und Wettbewerbsbereich enthält. Denkbar erscheint demnach, § 5 Abs. 1 hinsichtlich Ausnahmen im Bereich der Aufsicht als abschließend anzusehen und den allgemeinen Belang der funktionierenden Aufsicht in § 11 Abs. 4 Satz 1 Nr. 3 nicht gelten zu lassen. Allerdings – und dies ist die überzeugendere Auslegung – ist **§ 11 Abs. 4 in zweierlei Hinsicht spezieller als § 5 Abs. 1 und geht damit vor**: Er regelt in erster Hinsicht nur für das Antragsverfahren – also nicht auch für die Veröffentlichung wie § 5 Abs. 1 – und in zweiter Hinsicht nur den Bereich der nach § 6 Abs. 1 Satz 1 grundsätzlich von der Transparenzpflicht ausgenommenen personenbezogenen Daten. In diesem Bereich sollen nach der spezielleren Vorschrift allgemeine Belange berücksichtigt werden, ohne dass sich ausdrücklich aus dem Gesetz oder nach Sinn und Zweck der Vorschrift eine Einschränkung ergäbe. Aufgrund des umfassenden Ausnahmekatalogs in § 5 Abs. 1 verbliebe ansonsten für § 11 Abs. 4 Satz 1 Nr. 3 zudem kaum ein Anwendungsbereich.

25 So eingehend Maatsch/Schnabel, § 4 Rn. 44.
26 Maatsch/Schnabel, § 4 Rn. 44.

38 Ausgangspunkt der **Abwägung** ist der mit dem Gesetz verfolgte Zweck, die demokratische Meinungs- und Willensbildung zu stärken und die Kontrolle des staatlichen Handelns zu ermöglichen.[27] Für die Abwägung hilfreich kann die Beantwortung der Frage sein, ob die personenbezogenen Daten der Intim-, Privat- oder lediglich der Sozialsphäre zuzuordnen sind. Dies ermöglicht eine erste Einordnung der personenbezogenen Daten, deren Schutzbedürfnis in der Folge gegen das Informationsinteresse abzuwägen ist.[28] Ergibt sich kein Überwiegen des schutzwürdigen Belangs, also auch wenn es sich mit dem besonders schutzwürdigen Interesse an der Information die Waage hält, ist die materielle Voraussetzung für den Informationszugang erfüllt. Das ergibt sich aus dem Wortlaut der Norm („überwiegende schutzwürdige Belange nicht entgegenstehen"). Die Norm ist insoweit auch spezieller als § 10 Abs. 3 Satz 3. Nach diesem ist der Antrag regelmäßig abzulehnen, wenn sich aus den in der Begründung dargelegten Umständen nicht ergibt, dass das berechtigte Interesse die schutzwürdigen Belange Dritter überwiegt. Danach wäre im Fall des Gleichgewichts also der Zugang nicht zu gewähren. Die Abwägung unterliegt uneingeschränkt der gerichtlichen Überprüfung.

39 **Beispiele:**[29] Bei Informationen zu Wahlergebnissen der Industrie- und Handelskammern überwiegt das Informationsinteresse das Recht auf Datenschutz der Gewählten sowohl bei Wahlen zur Vollversammlung[30] als auch zum Präsidium.[31] Das Informationsinteresse am Adressverteiler, den Gästelisten sowie der Tisch- und Sitzordnung zum von der Bundeskanzlerin anlässlich des Geburtstags des Vorstandsvorsitzenden der Deutschen Bank AG im Bundeskanzleramt veranstalteten Abendessen mit rund 30 geladenen Gästen aus Politik, Wirtschaft und Unterhaltung überwiegt das Datenschutzrecht der nicht einwilligenden Gäste.[32] Die Öffentlichkeit hat ein berechtigtes, starkes Interesse an den Verflechtungen von Politik und Wirtschaft.[33] Andererseits, soweit sich das Informationsbegehren auf Privatpersonen bezieht, denen die transparenzpflichtige Stelle Aufträge erteilt hat, lässt allein die Tatsache, dass hierfür öffentliche Mittel verwendet worden sind, nicht von vornherein das erhebliche Interesse der betroffenen Personen an der Geheimhaltung ihrer Vertragsbeziehung zur öffentlichen Hand entfallen.[34] Bei Eintragungen zu Privatfahrten eines Staatssekretärs im Fahrtenbuch des Dienstfahrzeugs überwiegt dessen Geheimhaltungsinteresse gegenüber dem Informationsinteresse der Antragstellerin oder des Antragstellers, soweit sich ein privates Bewegungsprofil aus den Eintragungen ergibt.[35] Die Namen von Arbeitskreismitgliedern zur Berechnung des Mietspiegels dürfen nicht geschwärzt werden, da ansonsten der Diskussionsverlauf nicht nachvollziehbar ist.[36] Vorweg ist aber auch § 5 Abs. 1 Nr. 2 zum Schutz der Vertraulichkeit von Beratungen zu beachten (näher § 5 Rn. 14 f.).

---

27 VG Berlin, Urt. v. 15.5.2013 – 2 K 8.13 –, juris Rn. 25 zum ähnlichen § 6 Abs. 1 IFG BE.
28 Maatsch/Schnabel, § 4 Rn. 47.
29 Nach Maatsch/Schnabel, § 4 Rn. 48, soweit nach dem Sächsischen Transparenzgesetz relevant.
30 VG Berlin, Urt. v. 15.5.2013 – 2 K 8.13 –, juris Rn. 23-29.
31 Maatsch/Schnabel, § 4 Rn. 48.
32 OVG Berlin-Brandenburg, Urt. v. 20.3.2012 – OVG 12 B 27.11 –, juris Rn. 24-27 zum ähnlichen § 5 Abs. 1 Satz 1 IFG Bund.
33 Maatsch/Schnabel, § 4 Rn. 48.
34 OVG Nordrhein-Westfalen, Urt. v. 9.2.2012 – 5 A 166/10 –, juris Rn. 107 zu § 9 Abs. 1 IFG NRW.
35 OVG Sachsen-Anhalt, Urt. v. 6.12.2016 – 3 L 99/15 –, juris Rn. 121 zu § 5 Abs. 1 Satz 1 IZG LSA.
36 Maatsch/Schnabel, § 4 Rn. 48 m. w. N.

d) Besondere Kategorien personenbezogener Daten (Absatz 4 Satz 2)

40 Der Satz 2 schränkt die Ausnahmen nach Satz 1 Nummer 1 bis 3 ein. Sie entspricht § 5 Abs. 1 Satz 2 IFG Bund. Die Norm stellt auch klar, dass in diesen Fällen an die Einwilligung nach Satz 1 Nummer 2 strengere Anforderungen gestellt werden. Besondere Kategorien personenbezogener Daten im Sinne des **Art. 9 Abs. 1 DSGVO** dürfen nur zugänglich gemacht werden, wenn die betroffene Person ausdrücklich eingewilligt hat. Die Vorschrift betrifft damit personenbezogene Daten, aus denen die rassische und ethnische Herkunft, politische Meinung, religiöse oder weltanschauliche Überzeugung oder die Gewerkschaftszugehörigkeit hervorgeht sowie genetische Daten, biometrische Daten zur eindeutigen Identifizierung einer natürlichen Person, Gesundheitsdaten oder Daten zum Sexualleben oder der sexuellen Orientierung. Art. 9 Abs. 1 DSGVO untersagt die Verarbeitung solcher personenbezogene Daten grundsätzlich. Die ausdrückliche Einwilligung der betroffenen Person führt aber gemäß Art. 9 Abs. 2 Buchst. a DSGVO ausnahmsweise zur Zulässigkeit.

41 Der Form nach ist eine konkludente, stillschweigende Zustimmung nicht ausreichend.[37] Bereits die „einfache" Einwilligung nach Art. 6 Abs. 1 UAbs. 1 Buchst. a DSGVO sollte gemäß Art. 4 Nr. 11 DSGVO durch eine eindeutige bestätigende Handlung erfolgen, mit der freiwillig, für den konkreten Fall, in informierter Weise und unmissverständlich bekundet wird, dass die betroffene Person mit der Verarbeitung der sie betreffenden personenbezogenen Daten einverstanden ist. Stillschweigen, bereits angekreuzte Kästchen oder Untätigkeit der betroffenen Person sollen nach Erwägungsgrund 32 Satz 3 DSGVO keine Einwilligung darstellen. Eine **ausdrückliche Einwilligung** erfordert, der betroffenen Person die beabsichtigte Verarbeitung und deren Zweck unzweideutig mitzuteilen und die Einwilligung derart zu gestalten, dass über deren Erteilung kein Zweifel bestehen kann.[38] Auf Grund der Rechenschafts- und der Beweispflicht der Verantwortlichen nach Art. 5 Abs. 2 und Art. 7 Abs. 1 DSGVO bietet es sich in der Praxis an, eine schriftliche Einwilligung einzuholen oder elektronische Einwilligungen zu protokollieren.[39]

e) Ausnahme für Bedienstetendaten (Absatz 5)

42 Gemäß Absatz 5 gilt Absatz 4 nicht für Bedienstetendaten. Diese sind damit umfassend geschützt. **Bedienstete** sind Beamtinnen und Beamte sowie Beschäftigte. Diese Privilegierung gegenüber sonstigen Personen erscheint allerdings rechtspolitisch fragwürdig. Sinn und Zweck ist nach der Gesetzesbegründung wohl die Umsetzung einer umfassend verstandenen Fürsorgepflicht des Dienstherrn (vgl. LT-Drs. 7/8517 S. 54). Das beamtenrechtliche Fürsorgeprinzip verpflichtet den Dienstherrn zwar, Beamtinnen und Beamte zu schützen, insbesondere vor unberechtigten Angriffen jeglicher Art. Es geht aber zu weit, daraus einen Anspruch gegen den Dienstherrn auf Anonymität nach außen herzuleiten.

43 Die Regelung ist für Informationsfreiheits- oder Transparenzgesetze **unüblich**. Üblicherweise erfolgt der Zugang zu solchen Informationen, die Kennzeichen und Ausfluss der dienstlichen Tätigkeit sind, unter leichteren Bedingungen als der Zugang zu sonstigen

37 Albers/Veit, in: Wolff/Brink, Art. 9 DSGVO Rn. 61.
38 Schiff, in: Ehmann/Selmayr, Art. 9 Rn. 33.
39 Albers/Veit, in: Wolff/Brink, Art. 9 DSGVO Rn. 61.

personenbezogenen Daten.[40] Grundgedanke einer solchen Regelung ist, dass die Amtswalter den Bürgerinnen und Bürgern offen gegenübertreten sollen. Grundsätzlich unterliegen solche Daten keinem besonderen Schutz. Bedienstete haben keinen Anspruch darauf, von Publikumsverkehr und von der Möglichkeit, postalisch oder elektronisch von außen mit ihnen Kontakt aufzunehmen, abgeschirmt zu werden, es sei denn, legitime Interessen, zum Beispiel der Sicherheit, gebieten dies.[41] Andererseits wird unter der – nach dem Sächsischen Transparenzgesetz nicht geregelten – Ausnahme für die öffentliche Ordnung argumentiert, die Preisgabe von Durchwahlnummern und dienstlichen E-Mail-Adressen könne dazu führen, dass organisatorische Vorkehrungen zur effektiven Aufgabenerledigung umgangen werden oder die Arbeit beeinträchtigt wird.[42] Die verstärkte Nutzung von Funktionspostfächern könnte diesen Effekt wohl nur abmildern, aber nicht beseitigen.

44 § 11 Abs. 5 kehrt dieses übliche Verhältnis um und ordnet an, dass Bedienstetendaten grundsätzlich nicht auf Antrag zugänglich gemacht werden dürfen – und zwar auch dann nicht, wenn die strengen Voraussetzungen des § 11 Abs. 4 vorliegen. Einzige Ausnahme ist nach Absatz 5 Satz 2, wenn gemäß **§ 11 Abs. 3 SächsDSDG** personenbezogene Daten der Bearbeiterinnen und Bearbeiter sogar veröffentlicht werden dürfen. In diesem Fall der erlaubten Veröffentlichung soll auch der individuelle Zugang auf Antrag zulässig sein.

45 Nach § 11 Abs. 3 SächsDSDG muss der Informationszugang zum **Zweck der Information der Allgemeinheit oder der anderen Beschäftigten** erforderlich sein, und es dürfen keine schutzwürdigen Interessen der betroffenen Personen entgegenstehen. Ein Beispiel für die Information der Allgemeinheit ist die Veröffentlichung von Kontaktdaten von Bediensteten, die mit Außenkontakten betraut sind (LT-Drs. 6/10918 S. 63). Umfasst sind auch Telefonverzeichnisse, Behördenwegweiser und Organigramme.[43] Soweit die Veröffentlichung von Beschäftigtendaten zur Information anderer Beschäftigter erforderlich ist, dient dies der Behördenorganisation,[44] sodass zweifelhaft ist, dass Außenstehende ein solches Interesse geltend machen können. Der Begriff des **schutzwürdigen Interesses** ist wie der Begriff der schutzwürdigen Belange in § 6 Abs. 2 Satz 1 zu verstehen (vgl. § 6 Rn. 26). Zur **Abwägung** vgl. Rn. 38.

46 Auch § 11 Abs. 3 SächsDSDG gewährt die Möglichkeit der **Einwilligung** (vgl. Rn. 32). Dies folgt aus der Passage „... unbeschadet des Artikels 6 Absatz 1 Buchstabe a der Verordnung (EU) 2016/679 nur zulässig, wenn ...". Art. 6 Abs. 1 UAbs. 1 Buchst. a DSGVO regelt, dass in die Verarbeitung eingewilligt werden kann. Das Wort „unbeschadet" bestimmt lediglich, dass die Normen nebeneinanderstehen, sich also nicht verdrängen. Das Wort „nur" rechtfertigt nicht die Auslegung, dass eine Einwilligung nicht zulässig wäre. Der Bezug zur Datenschutz-Grundverordnung soll heißen, dass neben der dort geregelten Einwilligung nur die in § 11 Abs. 3 SächsDSDG aufgeführten Gründe eine Veröffentlichung rechtfertigen. So ist auch die Erläuterung in der Gesetzesbegründung

40 § 5 Abs. 4 IFG Bund, § 4 Abs. 2 HmbTG, § 16 Abs. 4 LTranspG RP; vgl. auch § 4 Abs. 2 und 3 Gesetzentwurf für ein Sächsisches Transparenzgesetz aus der sechsten Legislaturperiode, LT-Drs. 6/10209 S. 10 f., wonach Name, Titel, akademischer Grad, Berufs- und Funktionsbezeichnung, Büroanschrift, Telekommunikationsnummer und E-Mail-Adresse von Bearbeiterinnen und Bearbeitern entsprechend auf Antrag zugänglich gemacht werden sollten.
41 BVerwG, Beschl. v. 12.3.2008 – 2 B 131.07 –, juris Rn. 8.
42 OVG NRW, Urt. v. 6.5.2015 – 8 A 1943/13 –, juris Rn. 82 zu gerichtlichen Telefonverzeichnissen.
43 Hundert, SächsVBl. 2023, 33 (37).
44 Gola, ZD 2018, 448 (452).

zu verstehen, nach der die Norm dem § 37 Abs. 3 SächsDSG entsprechen soll (LT-Drs. 6/10918 S. 62), da § 37 Abs. 3 SächsDSG die Einwilligung ebenfalls vorsah.

Wer als **Bearbeiterin oder Bearbeiter** zu sehen ist, lässt sich der Norm nicht direkt entnehmen. In Betracht kommen alle Bediensteten, die mit einem Vorgang auch nur formal, etwa in der Posteingangsstelle oder Aktenregistratur befasst waren. Sinnvoll erscheint, den Begriff eher restriktiv auszulegen und nur auf die inhaltlich mit dem Vorgang befassten Personen zu beziehen. Bearbeitet haben den Vorgang Bedienstete, die den konkreten Vorgang, auf den sich der jeweilige Antrag bezieht, bearbeitet haben. Bearbeiter sind nur diejenigen Bediensteten, die mit einem bestimmten Verwaltungsvorgang befasst gewesen sind, zu dem Informationszugang begehrt wird.[45] Das sind in der Regel die Personen, die nach außen aufgetreten sind sowie involvierte Vorgesetzte. Mangels inhaltlicher Befassung sollten Schreib- und Hilfskräfte nicht dazugezählt werden.[46] **Bewerberinnen und Bewerber** sind Personen, die sich auf Stellen bei transparenzpflichten Stellen beworben haben, ohne dass daraus ein Beamten- oder Anstellungsverhältnis entstanden ist (LT-Drs. 7/8517 S. 54). 47

3. Antragserfordernis

Als zusätzliche formelle Voraussetzung sieht die Norm einen Antrag vor. Die Gesetzesbegründung sieht darin einen gesonderten, über den Antrag nach § 10 entsprechend hinausgehenden Antrag (LT-Drs 7/8517 S. 54). Dies gebietet auch der Wortlaut der Norm. Denn ansonsten wären die Wörter „auf Antrag" wegen des entsprechenden Erfordernisses nach § 10 Abs. 1 Satz 1 überflüssig. Es kann angesichts der Gesetzesbegründung auch nicht davon ausgegangen werden, der Gesetzgeber hätte bei der Übernahme aus jeweils dem allgemeinen, auch für die Veröffentlichung geltenden Teil gemäß dem Gesetzentwurf aus der sechsten Legislaturperiode (dort § 5 Abs. 4 Satz 1, LT-Drs. 6/10209 S. 10) und § 4 Abs. 3 HmbTG übersehen, dass die Wörter „auf Antrag" im besonderen Teil nur über die Information auf Antrag überflüssig wären. Es müssen aber nicht zwei aufeinanderfolgende Anträge gestellt werden. Es kann zugleich der Zugang zu nicht personenbezogenen Daten und personenbezogenen Daten begehrt werden. Sind ausschließlich personenbezogene Daten Ziel des Antrags, kann ein Antrag beide Antragserfordernisse erfüllen. Sachgerecht aus Sicht der Antragstellerin oder des Antragstellers erscheint, einen Antrag gemäß § 10 zu stellen und in diesem Antrag zu erklären, dass der Zugang zu der Information einschließlich der darin enthaltenen personenbezogenen Daten begehrt wird. In diesem Fall soll der Antrag nach § 10 Abs. 3 Satz 1 begründet werden (vgl. o. § 10 Rn. 20). 48

4. Rechtsfolge

Liegen die vorgenannten Voraussetzungen vor, hat die transparenzpflichtige Stelle die personenbezogenen Daten zugänglich zu machen. Ein Ermessen eröffnet die Norm nicht („ist ... zu gewähren"). Die Ablehnung des Informationszugangs sollte möglichst 49

45 BVerwG, Urt. v. 20.10.2016 – 7 C 27/15 –, juris Rn. 14 zu § 5 Abs. 4 IFG Bund; Schoch, § 5 Rn. 104 f.; Guckelberger, in: Gersdorf/Paal, § 5 IFG Bund Rn. 24.

46 In diese Richtung wohl auch OVG Berlin-Brandenburg, Beschl. v. 31.5.2011 – OVG 12 N 20.10 –, juris Rn. 14 („zweifelhaft, ob unter ‚Bearbeiter' alle Amtsträger zu verstehen sind, die an einem Verwaltungsvorgang mitgewirkt haben").

nur formal begründet werden, damit auch nicht mittelbar ein sensitives Datum unzulässig offenbart wird.[47]

V. Ausschluss wegen Veröffentlichung (Absatz 6)

50 Die Vorschrift ermöglicht den transparenzpflichtigen Stellen, auf Veröffentlichungen im **Internet** zu verweisen. Dies schließt eine Veröffentlichung auf der **Transparenzplattform** ein (LT-Drs. 7/8517 S. 55). Die Vorschrift dient der Vereinfachung und Beschleunigung des Verfahrens.[48] Den Antragstellenden wird auf diesem Weg schnell und kostenfrei der Zugang zur Information ermöglicht. Auf andere allgemein zugängliche Quellen ist die Vorschrift nicht – auch nicht entsprechend – anwendbar.[49] Der Zugang zu solchen Quellen würde weiteren Aufwand erfordern, z. B. den Gang in eine Bibliothek oder ein Archiv. Dies ist nicht gewollt.

51 Bei der Ermessenentscheidung ist zu berücksichtigen, ob die Antragstellerin oder der Antragsteller über einen **zumutbaren** Zugang zum Internet verfügt (LT-Drs. 7/8517 S. 55). Es sind gerade auch Anträge betreffend Informationen zulässig, die auf der Transparenzplattform veröffentlicht sind, um Menschen ohne Internetzugang nicht auszuschließen. Das gilt zum Beispiel für Obdachlose und für Strafgefangene, denen in aller Regel kein Internetzugang zur Verfügung steht. Sie dürfen nicht auf das Internet verwiesen werden.[50] Ebenfalls zu berücksichtigen hat die transparenzpflichtige Stelle, ob es sich um ein kostenpflichtiges Angebot im Internet handelt. Zum Teil wird vertreten, dass eine Informationsbeschaffung zu marktüblichen Preisen zumutbar sein könne und abzuwägen sei zwischen dem Aufwand, der bei der Informationsbeschaffung aus allgemein zugänglichen Quellen anfiele, mit dem Aufwand, den die transparenzpflichtige Stelle bei positiver Bescheidung des Antrags betreiben müsste.[51] Dieser Maßstab kann beim Sächsischen Transparenzgesetz nicht angelegt werden, denn gemäß § 12 Abs. 5 Satz 2 besteht in der Regel Kostenfreiheit. Diese Kostenfreiheit darf die transparenzpflichtige Stelle nicht unterlaufen, indem sie auf kostenpflichtige Angebote im Internet verweist, statt kostenfrei die Information selbst zur Verfügung zu stellen. Die Internetfundstelle muss daher **frei zugänglich** sein.[52] Neben kostenpflichtigen Angeboten schließt dies auch Angebote mit anderen unangemessenen Zugangshürden wie der pflichtigen Preisgabe von personenbezogenen Daten durch eine Registrierung oder die notwendige Installation weiterer Software aus.[53] Geht die transparenzpflichtige Stelle aber davon aus, dass die Antragsbearbeitung ausnahmsweise teurer wird als der Zugang im Internet, sollte sie die Antragstellerin oder den Antragsteller im Hinweis nach § 12 Abs. 5 Satz 7 entsprechend informieren. Dies dürfte wegen des nach § 12 Abs. 5 Satz 2 bis 600 Euro grundsätzlich kostenfreien Aufwands nur bei Informationsanträgen an die in § 4 Abs. 3 Satz 1 Nr. 8 genannten Stellen (Selbstverwaltungskörperschaften usw.) in Betracht kommen, da diese nach § 12 Abs. 5 Satz 1 in Verbindung mit Satz 4 kostendeckende Gebühren und Auslagen erheben.

---

47 Schoch, § 5 Rn. 61; s. zur Ablehnung i. Ü. § 12 Abs. 4, vgl. dazu § 12 Rn. 13.
48 Athen, in: Heinemann, S. 265 zu § 12 Abs. 1 Satz 2 LTranspG RP.
49 In § 12 Abs. 1 Satz 2 LTranspG RP findet sich eine offenere Regelung.
50 Maatsch/Schnabel, § 12 Rn. 14 zum entsprechenden § 12 Abs. 6 HmbTG.
51 Athen, in: Heinemann S. 265 zu § 12 Abs. 1 Satz 2 LTranspG RP; VG München, Urt. v. 21.6.2007 – M 17 K 06.3145 –, juris Rn. 31; Sicko, in: Gersdorf/Paal, § 9 IFG Bund Rn. 42 jeweils zu § 9 Abs. 3 IFG Bund.
52 Maatsch/Schnabel, § 12 Rn. 14 zum entsprechenden § 12 Abs. 6 HmbTG.
53 Maatsch/Schnabel, § 12 Rn. 14.

Liegen die Voraussetzungen vor, hat die transparenzpflichtige Stelle die **Fundstelle im Internet** konkret zu benennen, am besten durch Übersendung der zugehörigen Internetadresse oder eines Links.[54] Dies ergibt sich unmittelbar aus dem Wortlaut der Norm. Danach genügt der bloße Verweis ins Internet gerade nicht, sondern es darf nur auf die Fundstelle der im Internet veröffentlichten Information verwiesen werden. 52

§ 12
Entscheidung

(1) [1]Soweit eine Informationspflicht besteht, macht die transparenzpflichtige Stelle die begehrten Informationen unverzüglich, spätestens aber innerhalb eines Monats nach Eingang des Antrags, vorbehaltlich des § 11 Absatz 1 Satz 3 in der gewählten Form zugänglich. [2]§ 6 Absatz 2 bleibt unberührt.

(2) [1]Können die begehrten Informationen nicht oder nicht vollständig innerhalb der Frist des Absatzes 1 Satz 1 zugänglich gemacht werden oder erfordern Umfang oder Komplexität eine intensive Prüfung, können die transparenzpflichtigen Stellen die Frist angemessen verlängern. [2]Die Antragstellerin oder der Antragsteller ist über die Verlängerung der Frist und über die Beteiligung von Dritten nach § 6 Absatz 2 schriftlich oder elektronisch zu unterrichten.

(3) [1]Der Antrag ist abzulehnen, wenn er zu unbestimmt ist und auf Aufforderung der transparenzpflichtigen Stelle gemäß § 10 Absatz 2 Satz 3 nicht präzisiert wurde. [2]Ferner ist der Antrag abzulehnen, wenn er offensichtlich missbräuchlich gestellt wurde.

(4) Die Ablehnung eines Antrags oder die Beschränkung des begehrten Zugangs erfolgt innerhalb der in Absatz 1 Satz 1 oder Absatz 2 Satz 1 genannten Frist durch schriftlichen Bescheid.

(5) [1]Für öffentlich-rechtliche Leistungen nach diesem Abschnitt werden vorbehaltlich des Satzes 2 kostendeckende Gebühren und Auslagen erhoben. [2]Der Zugang zu Informationen ist bis zu einem Aufwand von 600 Euro gebühren- und auslagenfrei. [3]Die Gebühr darf den Betrag von 2 500 Euro nicht übersteigen. [4]Satz 2 gilt nicht für öffentliche-rechtliche Leistungen der in § 4 Absatz 3 Satz 1 Nummer 8 genannten Stellen. [5]Betreffen mehrere Anträge einer Person an eine transparenzpflichtige Stelle denselben Lebenssachverhalt, sind sie insoweit als ein Antrag zu behandeln. [6]Abschriften oder lesbare Ausdrucke werden nicht gebühren- und auslagenfrei zur Verfügung gestellt, soweit die Informationen in zumutbarer Weise aus allgemein zugänglichen Quellen beschafft oder elektronisch übermittelt werden können. [7]Sofern der Antrag nicht gebühren- und auslagenfrei bearbeitet wird, ist die Antragstellerin oder der Antragsteller über die voraussichtliche Höhe der Gebühren und Auslagen vorab zu informieren und darauf hinzuweisen, dass der Antrag zurückgenommen oder eingeschränkt werden kann. [8]In diesem Fall verlängert sich die Frist nach Absatz 1 Satz 1 oder Absatz 2 Satz 1 um einen Monat. [9]Von der Erhebung von Kosten kann ganz oder teilweise abgesehen werden, wenn dies im Einzelfall aus Gründen der Billigkeit oder des öffentlichen Interesses geboten ist.

54 Vgl. Maatsch/Schnabel, § 12 Rn. 14.

Erläuterungen:

Übersicht

1 § 12 enthält detaillierte Regelungen zu Form (Rn. 2, 13), Fristen (Rn. 3, 13 ff.) und Kosten (Rn. 15 ff.) der Entscheidung über den Antrag auf Informationsgewährung. Besonderheiten zu den Fristen gelten bei der Drittbeteiligung (Rn. 7). Absatz 3 regelt zwei besondere Ablehnungsgründe (Rn. 11 f.).

I. Form und Frist der Informationsgewährung (Absätze 1 und 2)

2 Gemäß **Absatz 1 Satz 1** ist die Information in der **gewählten Form** zugänglich zu machen. Dies bezieht sich auf die Wahlmöglichkeit nach § 11 Abs. 1 Satz 1. Die Information ist daher durch Auskunft oder durch Einsicht zu gewähren. Die Vorschrift enthält keine eigenständige Formvorschrift. Die Übermittlung der Auskunft bedeutet einen konkludenten Verwaltungsakt, der durch Zugangsgewährung bekannt gegeben und vollzogen wird.[1] Der Vorbehalt von § 11 Abs. 1 Satz 3 dient der Klarstellung, da danach die Form nicht durch die Antragstellerin oder den Antragsteller frei wählbar ist. Es gibt Einschränkungen hinsichtlich des Aufwands und der Sicherheit (näher § 11 Rn. 4 ff.).

3 Absatz 1 Satz 1 regelt zwei **Fristen**: Soweit eine Informationspflicht besteht, macht die transparenzpflichtige Stelle die begehrten Informationen unverzüglich zugänglich, spätestens aber innerhalb eines Monats nach Eingang des Antrags. Diese Fristenregelungen sind nicht unüblich.[2] Sie sollen verhindern, dass sich eine transparenzpflichtige Stelle eines unangenehmen Antrags entledigt, indem sie ihn nicht bearbeitet.[3] Die Frist **„unverzüglich"** (ohne schuldhaftes Zögern) ist die gesetzliche Regel. Die Frist von **einem Monat** ist als Höchstfrist zu verstehen, nicht als Regelfrist. Sie soll einerseits zu einer zügigen Bearbeitung anhalten, andererseits den transparenzpflichtigen Stellen genügend Gelegenheit bieten, mit den vorhandenen Personalkapazitäten und Sachmitteln den Antrag zu prüfen.[4] Werden nur einfache Auskünfte verlangt, kann die Monatsfrist nicht ausgeschöpft werden. Sie wird als Ereignisfrist nach § 187 Abs. 1, § 188 Abs. 2 BGB i. V. m. § 31 Abs. 1 VwVfG und § 1 Satz 1 SächsVwVfZG berechnet. Die Frist beginnt, wenn der Antrag – ggf. nach einer Weiterleitung gemäß § 10 Abs. 1 Satz 2 – der zuständigen transparenzpflichtigen Stelle in deutscher Sprache (§ 23 Abs. 3 VwVfG i. V. m. § 1 Satz 1 SächsVwVfZG) und im Sinne des § 10 Abs. 2 Satz 1 erstmals hinreichend bestimmt vorliegt.[5]

4 Die Höchstfrist von einem Monat gemäß Absatz 1 Satz 1 können die transparenzpflichtigen Stellen nach **Absatz 2 Satz 1** angemessen verlängern, wenn sie die begehrten Informationen nicht oder nicht vollständig innerhalb der Frist des Absatzes 1 Satz 1 zugänglich machen können oder Umfang oder Komplexität eine intensive Prüfung erfordern. Die gesetzliche Regelfrist „unverzüglich" kann nicht angemessen verlängert werden.

---

1 Berlit, SächsVBl. 2023, 93 (101).
2 Sie entsprechen z. B. im Wesentlichen § 12 Abs. 3 LTranspG RP sowie § 10 Abs. 3 und § 11 Abs. 1 ThürTG.
3 Maatsch/Schnabel, § 13 Rn. 2.
4 Athen, in: Heinemann, S. 270 zu § 12 Abs. 3 Satz 1 LTranspG RP.
5 Maatsch/Schnabel, § 13 Rn. 3; Athen, in: Heinemann, S. 270.

Die transparenzpflichtigen Stellen sind in jedem Fall gehalten, schnellstmöglich ihre gesetzlichen Aufgaben zu erfüllen. Dass Absatz 2 Satz 1 nur für eine Frist gilt, ergibt sich daraus, dass er den Begriff der Frist jeweils im Singular enthält. Diese verlängerbare Frist ist nach der Gesetzesbegründung die Höchstfrist von einem Monat nach Absatz 1 Satz 1 (LT-Drs. 7/8517 S. 55).

Dass eine Frist bei **Unmöglichkeit** („Können... nicht zugänglich gemacht werden") nicht eingehalten werden kann, ist selbstverständlich. Für die Praxis sind hierfür konkrete Gründe zu fordern, die den beiden anderen Varianten (Umfang oder Komplexität erfordern intensive Prüfung) von Art und Gewicht gleichkommen. Die **Komplexität** kann rechtlicher oder tatsächlicher Natur sein. Die Formulierung „**angemessen verlängern**" soll den transparenzpflichtigen Stellen Spielraum eröffnen, über entsprechend umfangreiche oder komplexe Anträge sachgerecht entscheiden zu können. Angemessen kann dabei auch eine Frist sein, die kürzer als eine feste gesetzliche Vorgabe der Verlängerung auf zwei oder drei Monate ist.[6] Zudem kann dem Informationsbegehren nicht zweckmäßig nachgekommen werden, wenn es derart umfangreich oder komplex ist, dass es innerhalb einer festen gesetzlichen Fristvorgabe nicht zu erfüllen ist. Aus dem Ausnahmecharakter der Fristverlängerung folgt, dass die transparenzpflichtige Stelle vor einer Fristverlängerung in Bezug auf das gesamte Informationszugangsbegehren die Möglichkeit eines nur teilweisen Informationszuganges zu prüfen hat.[7] 5

Gemäß **Absatz 2 Satz 2** ist die Antragstellerin oder der Antragsteller über die Verlängerung der Frist zu **unterrichten**. Dies soll der Selbstkontrolle der Verwaltung dienen.[8] Zur Form der Unterrichtung sind die Vorgaben „schriftlich oder elektronisch" nicht eng zu verstehen. Das nicht unterschriebene Schreiben ist ebenso zulässig wie die Textform per E-Mail. Die Gründe für die Verlängerung muss die transparenzpflichtige Stelle in der Mitteilung nicht darlegen.[9] 6

Besonderheiten zu den Fristen gelten gemäß **Absatz 1 Satz 2** bei der **Drittbeteiligung**. Danach bleibt § 6 Abs. 2 – die Vorschrift zur Drittbeteiligung – unberührt.[10] Diese Kollisionsnorm gilt ebenso, sofern eine Beteiligung nach § 11 Abs. 4 Satz 1 Nr. 2, Nr. 3, Satz 2 oder Abs. 5 Satz 2 erfolgt. Bei einer Drittbeteiligung gilt damit die Monatsfrist nach Absatz 1 Satz 1 nicht. In diesen Fällen wird sie kaum einzuhalten sein (LT-Drs. 7/8517 S. 55). Deswegen erstreckt sich die **Unterrichtungspflicht** nach Absatz 2 Satz 2 auch auf diese Fälle. Absatz 1 Satz 2 gilt jedoch nicht für die gesetzliche Regelfrist „unverzüglich", die auch bei Drittbeteiligung anzuwenden ist. Denn zwischen einer unverzüglichen Antragsbearbeitung und einer Drittbeteiligung gibt es keine Kollision. Die transparenzpflichtigen Stellen müssen immer ohne schuldhaftes Zögern ihre gesetzlichen Aufgaben erfüllen. Dies entspricht auch der Gesetzesbegründung zu Absatz 2 Satz 1, wonach bei der Beteiligung von Dritten nach § 6 Abs. 2 lediglich die Frist „unverzüglich" nach Absatz 1 Satz 1 gilt (LT-Drs. 7/8517 S. 55). 7

Einen weiteren Fall der **Fristverlängerung** regelt **Absatz 5 Satz 8**. Sofern der Antrag nicht gebühren- und auslagenfrei bearbeitet wird, ist die Antragstellerin oder der Antragsteller über die voraussichtliche Höhe der Gebühren und Auslagen vorab zu informieren und 8

6 So die Verlängerungsmöglichkeiten nach § 13 Abs. 5 HmbTG.
7 Berlit, SächsVBl. 2023, 93 (101 f.).
8 Maatsch/Schnabel, § 13 Rn. 27.
9 Berlit, SächsVBl. 2023, 93 (101).
10 Die Formulierung „bleibt unberührt" entspricht § 7 Abs. 5 Satz 3 IFG Bund.

darauf hinzuweisen, dass der Antrag zurückgenommen oder eingeschränkt werden kann (Absatz 5 Satz 7). In diesem Fall verlängert sich die Monatsfrist nach Absatz 1 Satz 1 oder die nach Absatz 2 Satz 1 angemessen verlängerte Frist um einen Monat. Die Fristverlängerung ist zur Einhaltung des Verfahrens notwendig (LT-Drs. 7/8517 S. 56). Dabei handelt es sich um eine gesetzliche Fristverlängerung, über welche die transparenzpflichtigen Stellen analog Absatz 2 Satz 2 zu **unterrichten** haben. Die Unterrichtung sollte mit dem Hinweis nach Absatz 5 Satz 7 ergehen.

9 Eine Sanktionierung bei **Überschreiten einer Frist** ist nicht geregelt. Erfahrungen aus der Praxis zeigen, dass der Verweis auf gesetzliche Fristen in aller Regel ausreicht.[11] Als Rechtsbehelf in der Sache kommt lediglich eine Verpflichtungsklage als **Untätigkeitsklage** nach § 75 VwGO in Betracht. Ist danach über einen Antrag auf Vornahme eines Verwaltungsakts ohne zureichenden Grund in angemessener Frist sachlich nicht entschieden worden, ist vor der Verpflichtungsklage kein Vorverfahren nach § 68 VwGO durchzuführen. Die Klage kann nicht vor Ablauf von drei Monaten seit dem Antrag erhoben werden, außer wenn wegen besonderer Umstände des Falles eine kürzere Frist geboten ist (§ 75 Satz 2 VwGO). Eine isolierte Anfechtung einer **Fristverlängerung**, gestützt auf Absatz 2 Satz 1, scheidet wegen **§ 44a Satz 1 VwGO** aus. Rechtsbehelfe gegen behördliche Verfahrenshandlungen können danach nur gleichzeitig mit den gegen die Sachentscheidung zulässigen Rechtsbehelfen geltend gemacht werden. Bei einer Verlängerung der Höchstfrist ohne zureichende Gründe bestehen auch keine effektiven Möglichkeiten des Eilrechtsschutzes; eine einstweilige Anordnung auf Informationsgewähr scheitert an deren Irreversibilität, für eine Feststellung fehlender Gründe fehlt jedenfalls das Rechtsschutzbedürfnis.[12]

II. Ablehnung des Antrags (Absätze 3 und 4)

10 Absatz 3 enthält zwei Tatbestände, bei deren Vorliegen die transparenzpflichtige Stelle den Antrag abzulehnen hat. Nach Absatz 4 müssen Ablehnungen schriftlich erfolgen und es gelten dieselben Fristen wie bei der Informationsgewährung.

11 **Absatz 3 Satz 1** enthält einen besonderen Ablehnungsgrund für **unbestimmte Anträge** (vgl. § 10 Rn. 14). Werden diese trotz des nach § 10 Abs. 2 Satz 3 vorgesehenen Verfahrens (s. § 10 Rn. 17) nicht präzisiert, ist der Antrag auf Informationszugang abzulehnen. Die Monatsfrist nach Absatz 1 Satz 1 kann erst beginnen, wenn ein bestimmter Antrag vorliegt (vgl. o. Rn. 3).

12 Eine Ablehnung hat nach **Absatz 3 Satz 2** außerdem zu erfolgen, wenn der Antrag offensichtlich missbräuchlich gestellt wurde. Rechtsmissbräuchliches Verhalten ist ohnehin unzulässig. Die deklaratorische Benennung soll der Rechtssicherheit der transparenzpflichtigen Stellen beim Umgang mit entsprechenden Anträgen dienen. Diese können damit auf eine gesetzliche Vorschrift verweisen. Die Vorschrift ist wegen der Bedeutung von Transparenz und Informationsfreiheit restriktiv nur bei Vorliegen objektiver Missbräuchlichkeit anzuwenden.[13] Dies gilt besonders mit Blick auf den Umfang der Ausnahmegründe nach § 5, zumal nach § 11 Abs. 6 die offenkundige Nutzlosigkeit wegen anderweitiger Internetveröffentlichung bereits erfasst ist.[14] Die Annahme von Miss-

11 Maatsch/Schnabel, § 13 Rn. 5.
12 Berlit, SächsVBl. 2023, 93 (101).
13 Pautsch, in: Heinemann, S. 300 zu § 14 Abs. 1 Satz 2 Nr. 12 LTranspG RP.
14 Berlit, SächsVBl. 2023, 93 (102).

brauch ist möglich, wenn es der Antragstellerin oder dem Antragsteller nicht um die begehrte Information geht, vielmehr ausschließlich andere, von der Rechtsordnung missbilligte Zwecke verfolgt werden, etwa den Zweck, die in Anspruch genommene transparenzpflichtige Stelle lahmzulegen.[15] Solange ein Informationsbegehren die allgemeinen Ziele, das Demokratieprinzip zu fördern und staatliches Handeln zu kontrollieren, zumindest auch verfolgt, kann es nicht unter Verweis auf zugleich verfolgte Nebenzwecke abgelehnt werden.[16] Die bloß häufige Wahrnehmung des Antragsrechts rechtfertigt nicht die Annahme von Missbrauch.[17]

Absatz 4 bestimmt Form und Frist des ablehnenden Bescheids. Die Ablehnung hat **schriftlich** zu erfolgen. Wegen der Schriftform ist der ablehnende Verwaltungsakt nach § 39 Abs. 1 Satz 1 i. V. m. § 1 Satz 1 SächsVwVfZG zu begründen und gemäß § 37 Abs. 6 Satz 1 VwVfG i. V. m. § 1 Satz 1 SächsVwVfZG mit einer Rechtsbehelfsbelehrung zu versehen. Hinsichtlich der **Frist** regelt die Vorschrift konsequent einen **Gleichlauf** mit der Gewährung einer Information nach den Absätzen 1 und 2. Eine Teilablehnung kann mit der teilweisen Informationsgewähr verbunden werden und ist insbesondere zeitlich zu entkoppeln, wenn eine Beteiligung Dritter (§ 6 Abs. 2) im Raum steht.[18] 13

Die Ablehnung ist ein versagender Verwaltungsakt. Statthafter **Rechtsbehelf** ist der Verpflichtungswiderspruch sowie bei erfolgloser Durchführung des Vorverfahrens die Verpflichtungsklage in Form der Versagungsgegenklage. Eine einstweilige Anordnung würde in aller Regel zu einer grundsätzlich unzulässigen Vorwegnahme der Hauptsache führen.[19] 14

III. Kosten (Absatz 5)

Absatz 5 enthält besondere Kostenregelungen, die sich an § 7 Abs. 1 VIG orientieren. Sie sind zum allgemeinen Verwaltungskostenrecht vorrangig zu beachten. Die Information auf Antrag soll weitestgehend kostenfrei gewährt werden (vgl. LT-Drs. 7/8517 S. 56). Die Kostenfrage soll Gegenstand der Evaluierung nach § 17 Abs. 3 Nr. 2 werden. 15

Kosten sollen niemanden abschrecken, Anträge nach dem Gesetz zu stellen. Die **regelmäßige Kostenfreiheit** war eine der wenigen genaueren Festlegungen im Koalitionsvertrag 2019 bis 2024 zu diesem Gesetz. Der Koalitionsvertrag (S. 60) sieht vor, dass sowohl der individuelle auf Antrag gewährte als auch der allgemeine Zugang über die Transparenzplattform in der Regel kostenfrei ermöglicht werden. Dieses Ziel sollte die Regelung erreichen. Die Gesetzesbegründung geht anhand von Zahlen aus Rheinland-Pfalz von einer durchschnittlichen Bearbeitungszeit von 186 Minuten aus (LT-Drs. 7/8517 S. 32). Dies ist anhand der Bearbeitungszeiten nach dem Evaluationsabschlussbericht zum Hamburgischen Transparenzgesetz plausibel (vgl. Vorbem. § 10 Rn. 6). Gemäß Nr. 55 Tarifstelle 3 der Anlage 1 zum 10. SächsKVZ wird die angefangene Viertelstunde Bearbeitungszeit maximal 24 Euro Gebühren auslösen. Es handelt sich um Zeitgebühren im Sinne des § 4 Abs. 3 SächsVwKG. Damit kann der durchschnittliche Antrag und auch die 71 Prozent der Anträge, die nicht mehr als vier Stunden Bearbeitungszeit erfordern, 16

15 BVerwG, Urt. v. 24.11.2020 – 10 C 12.19 –, juris Rn. 14.
16 BVerwG, Urt. v. 24.11.2020 – 10 C 12.19 –, juris Rn. 14.
17 Pautsch, in: Heinemann, S. 300 zu § 14 Abs. 1 Satz 2 Nr. 12 LTranspG RP.
18 Berlit, SächsVBl. 2023, 93 (102).
19 HessVGH, Beschl. v. 3.7.2012 – 6 B 1209/12 –, juris Rn. 21; Athen, in: Heinemann, S. 273.

selbst zuzüglich 100 Euro Auslagen kostenfrei bearbeitet werden. Bei einer Mittelgebühr zwischen 14 und 24 Euro dürften auch längere Bearbeitungen kostenfrei bleiben.

17 **Satz 1** regelt die kostendeckende Erhebung von Gebühren und Auslagen als Grundsatz. Nach Satz 1 werden für öffentlich-rechtliche Leistungen nach diesem Abschnitt vorbehaltlich des Satzes 2 kostendeckende Gebühren und Auslagen erhoben. Wegen der regelmäßigen Kostfreiheit nach **Satz 2** ist die Kostendeckung jedoch tatsächlich die Ausnahme.

18 Kostendeckende Gebühren und Auslagen erheben nach **Satz 4** aber grundsätzlich die Stellen nach § 4 Abs. 3 Satz 1 Nr. 8 (Selbstverwaltungskörperschaften usw.). Insoweit besteht jeweils – vorbehaltlich der weiteren Ausnahmen nach Absatz 5 – eine Pflicht zur Gebührenerhebung. Nach Art. 3 Abs. 1 GG besteht auch eine Pflicht zur Gleichbehandlung innerhalb der jeweiligen juristischen Person des öffentlichen Rechts. Daher können die Staatsbehörden nur entweder einheitlich Gebühren erheben oder nicht. Ein allgemeines Entschließungsermessen darf ihnen insoweit nicht eingeräumt werden. Dass für Amtshandlungen der **Industrie- und Handelskammer, der Handwerkskammer und der Heilberufekammern** keine Gebührenfreiheit gelten soll, rechtfertigt sich daraus, dass die Kammern beitragsfinanziert sind und die Beiträge strukturell nicht dazu dienen, Informationszugänge Dritter zu finanzieren. Die Kammern sind nach § 4 Abs. 3 Satz 1 Nr. 8 i. Ü. nur äußerst eingeschränkt transparenzpflichtig (nämlich lediglich, soweit ihnen Aufgaben des Freistaates Sachsen übertragen worden sind) und verfügen damit über einen – von Satz 3 abgesehen – unbeschränkten Anspruch auf Kostenerstattung.

19 Noch nicht im Gesetzentwurf der Staatsregierung enthalten war **Satz 3**. Dieser legt allgemein eine **Gebührenobergrenze** von 2 500 Euro fest. Die Normierung der Obergrenze für die Gebührenhöhe ist ein probates Mittel zur Vermeidung einer prohibitiven Wirkung der Gebührenbemessung.[20] Die Gebühren dürfen in keinem Fall, auch nicht in Antragsverfahren bei Stellen nach § 4 Abs. 3 Satz 1 Nr. 8 (Selbstverwaltungskörperschaften usw.), Gebühren in Höhe von 2 500 Euro übersteigen. Der Betrag ist zuzüglich Auslagen zu verstehen. Für Auslagen gibt es keine Obergrenze.

20 Den vom Gesetzgeber vorgesehenen **Regelfall** enthält **Satz 2**. Danach ist der Zugang zu Informationen bis zu einem **Aufwand von 600 Euro gebühren- und auslagenfrei**. Zu erheben sind gegebenenfalls die den Aufwand von 600 Euro übersteigenden Kosten (vgl. LT-Drs. 7/8517 S. 56). Dies ergibt sich unmittelbar aus dem Wortlaut der Norm („... bis zu einem Aufwand von 600 Euro gebühren- und auslagenfrei."). Satz 2 verwendet den Begriff des **Aufwands** und schließt damit Aufwendungen und Auslagen ein. Der Begriff weicht vom Begriff „Verwaltungsaufwand" ab, der in § 4 Abs. 2 Satz 2 SächsVwKG definiert ist.[21]

21 Bei der Berechnung ist **Satz 5** zu beachten, wonach mehrere Anträge einer Person an eine transparenzpflichtige Stelle betreffend **denselben Lebenssachverhalt** als ein Antrag zu behandeln sind. Zum unbestimmten Rechtsbegriff desselben Lebenssachverhalts heißt es in der Gesetzesbegründung lediglich, dass die Vorschrift die missbräuchliche

20 Schoch, § 10 Rn. 78.

21 Danach sind Verwaltungsaufwand nur die regelmäßig bei der Erbringung der öffentlich-rechtlichen Leistung anfallenden Aufwendungen, die als Gebühr zu erheben sind; die bei der Erbringung einer bestimmten öffentlich-rechtlichen Leistung nicht regelmäßig anfallenden Aufwendungen sind hingegen gemäß § 13 Abs. 1 SächsVwKG als Auslagen zu erheben.

Inanspruchnahme der Kostenfreiheit vermeiden soll (vgl. LT-Drs. 7/8517 S. 56). Die künstliche Aufspaltung eines Lebenssachverhalts soll damit nicht zur Kostenfreiheit führen, wenn ein einheitlicher Antrag die Kostenfreiheit nicht begründet hätte. Stellt sich der konkrete Sachverhalt bei wertender Betrachtung als einheitlicher Lebenssachverhalt dar, so liegt nur ein Begehren vor, dessen Bescheidung gebührenrechtlich nur eine Amtshandlung ist.[22] Die Vorschrift dürfte für die transparenzpflichtigen Stellen schwierig handhabbar sein. Für sie ist nicht zu überblicken, wenn mehrere Personen solche Anträge stellen. Zudem kann die zeitliche Dimension zu Unklarheiten führen, da die künstliche Aufspaltung in verschiedene Anträge über einen längeren Zeitraum für die transparenzpflichtige Stelle kaum nachzuhalten ist. Von der Vorschrift sollte daher nur sehr zurückhaltend Gebrauch gemacht werden. Insbesondere obliegt es der transparenzpflichtigen Stelle nicht, durch die begriffliche Zusammenfassung von Einzelthemen zu einem schlagwortartigen Oberthema die Anforderungen zur Annahme eines einheitlichen Lebenssachverhalts zu verschieben.[23] Sicher unter die Vorschrift fallen allenfalls mehrere kleinteilige, gleichzeitig bei derselben transparenzpflichtigen Stelle gestellte Anträge derselben Person, die sich auf einen einheitlichen Lebenssachverhalt beziehen und bei vernünftiger Betrachtung als ein Antrag hätten gestellt werden können.

Zudem werden **Abschriften oder lesbare Ausdrucke** nach **Satz 6** nicht gebühren- und auslagenfrei zur Verfügung gestellt, soweit die Informationen in zumutbarer Weise aus allgemein zugänglichen Quellen beschafft oder elektronisch übermittelt werden können. Das ist insoweit unklar formuliert, als nicht Informationen selbst verschafft werden, da es sich hierbei gemäß § 2 Abs. 2 Satz 1 und § 3 Satz 1 um die bei den transparenzpflichtigen Stellen verfügbaren, dienstlichen Zwecken dienenden Aufzeichnungen handelt. Die Vorschrift ist aber ihrem Sinn und Zweck nach so zu verstehen, dass sich die Antragstellerin oder der Antragsteller zumutbar den Inhalt der Information verschaffen kann. Da die Vorschrift auf **allgemein zugängliche Quellen** abstellt und nicht wie § 11 Abs. 6 nur auf das Internet, ist ihr Anwendungsbereich weiter. Er schließt neben dem Internet beispielsweise auch Bücher, Zeitschriften, Bibliotheken und Archive ein. Bei der Tatbestandsalternative der **elektronischen Übermittlung** hat der Gesetzgeber die Kostenerhebung letztlich an den körperlichen Versand geknüpft, das heißt Kosten für Papier, Kopie, Druck und Versand sind gemeint. Zur Frage der **Zumutbarkeit**, die bei beiden Tatbestandsalternativen zu stellen ist (LT-Drs. 7/8517 S. 56), gilt das zu § 11 Abs. 6 Geschriebene entsprechend (vgl. § 11 Rn. 51). Es muss sich um einen freien Zugang handeln und die persönlichen Verhältnisse der Antragstellerin oder des Antragstellers sind zu berücksichtigen. Gegenüber Strafgefangenen etwa und Menschen mit Behinderung, für die der Zugang erschwert oder unmöglich ist, dürfen keine Kosten erhoben werden. 22

Für den Fall der ausnahmsweisen Kostenerhebung regelt **Satz 7** eine **Hinweispflicht** der transparenzpflichtigen Stellen. Danach ist, sofern der Antrag nicht gebühren- und auslagenfrei bearbeitet wird, die Antragstellerin oder der Antragsteller über die voraussichtliche Höhe der Gebühren und Auslagen vorab zu informieren und darauf hinzuweisen, dass der Antrag zurückgenommen oder eingeschränkt werden kann. Die Vorschrift dient dem Schutz der Antragstellenden vor einer überraschenden Kostenlast.[24] 23

22 BVerwG, Urt. v. 20.10.2016 – 7 C 6.15 –, juris Rn. 20.

23 Vgl. SächsVerfGH, Urt. v. 28.1.2016 – Vf. 67-I-15 –, juris Rn. 58 zu Kettenanfragen aus dem parlamentarischen Raum.

24 Berlit, SächsVBl. 2023, 93 (102).

Die Antragstellerin oder der Antragsteller soll auch hinsichtlich einer kostengünstigeren Antragstellung beraten werden (vgl. LT-Drs. 7/8517 S. 56). Mitzuteilen ist ein ungefährer Kostenrahmen.[25] In diesem Fall verlängert sich gemäß **Satz 8** die Frist nach Absatz 1 Satz 1 oder Absatz 2 Satz 1 um einen Monat. Diese Vorschrift bezieht sich auf die ursprüngliche Höchstfrist von einem Monat oder die angemessen verlängerte Höchstfrist (vgl. o. Rn. 8). Die Rückausnahme von der Kostenfreiheit bis 600 Euro nach Satz 4 bewirkt für Träger der funktionalen Selbstverwaltung nach § 4 Abs. 3 Satz 1 Nr. 8, dass der Hinweis automatisch zu erteilen und der notwendige Bearbeitungsaufwand (gerichtsfest) zu erfassen ist, wobei zweifelhaft ist, ob der Hinweis-, Erfassungs- und Abrechnungsmehraufwand von den überwälzbaren Kosten erfasst ist, die allzumal im unteren Segment bei Festsetzung streitanfällig sind.[26]

24 Ebenfalls noch nicht im Gesetzentwurf der Staatsregierung enthalten war **Satz 9**. Danach kann von der Erhebung von Kosten ganz oder teilweise abgesehen werden, wenn dies im Einzelfall aus Gründen der Billigkeit oder des öffentlichen Interesses geboten ist. Die Vorschrift räumt den transparenzpflichtigen Stellen Ermessen ein, einerseits aus persönlich-wirtschaftlichen Gründen und wegen des allgemeinen öffentlichen Interesses keine oder nur einen Teil der Kosten zu erheben. Die Regelung dient dazu, im Einzelfall von abschreckenden Kosten abzusehen.

Vorbemerkung Abschnitt 4

1 Der Vierte Abschnitt des Gesetzes ist mit „Die oder der Transparenzbeauftragte" überschrieben. Er normiert die Einrichtung einer oder eines Transparenzbeauftragten (§ 13 Abs. 1 Satz 1 i. V. m. Abs. 2), umfasst deren oder dessen Aufgaben (§ 13 Abs. 1 und Abs. 3 bis 5), die Pflichten der transparenzpflichtigen Stellen zur Anhörung und Unterstützung der oder des Transparenzbeauftragten (§ 14) und regelt den Umgang mit festgestellten Verstößen im Rahmen einer Beanstandung (§ 15). Zudem enthalten § 13 Abs. 2 und Abs. 6 organisatorische Maßnahmen zur Übertragung der Aufgabe der oder des Transparenzbeauftragten an die Sächsische Datenschutzbeauftragte bzw. den Sächsischen Datenschutzbeauftragten und zu den Verschwiegenheitspflichten bei Ausübung dieses Amtes. Die **zentrale Norm dieses Abschnitts** ist jedoch das in § 13 Abs. 1 Satz 2 jeder Person eingeräumte Recht, sich bei der Verletzung seines Transparenzanspruches an die Transparenzbeauftragte oder den Transparenzbeauftragten zu wenden.

2 Die **sprachliche Anlehnung** der Regelungen dieses Abschnitts an die Regelungen über den Sächsischen Datenschutzbeauftragten in den §§ 27 bis 30 SächsDSG in der bis 31.12.2020 geltenden Fassung ist nicht zu übersehen. So hieß es in § 27 Abs. 1 Satz 1 SächsDSG ebenfalls: „Der Sächsische Datenschutzbeauftragte kontrolliert bei den öffentlichen Stellen die Einhaltung dieses Gesetzes [...]". Auch die Unterstützungspflichten und das Beanstandungsrecht ähneln den Regelungen, die vor dem Inkrafttreten der DSGVO[1] im (sächsischen) Datenschutzrecht galten. Das hat in der Anwendung dieses

25 Maatsch/Schnabel, § 13 Rn. 34.

26 Berlit, SächsVBl. 2023, 93 (102), der vorschlägt, diesen zusätzlichen Bürokratieaufwand bis zu einer eigendefinierten Wertgrenze dadurch zu vermeiden, dass – in großzügiger Auslegung des § 12 Abs. 5 Satz 9 – von der Kostenerhebung aus Gründen der Billigkeit oder im öffentlichen Interesse abgesehen wird.

1 Verordnung (EU) 2016/679 des Europäischen Parlaments und des Rates vom 27.4.2016 zum Schutz natürlicher Personen bei der Verarbeitung personenbezogener Daten, zum freien Datenverkehr und zur Aufhebung der Richtlinie 95/46/EG (ABl. L 119 vom 4.5.2016, S. 1, L 314 vom 22.11.2016, S. 72).

Abschnitts des Sächsischen Transparenzgesetzes den Vorteil, dass auf die Erfahrungen und die Praxis des früher geltenden Datenschutzrechts zurückgegriffen werden kann.[2]

Mit der **Übertragung der Aufgabe** an die Sächsische Datenschutzbeauftragte oder den Sächsischen Datenschutzbeauftragten knüpft das Sächsisches Transparenzgesetz an die Regelungen der Informationsfreiheits- und Transparenzgesetze des Bundes und der Länder an. In allen Bundesländern und im Bund wird die Aufgabe der Informationsfreiheits- oder Transparenzbeauftragten durch die jeweiligen Datenschutzbeauftragten wahrgenommen. In der Praxis wird diese bei ihrer Einführung auf Bundesebene noch umstrittene[3] Doppelfunktion heute als reibungsarm beschrieben.[4] Dass die Einrichtung einer Ombudsperson für die Informationsfreiheit oder für Transparenz rechtlich nicht verpflichtend ist[5], verdeutlicht das SächsUIG, das zwar den Zugang zu Umweltinformationen regelt, dies aber nicht von einer unabhängigen Stelle kontrollieren lässt. 3

Die Einführung einer oder eines Transparenzbeauftragten zur Kontrolle des Sächsischen Transparenzgesetzes war auch im sächsischen **Gesetzgebungsverfahren** nicht unumstritten. Der Sächsische Richterverein hielt in seiner Stellungnahme zum Referentenentwurf die Einrichtung eines Transparenzbeauftragten für nicht sachgerecht. Eine eigene Stelle mit der Überwachung einer Gesetzesanwendung zu betrauen, solle die Ausnahme bleiben (LT-Drs. 7/8517, Stellungnahme Sächsischer Richterverein S. 3 f.). Der MDR meldete erhebliche Zweifel an, ob die Betrauung des Sächsischen Datenschutzbeauftragten mit der Aufgabe des Transparenzbeauftragten beim MDR die Staatsferne hinreichend sichere. So werde die DSGVO aus guten Gründen allein durch den Rundfunkdatenschutzbeauftragten ausgeübt, um der schwierigen Unterscheidung von Aufgaben der öffentlichen Verwaltung – für die nach § 4 Abs. 2 Nr. 6 auch der öffentlich-rechtliche Rundfunk transparenzpflichtig ist – von journalistisch-redaktionellen Informationen vorzubeugen (LT-Drs. 7/8517, Stellungnahme MDR S. 3 f.). 4

Vor dem Hintergrund, dass das ThürTG den MDR bereits seit vielen Jahren der Transparenzpflicht und Kontrolle durch den Thüringer Landesbeauftragten für die Informationsfreiheit unterwirft[6] und dies offenbar nicht zu nennenswerten Konflikten führt, wäre eine anderslautende sächsische Regelung nicht sinnvoll gewesen. Auch das IZG LSA beschränkt den Zugang zu Informationen nur in Bezug auf journalistisch-redaktionelle Informationen. Letztlich wird sich die Kontrolle der öffentlich-rechtlichen Rundfunkanstalten durch die Transparenzbeauftragte oder den Transparenzbeauftragten am Maßstab der Rechtsprechung des Bundesverfassungsgerichts zum Schutzbereich der **Rundfunkfreiheit** ausrichten müssen. Jedenfalls ist geklärt, dass die auskunftspflichtigen und nicht auskunftspflichtigen Tätigkeiten der öffentlichen-rechtlichen Rundfunkanstalten grundsätzlich unterscheid- und abgrenzbar sind.[7] 5

2 Insoweit sei in der Kommentierung des Sächsischen Transparenzgesetzes auch ein Bezug auf den Kommentar von Giesen (u. a.) zum SächsDSG aus dem Jahr 2010 erlaubt.

3 Siehe dazu die Skizzierung des Diskussionsstandes um das Jahr 2005 durch Schnabel, in: Gersdorf/Paal, § 12 Rn. 27 ff.

4 Geminn, in: Roßnagel, § 89 Rn. 14; Schnabel, in: Gersdorf/Paal, § 12 Rn. 30; Schoch, § 12 Rn. 55 f.

5 So auch Schnabel, in: Gersdorf/Paal, § 12 Rn. 3.

6 § 2 Abs. 5 ThürTG regelt, dass das Gesetz für die öffentlich-rechtlichen Rundfunkanstalten gelte, es sei denn, die journalistische Tätigkeit ist betroffen oder staatsvertragliche Regelungen stehen entgegen.

7 BVerwG, Beschl. v. 27.5.2013 – 7 B 30.12 –, juris Rn. 17 f. Das Gericht hatte das berechtigte Auskunftsbegehren nach dem IFG NRW im Zusammenhang bestätigt.

6 Mit dieser Kritik sind die Angehörten nicht durchgedrungen. Eine Änderung hat der Abschnitt im Gesetzgebungsverfahren nicht erfahren.

7 Anders als § 12 Abs. 3 IFG Bund verweist das Sächsische Transparenzgesetz beim Umfang der Aufgaben oder der Befugnisse nicht auf die Regelungen im Datenschutzrecht, sondern normiert diese im Sächsischen Transparenzgesetz selbst. Es umgeht die unvorteilhafte statische Verweisung auf ein – im Falle des BDSG – nicht mehr geltendes Gesetz. Gleichwohl erfolgt eine **enge Anbindung an das SächsDSDG**, da das Sächsische Transparenzgesetz keine Regelungen etwa zur Benennung oder Wahl der oder des Transparenzbeauftragten oder ihrer bzw. seiner Personal- und Sachausstattung trifft. Gleichzeitig orientiert sich die Regelung zur Beanstandung nach § 15 an § 40 SächsDSUG, der das datenschutzrechtliche Beanstandungsrecht im Bereich der JI-Richtlinie[8] regelt (LT-Drs. 7/8517 S. 57).
Besser geregelt als im IFG Bund oder in den meisten Informationsfreiheits- und Transparenzgesetzen sind die Aufgaben, Befugnisse, Unterstützungspflichten und das Beanstandungsrecht für die Transparenzbeauftragte oder den Transparenzbeauftragten, weil sie sich auf drei Normen verteilen. Das trägt zur Übersichtlichkeit bei.

8 Die Einrichtung **behördlicher Transparenzbeauftragter** – ähnlich der Regelungen zum Datenschutzrecht – sieht das Sächsisches Transparenzgesetz nicht vor. Dabei hat die Bestellung behördlicher Beauftragter unbestreitbare Vorteile. Behördliche Informationsfreiheitsbeauftragte könnten die öffentlichen Stellen unterstützen und die Informationsfreiheit fördern.[9] Nach § 9 Abs. 2 LTranspG RP und § 16 Abs. 3 Satz 2 ThürTG sollen bzw. können solche behördlichen Beauftragten ausdrücklich bestellt werden. Auch die Konferenz der Informationsfreiheitsbeauftragten fordert unter Verweis auf eine Reihe von Vorteilen die Bestellung behördlicher Informationsfreiheitsbeauftragter.[10] Zwar fehlt in Sachsen eine explizite gesetzliche Regelung, einer Benennung von Ansprechpartnern in Behörden und einer Übertragung gebündelter Aufgaben auf einen Beauftragte steht das jedoch nicht entgegen.[11] Die Benennung behördlicher Transparenzbeauftragten ist eine mögliche Maßnahme zur Förderung der Transparenz, die nach § 2 Abs. 3 Aufgabe jeder transparenzpflichtigen Stelle ist, siehe auch § 2 Rn. 32.

8 Richtlinie (EU) 2016/680 des Europäischen Parlaments und des Rates vom 27.4.2016 zum Schutz natürlicher Personen bei der Verarbeitung personenbezogener Daten durch die zuständigen Behörden zum Zwecke der Verhütung, Ermittlung, Aufdeckung oder Verfolgung von Straftaten oder der Strafvollstreckung sowie zum freien Datenverkehr und zur Aufhebung des Rahmenbeschlusses 2008/977/JI des Rates (ABl. L 119/89 vom 4.4.2016).

9 Siehe dazu bereits Debus, DÖV 2012, 917(921).

10 Entschließung der 40. Konferenz der Informationsfreiheitsbeauftragten in Deutschland vom 2.6.2021, abrufbar unter: https://www.bfdi.bund.de/SharedDocs/Downloads/DE/IFG/AGIDIIFK/40KonferenzTransparenz-beh%C3%B6rdliche-IFbeauftragte.pdf?__blob=publicationFile&v=2 (14.11.2022).

11 In der Entschließung der 40. Konferenz der Informationsfreiheitsbeauftragten (a. a. O.) wird die Benennung behördlicher Informationsfreiheitsbeauftragter empfohlen, auch wenn es keine gesetzliche Verpflichtung dafür gibt.

Abschnitt 4
Die oder der Transparenzbeauftragte

§ 13
Aufgaben

(1) [1]Die oder der Transparenzbeauftragte kontrolliert bei den transparenzpflichtigen Stellen die Einhaltung dieses Gesetzes. [2]Wer seinen Transparenzanspruch als verletzt ansieht, kann sich an sie oder ihn wenden.

(2) Die Aufgaben der oder des Transparenzbeauftragten werden der oder dem Sächsischen Datenschutzbeauftragen übertragen.

(3) [1]Die oder der Transparenzbeauftragte erstattet dem Landtag und der Staatsregierung alle zwei Jahre jeweils zum 30. September einen Tätigkeitsbericht über ihre oder seine Tätigkeit. [2]Sie oder er kann sich jederzeit an den Landtag wenden.

(4) Die oder der Transparenzbeauftragte berät die transparenzpflichtigen Stellen zur Transparenzpflicht und gibt ihnen Empfehlungen zur Verwirklichung des Transparenzgebots.

(5) Die oder der Transparenzbeauftragte erstattet auf Anforderung des Landtags oder der Staatsregierung Gutachten und Berichte zu Fragen der Transparenz sowie des Rechts auf Zugang zu Informationen und geht Hinweisen nach, die solche Fragen in dem ihrer oder seiner Kontrolle unterliegenden Bereich betreffen.

(6) [1]Die oder der Transparenzbeauftragte und ihre oder seine Mitarbeiterinnen und Mitarbeiter sind, auch nach Beendigung der Tätigkeit, verpflichtet, über die ihnen amtlich bekanntgewordenen Angelegenheiten Verschwiegenheit zu wahren. [2]Dies gilt nicht für Mitteilungen im dienstlichen Verkehr oder über Tatsachen, die offenkundig sind oder ihrer Bedeutung nach keiner Geheimhaltung bedürfen. [3]Die oder der Transparenzbeauftragte entscheidet nach pflichtgemäßem Ermessen, ob und inwieweit sie oder er oder ihre oder seine Mitarbeiterinnen und Mitarbeiter über solche Angelegenheiten vor Gericht oder außergerichtlich aussagen oder Erklärungen abgeben. [4]Nach Beendigung ihres oder seines Amtsverhältnisses ist die Genehmigung der oder des amtierenden Transparenzbeauftragten erforderlich.

Erläuterungen:

Übersicht Rdnr.

I. Allgemeines

1 Da Sachsen bislang über kein Informationsfreiheitsgesetz verfügte, wird mit der Regelung zu der oder dem Transparenzbeauftragten in § 13 ein **gänzlich neues Amt** mit einer Reihe von neuen Aufgaben geschaffen. Diese reichen von der Kontrolle der transparenzpflichtigen Stelle, über die Behandlung von Beschwerden bis zu konkreten Berichtspflichten gegenüber Parlament, Staatsregierung und Öffentlichkeit.

2 Die zentrale Regelung der Norm findet sich in Absatz 1 Satz 2. Sie normiert den Anspruch auf Anrufung der oder des Transparenzbeauftragten für alle jene, die sich in ihrem Transparenzanspruch verletzt sehen. Für die Transparenzbeauftragte oder den Transparenzbeauftragten beinhaltet das Anrufungsrecht die Aufgabe, sich mit der Beschwerde zu befassen. Insoweit passt der Anspruch systematisch auch in den Kanon der Aufgaben und Pflichten der oder des Transparenzbeauftragten nach § 13. Gleichwohl hätte das Anrufungsrecht einen zentralen Platz im Gesetz verdient. So versteckt es sich in einem Paragrafen und einem Abschnitt, der nach den Überschriften und einem ersten Blick kein subjektives Recht für Personen mit einem Transparenzanspruch vermuten lässt.

3 Mit der Einrichtung einer oder eines Transparenzbeauftragten wird die Bedeutung des Informationsfreiheitsrechtes unterstrichen und institutionell gestärkt.[1] Die Möglichkeit, sich an eine Ombudsperson zur Erreichung des individuellen Transparenzanspruchs zu wenden, dient zudem dem **subjektiven Rechtsschutz**. Idealerweise führt die Einschaltung der oder des Transparenzbeauftragten zur Streitbeilegung und entlastet Verwaltung und Gerichte.[2] Mit der Einrichtung der oder des Transparenzbeauftragten werden zudem Erfahrungen mit dem Transparenzanspruch und seiner Umsetzung in der Verwaltung gebündelt und über die Beratungs- und Berichtsfunktion wieder in die transparenzpflichtigen Stellen zurückgegeben. So können sich eine einheitliche Verwaltungspraxis und ein sicherer Umgang mit dem Transparenzgesetz schneller entwickeln.

4 Für die Bewältigung der Aufgaben der oder des Transparenzbeauftragten wurde unter Berücksichtigung der Evaluationen des HbgTG und des LTranspG RP, den Angaben im Gesetzgebungsverfahren anderer Länder und einer Abfrage beim Sächsischen Datenschutzbeauftragten (LT-Drs. 7/8517 S. 18 f.) ein **Personalbedarf** von 2,8 Vollzeitäquivalenten ermittelt.[3]

---

1 Schoch, § 12 Rn. 5.
2 Schoch, a. a. O.; Heinemann, in: Heinemann, S. 327.
3 Siehe dazu Ziffer IV. des Kostenblattes zu LT-Drs. 7/8517.

Im Haushaltsanmeldeverfahren für das Jahr des Inkrafttretens des Sächsischen Transparenzgesetzes wurde dieser Mehrbedarf zunächst mit dem Hinweis abgelehnt[4], dass der Gesetzentwurf ausdrücklich davon ausgehe, dass der Personalbedarf mit dem vorhandenen Personal abgedeckt werden könne. Dies hätte jedoch dazu geführt, dass fast zehn Prozent der Stellen die der oder dem Sächsischen Datenschutzbeauftragten bis dahin für die Erfüllung der Aufgabe der unabhängigen Datenschutzaufsicht zur Verfügung gestanden haben[5], für die neue Aufgabe des Sächsischen Transparenzgesetzes hätten beansprucht werden müssen. Dies hätte durchaus als Eingriff in die „völlige Unabhängigkeit" der Aufsichtsbehörde nach Art. 52 Abs. 1 DSGVO und als Verletzung der in Art. 52 Abs. 4 DSGVO normierten Garantie bewertet werden können, wonach die Mitgliedsstaaten sicherstellen müssen, dass die Aufsichtsbehörden auch mit den personellen Ressourcen zur effektiven Erfüllung der Aufgaben nach der DSGVO auszustatten sind. 5

Letztlich wurden im Einzelplan der oder des Sächsischen Datenschutzbeauftragten im Landtagsverfahren zum Haushaltsplan 2023/2024 noch zwei Stellen zur Erfüllung der Aufgaben der oder des Transparenzbeauftragten geschaffen. Damit können die neuen Aufgaben ohne Abstriche bei den Aufgaben der Datenschutzaufsicht erfüllt werden.[6] 6

Über die in § 13 geregelten Aufgaben hinaus, wird man der oder dem Transparenzbeauftragten auch das Recht auf **Öffentlichkeitsarbeit** zubilligen. Dies ergibt sich bereits aus dem Beratungsauftrag nach Absatz 4, aber auch aus der Pflicht, einen Tätigkeitsbericht vorzulegen. Die oder der Transparenzbeauftragte und ihre bzw. seine Mitarbeiterinnen und Mitarbeitern werden zudem mit den Kolleginnen und Kollegen aus Bund und den anderen Ländern in der **Konferenz der Informationsfreiheitsbeauftragten** (IFK) und im Arbeitskreis Informationsfreiheit (AKIF) zusammenarbeiten und sich insbesondere über aktuelle Entwicklungen in der Rechtsprechung und Gesetzgebung austauschen.[7] 7

II. Kontrolle und Anrufung (Absatz 1)

1. Kontrollrecht (Satz 1)

Mit Absatz 1 Satz 1 wird das Amt der oder Transparenzbeauftragten eingeführt. Sie oder er kontrolliert die Einhaltung des Gesetzes bei den transparenzpflichtigen Stellen. Diese **Aufgabe ist umfassend** zu verstehen und betrifft sämtliche Regelungen des Sächsischen Transparenzgesetzes. Das Kontrollrecht schließt daher sowohl die Umsetzung des Anspruchs auf Veröffentlichung und des Anspruchs auf Zugang zu Informationen nach § 1 Abs. 1 als auch die dazugehörigen Veröffentlichungs- und Informationspflichten nach § 2 ein. Aber auch die Umsetzung der Transparenzplattform nach § 7 und deren technisch-organisatorische Ausgestaltung nach § 7 und § 9 können von der oder dem Transparenzbeauftragten kontrolliert werden. Umfasst sind zudem die Kontrolle der Berücksichtigung der Belange Dritter nach den §§ 6 und 11 oder die Erhebung von Gebühren und Auslagen nach § 12 Abs. 5. 8

4 Siehe Pressemitteilung der Sächsischen Datenschutzbeauftragten zur Verabschiedung des Sächsischen Transparenzgesetzes vom 13.7.2022: https://www.saechsdsb.de/images/stories/sdbîinhalt/Pressearbeit/20220713îPMîTransparenzbeauftragte.pdf (13.12.2022).

5 Die Sächsische Datenschutzbeauftragte verfügt laut Stellenplan zum Haushaltsplan im Jahr 2022 über 39 Stellen.

6 Beschlussempfehlung und Bericht HFA vom 14.12.2022, LT-Drs 7/11501, S. 221 ff.

7 Dazu auch *Schnabel*, in: Gersdorf/Paal, § 23 Rn. 60 f.

9 Der Kontrolle unterliegen alle **transparenzpflichtigen Stellen** nach § 4, also auch solche, die nur in einem bestimmten Bereich ihrer Aufgaben der Transparenzpflicht unterworfen sind. So kann die oder der Transparenzbeauftragte beispielsweise den Sächsischen Rechnungshof oder den Landtag kontrollieren, soweit sie in der Wahrnehmung von Aufgaben der öffentlichen Verwaltung nach § 4 Abs. 3 Nr. 2 bzw. 4 transparenzpflichtig sind. Verpflichten sich **Gemeinden, Landkreise oder Gemeindeverbände** durch Satzung zur Anwendung des SächsTranspG, sind auch sie transparenzpflichtig und unterliegen bei der Einhaltung des Gesetzes der Kontrolle durch die Transparenzbeauftragte oder den Transparenzbeauftragten.

10 Darüber hinaus ist die Kontrolle durch die Transparenzbeauftragte oder den Transparenzbeauftragten an keine weiteren Voraussetzungen geknüpft.[8] Die transparenzpflichtige Stelle kann daher auch **ohne Anlass** kontrolliert werden. Ein anlassbezogener Sachverhalt, etwa eine Beschwerde, ist nicht erforderlich. Die Kontrolle kann schriftlich oder vor Ort erfolgen. Eine Beschränkung der Kontrollbefugnis etwa bei Verschlusssachen sieht das Gesetz nicht vor. So kann die oder der Transparenzbeauftragte beispielsweise auch prüfen, ob eine Ausnahme von der Transparenzpflicht nach § 5 Abs. 1 Nr. 12 (Unterlagen die nach SächsSÜG als Verschlusssachen eingestuft sind) tatsächlich vorliegt. Mit dem Kontrollrecht der oder des Transparenzbeauftragten korrespondiert die Verpflichtung der transparenzpflichtigen Stellen, die oder den Transparenzbeauftragten bei der Erfüllung ihrer oder seiner Aufgaben zu unterstützen, § 14 Abs. 2.

11 Nicht vom Kontrollrecht der oder des Transparenzbeauftragten umfasst sind Transparenz- oder **Informationszugangsrechte aus anderen Gesetzen**, z. B. aus dem SächsUIG. Diese Einschränkung ergibt sich aus der Formulierung „Einhaltung dieses Gesetzes". Soweit das Sächsische Transparenzgesetz jedoch Veröffentlichungspflichten zu Informationen aus anderen Gesetzen normiert, kann die oder der Transparenzbeauftragte die Umsetzung dieser Pflicht kontrollieren. Dies betrifft beispielsweise die Informationen, die nach § 8 Abs. 1 Nr. 13 nach § 6 Abs. 1 VIG zugänglich gemacht worden sind sowie Informationen nach § 8 Abs. 1 Nr. 17, die bereits aufgrund anderer Rechtsvorschriften zu veröffentlichen sind. Auch die ordnungsgemäße Veröffentlichung von elektronisch zugänglich gemachten (Umwelt-)Informationen nach § 8 Abs. 1 Nr. 18 unterliegt der Kontrolle durch die Transparenzbeauftragte oder den Transparenzbeauftragten.

12 Die Beschränkung des Kontrollrechts, insbesondere im Bereich des Zugangs zu Umweltinformationen wurde u. a. in der Anhörung zum Gesetzentwurf und von der Konferenz der Informationsfreiheitsbeauftragten kritisiert.[9]

2. Anrufungsrecht (Satz 2)

13 Nach § 13 Abs. 1 Satz 2 kann sich an die Transparenzbeauftragte oder den Transparenzbeauftragten wenden, wer seinen Transparenzanspruch als verletzt ansieht. Es handelt sich um ein **spezifisches Petitionsrecht** und **subjektives Recht**[10] auf Anrufung der oder des Transparenzbeauftragten und schließt die Pflicht der oder des Transparenzbeauftragten ein, sich mit dem Anliegen des Anrufungsberechtigten zu befassen.

---

8 Giesen, in: Giesen (u. a.) § 27 Rn. 7 ff.

9 Schriftliche Stellungnahme des HmbBfDI S. 8, APr 7/70350, Wortprotokoll der öffentlichen Anhörung zu LT-Drs. 7/8517 am 13.4.2022 im Sächsischen Landtag sowie Stellungnahme der IFK vom 22.10.2021, LT-Drs. 7/8517.

10 Schoch, § 12 Rn. 9; Schnabel, in: Gersdorf/Paal, § 12 Rn. 11.

a) Anrufungsberechtigte

Anrufungsberechtigt ist, „wer" seinen **Transparenzanspruch** als verletzt ansieht. Der berechtigte Personenkreis wird durch § 1 Abs. 1 bestimmt, der den Transparenzanspruch definiert. Danach hat jede Person einen Anspruch auf Veröffentlichung der veröffentlichungspflichtigen Informationen und auf Zugang zu Informationen. Da dieser Anspruch weit zu verstehen ist, sind anspruchsberechtigt nicht nur natürliche Personen, sondern auch juristische Personen des Privatrechts oder nicht rechtsfähige Vereinigungen, ggf. auch juristische Personen des öffentlichen Rechts (§ 1 Rn. 7). 14

Der Transparenzanspruch des Anrufungsberechtigten muss sich aus dem Sächsischen Transparenzgesetz ergeben, insoweit ist das Anrufungsrecht durch den Umfang des Kontrollrechts der oder des Transparenzbeauftragten begrenzt. Anrufungsrechte die sich aus den Transparenzpflichten anderer Gesetze ergeben, bleiben von Sächsischen Transparenzgesetz unberührt, § 1 Abs. 2. 15

b) Anrufungsgrund

Der Anrufungsberechtigte muss sich in seinem Transparenzanspruch als verletzt ansehen. Dies setzt eine **konkrete Betroffenheit** voraus.[11] Der Betroffene muss darlegen, inwieweit die Nicht-Veröffentlichung einer Information oder die Ablehnung des beantragten Zugangs zu Informationen rechtswidrig ist. Wegen der Verletzung von **Veröffentlichungspflichten** sind an den Nachweis der Betroffenheit keine erhöhten Anforderungen zu stellen. Hier reicht der Hinweis auf die fehlende Veröffentlichung. Wird die Verletzung des Rechts auf **Informationszugang auf Antrag** nach § 10 vorgetragen, muss ein solcher Antrag zumindest gestellt worden und nach der subjektiven Einschätzung („als verletzt ansieht") des Betroffenen eine Verletzung der Rechte aus dem Sächsischen Transparenzgesetz eingetreten sein. Die Möglichkeit der Rechtsverletzung ist ausreichend.[12] Die gegenüber der oder dem Transparenzbeauftragten geltend zu machende Rechtsverletzung kann sich auf die unterschiedlichsten Regelungen des Sächsischen Transparenzgesetzes beziehen. Sie kann beispielsweise die (Teil-)Ablehnung des Informationszugangs durch Bescheid, die fehlerhafte Durchführung des Verfahrens oder die Kostenentscheidung betreffen, aber auch die Nichteinhaltung der Frist zur Erteilung der Information nach § 12 Abs. 1 Satz 1. 16

Da der Transparenzanspruch den Anspruch auf Veröffentlichung und auf Informationszugang umfasst, sind **Dritte** – die etwa schutzwürdigen Belange nach § 6, aber keinen Transparenzanspruch geltend machen – vom Recht, sich an die Transparenzbeauftragte oder den Transparenzbeauftragten zu wenden, **nicht umfasst**. Da das Kontrollrecht der oder des Transparenzbeauftragten nach Satz 1 jedoch nicht voraussetzt, dass sich eine Person unter Berufung auf die Verletzung ihres Transparenzanspruchs an sie oder ihn gewandt hat, kann die oder der Transparenzbeauftragte der Petition eines Betroffenen wegen der Verletzung seiner schutzwürdigen Belange durchaus nachgehen. Der Betroffene wird insoweit als **Hinweisgeber** behandelt. Einen Anspruch auf Befassung mit dem Anliegen oder auf Mitteilung des Ergebnisses einer Kontrolle durch die Transparenzbeauftragte oder den Transparenzbeauftragten hat er jedoch nicht.[13] Gleichwohl sollten auch Hinweisgeber über das Ergebnis einer Kontrolle informiert werden. Daneben 17

11 Schoch, § 12 Rn. 24.
12 Schoch, § 12 Rn. 27.
13 Schnabel, in: Gersdorf/Paal, § 12 Rn. 13; Bannasch, in: Giesen (u. a.), § 24 Rn. 22.

haben Dritte das Recht, sich an die Sächsische Datenschutzbeauftragte oder den Sächsischen Datenschutzbeauftragten wegen der Verletzung datenschutzrechtlicher Regelungen zu wenden, Art. 77 DSG-VO.

18 Aus der Verengung des Anrufungsrechts auf die Verletzung der Transparenzpflicht folgt zudem, dass auch **transparenzpflichtige Stellen nicht** nach Absatz 1 Satz 2 anrufungsberechtigt sind. Allerdings können sie sich nach Absatz 4 mit einem Beratungsanliegen oder der Bitte um Empfehlungen an die Transparenzbeauftragte oder den Transparenzbeauftragten wenden.

c) Inhalt, Form, Frist, Kosten

19 Zur Art und Weise der Anrufung der oder des Transparenzbeauftragten enthält das Gesetz keine Regelungen. So ist der Anspruchsberechtigte weder an eine Frist noch an eine Form gebunden. Der Anspruchsberechtigte kann sich schriftlich, elektronisch per E-Mail oder Kontaktformular an die Transparenzbeauftragte oder den Transparenzbeauftragten wenden. Das Anliegen kann aber auch zur Niederschrift gegeben werden.

20 Zu seiner Person muss er grundsätzlich nur das angeben, was für die Prüfung der Verletzung seines Transparenzanspruchs **erforderlich** ist.[14] Das kann im Einzelfall auch die **Postanschrift** sein, etwa in Fällen des Verdachts einer rechtsmissbräuchlichen Anrufung, für Fälle der Drittbeteiligung oder wenn die Identität des Anrufungsberechtigten zweifelhaft ist.[15] Auch das Erfordernis eines sicheren Übertragungsweges kann – etwa bei der Übermittlung personenbezogener Daten – eine Postanschrift erfordern. Die Pflicht nach § 10 Abs. 2 Satz 1, wonach die Antragstellerin oder der Antragsteller für den Informationszugang Name und Adresse angeben muss, gilt nicht für das Anrufungsrecht nach § 13 Abs. 1 Satz 2. Gibt der Anrufungsberechtigte gar keine Rückmeldemöglichkeit an, ist er als Hinweisgeber zu behandeln (Rn. 17).

21 Inhaltlich muss der Sachverhalt so geschildert werden, dass die Bearbeitung der Angelegenheit durch die Transparenzbeauftragte oder den Transparenzbeauftragten möglich und die geltend gemachte Verletzung des Transparenzanspruchs erkennbar ist.[16]

22 **Kosten** entstehen durch die Anrufung der oder des Transparenzbeauftragten keine. § 12 Abs. 5 gilt nicht.

d) Wirkung der Anrufung/Rechtsfolge

23 Das Verfahren nach Anrufung der oder des Transparenzbeauftragten ist nicht geregelt. Die Pflicht zur sachlichen Befassung ergibt sich aus der Aufgabe der oder des Transparenzbeauftragten zur Entgegennahme von Eingaben nach § 13 Abs. 1 Satz 2. Die **sachliche Befassung** beinhaltet die Prüfung der Zuständigkeit und Zulässigkeit der Anru-

---

14 OVG NRW, Urt. v. 15.6.2022 – 16 A 857/21 –, juris Rn. 64. Maßstab ist dabei insbesondere Art. 6 Abs. 1 UAbs. 1 Buchst. c) und e) DSGVO in Verbindung mit (in Sachsen) § 3 SächsDSDG. In der Anwendung des § 12 IFG war umstritten, ob eine anonyme Eingabe zulässig sei. Bejaht wurde dies u. a. von Brink, in: Brink/Polenz/Blatt, § 12 Rn. 12; Geminn, in: Roßnagel, § 89 Rn. 9; Schnabel, in: Gersdorf/Paal, § 12 Rn. 18 mit der Begründung, dass nicht ersichtlich sei, warum nicht konkrete Anfragen zu einzelnen Vorgängen dem jeweiligen Petenten auch ohne Kenntnis seiner Identität erteilt werden können, verneint von Schoch, § 12 Rn. 29.

15 OVG NRW, Urt.v. 15.6.2022 – 16 A 858/21 –, juris Rn. 137.

16 Schnabel, in: Gersdorf/Paal, § 12 Rn. 19.

fung.[17] Wird dies bejaht, ist die Eingabe inhaltlich zu prüfen. Die oder der Transparenzbeauftragte kann weitere Sachverhaltsaufklärung betreiben und die transparenzpflichtige Stelle zur Stellungnahme auffordern. In der Regel werden sich die in Frage stehenden Probleme mit der transparenzpflichtigen Stelle einvernehmlich regeln lassen und Abhilfe geschaffen.[18] Ist dies nicht der Fall oder ist ein Verstoß gegen dieses Gesetz erheblich, kann die oder der Transparenzbeauftragte in das Beanstandungsverfahren nach § 15 gehen. Einen Anspruch auf eine bestimmte Maßnahme, etwa eine Beanstandung oder Abhilfe, hat der Anrufungsberechtigte nicht. Die oder der Transparenzbeauftragte entscheidet im Rahmen ihrer oder seiner Aufgaben und Befugnisse nach **pflichtgemäßen Ermessen.**[19]

24 Im Anschluss an die Prüfung hat der Anrufungsberechtigte einen Anspruch auf **Benachrichtigung** über das Ergebnis des Verfahrens. In Anlehnung an das Petitionsrecht bzw. in Behandlung des Anrufungsrechts als Petitionsrecht besteht mangels Qualität der Entscheidung als Verwaltungsakt kein Begründungserfordernis, gleichwohl sind die getroffenen Feststellungen und die rechtliche Einschätzung näher und aus Bürgersicht verständlich zu erläutern.[20]

25 An eine **Frist zur Bearbeitung** der Eingabe – ähnlich wie in § 17 SächsDSUG – ist die oder der Transparenzbeauftragte nicht gebunden. Insbesondere gilt die Monatsfrist des § 12 Abs. 1 Satz 1 nicht.

e) Rechtsschutz

26 Gesetzlich geregelt ist ein Rechtsschutz gegen die Entscheidung der oder des Transparenzbeauftragten nicht. Gleichwohl gibt es nach Art. 19 Abs. 4 GG kein **rechtsschutzfreies Verwaltungshandeln.**[21] Gegen die Entscheidung der oder des Transparenzbeauftragten ist eine Klage vor dem Verwaltungsgericht dann möglich, wenn das Anrufungsbegehr nicht angenommen bzw. erledigt wurde oder der Anspruch des Anrufungsberechtigten nach § 13 Abs. 1 Satz 2 sonst unzureichend erfüllt wurde.[22] Statthaft ist die **allgemeine Leistungsklage**, die beispielsweise auf die Prüfung der Eingabe gerichtet ist.[23] Kein Rechtsschutzinteresse besteht jedoch, wenn das Anrufungsbegehr ordnungsgemäß bearbeitet und abgeschlossen wurde, der Anrufungsberechtigte aber mit dem Ergebnis inhaltlich nicht einverstanden oder er der Auffassung ist, die oder der Transparenzbeauftragte hätte andere Maßnahmen treffen müssen (Rn. 23).[24]

f) Verhältnis zu anderen Rechtsbehelfen

27 Das Anrufungsrecht bei der oder dem Transparenzbeauftragten steht grundsätzlich neben den Möglichkeiten des Rechtsschutzes nach § 16 gegen einen Bescheid der transparenzpflichtigen Stelle. Durch die Anrufung werden Rechtsbehelfsfristen nicht gehemmt oder unterbrochen.[25]

---

17 Schnabel, in: Gersdorf/Paal, § 12 Rn. 23.
18 Schoch, § 12 Rn. 41.
19 Schoch, § 12 Rn. 39; Schnabel, in: Gersdorf/Paal, § 12 Rn. 24.
20 Schoch, § 12 Rn. 43
21 Schoch, § 12 Rn. 46.
22 Schnabel, in: Gersdorf/Paal, § 12 Rn. 23; Schoch, § 12 Rn. 45.
23 Schoch, § 12 Rn. 45.
24 Schoch, § 12 Rn. 46; Maatsch/Schnabel, § 14 Rn. 15 m. w. Nachw.
25 Schnabel, in: Gersdorf/Paal, § 12 Rn. 20.

III. Übertragung der Aufgabe auf die Sächsische Datenschutzbeauftragte oder den Sächsischen Datenschutzbeauftragten (Absatz 2)

28 Nach Absatz 2 werden die Aufgaben der oder des Transparenzbeauftragten der oder dem Sächsischen Datenschutzbeauftragten übertragen. Die Aufgaben sind in den §§ 13 bis 15 geregelt. Dazu gehört insbesondere die Kontrolle der transparenzpflichtigen Stellen auf Einhaltung des Sächsischen Transparenzgesetzes und die Bearbeitung von Eingaben nach Absatz 1.

29 Mit der Übertragung der Aufgaben an die Datenschutzbeauftragte oder den Datenschutzbeauftragten muss und will das Sächsische Transparenzgesetz keine gesonderte Regelung zur Ernennung oder Rechtsstellung der oder des Transparenzbeauftragten treffen. Vielmehr gelten die **Statusregeln** für die Sächsische Datenschutzbeauftragte oder den Sächsischen Datenschutzbeauftragten auch für das Tätigwerden im Bereich des Sächsischen Transparenzgesetzes.

30 Die oder der Sächsische Datenschutzbeauftragte ist nach § 14 Abs. 1 SächsDSDG Aufsichtsbehörde im Sinne des Art. 51 Abs. 1 DSGVO. Danach handelt die oder der Sächsische Datenschutzbeauftragte nach Art. 52 Abs. 1 und Abs. 2 DSGVO **völlig unabhängig und weisungsfrei**. Für den Bereich der JI-Richtlinie ergibt sich die Unabhängigkeit aus § 38 SächsDSUG. Nach § 52 Abs. 5 DSGVO haben die Mitgliedstaaten ferner sicherzustellen, dass die Aufsichtsbehörde mit den personellen, technischen und finanziellen Ressourcen, Räumlichkeiten und Infrastrukturen ausgestattet sind, die für die effektive Wahrnehmung der Aufgaben und Befugnisse benötigt werden. Werden der nationalen Aufsichtsbehörde vom nationalen Gesetzgeber zusätzliche Aufgaben – wie die der oder des Transparenzbeauftragte – übertragen, sind zusätzliche Ressourcen zur Bewältigung der neuen Aufgaben bereitzustellen. Andernfalls würde die effektive Wahrnehmung der eigentlichen Aufgabe nach der DSGVO verletzt.

31 Durch die Übertragung der Aufgabe nach dem Sächsischen Transparenzgesetz auf eine unabhängige und weisungsfrei tätige Stelle und mangels gegenteiliger Regelung im Sächsischen Transparenzgesetz ist die oder der Transparenzbeauftragte im gleichen Maße unabhängig und weisungsfrei wie die oder der Sächsische Datenschutzbeauftragte.[26]

32 Die **Ernennung und Rechtsstellung** der oder des Transparenzbeauftragten sind unmittelbar die der oder des Sächsischen Datenschutzbeauftragten. Sie richten sich nach §§ 15 bis 18 Abs. 1 SächsDSDG. Danach ist die oder der Sächsische Datenschutzbeauftragte eine oberste Staatsbehörde, die ihre Beamten und Beschäftigten ernennt, einstellt und entlässt. Sie oder er wird vom Landtag mit der Mehrheit seiner Mitglieder für die Amtszeit von sechs Jahren gewählt und steht in einem öffentlich-rechtlichen Amtsverhältnis.

33 Eine weitere Bezugnahme auf das SächsDSDG über die Statusregeln hinaus sieht das Sächsische Transparenzgesetz – anders als das IFG Bund – nicht vor. So sind die Befugnisse und Pflichten für die Transparenzbeauftragte oder den Transparenzbeauftragten

26 Siehe auch Schoch, § 12 Rn. 58; Schnabel, in: Gersdorf/Paal, § 12 Rn. 7; Geminn, in: Roßnagel, § 89 Rn. 4 (wonach das Datenschutzrecht der EU auf das Informationsrecht „ausstrahle"); Maatsch/Schnabel, § 14 Rn. 29 ff. Einen anderen Weg geht das ThürTG, das die Rechtsstellung des Landesbeauftragten für die Informationsfreiheit einschl. Dienstaufsicht durch den Präsidenten des Landtags in § 18 regelt.

und seine Mitarbeiterinnen und Mitarbeiter direkt in § 13 Abs. 6 bzw. § 14 geregelt. Vgl. zur Transparenzpflicht der oder des Transparenzbeauftragten § 4 Rn. 29.

IV. Erstattung eines Tätigkeitsberichts (Absatz 3)

Nach Absatz 3 ist die oder der Transparenzbeauftragte verpflichtet, dem Landtag und der Staatsregierung alle zwei Jahre jeweils zum 30. September einen **Tätigkeitsbericht** vorzulegen. Das Gesetz macht keine Vorgaben hinsichtlich Inhalt, Form und Gestaltung. Anders als der Jahresbericht über die Tätigkeit als Datenschutzaufsichtsbehörde ist der Tätigkeitsbericht nach dem Sächsischen Transparenzgesetz nur **alle zwei Jahre** vorzulegen. 34

Der Bericht ist dem Landtag und der Staatsregierung zu erstatten. Damit wird eine enge Anbindung an das Parlament hergestellt. Dies ist gerechtfertigt, denn die oder der Transparenzbeauftragte wird durch die Legislative ins Amt gewählt. Daraus erwächst auch die Aufgabe, das Parlament über die aktuellen Entwicklungen im Vollzug des Sächsischen Transparenzgesetzes zu informieren. Durch die **Zuleitung** des Tätigkeitsberichts an den Landtag wird dieser zur Vorlage und Gegenstand der Befassungen des Landtags und seiner Ausschüsse. Als Drucksachennummer des Landtags wird er zudem veröffentlicht. Dass der Bericht auch der Staatsregierung gegenüber zu erstatten ist, stärkt die Kontroll- und Beratungsaufgabe der oder des Transparenzbeauftragten. 35

Der Tätigkeitsbericht dient ferner der **Information der Öffentlichkeit**, auch wenn diese als Adressat nicht ausdrücklich im Gesetz erwähnt ist. Mit dem Tätigkeitsbericht wird über aktuelle Entwicklungen, rechtswidriges Verwaltungshandeln oder Beanstandungen informiert. Zudem können Verbesserungsvorschläge und Empfehlungen veröffentlicht werden. Der Tätigkeitsbericht kann auch auf der Transparenzplattform veröffentlicht werden. Ähnlich wie der Tätigkeitsbericht der Datenschutzaufsichtsbehörde wird sich der zum Sächsischen Transparenzgesetz zum Nachschlagewerk für transparenzpflichtige Stellen und die interessierte Öffentlichkeit entwickeln. 36

Die oder der Transparenzbeauftragte hat nach Absatz 3 Satz 2 zudem das **Recht, sich jederzeit an den Landtag zu wenden**. Die Regelung entspricht § 30 Abs. 2 SächsDSG (a. F.). Die DSGVO sieht in Art. 58 Abs. 3 lit. b) ebenfalls eine Befugnis der Aufsichtsbehörde vor, von sich aus oder auf Anfrage Stellungnahmen an das nationale Parlament zu richten. Auch diese Befugnis unterstreicht die Kontroll- und Beratungsaufgabe der oder des Transparenzbeauftragten. Dabei kann es sich auch um Stellungnahmen zu Fragen mit Bezug zum Transparenzgesetz handeln, die nach § 16 Abs. 8 GO Landtag als selbständige Vorlagen als Beratungsgegenstand auf die Tagesordnung gesetzt werden können. In der Regel werden Stellungnahmen jedoch im Rahmen der Ausschussbefassung abgegeben und allenfalls als Teil der Beschlussvorlagen veröffentlicht und debattiert. Die Regelung korrespondiert mit der des Absatz 5 Satz 1, wonach der Landtag Gutachten und Berichte von der oder dem Transparenzbeauftragten anfordern kann (Rn. 40). 37

V. Beratung und Empfehlung (Absatz 4)

Absatz 4 überträgt der oder dem Transparenzbeauftragten die Aufgabe, die transparenzpflichtigen Stellen zur Transparenzpflicht zu beraten und Empfehlungen zur Verwirklichung des Transparenzgebots zu geben. Die Norm dient der Entwicklung einer einheitlichen Anwendung des Transparenzgesetzes im Freistaat Sachsen. Die Aufgabe hat zwei Komponenten. Zum einen eröffnet sie transparenzpflichtigen Stellen die Möglichkeit, 38 sich mit einem **Beratungsersuchen** an die Transparenzbeauftragte oder den Transparenzbeauftragten zu wenden, zum anderen gibt sie der oder dem Transparenzbeauftragten die Möglichkeit, von sich aus **Beratungsangebote** und Empfehlungen an die transparenzpflichtigen Stellen zu richten.

39 Der Grundsatz der **Gesetzmäßigkeit der Verwaltung** bindet die öffentlichen Stellen an die Gesetze. Die Möglichkeit, sich mit Fragen zur Transparenzpflicht an die Transparenzbeauftragte oder den Transparenzbeauftragten zu wenden, entbindet die transparenzpflichtigen Stellen nicht davon, sich selbst mit dem Vollzug des Transparenzgesetzes zu befassen und Entscheidungen zu treffen. Gleichwohl sind Beratungsanfragen an die Transparenzbeauftragte oder den Transparenzbeauftragten Indiz für Unsicherheiten in der Anwendung des Gesetzes, denen mit – idealerweise öffentlich zugänglichen – Empfehlungen entgegengetreten werden kann.

VI. Erstattung von Gutachten, Empfehlungen und Berichten (Absatz 5)

40 Mit Absatz 5 wird dem Landtag und der Staatsregierung das Recht eingeräumt, die Transparenzbeauftragte oder den Transparenzbeauftragten zur **Erstattung von Gutachten und Berichten** zu Fragen der Transparenz und des Rechts auf Zugang zu Informationen aufzufordern. Die oder der Transparenzbeauftragte hat zudem die Pflicht, Hinweisen nachzugehen, die Fragen der Transparenzpflicht betreffen.

41 Bei Gutachten wird es sich um die Bewertung konkreter rechtlicher Fragen handeln, während ein Bericht in der Regel eine Sachverhaltsdarstellung und -bewertung umfasst.[27] Eine **Anforderung des Landtags** liegt dann vor, wenn das Parlament oder seine Ausschüsse ein Herantreten an die Transparenzbeauftragte oder den Transparenzbeauftragten mit der Forderung nach einem Gutachten oder einem Bericht beschließt.[28] Möchte die Staatsregierung von diesem Recht Gebrauch machen, muss sie ebenfalls einen **Beschluss** fassen.

42 Einzelne Mitglieder der Staatsregierung können sich im Wege eines Beratungsanliegens nach Absatz 4 (Rn. 38) an die Transparenzbeauftragte oder den Transparenzbeauftragten wenden. Abgeordnete oder Fraktionen haben diese Möglichkeit, wenn sie ihren Transparenzanspruch als verletzt ansehen oder Hinweise auf Verletzungen des Sächsischen Transparenzgesetzes geben möchten (Rn. 17).

VII. Verschwiegenheitspflicht und Aussagegenehmigung (Absatz 6)

43 Absatz 6 regelt die Verschwiegenheitspflichten der oder des Transparenzbeauftragten und ihrer bzw. seiner Mitarbeiterinnen und Mitarbeiter in ihnen amtlich bekanntgewordenen Angelegenheiten sowie das Erfordernis einer Aussagegenehmigung vor Gericht. Die Regelung ist nahezu wortgleich mit der Regelung des § 18 SächsDSDG, die auf Art. 54 Abs. 2 DSGVO beruht, wonach die Mitglieder und Bediensteten jeder Aufsichtsbehörde während ihrer Amts- oder Dienstzeit und nach deren Beendigung verpflichtet sind, über alle vertraulichen Informationen „Verschwiegenheit zu wahren".

27 Schnabel, in: Gersdorf/Paal, § 12 Rn. 57.
28 Schnabel, in: Gersdorf/Paal, § 12 Rn. 57.

1. Verschwiegenheitspflicht (Satz 1 und 2)

a) Grundsatz

Die Verschwiegenheitspflicht ist das Pendant zu den umfassenden aufsichtsrechtlichen Befugnissen der oder des Transparenzbeauftragten. Die ihr oder ihm im Wege der Anrufung, der Beratung oder im Rahmen der Kontrolle bekannt gewordenen personenbezogenen Daten, **vertraulichen Unterlagen oder Betrieb- und Geschäftsgeheimnisse** werden durch diese Pflicht zur Verschwiegenheit besonders geschützt. Sie ermöglicht den Bürgern, sich im **Vertrauen** an die oder den Transparenzbeauftragten zu wenden, und erleichtert es den transparenzpflichtigen Stellen, ihren Unterstützungspflichten nach § 14 Abs. 2 uneingeschränkt nachzukommen. Die Regelung unterstreicht die Unabhängigkeit der oder des Transparenzbeauftragten und begründet Vertrauen in ihre oder seine Amtsführung.[29] 44

Der Begriff der amtlich **bekanntgewordenen Angelegenheiten** ist weit zu fassen.[30] Er umfasst neben den im Rahmen einer Kontrolle bekannt gewordenen personenbezogenen Daten auch alle weiteren Informationen, die der oder dem Transparenzbeauftragten in Erfüllung ihrer oder seiner Aufgaben nach dem Sächsischen Transparenzgesetz zur Kenntnis gelangt sind.[31] Die Verschwiegenheitspflicht beschränkt sich auf die „amtlich" im Gegensatz zu privat bekannt gewordenen Informationen. 45

Nicht nur die oder der Transparenzbeauftragte ist zur Verschwiegenheit verpflichtet, sondern auch ihre bzw. seine Mitarbeiterinnen und Mitarbeiter. Soweit sie Beamte sind, ergibt sich dies bereits aus § 37 BeamtStG[32], aber auch der Tarifvertrag regelt Verschwiegenheitspflichten. 46

Die Verschwiegenheitspflicht gilt auch nach Beendigung der Tätigkeit der oder des Transparenzbeauftragten und ihrer bzw. seiner Mitarbeiterinnen und Mitarbeiter. Sie gilt, bis die Informationen offenkundig sind oder im Laufe der Zeit als nicht mehr geheimhaltungsbedürftig anzusehen sind.[33] 47

b) Ausnahmen

Von der Verschwiegenheitspflicht nicht umfasst sind Mitteilungen im dienstlichen Verkehr, Satz 2. Das sind Informationen, die für die Aufgaben nach dem Sächsischen Transparenzgesetz innerhalb der Behörde der Sächsischen Datenschutzbehörde oder anderen Stellen mitgeteilt werden müssen – etwa wenn Petitionen zuständigkeitshalber abgegeben werden oder wenn mit transparenzpflichtigen Stellen, Petenten, dem Landtag oder der Staatsregierung in Ausübung des Sächsischen Transparenzgesetzes korrespondiert wird.[34] Eine Ausnahme wird insbesondere damit begründet, dass die Informationsempfänger auch zur Amtsverschwiegenheit verpflichtet sind.[35] Die in diesem 48

29 Roßnagel, in: Roßnagel, § 12 Rn. 1.
30 Naumann, in: Schiedermair, SächsDSDG § 18 Rn. 20.
31 So auch Roßnagel, in: Roßnagel, § 12 Rn. 11.
32 Roßnagel, in: Roßnagel, § 12 Rn. 8.
33 Roßnagel, in: Roßnagel, § 12 Rn. 11.
34 Siehe auch Roßnagel, in: Roßnagel, § 12 Rn. 12.
35 Metzler-Müller, in: Metzler-Müller, § 37 Erl. 3; Reich, § 37 Rn. 7.

Zusammenhang übermittelten personenbezogenen Daten und Informationen sind dafür auf das zur Aufgabenerfüllung Erforderliche zu beschränken.[36]

49 Ausgenommen von der Verschwiegenheitspflicht sind nach Satz 2 ferner Tatsachen, die **offenkundig** sind oder ihrer Bedeutung nach **keiner Geheimhaltung** bedürfen. Offenkundig sind Tatsachen dann, wenn sie allgemein zugänglich oder bekannt sind, etwa weil sie veröffentlicht wurden oder öffentlich wahrnehmbar sind.[37] Entscheidend ist, dass verständige und erfahrene Menschen in der Regel ohne weiteres Kenntnis von den Tatsachen haben oder von denen sie sich jederzeit durch Benutzung allgemein zugänglicher, zuverlässiger Erkenntnisquellen unschwer überzeugen können.[38] Keiner Geheimhaltung bedürfen solche Tatsachen, die absehbar keine geschützten Interessen – private oder öffentliche – nachteilig beeinflussen können[39] oder wenn eine Angelegenheit unter keinem Gesichtspunkt aktuell oder später Bedeutung gewinnen kann.[40]

50 Eine weitere gesetzliche Ausnahme stellt die **Erstattung des Tätigkeitsberichts** nach Absatz 4 und die Erstattung von Gutachten und Berichten nach Absatz 5 dar, die ebenfalls regelmäßig veröffentlicht werden. Hierbei ist die Nennung von Adressaten in der Regel nicht erforderlich.[41]

2. Aussagegenehmigung (Satz 3 und 4)

51 Die Mitarbeiterinnen und Mitarbeiter können von der Verschwiegenheitspflicht für Aussagen vor Gericht, für außergerichtliche Aussagen und sonstige Erklärungen von der **Schweigepflicht** entbunden werden, § 13 Abs. 6 Satz 3. Über das „Ob" und den Umfang der Aussagegenehmigung entscheidet die oder der Transparenzbeauftragte nach pflichtgemäßem Ermessen. Zuständig für die Aussagegenehmigung ist – egal in welcher Amtszeit der aussagerelevante Sachverhalt entstanden ist – die oder der **amtierende Transparenzbeauftragte**, Satz 4.

52 Ob die oder der Transparenzbeauftragte und ihre bzw. seine Mitarbeiterinnen und Mitarbeiter auch ein **Zeugnisverweigerungsrecht** nach § 13 Abs. 3 BDSG haben, ist unklar. Gemäß § 13 Abs. 6 BDSG gelten § 13 Abs. 3 und 4 Satz 5 bis 7 BDSG entsprechend für die öffentlichen Stellen, die für die Kontrolle der Einhaltung der Vorschriften über den Datenschutz in den Ländern zuständig sind. Das Sächsische Transparenzgesetz sieht ein Zeugnisverweigerungsrecht nicht explizit vor und verweist auch nicht auf die Regelungen im Datenschutzrecht. Von einer bewussten Lücke des Gesetzgebers ist jedoch nicht auszugehen, so dass sich das Zeugnisverweigerungsrecht durchaus aus dem Status und der Rechtsstellung der oder des Sächsischen Datenschutzbeauftragten ergeben kann, auf die oder den die Aufgaben nach dem Sächsischen Transparenzgesetz übertragen werden (Rn. 29). Für den Bundesbeauftragten für den Datenschutz und die Informationsfreiheit jedenfalls wird ein Zeugnisverweigerungsrecht auch im Anwendungsbereich des IFG Bund bejaht.[42]

---

36 Siehe auch Naumann, in: Schiedermair, SächsDSDG § 18 Rn. 23; Roßnagel, in: Roßnagel, § 12 Rn. 12.

37 Siehe auch Roßnagel, in: Roßnagel, § 12 Rn. 12.

38 Oberverwaltungsgericht Rheinland-Pfalz, Urt. v. 4.11.2010 – 3 A 10736/10 –, juris, Rn. 49.

39 Roßnagel, in: Roßnagel, § 12 Rn. 12.

40 BGH, Urt. v. 23.3.2001 – 2 StR 488/00 –, BGHSt 46, 339-345, juris Rn. 7.

41 Siehe auch Naumann, in: Schiedermair, SächsDSDG § 18 Rn. 26.

42 Schnabel, in: Gersdorf/Paal, § 12 Rn. 9. Auch für den HmbBfDI wird das Zeugnisverweigerungsrecht über § 13 Abs. 3 BDSG im Bereich der Informationsfreiheit bejaht, Maatsch/Schnabel, § 14 Rn. 82.

Ob und in inwieweit die oder der Transparenzbeauftragte vor Gericht oder außergerichtlich aussagt bzw. Erklärungen abgibt, entscheidet die oder der Transparenzbeauftragte selbst. Sie oder er unterliegen keiner Aufsicht (Rn. 29). Ob nach ihrem oder seinem Ausscheiden aus dem Amt, die oder der amtierende Transparenzbeauftragte über eine **Aussagegenehmigung** entscheidet, ist streitig.[43] Für die Sächsische Datenschutzbeauftragte oder den Sächsischen Datenschutzbeauftragten gilt dies gem. § 18 Abs. 3 Satz 3 SächsDSDG. Diese Regelung ist auf die oder den Transparenzbeauftragten jedoch nicht ohne weiteres anwendbar, da eine ausdrückliche Regelung bereits im Sächsischen Transparenzgesetz enthalten ist, die – weil ansonsten wortgleich mit der Regelung des SächsDSDG – ausdrücklich keine Aussage zur Aussagegenehmigung nach dem Ausscheiden aus dem Amt trifft. Gegen eine solche Pflicht spricht ferner, dass sie zu einer Vorwirkung auf die Amtsführung der oder des amtierenden Transparenzbeauftragten führen kann und damit ihre oder seine Unabhängigkeit beeinträchtigen könnte.[44] 53

§ 14
Anhörungs- und Unterstützungspflicht

(1) Die oder der Transparenzbeauftragte ist zu Entwürfen von Gesetzen, Rechtsverordnungen und Verwaltungsvorschriften zu hören, soweit sie den Transparenzanspruch betreffen.

(2) [1]Die transparenzpflichtigen Stellen sind verpflichtet, die oder den Transparenzbeauftragten und ihre oder seine Beauftragten bei der Erfüllung ihrer Aufgaben zu unterstützen. [2]Ihnen ist im Rahmen der Kontrollbefugnis nach § 13 Absatz 1 Satz 1 insbesondere Auskunft zu ihren Fragen, Einsicht in Unterlagen und Zutritt zu den Diensträumen zu gewähren. [3]Die oder der Transparenzbeauftragte informiert die Leitung der transparenzpflichtigen Stelle über eine bevorstehende Kontrolle in den Diensträumen.

Erläuterungen:

Übersicht Rdnr.

I. Allgemeines

Mit § 14 werden die Pflichten öffentlicher Stellen zur Anhörung und Unterstützung der oder des Transparenzbeauftragten geregelt. Diese Verpflichtungen ermöglichen die Ausübung des Kontrollrechts nach § 13 Abs. 1 Satz 1. Auch diese Regelung **orientiert sich** weit gehend an den Aufgaben und Befugnissen der oder des Sächsischen Datenschutzbeauftragten nach dem vor Inkrafttreten der DSGVO geltendem **SächsDSG** sowie an den Regelungen der Informationsfreiheits- und Transparenzgesetze des Bundes und der Länder.[1] Die Verpflichtung, die Transparenzbeauftragte oder den Transparenzbeauf- 1

43 Schnabel, in: Gersdorf/Paal, § 12 Rn. 9b; a. A. Roßnagel, in: Roßnagel, § 12 Rn. 17.
44 Roßnagel, in: Roßnagel, § 12 Rn. 17.
1 Siehe etwa § 20 SächsDSDG und § 39 Abs. 3 und § 40 Abs. 1 Satz 2 SächsDSUG oder § 19 Abs. 2 ThürTG und § 89 Abs. 3 HDSIG.

tragten zu Entwürfen von Gesetzen etc. anzuhören, soweit sie den Transparenzanspruch betreffen, ist jedoch eine sächsische Besonderheit.

II. Anhörung der oder des Transparenzbeauftragten (Absatz 1)

2 Nach Absatz 1 ist die oder der Transparenzbeauftragte zu Entwürfen von Gesetzen, Rechtsverordnungen und Verwaltungsvorschriften anzuhören, soweit sie den Transparenzanspruch betreffen.

3 **Adressat der Pflicht** sind die Stellen, die Gesetze, Rechtsverordnungen und Verwaltungsvorschriften erarbeiten. Das kann neben der Staatsregierung und einzelnen Ministerien auch der Sächsische Landtag sein, z. B. wenn ein Gesetz als Entwurf der Fraktionen oder Änderungsanträge in den Landtag eingebracht werden. Idealerweise erfolgt die Einbindung der oder des Transparenzbeauftragten zu einem sehr **frühen Zeitpunkt** der Erarbeitung – bei Gesetzen und Rechtsverordnungen jedoch spätestens dann, wenn die Staatsregierung gem. § 12 Abs. 3 Satz 1 GeschOSReg die Freigabe zur Anhörung beschlossen hat.

4 Eine Anhörung zu Normsetzungsvorhaben muss nur dann erfolgen, wenn der **Transparenzanspruch** betroffen ist. Der Transparenzanspruch ist in § 1 Abs. 1 legal definiert. Er ist nach der Gesetzesbegründung (LT-Drs. 7/8517 S. 57) insbesondere dann betroffen, wenn Normsetzungsvorhaben Einschränkungen, Beschränkungen oder Erweiterungen des Transparenzanspruchs vorsehen. Umfasst sind auch etwaige Regelungen zur Transparenzplattform, z. B. in Form einer Verwaltungsvorschrift. Die Pflicht zur Anhörung der oder des Sächsischen Datenschutzbeauftragten bei Betroffenheit des Rechts auf informationelle Selbstbestimmung besteht parallel dazu auf anderer rechtlicher Grundlage.[2]

5 Von der Pflicht zur Anhörung **nicht umfasst sind Satzungen**, die Gemeinden, Landkreise und Gemeindeverbände nach § 4 Abs. 2 zur Begründung der Transparenzpflicht erlassen.

III. Unterstützung der oder des Transparenzbeauftragten (Absatz 2)

6 Absatz 2 normiert die Pflicht der transparenzpflichtigen Stellen, die Transparenzbeauftragte oder den Transparenzbeauftragten bei der Erfüllung ihrer oder seiner Aufgaben zu unterstützen. Dies gilt auch für die Beauftragten der oder des Transparenzbeauftragten in Ausübung des Sächsischen Transparenzgesetzes. Die Beauftragten sind die Mitarbeiterinnen und Mitarbeiter der oder des Transparenzbeauftragten, die in Erfüllung ihrer oder seiner Aufgaben tätig werden.

7 Worin die **Unterstützungspflicht** besteht, ist beispielhaft in Satz 2 aufgezählt. Danach ist im Rahmen der Kontrollbefugnis nach § 13 Abs. 1 Satz 1 Auskunft zu Fragen zu erteilen, Einsicht in Unterlagen zu gewähren und der Zutritt zu den Diensträumen der transparenzpflichtigen Stelle zu ermöglichen. Auch weitere, nicht aufgezählte Unterstützungshandlungen sind umfasst. So kann sich die oder der Transparenzbeauftragte auch Akten übersenden oder vor Ort kopieren lassen. Umfasst ist ferner die Einsicht in Dateien oder elektronisch vorgehaltene Informationen. Begrenzt ist die Unterstützungspflicht auf solche Unterlagen, die zur Kontrolle der Einhaltung des Sächsischen Transpa-

2 Die Anhörung der oder des Sächsischen Datenschutzbeauftragten ist in § 20 SächsDSDG und § 12 Abs. 3 Satz 2 GeschOSReg normiert.

renzgesetzes erforderlich sind. Dies können zur Prüfung des Vorliegens von Ausnahmetatbeständen nach § 4 auch solche Informationen sein, die nach Auffassung der transparenzpflichtigen Stellen nicht der Transparenzpflicht unterliegen.

Satz 3 verpflichtet die Transparenzbeauftragte oder den Transparenzbeauftragten, die **Leitung** der transparenzpflichtigen Stelle über eine bevorstehende Kontrolle zu **informieren**. Die Regelung fand sich bereits in § 28 Abs. 2 SächsDSG (a. F.). Sie unterstreicht den Anspruch des Gesetzes, dass transparenzpflichtige Stelle und Transparenzbeauftragte bzw. Transparenzbeauftragter einvernehmlich zu Lösungen im Interesse der Auskunftsuchenden und der Transparenz kommen.[3] Idealerweise erfolgt die die Information so rechtzeitig, dass sich die kontrollierte Stelle vorbereiten kann.[4] Im Einzelfall kann die Information aber auch zu Beginn der Kontrolle erfolgen. **8**

§ 15
Beanstandung

(1) [1]Stellt die oder der Transparenzbeauftragte einen Verstoß einer transparenzpflichtigen Stelle gegen dieses Gesetz fest, beanstandet sie oder er nach Anhörung schriftlich den Verstoß

1. einer staatlichen transparenzpflichtigen Stelle gegenüber der zuständigen obersten Staatsbehörde,
2. einer der Aufsicht des Freistaates Sachsen unterstehenden juristischen Person des öffentlichen Rechts gegenüber dem vertretungsberechtigten Organ

und fordert zur Stellungnahme sowie Behebung des Verstoßes innerhalb einer angemessenen Frist auf. [2]In den Fällen des Satzes 1 Nummer 2 unterrichtet die oder der Transparenzbeauftragte gleichzeitig die zuständige Aufsichtsbehörde. [3]In der Beanstandung setzt sich die oder der Transparenzbeauftragte inhaltlich mit dem Vorbringen der transparenzpflichtigen Stelle auseinander.

(2) [1]Die Stellungnahme soll auch eine Darstellung der Maßnahmen enthalten, die aufgrund der Beanstandung getroffen wurden oder beabsichtigt sind. [2]Die in Absatz 1 Satz 1 Nummer 2 genannten Stellen leiten der zuständigen Aufsichtsbehörde eine Abschrift ihrer Stellungnahme zu.

(3) Die oder der Transparenzbeauftragte kann von einer Beanstandung und Aufforderung zur Stellungnahme absehen, insbesondere wenn es sich um unerhebliche oder inzwischen beseitigte Mängel handelt.

Erläuterungen:

Übersicht Rdnr.

3 So auch Giesen, in: Giesen, § 30 Rn. 27.
4 So Giesen zum SächsDSG, § 28 Rn. 17.

I. Allgemeines

1 § 15 regelt das Recht zur Beanstandung durch die Transparenzbeauftragte oder den Transparenzbeauftragten bei der Feststellung von Verstößen gegen das Sächsische Transparenzgesetz. Die Norm beschreibt das **Beanstandungsverfahren** und seine Voraussetzungen.

2 Der Beanstandung **voraus geht in der Regel eine Beschwerde** gegen eine transparenzpflichtige Stelle oder eine anlasslose Kontrolle zur Einhaltung des Gesetzes nach § 13 Abs. 1. Im Rahmen dieser Kontrolle wird die transparenzpflichtige Stelle zur Stellungnahme aufgefordert und der Sachverhalt aufgeklärt. Wird ein Verstoß gegen das Sächsische Transparenzgesetz festgestellt, teilt dies die oder der Transparenzbeauftragte der kontrollierten Stelle mit und gibt Hinweise und Vorschläge zur Gewährleistung des Transparenzanspruchs. Einer Aufforderung zur Behebung des Verstoßes wird die transparenzpflichtige Stelle in der Regel – so zeigen es die Erfahrungen in den anderen Bundesländern und im Bereich der Datenschutzaufsicht – auch nachkommen. Bei diesem Verfahren handelt es sich um das aufsichtsrechtliche Verfahren im Rahmen der Bearbeitung von Beschwerden, Kontrollen und Beratungen, aber noch nicht um ein Beanstandungsverfahren.

3 Das Beanstandungsrecht ist ein förmliches Verfahren mit „**Sanktionscharakter**"[1], das über viele Jahre auch das „schärfste Schwert"[2] der Datenschutzaufsicht war, bevor mit der DSGVO konkrete Anordnungsbefugnisse geschaffen wurden. Im Anwendungsbereich der JI-Richtlinie ist die Beanstandung gemäß § 40 Abs. 2 SächsDSUG als Reaktion auf einen Datenschutzverstoß noch immer das aufsichtsrechtliche Mittel, auch wenn nunmehr nach § 40 Abs. 2 S. 5 SächsDSUG Anordnungen möglich sind. Das Beanstandungsrecht im Sächsischen Transparenzgesetz ist jedenfalls dem des SächsDSUG und dem alten SächsDSG angelehnt.

4 Auch die Informations- und Transparenzgesetze des Bundes und der Länder regeln ein Beanstandungsrecht der Informationsfreiheits- bzw. Transparenzbeauftragten. Allein das HDSIG spricht nicht von „Beanstandung", sondern umschreibt das Beanstandungsverfahren in § 89 Abs. 3 Satz 3 und 4 HDSIG als Feststellung von Verstößen mit der Aufforderung ihrer Behebung und Unterrichtung der Aufsichtsbehörde.

5 § 14 Abs. 6 HmbTG sieht darüber hinaus vor, dass die oder der Hamburgische Beauftragte für Datenschutz und Informationsfreiheit das Vorliegen der beanstandeten Verstöße gegen das HmbTG gerichtlich feststellen kann.[3] In Sachsen gibt es eine solche Regelung nicht. Vor dem Hintergrund der Hamburger Regelung wird diskutiert, ob den Informationsfreiheits- und Transparenzbeauftragten generell auch das Recht eingeräumt werden soll, ihre Beanstandung und die darin geforderte Handlung (Erfüllung des Transparenzanspruchs) etwa durch Anordnung oder gerichtliche Feststellung durch-

1 Brink, in: Brink/Polenz/Blatt, § 12 Rn. 37.
2 Schnabel, in: Gersdorf/Paal, § 12 Rn. 46.
3 Es handelt sich dabei wohl um eine Feststellungsklage, die allerdings nicht rechtsgestaltend wirkt und nicht vollstreckt werden kann, Maatsch/Schnabel, § 14 Rn. 58.

zusetzen.[4] Da staatliche Stellen verfassungsrechtlich an Recht und Gesetz gebunden sind, ist grundsätzlich davon auszugehen, dass rechtswidrige Verstöße gegen das Sächsische Transparenzgesetz auch ohne gerichtliche Feststellung abgestellt werden. Zudem kann der Transparenzanspruch durch die antragstellende Person direkter und verbindlich gerichtlich nach § 16 durchgesetzt werden.

II. Feststellung eines Verstoßes – Beanstandung (Absatz 1)

Absatz 1 regelt die Voraussetzungen und das Verfahren der Beanstandung durch die Transparenzbeauftragte oder den Transparenzbeauftragten. 6

1. Voraussetzungen und Inhalt der Beanstandung

Eine Beanstandung setzt die **Feststellung eines Verstoßes** gegen das Sächsische Transparenzgesetz voraus. Davon umfasst sind sämtliche Regelungen des Gesetzes, also insbesondere die Verletzung der Veröffentlichungs- oder Informationspflicht nach § 2, die Verletzung des Schutzes von Belangen Dritter nach § 6 oder die rechtswidrige Erhebung von Gebühren und Auslagen nach § 12 Abs. 5. Der Verstoß muss von der oder dem Transparenzbeauftragten festgestellt worden sein. Dies setzt eine **Feststellung des Sachverhalts** und seine **rechtliche Würdigung** voraus.[5] Der Beanstandung vorausgegangen ist in der Regel ein aufsichtsrechtliches Verfahren mit der Gelegenheit zur Stellungnahme und Hinweisen (Rn. 2), Voraussetzung ist das jedoch nicht. 7

Adressat der Beanstandung ist nicht die transparenzpflichtige Stelle, die gegen das Sächsische Transparenzgesetz verstößt, sondern bei transparenzpflichtigen staatlichen Stellen die zuständige oberste Staatsbehörde (also das zuständige Staatsministerium), Absatz 1 Satz 1 Nr. 1, und bei einer der Aufsicht des Freistaates Sachsen unterstehenden juristischen Person des öffentlichen Rechts das vertretungsberechtigte Organ. 8

Der Beanstandung voraus geht zudem eine **Anhörung** der Stelle, an die die Beanstandung adressiert wird. Angehört wird danach nicht die transparenzpflichtige Stelle (deren Stellungnahme wird in der Regel bei der Sachverhaltsaufklärung eingeholt), sondern der Adressat der Beanstandung. Die Anhörung kann durch Übersendung des Entwurfs der Beanstandung erfolgen. 9

In der Beanstandung hat sich die oder der Transparenzbeauftragte nach Absatz 1 Satz 3 ferner mit dem **Vorbringen der transparenzpflichtigen Stelle** zum Verstoß gegen das Sächsische Transparenzgesetz auseinanderzusetzen. Damit wird sichergestellt, dass der Sachverhalt umfassend aufgeklärt und rechtlich auch unter Einbeziehung der Auffassung der transparenzpflichtigen Stellen gewürdigt wird. 10

Die Beanstandung enthält zudem **konkrete Forderungen oder Hinweise** zur Behebung des Verstoßes gegen das Sächsische Transparenzgesetz sowie eine angemessene Frist zur Stellungnahme und zur Behebung des Verstoßes, Absatz 1 Satz 2, 2. Halbsatz. 11

2. Verfahren

Ist die Anhörung der zu beanstandenden Stelle (Rn. 9) erfolgt, wurde dem Verstoß nicht durch Erteilung der Auskunft oder Veröffentlichung der Information abgeholfen und 12

4 Schnabel, in: Gersdorf/Paal, § 12 Rn. 49 („sinnvolle Einrichtung"); a. A. Schoch, § 12 Rn. 83 (nicht erforderlich).

5 Schoch, § 12 Rn. 79, 81.

hält die oder der Transparenzbeauftragte an einer Beanstandung fest, wird die Beanstandung der zuständigen obersten Staatsbehörde bzw. dem vertretungsberechtigten Organ der juristischen Person des öffentlichen Rechts zugeleitet und zu einer Stellungnahme in angemessener Frist aufgefordert. Betrifft die Beanstandung eine juristische Person des öffentlichen Rechts, ist die Beanstandung gleichzeitig der zuständigen Aufsichtsbehörde zur Unterrichtung zuzuleiten, Absatz 1 Satz 2. Die beanstandete Stelle hat nach Absatz 2 eine Stellungnahme gegenüber der oder dem Transparenzbeauftragten abzugeben.

3. Rechtswirkung

13 Eine ausgesprochene Beanstandung soll die transparenzpflichtige Stelle, auch mit Hilfe der zuständigen obersten Staatsbehörde, der Rechtsaufsicht oder der Öffentlichkeit, zu einem rechtmäßigen Handeln bewegen. Mit der Beanstandung wird der transparenzpflichtigen Stelle unter Inanspruchnahme staatlicher Autorität rechtswidriges Verhalten attestiert.[6] Ein Handeln kann indes nicht erzwungen werden, da der Beanstandung **keine Regelungswirkung** zukommt.[7] Sie stellt lediglich eine Wissenserklärung der oder des Transparenzbeauftragten dar.[8]

14 Aufgrund der fehlenden Rechtswirkung der Beanstandung gibt es für die beanstandete Stelle grundsätzlich keine Möglichkeit, die Beanstandung gerichtlich überprüfen zu lassen – es fehlt ihr an der **Klagebefugnis**. Etwas anderes gilt nach dem VGH Baden-Württemberg, wenn die Beanstandung die beanstandete Stelle in ihrem Selbstverwaltungsrecht nach Art. 28 Abs. 2 Satz 1 GG beeinträchtigt.[9] Es sei anerkannt, dass schlichtes staatliches Informationshandeln bei mittelbar-faktischen Wirkungen als Rechtseingriff zu qualifizieren sei.[10] Ist die Kommune negativ betroffen, gebietet der Justizgewährungsanspruch nach Art. 19 Abs. 4 GG eine Klagebefugnis.[11] Diese Rechtsprechung ließe sich durchaus auch auf andere rechtsfähige Körperschaften des öffentlichen Rechts übertragen, soweit sie durch eine Beanstandung in ihrem verfassungsrechtlich geschützten Aufgabenbereich, etwa der Wissenschaftsfreiheit betroffen sind.

15 Eine Pflicht zur Benachrichtigung des Petenten über den Ausgang des Beanstandungsverfahren ist gesetzlich nicht geregelt. Es wird jedoch ein Anspruch auf Benachrichtigung über das Ergebnis des Verfahrens angenommen, siehe § 13 Rn. 18.

III. Umfang der Stellungnahme (Abs. 2)

16 Die Regelung stellt Anforderungen an die nach Absatz 1 Satz 1 abzugebende Stellungnahme der beanstandeten Stelle. Die Stellungnahme soll auch eine **Darstellung der Maßnahmen** enthalten, die aufgrund der Beanstandung getroffen wurden oder beabsichtigt sind. Die Pflicht zur Stellungnahme ist die einzige Pflicht, die sich aus der Beanstandung für die beanstandete Stelle ergibt. Eine Behebung des Verstoßes ist nur zu erwarten, wenn die Beanstandung inhaltlich akzeptiert wird.[12]

---

6 VGH BW, Urt. v. 4.2.2020 – 10 S 1082/19 –, juris Rn. 30.
7 BVerwG, Beschl. v. 5.2.1992 – 7 B 15.92 –, juris, Rn. 3; SächOVG, Urt. v. 21.6.2011 – 3 A 224/10 –, juris, Rn. 28 f.
8 Schoch, § 12 Rn. 83.
9 VGH BW, Urt. v. 4.2.2020 – 10 S 1082/19 –, juris Rn. 29.
10 VGH BW, Urt. v. 4.2.2020 – 10 S 1082/19 –, juris Rn. 29.
11 VGH BW, Urt. v. 4.2.2020 – 10 S 1082/19 –, juris Rn. 32.
12 Schoch, § 12 Rn. 82, 84.

Ist die beanstandete Stelle eine der Aufsicht des Freistaates Sachsen unterstehende juristische Person des öffentlichen Rechts (nach Absatz 1 Satz 1 Nr. 2), dann muss diese ihre Stellungnahme nicht nur der oder dem Transparenzbeauftragten, sondern auch der **zuständigen Aufsichtsbehörde** zuleiten, Satz 2. Damit wird sichergestellt, dass die Aufsichtsbehörden über alle Schritte im Beanstandungsverfahren informiert sind. Sie können zudem im Wege aufsichtsrechtlicher Maßnahmen im Sinne des Transparenzanspruchs tätig werden. 17

IV. Absehen von einer Beanstandung (Abs. 3)

Ob die oder der Transparenzbeauftragte eine Beanstandung ausspricht, steht in ihrem bzw. seinem **Ermessen.**[13] Nach Absatz 3 kann sie oder er insbesondere dann von einer Beanstandung und der Aufforderung zu Stellungnahme absehen, wenn es sich um **unerhebliche oder inzwischen beseitigte Mängel** handelt. Wird also im Rahmen der Kontrolle bereits Abhilfe geschaffen, indem die zur Auskunft beantragte Information erteilt oder veröffentlicht wird, dann muss keine Beanstandung mehr ausgesprochen werden. Unerhebliche Mängel können beispielsweise in einer nicht im vollem Umfang erteilten Auskunft liegen. Bei den erwähnten Fällen des Absehens von einer Beanstandung handelt es sich nicht um eine abschließende Aufzählung, sondern um **Regelbeispiele** („insbesondere"). Von einer Beanstandung kann daher auch aus anderen Gründen abgesehen werden.[14] 18

Sowohl im Datenschutzrecht als auch im Geltungsbereich der Informationsfreiheits- und Transparenzgesetze der Länder wurde bzw. wird **zurückhaltend** vom Mittel der Beanstandung Gebrauch gemacht.[15] Ziel der Auseinandersetzung zwischen der oder dem Transparenzbeauftragten und der transparenzpflichtigen Stelle sollte – im Interesse der auskunftersuchenden Person und der Transparenz – eine **einvernehmliche Lösung** sein.[16] Vor dem Hintergrund der Beanstandung als bloße Wissenserklärung ohne unmittelbare Rechtswirkung hat auch die oder der Transparenzbeauftragte in der Regel kein Interesse an einer streitigen Auseinandersetzung mit Forderungen, die sie oder er nicht gerichtlich durchsetzen kann. 19

Abschnitt 5
Schlussvorschriften

§ 16
Vorverfahren und Rechtsweg

(1) [1]Über den Widerspruch entscheidet die transparenzpflichtige Stelle, die den Bescheid erlassen hat. [2]Ein Widerspruchsverfahren ist auch dann durchzuführen, wenn die Entscheidung von einer obersten Staatsbehörde getroffen wurde.

(2) Die §§ 32e und 32i der Abgabenordnung in der Fassung der Bekanntmachung vom 1. Oktober 2002 (BGBl. I S. 3866; 2003 I S. 61), die zuletzt durch Artikel 33 des Gesetzes vom

---

13 Schnabel, in: Gersdorf/Paal, § 12 Rn. 48.
14 Schoch, § 12 Rn. 80.
15 Giesen in: Giesen § 30 Rn. 26; Schnabel, in: Gersdorf/Paal, § 12 Rn. 51; Schoch, § 12 Rn. 85.
16 So zum ehemaligen Datenschutzrecht auch Giesen in: Giesen § 30 Rn. 27.

5. Oktober 2021 (BGBl. I S. 4607) geändert worden ist, in der jeweils geltenden Fassung, bleiben unberührt.

Erläuterungen:

Übersicht Rdnr.

I. Sonderregelungen zum Widerspruchsverfahren (Absatz 1)

1 Die Vorschrift trifft zwei Regelungen zum Widerspruchsverfahren (s. Rn. 3 f.). Es handelt sich um **allgemeine Regelungen**. Sie betreffen nicht nur das Widerspruchsverfahren zur Information auf Antrag, sondern auch dasjenige zur Veröffentlichung. Angesichts des in § 1 Abs. 1 begründeten subjektiv-öffentlichen Rechts hinsichtlich einer Veröffentlichung auf der Transparenzplattform ist ein Widerspruchsverfahren auch insoweit möglich (LT-Drs. 7/8517 S. 57). Im Übrigen gilt für das Widerspruchsverfahren der 8. Abschnitt der Verwaltungsgerichtsordnung.

2 Die Zweckmäßigkeit der Vorschrift ist von der Staatsregierung gemäß **§ 17 Abs. 3 Nr. 3** zwei Jahre nach Inkrafttreten des Gesetzes zu überprüfen. Nach der Anfangszeit sind also die besonderen, von den grundsätzlichen Bestimmungen der Verwaltungsgerichtsordnung abweichenden Regelungen zu überdenken.

3 Nach **Satz 1** ist die **Ausgangsbehörde zugleich auch Widerspruchsbehörde**. Es handelt sich um eine Abweichung vom gesetzlichen Regelfall des Devolutiveffekts nach § 73 Abs. 1 Satz 2 Nr. 1 VwGO, wonach grundsätzlich die nächsthöhere Behörde den Widerspruchsbescheid erlässt. Die Abweichung wird von § 73 Abs. 1 Satz 3 VwGO ermöglicht. Allerdings darf der Landesgesetzgeber den Devolutiveffekt nur in begründeten Ausnahmefällen abschaffen.[1] Ein solcher kann angesichts der für den Freistaat Sachsen neuen Gesetzesmaterie gegeben sein, wenngleich der Gesetzgeber die gebotene einschränkende Auslegung des § 73 Abs. 1 Satz 3 VwGO in der Gesetzesbegründung nicht zum Ausdruck gebracht hat (vgl. LT Drs. 7/8517 S. 58). Angelegt in der Gesetzesbegründung ist aber eine anfängliche Ausnahmesituation, da der Gesetzgeber mit einem erheblichen Antragsaufkommen in den ersten drei Jahren rechnet. In dieser Zeit ist nicht nur ein Mehr an Anträgen zu erwarten, solange die Transparenzplattform noch nicht bereitgehalten wird, sondern auch mit einem „ersten Andrang" nach Inkrafttreten des Gesetzes (LT-Drs. 7/8517 S. 30). Durch § 17 Abs. 3 Nr. 3 stellt der Gesetzgeber zudem klar, dass die Vorschrift spätestens zwei Jahre nach Inkrafttreten auf dem Prüfstand steht. Dabei wird auch zu prüfen sein, ob ein begründeter Ausnahmefall (weiterhin) vorliegt.

4 **Satz 2** ordnet ein Widerspruchsverfahren auch für den Fall an, dass eine **oberste Staatsbehörde** den Ausgangsbescheid erlassen hat. Die Regelung wird von § 68 Abs. 1 Satz 2 Nr. 1 VwGO ermöglicht. Die Durchführung eines Vorverfahrens gibt auch in diesen Fällen die Möglichkeit einer nochmaligen Prüfung vor einer gerichtlichen Auseinander-

---

1 Porsch, in: Schoch/Schneider, § 73 VwGO Rn. 8a; strenger Wöckel, in: Eyermann, § 73 Rn. 6a, der z. B. den ähnlich allgemein gefassten § 111 NRWJustizG für bedenklich hält, da die Grundkonzeption des Gesetzes nicht unterlaufen werden dürfe.

setzung. Insbesondere in der Anfangsphase nach Inkrafttreten des Gesetzes wäre sonst mit einer erheblichen Anzahl von Klageverfahren zu rechnen, die im Widerspruchsverfahren vermieden werden können.

II. Zuweisung Finanzrechtsweg (Absatz 2)

Die Vorschrift stellt das Verhältnis zur Rechtswegzuweisung nach **§ 32i Abs. 2 Satz 2 AO** klar. Sie ist nicht konstitutiv. Das Bundesgesetz geht im Wege der Normenhierarchie dem Landesgesetz ohnehin vor. Nach § 32i Abs. 2 Satz 2 AO ist der Finanzrechtsweg auch gegeben für Auskunfts- und Informationszugangsansprüche, deren Umfang nach § 32e AO begrenzt wird. 5

Dem weiten Wortlaut entgegen, der auf die §§ 32e und 32i AO insgesamt Bezug nimmt, ist die Vorschrift auf das Verhältnis zur Rechtswegzuweisung des § 32i Abs. 2 Satz 2 AO begrenzt (vgl. LT-Drs. 7/8517 S. 58). Allein insoweit ist sie sinnvoll. § 32e AO beschränkt im Anwendungsbereich der Abgabenordnung die Reichweite des Sächsischen Transparenzgesetzes auf der Rechtsfolgenseite. Mit der Schaffung des § 32i Abs. 2 Satz 2 AO zum 29.12.2020 (BGBl. I S. 3096) hat der Bundesgesetzgeber dem auch prozessual Rechnung getragen.[2] Materiell ist das Verhältnis aber bereits in **§ 5 Abs. 1 Nr. 5** geklärt (näher § 5 Rn. 28 ff.). Das Verständnis als bloße Klarstellung des Vorrangs der Rechtswegzuweisung ergibt sich damit auch systematisch sowie zusätzlich aus der Paragrafenüberschrift. 6

Gemäß § 32i Abs. 4 AO gilt – nach Maßgabe der folgenden Absätze dieses Paragrafen – die **Finanzgerichtsordnung**. Ein Vorverfahren findet statt (§ 32i Abs. 9 Satz 2 AO), § 16 Abs. 1 gilt also uneingeschränkt auch in Verfahren der Finanzbehörden nach dem Sächsischen Transparenzgesetz. 7

§ 17
Übergangsregelungen

(1) Vor der Errichtung der Transparenzplattform aufgezeichnete Informationen können auf ihr veröffentlicht werden, insbesondere soweit sie in einer veröffentlichungsfähigen Form vorliegen.

(2) [1]Die Transparenzplattform ist innerhalb von drei Jahren nach dem Inkrafttreten dieses Gesetzes zu errichten und in Betrieb zu nehmen. [2]Über die Umsetzung hat die Staatsregierung dem Landtag halbjährlich zu berichten. [3]Die Verpflichtungen nach Abschnitt 2 bestehen erst mit Errichtung der Transparenzplattform, spätestens jedoch nach Ablauf der in Satz 1 genannten Frist.

(3) Zwei Jahre nach Inkrafttreten dieses Gesetzes überprüft die Staatsregierung die Anwendung des Gesetzes mit Ausnahme des Abschnittes 2 und die Auswirkungen des Gesetzes unter Berücksichtigung

1. der Ausweitung des Gesetzes auf Gemeinden, Landkreise und Gemeindeverbände,
2. der regelmäßigen Kostenfreiheit des Informationszugangs auf Antrag und
3. der Zweckmäßigkeit von § 16 Absatz 1.

---

2 OVG Berlin-Brandenburg, Beschl. v. 22.2.2021 – OVG 12 L 53/20 –, juris Rn. 10 zum IFG Bund.

(4) [1]Drei Jahre nach der Errichtung der Transparenzplattform überprüft die Staatsregierung in einer umfassenden Evaluation die Anwendung des Gesetzes und seine Auswirkungen. [2]Neben den in Absatz 3 Nummer 1 bis 3 genannten Gesichtspunkten sollen auch die Möglichkeiten der Einbeziehung der in § 8 Absatz 2 und 3 aufgeführten Veröffentlichungspflichten in die Transparenzpflicht untersucht werden.

(5) [1]Die Staatsregierung berichtet dem Landtag über das Ergebnis der Evaluation nach Absatz 3 spätestens sechs Monate und über das Ergebnis der Evaluation nach Absatz 4 spätestens ein Jahr nach dem Ende des Evaluationszeitraums. [2]Dabei berücksichtigt sie jeweils die Berichte der oder des Transparenzbeauftragten.

Erläuterungen:

Übersicht

I. Einführung

1 Anders als die Überschrift von § 17 vermuten lässt, enthält die Vorschrift nur *eine* Übergangsregelung im herkömmlichen Sinn, also eine Vorschrift, die Abweichungen von dem Grundsatz hält, dass mit Inkrafttreten eines Gesetzes alle darin enthaltenen Regelungen gelten. Absatz 2 kann in diesem Sinn verstanden werden, da er im Wesentlichen vorsieht, dass die Veröffentlichungspflicht nicht bereits mit Inkrafttreten des Gesetzes entsteht, sondern erst mit Errichtung der Transparenzplattform, spätestens aber nach Ablauf von drei Jahren nach dem Inkrafttreten des Gesetzes, also ab dem 1.1.2026. Absatz 1 hingegen modifiziert die Veröffentlichungspflicht in inhaltlicher Hinsicht, indem ihr nur die Informationen unterworfen werden, die ab Errichtung der Plattform aufgezeichnet werden.

2 Die Absätze 3 bis 5 befassen sich mit der Evaluation, enthalten also kein Übergangsrecht. Die Evaluationen sollen in zwei Schritten ablaufen. Eine „kleinere" Evaluation (in Absatz 3 als Überprüfung bezeichnet) findet bereits zwei Jahre nach Inkrafttreten des Gesetzes statt (Absatz 3), eine „größere" drei Jahre nach Errichtung der Transparenzplattform (Absatz 4), d. h. voraussichtlich zum 1.1.2029. Absatz 5 verpflichtet die Staatsregierung zur Übermittlung der Ergebnisse der Evaluationen nach Absatz 3 und 4 an den Landtag.

II. Transparenzplattform und Veröffentlichungspflicht (Absatz 1 und 2)

1. Umgang mit Informationen vor Errichtung der Transparenzplattform (Absatz 1)

3 Absatz 1 regelt einerseits den Umgang mit Informationen, die den transparenzpflichtigen Stellen bereits vor der Existenz der Transparenzplattform vorliegen. Die Vorschrift

lässt die Nutzung der Plattform auch für diese Informationen zu und sichert so einen umfassenderen **Informationsbestand.**[1] Darüber hinaus wird gleichermaßen der Umfang der **veröffentlichungspflichtigen Informationen beschränkt.** Zwar kann schon aus der der Gesamtschau von § 2 Abs. 1 Satz 2 und Abs. 2, § 8 Abs. 1, § 9 Abs. 1 Satz 1, § 17 Abs. 2 Satz 2 abgeleitet werden, dass auf der Transparenzplattform zwingend jedenfalls die Informationen zu veröffentlichen sind, die ab Errichtung der Plattform vorliegen. Ergänzend hierzu folgt aus einem Umkehrschluss zu § 17 Abs. 1, dass die zuvor bereits vorhandenen Informationen zwar veröffentlicht werden *können*, aber nicht *müssen*, also gerade nicht veröffentlichungspflichtig sind.

Die Zäsur zwischen freiwilliger Bereitstellung und Veröffentlichungspflicht ist demnach 4
die offizielle **Inbetriebnahme** der Plattform. Das meint das Gesetz mit „Errichtung". Unzureichend ist hingegen die bloß konzeptionelle Schaffung der technischen Grundlagen oder eine geschlossene Testphase für einen bestimmten Nutzerkreis.

Gegenstand der Norm sind **aufgezeichnete Informationen.** Hiermit soll noch einmal 5
zum Ausdruck kommen, dass nur bereits vorhandene und verkörperte Informationen auf der Transparenzplattform einzustellen sind und Informationen nicht allein zum Zwecke der Veröffentlichung geschaffen werden müssen. Im Hinblick auf § 3 Satz 1 ist das Attribut „aufgezeichnet" jedoch überflüssig, da der gesetzeseinheitliche Informationsbegriff nur aufgezeichnete Informationen beinhaltet.[2]

Die Vorschrift selbst nennt keine **Adressaten** für die Nutzungsbefugnis der Plattform. 6
Zwar ist sie nicht ausdrücklich auf transparenzpflichtige Stellen beschränkt. Daraus kann allerdings nicht ein Nutzungsanrecht für nicht transparenzpflichtige Stellen zur Nutzung der Plattform abgeleitet werden. Denn § 17 Abs. 1 ist als Ausgestaltung der Transparenzpflicht zu verstehen, setzt als grundlegende Eigenschaft also die Transparenzpflichtigkeit der jeweiligen Stelle voraus.[3]

Mit dem Wort *können* schafft Absatz 1 **keinen Anspruch** auf eine ermessensfehlerfreie 7
Entscheidung. Die transparenzpflichtigen Stellen erhalten lediglich als Minus zur Veröffentlichungspflicht, die Befugnis zur Nutzung der Plattform, ohne objektiv-rechtliche Verpflichtung oder gar subjektiv-rechtliche Ansprüche (s. LT-Drs. 8/8517 S. 58). Anders als in § 26 Abs. 1 Satz 2 LTranspG RP hat sich der Gesetzgeber gegen eine Soll-Vorschrift entschieden und damit die Bereitstellung bereits vorhandener Informationen den transparenzpflichtigen Stellen zur freien Entscheidung überlassen. Wie auch § 8 Abs. 4 ist § 17 Abs. 1 nicht als **pauschale Rechtfertigungsgrundlage** für die Veröffentlichung sämtlicher vorhandenen Informationen ungeachtet der Maßgaben des Gesetzes für veröffentlichungspflichtige Informationen zu verstehen (s. dazu § 8 Rn. 138).

2. Frist für die Errichtung der Transparenzplattform (Absatz 2)

Satz 1 legt den **Zeitpunkt für die Errichtung** und Inbetriebnahme der Transparenzplatt- 8
form fest. Spätestens innerhalb von drei Jahren nach Inkrafttreten des Gesetzes muss die Transparenzplattform zur Nutzung zur Verfügung stehen. Bis spätestens zum

1 Dies könnte zwar auch aus § 8 Abs. 4 abgeleitet werden, setzt aber die generelle Nutzungsbefugnis der Transparenzplattform für derartige Informationen voraus, die erst, jedenfalls ausdrücklich, § 17 Abs. 1 schafft.

2 S. den Wortlaut von § 3 Satz 1: „Aufzeichnungen".

3 Das gilt auch für Kommunen, die sich nach § 4 Abs. 2 mittels eigener Satzung für transparenzpflichtig erklären.

1.1.2026 müssen also alle notwendigen Vorbereitungen getroffen worden sein, um mit der Veröffentlichung beginnen zu können.

9 Hieran knüpft Satz 3 zugleich das **Entstehen der Veröffentlichungspflicht**. Ab dem 1.1.2026 sind demnach die Informationen nach § 8 Abs. 1 in der von § 9 Abs. 1 verlangten Art und Weise auf einer Plattform einzustellen, die den Anforderungen von § 7 genügt. Die Vorschrift ist neben Absatz 1 und Absatz 2 Satz 1 an sich überflüssig. Absatz 1 legt bereits den Beginn der Veröffentlichungspflicht mit der Errichtung der Plattform und Absatz 2 Satz 1 den Zeitpunkt dafür fest. Zuvor wäre die Erfüllung der Veröffentlichungspflicht in tatsächlicher Hinsicht unmöglich.

10 Zu Informations- und Kontrollzwecken verpflichtet Satz 2 die Staatsregierung, dem Landtag halbjährlich über den **Umsetzungsstand** zu berichten, mithin erstmals zum Stichtag 30.6.2023. Die Federführung innerhalb der Staatsregierung ist vorbehaltlich einer gesonderten Zuständigkeitsbestimmung nach allgemeinen Vorgaben zu ermitteln, vornehmlich unter Anwendung des Beschlusses der Sächsischen Staatsregierung über die Abgrenzung der Geschäftsbereiche der Staatsministerien vom 2.9.2021. Bei der Errichtung der Transparenzplattform dürfte es sich zwar um eine grundsätzliche Aufgabe zur Schaffung und zum Einsatz von Informationstechnik in der Staatsverwaltung handeln (Großbuchstabe A Ziffer I Nummer 20 des Abgrenzungsbeschlusses). Die Verantwortlichkeit für das Gesetz insgesamt unterfällt mangels spezieller Zuweisung jedoch dem für das allgemeine Verwaltungsrecht zuständigen Staatsministerium des Innern (Großbuchstabe A Ziffer II Nummer 6 des Abgrenzungsbeschlusses).

III. Evaluationspflichten (Absätze 3 bis 5)

1. Evaluation nach Absatz 3

11 Die Absätze 3 und 4 sehen **zwei Überprüfungen** der Anwendung und der Auswirkungen des Gesetzes vor. Bereits vor Errichtung der Transparenzplattform ist das Gesetz nach **Absatz 3** durch die Staatsregierung in einer **„kleinen Evaluation"** im Hinblick auf v. a. drei Gesichtspunkte zu überprüfen: die Ausweitung des Gesetzes auf die Kommunen (Nummer 1), die regelmäßige Kostenfreiheit (Nummer 2) und die Zweckmäßigkeit der Regelung über das Vorverfahren nach § 16 Abs. 1 (Nummer 3). Mit der Nennung dieser drei Punkte normiert der Gesetzgeber das Mindestprogramm der Überprüfung. Die Staatsregierung ist nicht gehindert, auch andere Aspekte einzubeziehen. Das wird v. a. dann sinnvoll sein, wenn sich im Vollzug des Gesetzes weitere Fragen aufdrängen.

12 Der **Evaluationszeitraum** beträgt zwei Jahre ab dem Inkrafttreten, umfasst also die Kalenderjahre 2023 und 2024. Das Ergebnis der Überprüfung muss dem Landtag spätestens sechs Monate nach Ende des Evaluationszeitraums vorliegen (Absatz 5 Satz 1), also am 1.7.2025. Diese Überprüfung umfasst damit, wie Absatz 3 selbst noch einmal klarstellt, lediglich den Zugang zu Informationen auf Antrag nach dem Abschnitt 3 (sowie die diesen Anspruch begleitenden Regelungen), nicht aber die Veröffentlichung nach dem Abschnitt 2.

13 **Ziel der Evaluation** ist es, dem Gesetzgeber das Tatsachenmaterial und eine Bewertung dazu zugänglich zu machen, ob das Gesetz – jedenfalls im Hinblick auf die in Absatz 3 genannten Gesichtspunkte – überarbeitet werden sollte. Sofern die Staatsregierung diese Frage selbst bejaht, ist es sinnvoll, neben dem Evaluationsbericht auch einen Gesetzentwurf in den Landtag einzubringen.

14 Die in Absatz 3 Nr. 1 und 2 genannten Evaluationsaspekte gehen auf den Koalitionsvertrag zurück. Die im Gesetz angesprochene Ausweitung auf die **Kommunen** (Absatz 3 Nr. 1) wird darin ausdrücklich mit einer Evaluation in Verbindung gebracht: „Nach zwei Jahren wollen wir das Transparenzgesetz mit dem Ziel evaluieren, die Geltung auf die Gemeinden und Landkreise im Benehmen mit diesen auszuweiten und sie beim Ausbau dieser Angebote fachlich und, wenn erforderlich, finanziell zu unterstützen."[4] Die Vorstellung der Koalitionäre muss wohl im Zusammenhang mit der ebenfalls im Koalitionsvertrag verankerten (nicht realistischen) Erwartung gesehen werden, nach der das Transparenzgesetz noch im Jahr 2020 hätte geschaffen werden sollen. Dann wäre die Entscheidung über die Einbeziehung der Kommunen in den Geltungsbereich des Transparenzgesetzes noch in der 7. Wahlperiode des Sächsischen Landtages möglich gewesen. Nur durch diese Entstehungsgeschichte lässt sich die Verpflichtung zu zwei Überprüfungen – eine bereits vor Errichtung der Plattform – erklären. Allerdings ist nicht recht erkennbar, wie eine Überprüfung der Anwendung des Gesetzes in einem so frühen Stadium sinnvolle Anknüpfungstatsachen für eine politische Entscheidung darüber bringen kann, ob Kommunen in das Transparenzgesetz einbezogen werden sollten oder nicht (vgl. § 4 Rn. 14 ff.).

15 Auch die Überprüfung im Hinblick auf die „**regelmäßige Kostenfreiheit** des Informationszugangs auf Antrag" (Absatz 3 Nr. 2) hat ihre Wurzel im Koalitionsvertrag. Dort ist vorgesehen, dass der Zugang zu Informationen „in der Regel kostenfrei" ermöglicht werden muss. Um dies zu erreichen, hat sich der Gesetzgeber dazu entschlossen, den Zugang zu Informationen bis zu einem Aufwand von 600 Euro gebühren- und auslagenfrei zu gestalten und Gebühren auf 2 500 Euro zu deckeln (§ 12 Abs. 5 Satz 2 und 3). Die Staatsregierung soll nach Absatz 3 überprüfen, ob sich die Erwartungen bestätigt haben, dass damit der Informationszugang in der Regel kostenfrei ermöglicht wird.

16 Zumindest für eine Übergangszeit ist es sinnvoll, dass abweichend von den Grundregeln der VwGO (hierzu und der Abweichungsbefugnis des Landesgesetzgebers § 16 Rn. 3) über den Widerspruch nicht die nächsthöhere Behörde entscheidet, und dass ein **Widerspruchsverfahren** auch dann durchzuführen ist, wenn die Entscheidung von einer obersten Staatsbehörde, v. a. von den Staatsministerien, getroffen wurde (§ 16 Abs. 1). Ob diese Abweichung aufrechterhalten bleiben soll, muss ebenfalls Gegenstand der Überprüfung nach Absatz 3 sein. Sinnvoll wird eine solche Entscheidung allerdings erst im Zuge der „großen Evaluation" nach Absatz 4 getroffen werden können. Die Zeit von zwei Jahren nach dem Inkrafttreten dürfte noch nicht ausreichen, um ein verlässliches Bild von der Zweckmäßigkeit dieser Regelung zu erhalten.

17 Eine weitere inhaltliche Anforderung an die Überprüfung nach Absatz 3 findet sich in Absatz 5 Satz 2: Danach sind für den Evaluationsbericht auch die **Berichte** der oder des **Transparenzbeauftragten** zu berücksichtigen. Gemeint sind die Berichte nach § 13 Abs. 3 Satz 1, von denen am Ende dieses Evaluationszeitraums allerdings nur einer vorliegen wird.

2. Evaluation nach Absatz 4

18 Absatz 4 verpflichtet zu einer „**umfassenden Evaluation** [über] die Anwendung des Gesetzes und seine Auswirkungen". Der Evaluationszeitraum beginnt mit dem Inkrafttreten des Gesetzes und endet drei Jahre nach Errichtung der Transparenzplattform. Die

4 Koalitionsvertrag v. 20.12.2019, S. 60.

Plattform muss spätestens zum 1.1.2026 errichtet sein, sodass der Evaluationszeitraum spätestens zum 31.12.2028 endet. Da die Transparenzplattform nach Absatz 2 Satz 1 allerdings auch vorher in Betrieb genommen werden kann, ist das Ende des Evaluationszeitraums derzeit noch nicht bestimmbar. Über das Ergebnis der Evaluation ist der Landtag innerhalb eines Jahres nach dem Ende des Evaluationszeitraums zu informieren (Absatz 5 Satz 1). Zum **Ziel der Evaluation** gilt das in Rn. 13 Gesagte.

19 Neben den in Absatz 3 Nummern 1 bis 3 genannten Aspekten (zu diesen Rn. 14 ff.) soll nach Absatz 4 Satz 2 auch Gegenstand der Evaluation die Frage sein, ob die in **§ 8 Abs. 2 und 3 aufgeführten Veröffentlichungspflichten** nach anderen Vorschriften in die Transparenzpflicht einbezogen werden sollten. Das betrifft

- Daten, die nach dem Sächsischen E-Government-Gesetz zum Datenabruf bereitgestellt werden (§ 8 Abs. 2),
- Umweltinformationen, die gem. § 12 Abs. 1 SächsUIG zu verbreiten sind (§ 8 Abs. 3 Nr. 1),
- Rechts- und Verwaltungsvorschriften (§ 8 Abs. 3 Nr. 2),
- Geodaten nach Maßgabe des SächsGDIG (§ 8 Abs. 3 Nr. 3).

Mit einer Einbeziehung dieser Informationen würde die Transparenzplattform deutlich an Wert gewinnen, weil dann alle Veröffentlichungen auf einer Plattform gebündelt wären. Dies entspräche auch einem modernen Ansatz von Transparenz. Die anderen spezialgesetzlichen Veröffentlichungspflichten sind nach § 8 Abs. 1 Nr. 17 bereits jetzt zumindest auch auf der Transparenzplattform zu erfüllen.

20 Das „**Umfassende**" an der **Evaluation** nach Absatz 4 ist nicht nur die Einbeziehung der in § 8 Abs. 2 und 3 aufgeführten Veröffentlichungspflichten. Zum einen existieren nach etwa sechs Jahren seit dem Inkrafttreten des Gesetzes deutlich mehr Daten, die einer Evaluation zugrunde gelegt werden können. Zum anderen kann auch erst in dieser Evaluation der Abschnitt 3 über die Veröffentlichungspflicht einbezogen werden, wobei der Evaluationszeitraum von 3 Jahren seit dem Inkrafttreten des Gesetzes eher kurz ist. Vorbild für die Evaluation mögen die umfassenden Auswertungen der Transparenzgesetze aus Hamburg[5] und Rheinland-Pfalz[6] sein. Der Gesetzentwurf (LT-Drs. 7/8517, S. 29) kalkuliert mit einer externen Beauftragung und veranschlagt hier Kosten i. H. v. 100 000 Euro, ein Betrag, der jedenfalls nicht zu großzügig ist. Die Daten für die Evaluation sollten bereits frühzeitig im laufenden Betrieb miterhoben werden. Auch für die Evaluation nach Absatz 4 sind die Berichte der oder des Transparenzbeauftragten zu berücksichtigen (Absatz 5 Satz 2, vgl. oben Rn. 17).

5 Institut für Gesetzesfolgenabschätzung und Evaluation, Abschlussbericht zur Evaluation des Hamburgischen Transparenzgesetzes, Speyer, 28.7.2017.

6 Deutsches Forschungsinstitut für öffentliche Verwaltung, Abschlussbericht zur Evaluation des Landestransparenzgesetzes Rheinland-Pfalz, Speyer, 5.3.2021.

§ 18
Einschränkung eines Grundrechts

Auf Grund dieses Gesetzes kann das Grundrecht auf informationelle Selbstbestimmung (Artikel 33) der Verfassung des Freistaates Sachsen) eingeschränkt werden.

Erläuterungen:

§ 18 setzt das **Zitiergebot** des Art. 37 Abs. 1 Satz 2 SächsVerf[1] um. Das Gesetz ermäch- 1
tigt zu Eingriffen in das Grundrecht auf informationelle Selbstbestimmung des **Art. 33 SächsVerf**. Zu einem solchen Eingriff kommt es immer dann, wenn entgegen der Grundregel des § 6 Abs. 1 Satz 1 personenbezogene Daten nicht unkenntlich gemacht werden müssen, bevor Informationen veröffentlicht oder zugänglich gemacht werden.[2]

Ein Zitieren des bundesrechtlichen Pendants, des Grundrechts auf informationelle 2
Selbstbestimmung des **Art. 1 Abs. 1 i. V. m. 2 Abs. 1 GG**, ist hingegen nicht erforderlich. Denn dieses Bundesgrundrecht steht, anders als Art. 33 SächsVerf, nicht unter einem ausdrücklichen Gesetzesvorbehalt. In diesen Konstellationen ist Art. 19 Abs. 1 Satz 2 GG nicht anwendbar.[3]

Das Zitiergebot ist auch nicht beachten, soweit das Sächsische Transparenzgesetz in die 3
Berufsfreiheit des **Art. 12 Abs. 1 GG** und des **Art. 28 Abs. 1 SächsVerf** eingreift, etwa indem Betriebs- und Geschäftsgeheimnisse unabhängig von einer Einwilligung offenbart werden dürfen (§ 5 Abs. 1 Nr. 19 Buchstabe b). Denn dieses Grundrecht enthält ebenfalls keinen Gesetzesvorbehalt i. S. d. Art. 19 Abs. 1 GG und Art. 37 Abs. 1 SächsVerf, sondern einen Regelungsvorbehalt. Das Zitiergebot gilt nach der Rspr. des Bundesverfassungsgerichts in diesen Fällen nicht.[4]

---

1 Zu diesem Rozek, in: Baumann-Hasske, Art. 37 Rn. 8 ff.

2 Zur Frage, ob ein solcher Eingriff in Konstellationen jenseits der in § 6 Abs. 1 Satz 3 genannten in Betracht kommt, vgl. § 6 Rn. 12 und § 4 Rn. 41.

3 Speziell für das (Bundes-)Grundrecht auf informationelle Selbstbestimmung BVerwG, Beschl. v. 9.2.2022 – 2 WDB 12.21 –, juris Rn. 38.

4 Beschl. v. 4.5.1983 – 1 BvL 46/80 –, juris Rn. 26 (st. Rspr.).

Stichwortverzeichnis